EL CINE ESPAÑOL
DE LA DEMOCRACIA

palabra plástica

Colección dirigida por José Fernández Arenas

16

J.M. Caparrós Lera

EL CINE ESPAÑOL
DE LA DEMOCRACIA

De la muerte de Franco
al «cambio» socialista
(1975-1989)

ANTHROPOS
EDITORIAL DEL HOMBRE

El cine español de la democracia : De la muerte de Franco al «cambio» socialista (1975-1989) / J.M. Caparrós Lera. — Barcelona : Anthropos, 1992. — 446 p., 8 láms. ; 20 cm. — (Palabra Plástica ; 16)
Bibliografía pp. 429-431 — Índices
ISBN 84-7658-312-5

1. Cinematografía (España) — 1975-1989 I. Título II. Colección
791.43 "1975-1989"

Primera edición: febrero 1992

© J.M. Caparrós Lera, 1992
© Editorial Anthropos, 1992
Edita: Editorial Anthropos Promat, S. Coop. Ltda.
   Vía Augusta, 64. 08006 Barcelona
ISBN: 84-7658-312-5
Depósito legal: B. 843-1992
Fotocomposición: Fotodim Fis, S.L. Sant Cugat del Vallès
Impresión: Novagràfik. Puigcerdà, 127. Barcelona.

Impreso en España - *Printed in Spain*

Al historiador Josep Florit,
maestro y amigo

AGRADECIMIENTOS

Al crítico Roberto R. Lapalma, que dio cabida, en su sección cinematográfica del diario argentino *El Litoral*, a mis crónicas especializadas; a Romualdo Massanas Penalba, abogado y secretario del Centro de Investigaciones Film-Historia; y a María José Bustamante, del servicio PIC del Ministerio de Cultura, por los datos facilitados.

Prefacio

Hace unos veinticinco años que me dedico profesionalmente a la crítica cinematográfica. Y aunque, desde hace
más de diez, he sustituido esta tarea por la enseñanza y la investigación de la historia del cine en la universidad, casi nunca he dejado de ejercer la crítica, pues algunos de mis libros
proceden de escritos anteriores, incluso redactados con ánimo de transformarlos después en textos especializados.

Desde la muerte de Franco hasta hoy, he seguido con interés apasionado el desarrollo del cine español. Así, he ido escribiendo crónicas sobre las novedades de nuestras carteleras: films hispanos que, con sus miserias y valores, sus bús-
quedas estéticas y ansias de libertad, han constatado la
evolución ideológica de la España democrática. Han sido —y
siguen siendo— unos años difíciles, en los que la inexistente
industria cinematográfica también ha sufrido; y, sobre todo,
los pobres espectadores del país.

El presente volumen, EL CINE ESPAÑOL DE LA DEMOCRACIA,
intenta, pues, ser un material que pueda utilizarse el día de
mañana como fuente coetánea, cuando alguien, con más
perspectiva y acaso menos pasión, escriba la historia del cine
español de la democracia (que esperamos continúe como sistema político). No pretendo más.

A tal fin, he estructurado el libro en un cuerpo introductorio, a modo de panorámica general de estos catorce años, seguido de un apartado central, que tiene a su vez tres amplios capítulos: «Etapa de transición» (1976-1978), «Período constitucional» (1979-1982) y «Época socialista» (1983-1989); cada uno de estos capítulos se cierra con una filmografía (fichero de películas), que asimismo contiene datos cuantitativos de interés.

Finalmente, he añadido dos apéndices —además de la conclusión personal sugerida por el director de esta colección, y antes de la escasa bibliografía que existe sobre el tema—: el decreto Semprún, y una serie de cuadros estadísticos que resultan clarificadores, junto con algunas de las últimas subvenciones concedidas a films españoles.

En cierta ocasión, una colega —la crítica María Asunción Balonga— calificó a uno de mis libros (se refería a *Travelling por el cine contemporáneo*) como una «estimable crónica social de estos años de recientísima memoria desde la perspectiva muy válida de lo que se ha visto, para bien y para mal, en las pantallas españolas».

Me gustaría que la presente obra también cumpliera esos objetivos.

PANORÁMICA GENERAL

(1975-1989)

El cine español de 1978, al igual que el italiano de 1945, sale del fascismo y ha de reconstruirse en el sentido más total del término.

CARLO LIZZANI

Los avatares del nuevo sistema

Para la mayoría de la crítica y los cineastas españoles, 1982 fue uno de los años más anodinos de la cinematografía de la democracia. «La crisis del espectáculo fílmico durante el pasado año —afirmaban los principales realizadores en una encuesta publicada por la Agencia Efe— no es de creación, sino de estructuras.»

De ahí que Juan Antonio Bardem, pionero de las famosas Conversaciones de Salamanca, manifestara que «si en 1955 la industria cinematográfica española era raquítica, hoy está muerta». Y junto a Bardem, Berlanga, Gutiérrez Aragón, Fernando Trueba, Elías Querejeta y Alfredo Matas coincidieron en que el remedio para salir de esa situación crítica podía ser la eficaz colaboración entre el cine y la televisión estatal. Mientras, la entonces directora general de Cinematografía, su colega Pilar Miró, pedía solidaridad y un «margen de confianza», un poco de paciencia para ir solucionando los graves problemas de esta pobre industria especializada.

Sin embargo, ¿no ha mejorado el cine español con la instauración de la democracia?, se preguntará el lector aficionado. Una retrospectiva histórica, a modo de *flash-back* cinematográfico, podría ser útil para clarificar el presente de nuestro debatido cine español; una crónica puntual de la actualidad —a falta de mayor perspectiva, insisto— que espero sea una fuente coetánea más para, en su día, «hacer» la historia.

Es obvio que, tras las elecciones de 1979, a poco de aprobarse en referéndum nacional la Constitución, España siguió estancada en materia cinematográfica. La reconstrucción del país se centró más en la consolidación de un sistema propiamente democrático que en los sectores industriales y culturales como nuestro cine. Aún así, con la apertura ideológica generada tras las elecciones legislativas de 1977, el panorama cinematrográfico hispano ofrecería nuevos caracteres. Es más: «ha cambiado», diría con razón el hombre de la calle.

Ciertamente, las cortapisas políticas del antiguo régimen se vinieron abajo enseguida con la pronta liquidación del franquismo que, sobre el papel, brindó el partido gubernamental apoyado por la Monarquía. Suárez anuló por real decreto el Movimiento Nacional, y casi todas esas masas de ciudadanos que lloraron a Franco le votarían después como nuevo líder del país. Y hoy, con Felipe González, como ayer.

Asimismo, el arte cinematográfico español cogió por primera vez el «tren de la historia» y, a poco, se especializó en las dos vías que privan en el mercado mundial: la erótica y la política; mientras las pantallas de las salas comerciales se abrían a la producción extranjera vedada en España por claras razones. La dictadura había caído.

Con todo, cabría preguntarse: ¿cuál es el balance cinematográfico de estos años?

Durante la etapa de transición, el cine español, como fenómeno cultural inserto en la sociedad, fue afectado por la crisis general y continuada de nuestra economía. La industria cinematográfica, compuesta por pequeños empresarios —es evidente que no somos Hollywood, pese a que producimos anualmente tantos o más films que la vieja Meca del cine y hemos creado una academia homónima— que se ven obligados a invertir importantes sumas en un espacio de tiempo muy breve, se descapitalizó sobremanera. Además, el Fondo de Protección proporcionado por el Gobierno adeudaba unos 2.000 millones de pesetas a la industria cinematográfica, a pesar de la entrega de 500 millones a los productores en febrero de 1978. Y ante tal situación crítica, algunas multinacionales norteamericanas suspendieron las inversiones en el cine español.

En cambio, hay quienes consideraron que la situación de nuestra industria no era peor que la de otros sectores del país, como el metalúrgico, la construcción o el textil. Pero la realidad es que, a finales de 1978, se calculaba un paro de profesionales del cine del ochenta por ciento. Malestar que ha continuado prácticamente hasta 1983, pues la Unión de Productores Cinematográficos Españoles lanzó una convocatoria para frenar la catastrófica situación en que se encontraba el cine español, afirmando que «si el Ministerio no toma medidas urgentes nuestro cine desaparecerá». De ahí que el Parlamento aprobara un presupuesto de 1.200 millones para pagar a los productores parte de la deuda.

No obstante, quizá se pueda objetar que la producción de películas españolas aumenta día a día. Uno de los antiguos directores generales de Cinematografía, José García Moreno —que también era productor—, sería el primero en afirmar que en 1978 no hubo retroceso ni en cantidad ni en calidad, a tenor de los éxitos conseguidos por el cine español en los certámenes internacionales. Y ofrecía por aquellas fechas cifras oficiales en cuanto a la cantidad: en 1976 se produjeron 108 películas españolas de largometraje, y 113 en 1977, alcanzando la cifra de 105 films largos en el año 1978. Y las razones que el señor García Moreno daba eran las siguientes:

En primer lugar, la absoluta libertad de expresión, que garantiza el Real Decreto de 11 de noviembre de 1977, ha abierto a la producción cinematográfica española todas las posibilidades para desarrollar su facultad creativa, como ya se está demostrando. Por otra parte, la implantación de un eficaz control de taquilla, conforme al R.D. del 26 de junio de 1978, servirá para hacer una distribución más justa y equitativa de los beneficios de protección del cine español. Y por último, el riguroso cumplimiento de la cuota de pantalla, constituye sin duda un factor esencial de protección a nuestra cinematografía. El hecho de que esta Administración —concluía el entonces director general— esté aplicando con rigor pero con justicia una legislación que ella no ha creado, no es sino consecuencia de su sentido de responsabilidad en la defensa del cine español.[1]

Pero no todo el mundo estaba de acuerdo con la versión oficial y la frialdad de las cifras. Una voz autorizada y siempre «disidente» como la de Miquel Porter Moix —después jefe de los Servicios de Cine de la Generalitat de Cataluña— no veía las cosas igual:

> Efectivamente, el ejercicio de 1978 se saldará de modo muy negativo para el sector cinematográfico español. El retroceso en cantidad es notorio, y en cuanto a calidad, cada vez se observa una mayor separación entre los esfuerzos por un cine inteligente y el abandono de la mayoría de los productores, fiados en una política de consumo. El primer apartado puede encontrar sus causas en la crisis económica general, que repercute en una falta de inversionismo, y al desbarajuste administrativo y legislativo del Gobierno. Para el segundo —terminaba Porter—, cabe encontrar las causas en un mal aprovechamiento de la permisividad de la censura y en la enfeudación casi inevitable de los productores a las distribuidoras.[2]

Además, el problema de la referida cuota de pantalla era realmente serio. Por aquellas fechas, se había pasado del 3 por 1 al 2 por 1; es decir, que los empresarios tenían que exhibir 120 días de película española al año. La idea primera fue la de proteger al cine español. Ahora bien, ¿a qué precio? Para una industria pobre como la nuestra, ese régimen de «protección» obligaba a editar un número de films superior al de Estados Unidos. Entonces, se estaban produciendo en España películas a modo de churros —y perdón por la expresión—, a fin de cubrir esa excesiva cuota de pantalla, centrando el negocio en las preciadas licencias de importación del

---

1. En cambio, el citado grupo de productores no opinaba lo mismo, ya que el decreto de noviembre de 1977, al permitir la libre importación de películas extranjeras, «significó la muerte del cine español, pues quedó desprotegido económicamente y teniendo que competir a nivel internacional»; *El Correo Catalán* (Barcelona) (5-V-1979).

2. Cfr. encuesta de Ángeles Masó y Lluís Bonet Mojica, «Cine español: entre el temor y la esperanza. 1978, un año crítico», *La Vanguardia* (Barcelona) (15-16 nov. 1978).

cine que verdaderamente interesa a los distribuidores hispanos: el extranjero.

Pero la referida legislación originó una nueva crisis en el cine nacional, que tuvo momentos muy agudos durante el verano de 1979 y dio lugar a una seria polémica entre el sector y la Administración. El segundo Gobierno de Suárez intentó resolverla con otras cuotas de pantalla (la hasta hace poco vigente del 3 por 1) y de distribución (la concesión de cinco licencias de doblaje por cada cinta española distribuida). A ello se sumaron diversas medidas legislativas y proteccionistas llevadas a cabo por el siguiente gobierno de UCD, nombrando el presidente Calvo Sotelo a Matías Vallés para regir la Dirección General de Cinematografía.

Sin embargo, pronto el Gremio de Exhibidores Cinematográficos —hoy tan afectado por la proliferación del vídeo— saltó en contra de la Administración centrista, logrando cierta matización de las leyes en el Parlamento. Aun así, agobiado este sector —también por los distribuidores—, amenazó con cerrar los cines. De ahí que llegaran a una *entente*, como veremos en otro apartado. Y un parche provisional serenó la crisis hasta la ley Miró. Veamos, si no, unos datos significativos de la comunidad autónoma catalana:

En 1975, había 1.232 salas cinematográficas activas, mientras que en 1980 solo 738. O sea, una caída del 40 por ciento. Y si hablamos de películas nacionales, a nivel de recaudación en el Estado español, comprobamos que en 1975 las cifras alcanzan 3.727 millones, mientras que en el año 1980 son 4.553 millones; al tiempo que los espectadores al cine español también disminuyeron en ese mismo período: 78 millones en 1975 contra 36 en 1980.[3]

Y ¿quién pagó «el pato»? Los de siempre: aquellos profesionales del cine responsables y el sufrido espectador español. Ese gran público que se gasta más de cuatrocientas pesetas para ver un film, después de pasar largo tiempo delante de una taquilla mecanizada —es el nuevo control—, similar a los billetes de autobús de algunas capitales, y en la

---

3. Véase Carles José i Solsona, *El sector cinematogràfic a Catalunya: una aproximació quantitativa*, vol. I, Barcelona, Banca Mas Sardà, 1984.

que no puede adquirir entrada numerada si no va antes a hacer cola, sin que nadie le pague las horas extraordinarias empleadas.

Con todo, se dieron también otras razones —no meramente estructurales— que explican la crisis del cine español. La más oída fue la falta de originalidad de nuestras películas, pues todavía está por nacer un cine genuino. Es posible. Asimismo, se afirma que faltan buenos guiones, ideas interesantes, talento... y que hay mucha mediocridad. Estoy de acuerdo, en líneas generales. Es un reconocido distribuidor catalán, Casimiro Bori, quien se pronuncia así:

> La causa que origina establecer un compás de espera en los planes de producción de algunos productores, es el no hallar en el momento guiones con nuevas ideas que no incidan en lo erótico ni en lo político, por estar estos asuntos gastados a nuestro público.[4]

Crisis de ideas que confirmaron otros profesionales del cine. Ante la pregunta formulada a Luis G. Berlanga de si puede hablarse en esos momentos de falta de una política efectiva de producción y de crisis de talento en la búsqueda de temas capaces de interesar al público, el famoso cineasta español respondía:

> ¿Crisis de talento? Esto entra dentro de la crisis total y polivalente. Crisis de ideas y de cómo cultivarlas, sin duda. El nuestro es un oficio mágico. Con el talento en el cine ocurre como en los toros. Creo que más que una crisis de talento, lo que puede advertirse es una falta de terreno y de cultivo del talento. Los directores, antes, estaban apoyados por otros locos del cine: los productores, que aparecían estrechamente ligados al asunto cinematográfico. Ahora ocurre lo contrario, a veces la razón y el impulso del cine se sitúa en lugares remotos.[5]

Y aquí llegamos a otra cuestión: esos «lugares remotos» que apunta Berlanga ¿serán los meros intereses crematísticos —léase cine pornochabacano— o la política de partido? Pues esos dos temas tan polarizados, a los que aludía tam-

---

4. Declaraciones a *La Vanguardia* (15-XI-1978).
5. *Ibíd.*

bién el citado distribuidor español, son los que privaron esos años en el cine de la democracia.

Por un lado, estaba el *boom* de las películas S, exponente más vivo de los intereses comerciales referidos. En 1978, sobre un total de 105 títulos, se produjeron 20 films pornográficos; en 1979, 11 títulos sobre los 88 largometrajes producidos; y en 1980, 14 cintas de las 118 producidas. De ahí que el ensayista, y hoy productor, Santiago Pozo denunciara:

> Los impuestos de todos los españoles alimentan las arcas del Estado; de esas arcas salen subvenciones para las películas S; ergo, desde 1978 todos los españoles estamos financiando, aunque de manera indirecta, la producción y exhibición de cine pornográfico.

Y sigue en su informe de 1982:

> El daño que las películas S están haciendo a nuestra industria cinematográfica es evidente; pues, entre otras cosas, taponan fuentes de financiación (como los adelantos de distribución), ocupan días de proyección para el verdadero cine español, hacen el juego a las multinacionales de cine extranjero facilitándoles asequibles permisos de doblaje y entregándoles, por un "plato de lentejas", el arma del idioma. Además, estas películas no necesitan profesionales para su realización, pues sus costos y equipo son mínimos. Poco a poco, van dejando más y más parados en el sector; pensemos que en 1980 las películas S representaban el 15 por ciento sobre el total de la producción española y en 1981 el 30 por ciento.[6]

Por otro lado, el film de temática política, de «compromiso» ideológico, tuvo su auge, como comentaremos en la segunda parte, líneas comunes incluidas (cfr. también los balances críticos al final de cada capítulo). Para recurrir a otra fuente, esta vez de un crítico especializado,[7] he pensado comentar aquí los dos tipos de cine político que se han dado en el país durante los primeros años de democracia.

Monterde establece dos clases de cine político: el de *co-*

---

6. Santiago Pozo, «El Estado financia las películas S», *Actualidad Económica* (Madrid), 1.258 (3 jun. 1982), 16-19.

7. J.E. Monterde, «Crónicas de la transición. Cine político español 1973-1978», *Dirigido por* (Barcelona), 58 (oct. 1978), 8-14.

nocimiento y el de *reconocimiento*. Y denomina cine de *conocimiento* al que «tiene como objeto prioritario producir la reflexión política por parte del espectador a partir del film intrínsecamente considerado [...], de aquello que el film dice más allá de su discurso aparente, o de lo que dice no diciéndolo. Este cine significa una posición activa por parte del espectador [...]», y busca su enriquecimiento en forma totalizadora, afirma mi colega también en la docencia universitaria. A su vez, califica cine de *reconocimiento* a aquel que «partiendo de una apariencia política, generalmente temática, no pretende tanto la reflexión como la adhesión, remitiendo el sentido político al exterior del film. Por tanto reduce la acción a la contemplación pasiva o como máximo emocional [...] [del espectador], a aquello que ya se conoce antes de visionar el film». Y bajo tales esquemas críticos, enjuicia el cine español del período 1973-1978.

Por eso estoy de acuerdo con el cineasta Carlo Lizzani,[8] cuando afirmó: «El cine español de 1978, al igual que el italiano de 1945, sale del fascismo y ha de reconstruirse en el sentido más total del término».[9] Pero ¿hemos avanzado algo desde esa fecha? Aparte de los premios en festivales internacionales, que son un fenómeno bastante coyuntural —por la «apertura» europea y mundial a la España de hoy—, Lizzani tenía razón en el paralelismo con la Italia posmussoliniana. Ambos países latinos poseen mucho en común, hasta en la forma de iniciar la democracia... Y al igual que el cine neorrealista rompió y cambió en su día las estructuras del arte cinematográfico —no solo en Italia—, el cine español actual debería comenzar de nuevo. Si no, ¿quién sale beneficiado?: el film extranjero. Unos datos retrospectivos lo confirman: de 173 millones de espectadores en 1981, 134 millones asistieron a películas extranjeras, contra 38 millones que asistieron

8. Historiador, crítico, guionista y realizador italiano de izquierdas, fue uno de los impulsores del neorrealismo y director de la Mostra de Venecia. En 1980, el Instituto Italiano de Cultura le dedicó un ciclo especializado e inauguró en la Universidad de Barcelona las primeras Jornades d'Història i Cinema, organizadas por la Facultad de Geografía e Historia.
9. De su intervención en la mesa redonda del debate Internacional sobre la Guerra Civil española, celebrado en Barcelona (junio 1978). Cfr. *Tele-Exprés* (16-VI-1978).

a las españolas. Así, de 26.112 millones de pesetas de recaudación global, 20.400 correspondieron a films extranjeros, y solo 5.600 a cintas españolas (sobre las últimas cifras, véase el informe publicado por la Subdirección General de Estadística, 1981-1986).

Pero, ¿es positiva esta crisis?, podríamos preguntarnos antes de iniciar la crónica puntual de la presente década. El desaparecido Dalton Trumbo, en un artículo publicado en *The Hollywood Spectator*, decía que la crisis a la larga es positiva, porque creaba un nuevo compromiso con el pueblo y la necesidad de producir mejores películas. Aquí y ahora, estamos más que nunca necesitados de ese cine genuino, como por ejemplo existía en la II República, ese primer ensayo democrático español.[10] Películas que respondan a necesidades reales, que tengan repercusión social por su equilibrio y contenido, y que sean verdaderas obras de arte.

A tal fin, se debería olvidar ya los revanchismos inútiles y las facilidades «comerciales», para salir de una vez por todas de la mediocridad y del subdesarrollo cultural que todavía nos embarga. El buen sentido de la ética y la auténtica calidad artística, junto al respeto de cualquier tipo de público —que a fin de cuentas es quien sufraga la cinematografía del país—, tendrían que ser valorados responsablemente por los cineastas españoles. De ahí que no baste con capitalizar el sector cinematográfico, sino que hay que ofrecer productos bien presentados —técnicamente también, y proyectados en salas con buenas condiciones— y dar a la legislación un sentido efectivo y realista, no cayendo en «protecciones» interesadas... Por eso, no me parece idónea la solución que muchos proponen como remedio a la continua crisis: la colaboración de la industria del cine con el ente televisivo, a nivel de producción. Precisamente es nuestra TVE quien ejerce una «competencia desleal» con el sector cinematográfico, afectando sobre todo a los exhibidores, al sufrido empresario hispano. ¡Y eso sin entrar en el fenómeno del vídeo!

¿Cuáles fueron las perspectivas del cine español con la

_____

10. Véase J.M. Caparrós Lera, *Arte y política en el cine de la República (1931-1939)*, Barcelona, Siete y Media-Universidad de Barcelona, 1981.

23

llegada del PSOE al poder? Difícil lo tuvo el Gobierno socialista durante su primera singladura (1982-1986). Porque, además, los cineastas eran los mismos, y la industria estaba resquebrajada, si no inexistente como tal.[11]

Fue la realizadora Pilar Miró, nombrada directora general de Cinematografía directamente por el presidente González, quien tomó el timón de nuestro cine. La Miró —que había chocado con el sistema anterior por su debatido film *El crimen de Cuenca*—, de entrada, eliminó la clasificación *S* para los productos de esa índole, autorizando las películas *X*, donde se incluyó el cine pornográfico «duro».

Pero sería otro parche que no solucionaba el problema de fondo. Después, envió al Parlamento el tan clamado Proyecto de Ley del Cine, tras una consulta a los diversos profesionales del sector (veáse, más adelante, la llamada Ley Miró). La política de Pilar Miró favorecía a la producción, dentro del proclamado «cambio» socialista.

Finalmente, el historiador Fernando Méndez-Leite sustituyó a su colega en la Dirección General de Cinematografía (hoy Instituto de la Cinematografía y las Artes Audiovisuales), a finales de 1985, coincidiendo con la entrada de España en el Mercado Común. La Europa de los doce acabó con la cuota de pantalla, debido a la libre circulación de las películas por los países comunitarios. Y la CEE sumió en la incertidumbre el futuro del cine español.

Después, bajo el nuevo director general, se «corregiría» la Ley Miró. Y en 1988, tras la remodelación del gabinete, dimitiría Méndez-Leite. Se dio paso, entonces, al polémico Decreto Semprún, que se promulgó poco antes de agotarse la segunda legislatura socialista y convocar elecciones anticipadas.

A continuación, pues, constataré puntualmente el desarrollo de la cinematografía de la democracia, hasta cerrar la temporada 1988-1989.

---

11. Cfr. al respecto el libro de S. Pozo, *La industria del cine en España. Legislación y aspectos económicos (1876-1970)*, Barcelona, Universidad de Barcelona, 1984. Posteriormente, el citado autor fue uno de los productores ejecutivos de la Universal, tras cursar el Master en Cinematografía en la University of Southern California.

«Soluciones» del Gobierno de la Monarquía

Tras la postrera Ley de Cinematografía de la época franquista,[12] el *BOE* publicó un Real Decreto del Ministerio de Cultura, aprobado por el segundo Gobierno de la Monarquía con fecha 11 de noviembre de 1977, a fin de regular las actividades cinematográficas del país.

Sería la primera Ley del Cine (antes de la de Pilar Miró) aprobada en la España democrática. He aquí, por tanto, la respuesta del Gobierno suarista, fechada el 1 de diciembre de 1977. Reproduciré como testimonio lo que dijeron en su día las agencias de prensa, empezando por Europa Press:

Se suprime la censura y se establece la obligatoriedad de los cines de destinar a la exhibición de películas españolas un mínimo de ciento veinte días al año.

Por otra parte la realización de dichos films solo exigirá la notificación previa a la Dirección General de Cinematografía, por parte de la empresa productora, con una antelación mínima de quince días a la fecha del comienzo del rodaje, mientras que la realización en España de películas extranjeras requerirá licencia de rodaje.

También requerirá licencia previa el subtitulado y doblaje de películas extranjeras, así como la exhibición de cualquier film en territorio español. Las licencias serán concedidas por la Dirección General de Cinematografía en un plazo de dos meses a partir del momento de su solicitud, en la que deberá constar la clase de salas en que la película puede ser exhibida y la edad de los públicos a que va destinada. Asimismo deberá presentarse el film para su visado y la correspondiente expedición de la licencia, que no se otorgará en caso de que la exhibición de la película pudiera ser constitutiva de delito.

Se crea una comisión de visado que emitirá dictámenes cuya exhibición vaya a ser o no autorizada, en orden a su clasificación y valoración. Habrá una subcomisión de clasificación de películas que determinarán las edades de los públicos y las clases de salas a que vaya destinado el film. La Subcomisión de Valoración Técnica dictaminará sobre la concesión o no de los beneficios de que pueden ser objeto las películas es-

12. J.M. Caparrós Lera, *El cine español bajo el régimen de Franco (1936-1975)*, Barcelona, Universidad de Barcelona, 1983.

pañolas. Según el decreto publicado, las salas de exhibición se clasificarán en dos categorías: especiales y comerciales. Las películas destinadas a estas últimas se clasificarán atendiendo a las edades de los públicos a que se destinen. Cuando por su tema y contenido la película pueda herir la sensibilidad del espectador medio, la Administración podrá acordar que la película sea calificada con un anagrama especial y con las advertencias oportunas para el público. Los films cuyo tema principal sea el sexo o la violencia, solo podrán ser exhibidos en las salas especiales y únicamente estarán destinados a mayores de 18 años. La clasificación de toda película habrá de insertarse obligatoriamente en la publicidad de la misma, difundida por cualquier medio, así como antes del primer fotograma de cada copia de la misma, y habrá de darse a conocer a los espectadores en un lugar bien visible en las taquillas de la sala donde se exhiba.

Las películas destinadas a salas especiales cuyo tema principal o exclusivo será el sexo o la violencia, no podrán recibir ayuda, protección o subvención del Estado, y estarán sometidas a normas fiscales que se establezcan. Su publicidad sólo podrá utilizar los datos de la ficha técnica y artística de cada película, con exclusión de toda representación icónica, y deberá hacer constar la advertencia de su proyección exclusiva en dichas salas especiales.

Por otra parte, se establecen unas limitaciones a la existencia de estas salas especiales: no pueden tener más de doscientas butacas, su funcionamiento debe ser superior a un año natural, sin interrupciones, y en la localidad donde vayan a instalarse se mantenga la proporción de diez salas cinematográficas abiertas ininterrumpidamente todo el año por cada sala especial. También queda prohibida la publicidad de las películas por medio de carteles o vallas exteriores que contengan desnudos, imágenes, escenas o expresiones inconvenientes o peligrosas para los menores.

Asimismo, se convierten en salas comerciales las salas especiales que estaban en funcionamiento hasta el momento. Las películas calificadas hasta ahora para salas especiales se entenderán destinadas a salas comerciales.

A su vez, informa Cifra:

Por otro lado, el real decreto establece una cuota de pantalla que entrará en vigor el 1 de enero 1978, para las salas comerciales de exhibición de películas, en virtud de la cual los cines que proyecten films extranjeros deben destinar, por lo menos, ciento veinte días al año al pase de películas españolas. En los locales que tengan programas dobles, esta cuota de pantalla será de ciento diez días para 1978, ciento quince para 1979 y ciento veinte para 1980, y cada película española proyectada se computará solo como medio día de exhibición.[13]

En este sentido, los cines que a finales de este año no hayan cubierto la «cuota de pantalla» de las normas en vigor estarán obligados a complementarla durante 1978. En el caso de los cortometrajes, se fijará una cantidad igual para todos que no podrá exceder del cinco por ciento de los presupuestos del Fondo de Protección a la cinematografía.

Se establecen también calificaciones de películas de «especial calidad» y «especial para menores», a las que se destinará una subvención igual para todas dentro de su distinta condición de largometraje o cortometraje, que se fijará en los presupuestos del Fondo de Protección y que no podrá exceder del 10 por ciento de los mismos.

En estos presupuestos se destinarán, además, todos los años una cantidad para subvencionar a las pequeñas empresas de exhibición[14] con recaudación bruta anual inferior al millón y medio de pesetas y se podrán establecer también otras subvenciones a las empresas de distribución, exhibición, laboratorios y empresas técnicas auxiliares de la cinematografía, así como premios de incentivo para las diversas actividades profesionales y ayudas para fomentar la presencia del cine español en el extranjero.[15]

Las infracciones a la normativa establecida en el presente real decreto se sancionará de conformidad con la Ley de 22 de junio de 1977 y disposiciones complementarias.

Por último el R.D. establece en sus disposiciones adicionales la extinción desde ayer de las comisiones de valoración y créditos cinematográficos, las mixtas de coproducciones y distribución y las juntas de manifestaciones cinematográficas y de calificación y apreciación de películas [léase censura] y el cese de todos los cargos de las mismas.

---

13. El problema de impagados de la cuota de pantalla provocó las primeras quejas en relación con las salas exhibidoras de cine para menores, pues, al no haber producción española de cine infantil, no podía cubrirse la demanda.

14. Ya era obvio por aquellas fechas el estado ruinoso de los cines de barrio o reestreno, los cuales fueron absorbidos por monopolios de empresarios-distribuidores (léase Balañá y Cinesa, en Barcelona) o, incluso, comprados por partidos políticos.

15. Hace más de veinte años, el entonces director general de Cinematografía, José M. García Escudero, ya manifestó que el pulmón de supervivencia del cine español era su exportación al extranjero. Véase J.M. García Escudero, *Cine español*, Madrid, Rialp, 1962; y *Una política para el cine español*, Madrid, Editora Nacional, 1967. Sin embargo, hoy todavía seguimos sin apenas vender nuestras películas al exterior y, por tanto, sin una industria cinematográfica seria. Cfr. Antonio Cuevas, «El cine español y su exportación», *Cine Nuevo* (Madrid), 2 (verano 1984), 20-21.

Casi un año más tarde, sería el mismo Ministerio de Cultura el que elaboraría el primer borrador de la nueva Ley General de Cinematografía,[16] para presentarlo a las renovadas Cortes españolas tras la aprobación de la Constitución de 1978 y las recientes elecciones legislativas.

He aquí, pues, el resumen que sirvieron las Agencias, fechado el 18 de octubre de 1978:

El Ministerio de Cultura está elaborando un borrador de Ley General de Cinematografía, que ha sido facilitado a los diversos sectores laborales y empresariales relacionados con el cine, y cuyo texto denuncia el colectivo de cine del PSOE por haber sido elaborado —afirma— «de espaldas a las legítimas opiniones de los sectores afectados, en contra de las reiteradas solicitudes de la industria y, concretamente, del comité permanente del I Congreso Democrático del Cine Español», del que en su día se retiró UCD.

El borrador de la Ley General de Cinematografía establece, entre otros puntos, los siguientes:

— Supresión de la Dirección General de Cinematografía, creación de un centro español de cinematografía, como entidad autónoma, administrativa y económica, dependiente del Ministerio de Cultura.

— Exhumación del desaparecido Instituto de Investigaciones y Experiencias Cinematográficas (precedente de la Escuela Oficial de Cinematografía, EOC) para que puedan realizar prácticas de dirección, guión y producción los licenciados en Ciencias de Información (rama «Imagen fílmica»). En este Instituto se incluirá la Filmoteca Nacional.

— Creación de un registro de películas y otro de profesionales; consideración de RTVE como productora cinematográfica orientada a fines culturales y educativos; fijación de un porcentaje mínimo para los contratos de distribución; obligatoriedad del doblaje de películas extranjeras en estudios españoles, así como que el 80 por ciento de las copias de películas extranjeras exportadas en España sean preparadas en laboratorios españoles.

— Fijación del contrato a porcentaje (no inferior al 35 por 100 del producto neto de taquilla) para localidades de más de 20.000 habitantes.

— Clasificación de las salas de exhibición en comerciales, de arte y ensayo y salas X [¿y las «salas especiales» para películas S?]. Obligatoriedad de 10 minutos de proyección de cortometrajes excluidos los de propaganda política de partido.[17]

---

16. Véase texto íntegro en *Cine* (Madrid), 3, (nov. 1978), 9-13.
17. Con esta cláusula se beneficiaba de nuevo al hoy desaparecido NO-DO y se

— Fijación de la «cuota de pantalla» en un día de proyección obligatoria de película española por cada dos días de película extranjera doblada (cuota llamada del 2 por 1). De esta cuota se exceptúan las películas extranjeras calificadas como «especial para menores». Además, se vuelve al concepto de «doble cuota de pantalla», que favorecerá a las películas españolas calificadas como «autorizadas para todos los públicos», de «especial interés», «especiales para menores» y las que alcancen elevado presupuesto.

— La «cuota de pantalla» de las salas de arte y ensayo será 4 por 1, la de cortometrajes de 3 días de cortometraje español por cada uno extranjero, y la de TVE de una película española por cada cuatro extranjeras.

— Control de taquilla. La Administración ejercerá la emisión, distribución y venta de billetaje.

— Enumeración de los derechos básicos del espectador[18] y subvenciones para cortometrajes, películas de «especial calidad» y proyectos de interés cultural o artístico. Creación del Premio Nacional de Cinematografía.

— Creación del impuesto de protección a la cinematografía española, y supresión del «canon sobre película virgen» y de la tasa por permiso de doblaje, subtitulado y exhibición en versión original de películas extranjeras.

— Por las infracciones a los preceptos legales que regulan la actividad cinematográfica se fijan sanciones de hasta cinco millones de pesetas.

Respuesta de la oposición: I Congreso Democrático del Cine Español

Como «alternativa» de la oposición, se montó un sonado Congreso a fin de contrarrestar la reseñada política gubernamental en torno al cine español.

Con un programa muy ambicioso y tremendamente am-

---

puso en tela de juicio la exhibición de documentales que, sin ser propiamente de partido, tenían una postura ideológica determinada, como por ejemplo el *Noticiari de Barcelona*. Por manifestaciones análogas —parangonando el *Noticiario Español*, al servicio poco menos que de la Unión de Centro Democrático, con el antiguo NO-DO franquista— me fue prohibida por el Gobierno una entrevista con Luis del Olmo (Programa *Protagonistas*), en Radio Nacional de España en Barcelona (enero 1979).

18. Es curioso comprobar lo alejados que estaban estos derechos básicos del espectador propuestos por el Gobierno —que vea las películas íntegras, en buenas condiciones de proyección, con el formato propio en que fueron filmadas, etc.— con aquellos derechos de respeto al público apuntados en el capítulo II: «En torno a la libertad de expresión y el proyecto de Ley del Cine», J.M. Caparrós Lera, *El cine español bajo el régimen de Franco*, 175-182.

plio, los organizadores dieron a luz unas intensas jornadas donde se irían estudiando las ponencias y comunicaciones correspondientes a las diversas áreas. Corría el mes de diciembre de 1978.[19]

Aunque las conclusiones definitivas apenas tuvieron influencia explícita en la futura Ley del Cine,[20] sí resulta interesante constatar las propuestas de este I Congreso Democrático del Cine Español, fechadas el 16 de diciembre de 1978:

Los puntos de coincidencia entre los partidos políticos (PSOE, PCE-PSUC y AP), sindicatos (UGT, CC.OO. y CNT) y asociaciones profesionales y empresariales del sector convocante, fueron, entre otros, los siguientes:

— Necesidad de mantener la «cuota de pantalla» obligatoria, aunque se registraron discrepancias respecto a la profesionalidad de films nacionales y extranjeros. Conveniencia de flexibilizar la proporción del 2 por 1 para las salas de exhibición rurales o pequeñas y medianas empresas.

— Limitar la importación de películas extranjeras y establecer medios de control de la penetración de las multinacionales. Contingentación de las licencias de doblaje y revisión de los contratos de las distribuidoras extranjeras con sus agentes en España.

— Reconocimiento de los derechos de autor para los actores y productores. Los actores tendrán el derecho sobre su voz y su imagen, que no podrán ser utilizadas fuera de las obras para las que fueron contratados.

— Necesidad de que los festivales contribuyan a la defensa del cine español. (En relación con este tema, fue denunciado el Festival de San Sebastián, como fruto de la política franquista.)

— Liquidación de Cinespaña como inoperante.[21]

---

19. Personalmente fui llamado a participar, como otros profesionales del cine de este país, en el congreso. Mi comunicación estuvo inscrita en el área cultural, apartado XII, sobre Literatura cinematográfica, puntos 3 y 4 (Historia del cine e Investigación fílmica, respectivamente). Su título: «Necesidad de una metodología rigurosa para la investigación fílmico-histórica del arte cinematográfico. Una contribución. Urgencia de apoyo». Algunas de esas ideas las manifesté en la encuesta publicada en *Revista de Ciencias de la Información* (Madrid), 2, «Teoría y análisis del texto fílmico», 1985, 178-179.

20. Para una información amplia y bastante completa de este congreso especializado, véase *Cinema 2002* (Madrid), 48 (feb. 1979), 47-82.

21. Para los no especialistas, añadiré que este organismo fue el encargado durante el régimen anterior de la promoción y venta de películas españolas en el extranjero. En la actualidad, ha sido suprimido por el Gobierno y ahora es éste, a través del ICAA (Instituto de Cinematografía y de las Artes Audiovisuales), quien se ocupa de promocionar la exhibición en el exterior y la exportación por medio de las Semanas de Cine Español allende las fronteras.

— Elaboración de un censo de todos los profesionales del cine, en sus diversas ramas. No hubo acuerdo, sin embargo, sobre la exigencia de titulación obligatoria para el ejercicio de la profesión, tesis sostenida por ADA, frente a amplios sectores que consideraban suficiente la inscripción reglamentaria en un registro.[22]

— Creación de una Escuela de Cinematografía (la EOC está parada) y Escuelas de Técnicos del Cine, dependientes del Centro Autónomo Español del Cine.

— Adopción de diversas medidas de protección económica al sector; creación de un Ente Autónomo para la Administración de Fondos Públicos, regulación de las facilidades crediticias, remodelación del sistema impositivo a las industrias cinematográficas, necesidad de una especial promoción de la pequeña y mediana empresa cinematográfica por las administraciones central, regionales y locales, entre otras medidas.

— Creación de un Centro Autónomo español de Cinematografía, dependiente del Ministerio de Cultura y, según propugna un sector, de otro Centro de carácter financiero, que podría depender del Ministerio de Hacienda.

— Supresión de la actual Junta de Calificación de Espectáculos infantiles, y su sustitución por un órgano democrático, y rechazo del Centro Español de Cine para la Infancia y la Juventud al que se niega el carácter de órgano representativo.[23]

— Rechazo de la división discriminatoria entre largo y cortometraje y necesidad de establecer medidas de protección especial a estos últimos.

— Denuncia, como práctica de intrusismo y competencia desleal, de la existencia de salas de exhibición no comercial: parroquiales y escolares.[24]

Hasta aquí, el resumen que dieron las agencias de prensa.

---

22. Otra vez surgió el problema del registro profesional, que en tiempos de Franco era discriminatorio; concretamente en torno a los críticos cinematográficos sin carnet de periodista (que fuimos perseguidos como intrusos por las asociaciones de prensa). Actualmente, tal control ideológico-profesional ha desaparecido.

23. En este caso, quizá tendrían que ser las asociaciones de padres de familia quienes podrían asesorar y considerar qué películas son idóneas para menores; al tiempo que la iniciativa privada fuera la auténtica promotora —a nivel de producción, distribución y exhibición— del tan necesario y todavía olvidado cine infantil y juvenil.

24. A fin de solucionar esta cuestión, acaso debería haberse aumentado la edición de películas en formatos reducidos, no comerciales (16 mm y Super-8), para cubrir las legítimas actividades de tales centros. Sin embargo ahora, con el vídeo, resulta improcedente dicha denuncia; aunque queda sin subsanar el problema.

La postura de Cataluña: Congrés de Cultura Catalana y Jornades de Cinema Català

Con la muerte de Franco y la caída definitiva del sistema, algunas regiones y nacionalidades del Estado español pudieron recuperar su identidad incluso a nivel jurídico. Cataluña, con el parabién oficial, fue la primera del país.

Una prueba de ello sería la pronta convocatoria de un Congrés de Cultura Catalana, a fin de establecer unas bases mínimas y generales para la reconstrucción autonómica. Y, casi durante dos años, los diversos ámbitos del congreso trabajaron sin descanso; entre ellos, el correspondiente al arte cinematográfico.[25]

Así, en 1977, con motivo de la XIX Setmana Internacional de Cinema de Barcelona, se celebró la clausura de los trabajos del Àmbit Cinema. Y en el Palacio de Congresos se leyó un manifiesto, para cerrar esta «renaixença» en el Pueblo Español de Montjuïc con la llamada Nit del Cinema Català. Ofrezco aquí, traducido al castellano, el texto completo del titulado «Manifest per a una proposta de cinematografia nacional catalana al servei del poble dels Països Catalans»:

> Nosotros, trabajadores, profesionales y otros ciudadanos preocupados por la situación de la cinematografía en los Países Catalanes, exponemos, dentro del marco del Congrés de Cultura Catalana, las conclusiones del trabajo que hemos llevado a término en el seno del Àmbit Cinema. Las remitimos a la opinión pública y, de una manera muy especial, a todas aquellas personas e instituciones que, en un futuro que querríamos bien próximo, se habrán de responsabilizar de la puesta en funcionamiento de los órganos de gobierno *realmente autónomos* en cada uno de nuestros países.
>
> Un análisis de las condiciones históricas en que se ha movido la cinematografía en el seno de nuestros países nos permite constatar que la introducción del hecho cinematográfico en los Países Catalanes, la progresiva creación de una infraestructura industrial, se produce sin gran-

---

25. Personalmente, también fui llamado a colaborar en el Àmbit Cinema, dentro del apartado referente a los años treinta, facilitando al Congrés la filmografía catalana de aquellos años republicanos y bélicos. Cfr. J.M. Caparrós Lera y Ramon Biadiu, *Petita història del cinema de la Generalitat* (1932-1939), Barcelona, Robrenyo, 1978.

des desfases en relación a otras naciones, pero sin llegar nunca a la consolidación de una cinematografía con una identidad cultural propia.

A partir de 1925, con una primera crisis a causa de la emigración empresarial y profesional a Madrid y, sobre todo, del hecho de la introducción, el 1929, del cine sonoro hablado en lengua castellana, se incrementa el proceso de anormalidad en los Países Catalanes por lo que se refiere a los aspectos industriales y culturales.

De otro lado, y desde bien pronto, se produce una centralización en Barcelona de gran parte de la actividad empresarial cinematográfica. Caso aparte el fenómeno CIFESA; Valencia acusa más traumáticamente la expansión del sonoro, que comporta la gradual desaparición de buena parte de la antigua industria valenciana. Mientras tanto, en las Islas [Baleares] y en la Cataluña Norte no ha llegado a formarse una mínima infraestructura profesional.

En el Principado de Cataluña los intentos cinematográficos de la Generalitat no cuajan, prácticamente, hasta 1936, y por necesidades de la guerra, momento en que el Comissariat de Propaganda crea LAIA FILMS que, al lado de POPULAR FILMS y del SINDICATO DE ESPECTÁCULOS PÚBLICOS, realiza una importante producción informativa y de films militantes antifascistas.

La represión franquista en los Países Catalanes hizo inviable, en los años de la posguerra, cualquier intento de recuperación y normalización.

La política centralista de nepotismo y de subvenciones económicas acelera el desplazamiento de la industria hacia la capital del Estado, provocando el cierre de estudios y la emigración de profesionales.

A pesar de los intentos aislados y esporádicos que se producen, sobre todo a partir de los años sesenta, la larga noche del franquismo ha imposibilitado, hasta hace bien poco, cualquier proyecto tendente a la normalización.

Hoy, en la nueva situación política y en la expectativa de la recuperación de la autonomía —especialmente en el Principado—, constatamos en muchos sectores de la vida cultural catalana, incluso en el cinematográfico, una actitud particularmente favorable al arranque de una cinematografía nacional propia.

Para poder avanzar hacia este objetivo, el Àmbit Cinema del Congrés de Cultura Catalana plantea sus propuestas concretas, considerando como una condición previa e indispensable para que se puedan vehicular el restablecimiento de unos organismos de poder realmente autonómicos en cada uno de los Países Catalanes.

Estas propuestas se fundamentan básicamente en:

— La creación de departamentos de cinematografía en el seno de los Gobiernos autonómicos, la función de los cuales habría de ser la gestión y ordenación de las actividades cinematográficas con la finalidad primordial de impulsar y potenciar el cine catalán. Cada uno de estos departamentos habría de asumir específicamente: la ordenación y regulación de la industria cinematográfica; la creación de un centro de estudios cinematográficos; la creación de un centro para la producción de cine informativo, documental, o para las necesidades propias de las Conselleries y de un centro de promoción del film en catalán, a través de una política fiscal y crediticia que lo favorezca, y con la creación de servicios de información, extensión y recursos.

Habrían de ser también funciones a asumir por organismos ligados a las Conselleries correspondientes de los Gobiernos autonómicos: incluir la enseñanza básica de la expresión cinematográfica en todos los niveles educativos; establecer las necesarias relaciones y coordinaciones cine-televisión; adoptar medidas tendentes a la promoción de la producción, importación y, en su caso, doblaje de cine infantil y juvenil, así como del cine técnico y científico, y, en general, responsabilizarse de todos los aspectos legales y administrativos necesarios para avanzar hacia la total normalización de una cinematografía catalana.

— La constitución de entes autónomos de cinema en cada uno de los Países Catalanes, en conexión con aquellas Conselleries que tengan relación con el cine, gestionados por unos consejos de administración con representación de las centrales sindicales, de las organizaciones patronales y de representantes de diversas Conselleries implicadas en el hecho cinematográfico.

La función general de los entes habría de ser la planificación y regulación de las actividades de la industria cinematográfica en los Países Catalanes, con el objeto de consolidar una infraestructura normalizada.

Será dentro del marco de los entes donde se deberán buscar soluciones a las problemáticas y los déficit concretos que, a lo largo del informe —incluido el proyecto de resolución— se han ido enumerando, y que se centran en torno del control de las multinacionales, de las actitudes monopolísticas, y de la necesaria superación de los déficit infraestructurales.

[...]

Desde ahora mismo, pero sin esperar la adopción por los organismos autonómicos de sus concreciones políticas cinematográficas, hace falta que todos juntos, profesionales o no, exijamos activamente la total derogación de las medidas represivas y centralistas vigentes, todavía hoy, y que consigamos la descentralización económica y administrativa, la supresión de todo tipo de censura y de los obstáculos que, aún hoy, dificultan las posibilidades de avance de nuestra cinematografía.

Solo así, imponiendo nuestros derechos desde ahora, posibilitaremos a los futuros gobiernos autonómicos la adopción de las medidas políticas que permitan el libre desarrollo de una cinematografía catalana que devuelva el cine al servicio del pueblo, del cual —en último término— surge. [2-X-1977.]

Un año más tarde, paralelamente a la XX Setmana Internacional de Cinema de Barcelona, se organizaron las primeras Jornades de Cinema Català, con un intenso programa de actividades y proyecciones.[26] Tales Jornades replantearían de nuevo la necesidad de una cinematografía propia.

Con un tono más comedido que el manifiesto reproducido anteriormente, se redactaron al final una serie de conclusiones que asimismo me parece interesante constatar aquí, de cara a su contribución en el cine español de la democracia.

Valga, pues, su texto completo —traducido también al castellano— como testimonio de una voluntad de expresión catalana en esta nueva singladura de nuestra cinematografía hispana. Su título fue «Document final de Jornades de Cinema Català»:

Consideraciones previas

1. Nos congratulamos de la constitución de los Consells de las Generalitats y del Consell Interinsular de los Países Catalanes, y de una manera muy particular de la Generalitat de Cataluña, la cual acaba de nombrar un director general de Cultura, de la Conselleria d'Ensenyament i Cultura, el cual ha de desarrollar y llevar a término la política cinematográfica dentro de este departamento.

2. Deseamos y esperamos que de una manera inmediata el Estado español traspase a las Direcciones Generales pertinentes de los Gobiernos autonómicos las competencias suficientes en materia cinematográfica, para lo cual nos ponemos a su disposición para los asesoramientos y colaboraciones que hagan falta en cada momento y en cada Gobierno autonómico.

3. Reiteramos, con la debida actualización, la necesidad de la puesta en marcha de las resoluciones del Àmbit Cinema del Congrés de Cultura Catalana, de las cuales de alguna manera estas JORNADES pretenden impulsar su realización.

4. Nos sentimos satisfechos por la creciente tendencia hacia la catalanización y normalización de nuestra lengua en el hecho cinemato-

---

26. Cfr. mis crónicas en *Mundo Diario* (11, 17 y 18 oct. 1978).

gráfico, ejemplo de la cual es que por primera vez la denominación, los impresos, los programas, los abonos, los comunicados y la correspondencia de la Setmana [Internacional de Cinema de Barcelona] se han hecho prácticamente todos en catalán.

5. Lamentamos la casi total ausencia de representantes de la industria cinematográfica en las Jornades —ramas de producción, distribución y exhibición—, a pesar de las reiteradas llamadas que se les ha hecho, repitiéndose la misma situación que se produjo en el Àmbit Cinema del Congrés de Cultura Catalana, lamentación que hacemos extensiva a otros sectores profesionales. Los organizadores de las Jornades han insistido mucho sobre este punto, porque entendemos que el hecho cinematográfico afecta a todos los que trabajan o intervienen: desde las películas de 70 mm a las de 8 mm; desde las exhibiciones en las salas comerciales a las sesiones de filmoteca, cine-clubs y asociaciones de vecinos; desde la crítica y el ensayo a la conservación de films y materiales cinematográficos, etc. Del intercambio de opiniones y experiencias podrían salir las bases para establecer las futuras leyes que regulen todas estas materias en todos los Países Catalanes.

6. Lamentamos, pese a denunciarlo, la casi total ausencia de los diversos medios de comunicación en el desarrollo de las Jornades, hecho no aislado sino que corresponde con la actuación de estos en relación al Àmbit Cinema del Congrés de Cultura Catalana, a la actividad cotidiana de los cine-clubs y de su Federación, y con todo lo que hace referencia a los formatos subestándar y vídeo.

7. Nos place comprobar la existencia de diversos grupos y entidades, profesionalizados unos, vocacionales los otros, todos los cuales se preocupan tanto de la pedagogía y enseñanza del cine, como de la problemática de una producción dedicada a la infancia y la juventud.

8. Manifestamos nuestra satisfación por la nueva etapa que, discreta y silenciosamente, está desarrollando la EMAV [Escola Municipal de Formació Professional en Mitjans Àudiovisuals]. Deseamos que el nuevo equipo pueda salir airoso y lleve una gestión clara y diáfana como corresponde a todo centro educativo.

9. Alentamos iniciativas como la de la Conselleria de Cultura del Consejo Interinsular Balear, del proyecto de un noticiario cinematográfico, a la vez que encarecemos el papel sensibilizador y de desarrollo que puede llevar a cabo el medio audiovisual, en todas las Islas, habida cuenta de su particular situación cultural y social.

10. Nos congratulamos por la reciente constitución de la Federació Catalano-Balear de Cine-clubs, de la que esperamos que con su independencia y autonomía lleve a cabo las tareas que se han propuesto en esta primera etapa, entre las que destaca la dinamización cultural en las comarcas y la decidida voluntad de coordinarse con todos los gru-

pos y personas que trabajan por el cine *a casa nostra*, así como de la aparición de su revista *Fulls de Cinema*.

Por todo esto, nosotros, profesionales, entidades y grupos del cine catalán, junto con todos aquellos implicados en el hecho cinematográfico de los Países Catalanes, exponemos, desde las Jornades de Cinema Català, que han tenido lugar en el marco de la XX Setmana Internacional de Cinema de Barcelona, las conclusiones de los trabajos y debates que se han llevado a cabo dentro de las mismas. Las remitimos a la opinión pública y, de una manera muy especial, a los Gobiernos autonómicos respectivos y a todas aquellas personas e instituciones que han de responsabilizarse de la ordenación y de la regulación del cine en los Países Catalanes.

Conclusiones

1. Panorámica general

Comprobada la inutilidad de convocar a todos los estamentos cinematográficos —producción, distribución, exhibición, centrales sindicales, crítica y otros—, por falta de asistencia y de interés, tanto desde el Àmbit Cinema del Congrés de Cultura Catalana como desde las Jornades, entendemos que habrían de ser otras instancias las que alcancen el protagonismo de la convocatoria. Por tanto, urgimos a las Direcciones Generales de Cultura y a las Conselleries de los Gobiernos autonómicos de los Países Catalanes, a convocar por sectores a todos los interesados, a fin de poder preparar una futura ley-marco donde queden contempladas ampliamente todas las posibilidades y se puedan desarrollar todas las normativas pertinentes.

2. Pedagogía y enseñanza del cine y de los medios audiovisuales

Hace falta establecer apartados y niveles diferentes:

a) Creación de unas escuelas técnicas superiores de cine y televisión, donde los interesados estudiarán las distintas especialidades técnicas: realización, fotografía, producción, escenografía, maquillaje, montaje, etc., con la debida capacitación profesional con miras a la integración de la industria.

b) Ordenación de las estructuras docentes para que, desde la primera infancia hasta BUP y COU, se introduzcan obligatoriamente el cine y los audiovisuales, formando parte de la preparación humanística y científica. Esto hará necesaria la preparación de un profesorado adecuado y la dotación del correspondiente material.

c) A nivel universitario, se deberían estructurar ramas en las facultades y escuelas superiores que lo necesiten, donde todo aquel que quiera especializarse en cualquier medio audiovisual obtenga las licenciaturas y los títulos correspondientes. La enseñanza del cine en los diferentes niveles pedagógicos podría ser una de las principales salidas de estos graduados.

d) Tener muy presente que el cine y demás audiovisuales han de servir como un medio para la enseñanza de las distintas materias escolares, de igual manera como se utilizan los libros.

3. Cine infantil y juvenil

A la luz de la no existencia de una planificación y de una estructura que resuelva la producción, distribución y exhibición de cine especialmente dedicado a los niños y jóvenes, emplazamos a los departamentos correspondientes de los Gobiernos autonómicos para que urjan la inmediata colaboración de todas aquellas personas y grupos que de una manera aislada trabajan ya en este campo, para juntar las bases de este tipo de films, y en una segunda fase la creación de entidades públicas y empresas para que realicen estos proyectos.

4. Televisión

Delante de la negativa gestión política y social de Radiotelevisión Española, se afirma todavía más la exigencia de una televisión catalana autónoma, con una programación propia y que sirva a las necesidades culturales e informativas de los Países Catalanes, sin excluir no obstante las vinculaciones y conexiones técnicas e informativas con el resto del Estado español. Los Parlamentos habrán de redactar un estatuto de garantías. Por otro lado, se deberán regular e impulsar también las relaciones entre el cine y la televisión.

5. Promoción y acción cultural

Considerar la legislación relativa a la difusión cultural cinematográfica y a las facilidades a esta actividad, tanto con respecto a los medios audiovisuales por su desarrollo y especialmente en su extensión a nuevos centros —escuelas, ateneos, asociaciones de vecinos, fábricas, etc.—, como para una particular atención a aquellas comarcas con mayores déficit culturales. Al mismo tiempo se han de consolidar los contactos entre los diversos grupos que ya trabajan en este ámbito.

6. Cine alternativo

Los sectores del cine subestándar y vídeo, que hacen una importante labor cultural, social, cívica y de investigación, necesitan para su desarrollo del soporte de los organismos pertinentes que aseguren sus funciones específicas.

7. Presencia en las negociaciones a nivel de Estado español

Estando en curso los proyectos de Ley de Cine a nivel del Estado español y también el I Congreso Cinematográfico Democrático Español, que pueden configurar un marco para nuestros cines antes de que haya una legislación emanada de los respectivos Parlamentos, instamos a los Gobiernos autonómicos, a los partidos, centrales sindicales y profesionales para que procuren intervenir por los medios y en los aspectos que les correspondan.

8. Colaboración entre los Países

La unidad histórica, cultural y lingüística, así como las necesidades de unir esfuerzos en los aspectos tecnológicos y en el aprovechamiento de unos mercados que son comunes, aconseja que a través de una comisión formada por representantes de los respectivos Gobiernos autonómicos, se vele por una estrecha colaboración en todos aquellos campos donde sea posible. [15-X-1978.]

Francamente, una década después la política cinematográfica de Cataluña intentó llevar a cabo estas propuestas; primero bajo la égida del reconocimiento productor y realizador Josep Maria Forn, antiguo director general de Cinematografía, Vídeo y Televisión de la Generalitat. Y ahora, bajo la política cultural del *conseller* Joan Guitart y los *cap de serveis* correspondientes de los departamentos de Cultura y Enseñanza.

Nueva crisis del cine español

En pleno verano de 1979, el mes de julio, se suscitó una aguda crisis en el cine español. La génesis de esta nueva crisis de nuestra cinematografía —gracias también a diversas fuentes coetáneas— puede especificar mejor el resumen ofrecido en el primer apartado.

El asunto comenzó cuando el entonces director general de Cinematografía, Luis Escobar —pronto sustituido por el especialista Carlos Gortari—, hizo unas declaraciones a la Agencia Efe donde apuntaba la política a seguir en torno a los impuestos sobre las películas pornográficas (y las salas denominadas *X*) y la ayuda de 1.300 millones que RTVE iba a dedicar al cine español, al tiempo que contestaba tres mociones presentadas en el Congreso de Diputados por el grupo socialista acerca del billetaje automático, la cuota de pantalla y el doblaje de películas extranjeras.

Asimismo, el crítico Antoni Kirchner —hoy sustituto del referido Miquel Porter al frente de la jefatura de Cinema de la Generalitat de Cataluña— publicó un editorial[27] en torno a la situación alarmante de algunas distribuidoras cinematográficas —habían suspendido pagos Selecciones Capitolio y Universal Films Española, y circulaba el rumor sobre otras dos—, comentando a la vez el panorama de Barcelona, extensible a todo el territorio del Estado español.

También surgió la voz de otro profesional: José Antonio Pérez Giner, presidente de la Agrupació Catalana de Productors Cinematogràfics Independents, que juzgaba la necesidad urgente de una federación de todos los productores españoles para que la industria del cine se erigiera como interlocutor válido ante la Administración. De ahí que declarase a *El Periódico*:

> Los catalanes estamos dispuestos a luchar a muerte por conseguir la federación. La unión podría hacerse respetando la independencia de las tres agrupaciones, y sus objetivos fundamentales serían: 1.) centralizar las relaciones con la Administración estatal central; 2.) promover la difusión del cine español en el extranjero; 3.) ostentar la representación exclusiva de los productores españoles de cara al extranjero.[28]

En este mismo sentido, se refirió Pérez Giner a los problemas apuntados por el director general. Por ejemplo, en el caso de la televisión comentó:

> Ese es un problema grave, puesto que aún no se sabe si la cantidad que el Ministerio de Cultura ha dedicado a la ayuda al cine por parte de la RTVE va a concretarse en comprar películas ya producidas o en alentar la realización de nuevas producciones españolas. Lo cierto es que la comisión que se encarga de decidir sobre este tema ha sido nombrada a dedo por el Ministerio y no está sometida a ningún control democrático. Y ese control debe existir para que de esa iniciativa se beneficien los productores que han hecho la industria.

---

27. Antoni V. Kirchner, «Suspensiones de pago en el cine», *Tele-Exprés* (Barcelona) (24-VII-1979).

28. Gabriel Jaraba, «Los productores de cine se federan para defenderse», *El Periódico* (Barcelona) (25-VII-1979).

Y a continuación se centraba en uno de los puntos que considera fundamentales para la supervivencia de nuestra industria:

Actualmente se pueden importar las películas que se quiera, se puede doblar cualquier cosa. Nosotros [se refiere a la Agrupació catalana] no nos oponemos a la libre importación de películas, siempre que se las subtitule. Nosotros nos mantenemos en la posición de que por cada película extranjera doblada, los distribuidores deben incluir tres producciones españolas, y ello concretado del modo siguiente: cuando el distribuidor ponga en lista una película española, que se le conceda un permiso de doblaje; cuando esa película se haya estrenado, que se le conceda un segundo permiso; y cuando la película haya superado los 30 millones de recaudación, que reciba un tercer permiso de doblaje de película extranjera.

Finalmente, se refirió al problema de las multinacionales en estos términos:

La federación de productores debiera ser un primer paso al que habría de seguir la confederación de todas las ramas de la industria y del comercio cinematográfico, como ente de defensa frente a la Administración y la penetración de la industria extranjera. Y debiera servir para que el Estado ayudase a la industria cinematográfica y no exclusivamente al comercio; es decir, al distribuidor y al exhibidor, como hace hasta ahora. Por supuesto, el comercio puede sobrevivir sin industria, pero al precio de venderse completamente a la industria extranjera. Y esto es lo que hay que evitar por todos los medios. [29]

La cuota de pantalla

Sin embargo, no todo el mundo estaba de acuerdo con tales opiniones, pues, a los pocos días, el Tribunal Supremo dictó sentencia en favor de los exhibidores españoles —empresarios de salas—, quienes habían interpuesto un recurso contra la cuota de pantalla ante la imposibilidad de cumplir la normativa emanada del Gobierno suarista del 2 por 1, que llegó a imponer multas de millón y medio de pesetas a algu-

---

29. Declaraciones a *El Periódico* (25-VII-1979).

nas salas. Así, el Supremo declaró nulos y contrarios a derecho los artículos del Real Decreto de 11 de noviembre de 1977 por los que se fijaba la obligatoriedad de los exhibidores de programar un tercio de films españoles al año sin ninguna compensación económica.

Además, los problemas de los empresarios de cine en torno al cumplimiento de la cuota de pantalla se incrementaron en los últimos meses por falta de cintas españolas y, sobre todo, por la mala calidad de las mismas, pues muchas de ellas no aguantaban más de una semana en cartel (pese a las S).

La defensa del cine español —indicó el Gremio de Exhibición a la agencia Logos— ha de partir de su calidad. No puede defenderse al cine a base de obligar a los cines a proyectar todo lo que se hace. Es necesario que se hagan cosas que puedan competir con el resto de películas que llegan a España. [30-VII-79.]

La supresión de la cuota de pantalla por la autoridad judicial desbordó el vaso de la crisis latente y ésta se agudizó. La primera respuesta vino de la misma Agrupació Catalana de Productors, que se dirigió a «don Luis Escobar, director general de Cine, Ministerio de Cultura, Madrid», en los siguientes términos:

Reunidos en asamblea la Agrupació Catalana de Productors en el día de hoy han considerado y exponen a esta dirección general que es imprescindible para una mínima supervivencia de un cine español, bien cultural al que no se puede ni se debe renunciar, el restablecimiento inmediato de la cuota de pantalla y la reimplantación del cuatro por uno regulando permisos de doblaje a través de la explotación de las películas españolas y asimismo ampliación de perfeccionamiento del control de taquilla. Queda claro que estas medidas son las más primordiales y urgentes entre las ya solicitadas en nuestro escrito anterior. Mientras no se garanticen las medidas indicadas, los 24 productores miembros de esta agrupación han acordado unánimemente no iniciar ningún proyecto y tratar de suspender los ya en curso. Esperamos noticias y mantendremos contacto telefónico con esta dirección general, asociaciones de Madrid y centrales sindicales. Atentos saludos, Pérez Giner, presidente, y Luis Comerón, secretario. Barcelona, 30 de julio de 1979. [Texto del telegrama.]

Por su parte, los sindicatos se manifestaron contra las medidas oficiales del Gobierno, en una nota difundida horas antes:

Las centrales sindicales catalanas de cine culpan al Gobierno, a su Ministerio de Cultura y al Director General de Cinematografía de la despreocupación, desconocimiento y falta de una política eficaz a la industria cinematográfica. Los cuadros técnicos y artísticos no se inventan en un día y su desaparición significaría la imposibilidad de desarrollar en un futuro proyecto alguno de reconstrucción de la producción cinematográfica. El cine es un vehículo cultural, bien sea para entretener o para formar a los ciudadanos. Mientras el Gobierno facilite la colonización cultural y no se haga cargo de la gravedad de la situación, el cine español no tendrá salida.[30]

Asimismo, el propio Luis Escobar había reconocido que la sentencia del Tribunal Supremo condenaba prácticamente a la desaparición el cine español.

«Entente» provisional industria-Administración

Por primera vez —yo diría que en la historia—, la Administración tomó en consideración, a la hora de resolver un problema, los planteamientos de los técnicos en la materia. Al menos, en lo que al cine español se refiere. Con fecha 1 de agosto de 1979, en pleno verano, un despacho de la agencia oficial Efe nos informaba de que...

[...] representantes de los diferentes sectores de la industria cinematográfica se han reunido en Madrid con el fin de buscar una solución a la grave crisis por la que atraviesa el cine y que se agudizó últimamente con la supresión de la «cuota de pantalla»[...] Todos los sectores han llegado al acuerdo de que es absolutamente imprescindible y urgente que la Administración establezca nuevamente la cuota de pantalla y la de distribución —por la que se obligaría a comprar películas españolas— dentro de la misma normativa legal, dado el carácter complementario. Con este fin, se ha redactado un documento que

---

30. Puntualizaciones de las centrales sindicales CC.OO., UGT y CNT a *El Periódico* (29-VII-1979).

se entregará al director general de cinematografía, y que ha sido firmado por todos los sectores, a excepción de los grandes distribuidores, entre los que existe cierta reticencia. Se espera que las diferencias con los distribuidores sean salvadas, ya que, por primera vez, el resto de la cinematografía ha tomado conciencia de la gravísima situación y está tratando de poner remedio al conflicto con una voluntad decidida común. [31]

Seguidamente, sería la agencia Logos la que con fecha 3 de agosto, transmitiría la ratificación de la Administración:

Las salas de cine proyectarán anualmente noventa y un días de películas españolas; es decir, se fija la «cuota de pantalla» al tres por uno: un día de película española por cada tres de película extranjera (ni el 2 por 1 de antes, ni el 4 por 1 que pedía la Agrupació catalana). Por otro lado, el acuerdo actual compromete una «cuota de distribución» de la que habían quedado exentos por el Real Decreto del 11-XI-77. Se prima esta distribución mediante el otorgamiento de licencias para el doblaje de películas extranjeras, hasta un total de cinco licencias por películas españolas distribuidas. La primera licencia sería consecuencia del anuncio a la Administración por parte de una distribuidora de su participación en la producción de un film. La segunda, con el estreno de esta película en una capital de cabecera de zona. La tercera, cuando la recaudación de esa película llegue a los veinte millones de pesetas. La cuarta, cuando haya alcanzado la cifra de 30 millones. Y la quinta o última —«de regalo»— si la película llega a los 100 millones de pesetas [...].

Junto a todo ello, existía una promesa oficial formal de que este proyecto pasaba a las Cortes con el apoyo de UCD y que, por lo tanto, iba a ser aprobado para regularse con estas condiciones, si bien, de hecho, esta norma ya podría regu-

31. Firmaron este acuerdo los siguientes grupos: Asociación Independiente de Productores Cinematográficos Españoles (AIPC), Unión de Productores Cinematográficos Españoles (UPCE), Agrupació Catalana de Productors Cinematogràfics Independents, Asociación de Titulados en Cinematografía (ATC), Asamblea de Directores y realizadores Cinematográficos Españoles (ADIRCE), Técnicos Asociados Cinematográficos Españoles, Asociación de Actores (ADA), Federación Española de Asociaciones y Gremios de Distribuidores de Películas Cinematográficas, y el Gremio de Exhibición, junto a las centrales sindicales antes citadas. Se negaron las multinacionales (Asociación de Distribuidores de Importación).

lar el cine español. El Proyecto de ley se votará (?) la primera semana de septiembre, hasta que se revise en términos de Ley General de Cinematografía, para nada menos que enero de 1982.

De ahí, pues, las declaraciones del realizador Vicente Aranda:

> El cine español está muerto de necesidad, si bien parece que ahora se le da un respiro. Pero siguen existiendo problemas como puede ser el de la financiación. Tendría que ser la banca oficial la que concediera créditos al cine español, puesto que la banca privada se niega en redondo [*Diario de Barcelona*, 8-VIII-1979].

La opinión pública

Oigamos ahora lo que dijo la prensa no especializada, la voz de la calle, sobre esta nueva crisis del cine español, resuelta —como es habitual en nuestro país— mediante un «parche».

Me he propuesto reproducir la opinión pública por medio de tres textos en gran parte clarificadores y testimoniales como fuentes coetáneas.

En primer lugar, el artículo que firma Antonio Papell acerca de la situación de nuestra pobre cinematografía:[32]

> Entendemos, sí, que el Estado tiene sus ineludibles obligaciones: la del fomento del arte, la del apoyo material a empresas estéticas que, en sí mismas, no tienen por que ser rentables. Pero, curiosamente, las mejores películas españolas, realizadas por unos pocos directores prestigiosos cuya enumeración, por sabida, sería prolija, no solo no han necesitado mecenazgos, sino que han sido exportadas sin obstáculos y amortizadas ampliamente. Por el contrario, las limitaciones impuestas a las salas de exhibición y la ayuda del Ministerio de Cultura solo han hecho posible la realización de los inenarrables bodrios cuyo apoyo oficial es un puro sarcasmo y cuya hipotética exportación más vale impedir por aquello de la dignidad.
>
> Hemos empezado por hablar, aquí dentro, de «industria cinematográfica». Ciertamente, tras toda película hay una «industria» pero no

---

32. A. Papell, «El remedio de la crisis: hacer buen cine», *La Vanguardia* (31-VII-1979).

siempre un hecho cultural. Por ello mismo, el Ministerio del ramo debería desentenderse, como norma, de la vertiente comercial de aquellas cintas cuya única pretensión es la comercialización, y apoyar, en cambio, aquellas otras, muy pocas, en que la creación predomina sobre el negocio. Porque si algún lector se toma la molestia de hacer recuento hoy mismo de las películas españolas en cartel, advertirá, con la sola ayuda de la publicidad que involucrar a un Ministerio de Cultura en semejante oferta es un fraude a la cultura y a la colectividad.

Entretanto, los espectadores pagamos la cuenta de la mediocridad ajena, y hemos de ver como se mantienen en cartelera engendros incalificables, contra toda ley económica de demanda, por un imperativo proteccionista que no solo no fomenta la sensibilidad y la cultura sino que degrada a ambas. Porque es muy de lamentar que el sector esté en crisis, pero la culpa no es más que de quienes, con su ineptitud, son incapaces de competir libremente con lo que nos ofrecen los mercados exteriores.

Muy posiblemente la culpa de la caída vertical de nuestro cine la tengan los viejos antecedentes proteccionistas. ¿Para qué hacer buen cine si el malo tiene idéntica salida? El camino para que España reconstruya una cinematografía boyante que no haya de recurrir a vejatorias ventajas para subsistir no es, entendemos, una prolongación de la antigua situación sino todo lo contrario: libertad absoluta de mercado, extensiva a la distribución en la que habrá de desaparecer el actual oligopolio y creación de unos incentivos estatales repartidos objetivamente entre aquellas producciones que porten una contribución cultural evidente, en el más amplio sentido del concepto. La promoción de esta clase de cine, cuando ni siquiera el público español lo considera digno de autosostenerse, es, a la vez que una afición improlongable, una inmoralidad.

En segundo lugar, la nota del periodista Ignacio Aréchaga,[33] que arroja luz sobre lo que está pasando con nuestro cine nacional:

Hace unos años era corriente achacar la crisis del cine español a la falta de libertad. Que el Estado quite sus trabas y el séptimo arte florecerá, aseguraban los profesionales del ramo. Pero la libertad, entendida como supresión de la censura, no ha bastado, a falta de talento y de recursos económicos. Este enfermo crónico que es el cine español

---

33. I. Aréchaga, «El cine español necesita algo más que libertad», *Agencia ACE-PRENSA* (30-VIII-1979).

está a punto de entrar en coma. El número de películas rodadas desciende cada año. La mayor parte de los actores se encuentra en paro o se gana la vida en la publicidad, las relaciones públicas o los negocios. Algunas actrices no encuentran más ofertas que posar para las revistas eróticas, para que el lector liberado pueda disfrutar con la necesidad ajena.

Los aires liberales, al menos los del liberalismo económico, han resultado más mortíferos que los del proteccionismo anterior. La libertad de importación y la supresión de la censura abrieron el dique de películas antes retenidas en la frontera, para inundar las pantallas en gran parte con subproductos aptos para una época de sarampión pornográfico. El cine nacional, con alguna diana esporádica, vegetaba gracias a la obligatoriedad de proyectar una película española por cada dos extranjeras, lo que permitía dar salida a bastantes films mediocres y chabacanos. La supresión de esta cuota de pantalla, acordada por el Tribunal Supremo por defectos legales, ha sido la puntilla.

La pantalla grande le echa la culpa a la pequeña pantalla, que retiene a los espectadores en casa. Según datos recientes, más de la mitad de los españoles no pisan prácticamente nunca un cine. Pero antes de utilizar a la TV como chivo expiatorio, el cine español debería preguntarse si no ha contribuido a cavar su propia tumba. El público no ha faltado a la cita con algunas películas españolas de calidad, pero la proliferación de cintas que enmascaraban su mediocridad con alardes eróticos ha ahuyentado a más espectadores de los que ha traído. Ahora se reclama el establecimiento de salas X, dedicadas exclusivamente a películas porno y violentas, que ahora se confunden en el mercado con las normales y desorientan al público.

Los profesionales reclaman y esperan mucho de una Ley del Cine, que abarque los complejos aspectos de esta industria. Pero como los espectadores no acuden a la taquilla por decreto, el cine español tendrá que demostrar que también es un arte.

Y por último, el sugeridor trabajo de Eduardo Gorostiaga —cuadro original incluido—, que acaso podría servir como base teórica para construir ese cine español auténticamente genuino —permítanme insistir— con el que todos soñamos:[34]

---

34. E. Gorostiaga, «El cine de España y la Constitución», *Cinema 2002*, 51 (mayo 1979), 58-60; artículo publicado en esa revista de cine desaparecida, pero que tiene como autor a un no especialista. De ahí que lo incluya dentro del presente apartado de opinión pública.

La nueva Constitución española, vigente desde el 29 de diciembre de 1978, se propone lograr una democracia *avanzada*, por lo que asigna un papel activo a los poderes del Estado, en todos los órdenes, a fin de lograr que los derechos y libertades que reconoce se hagan reales y efectivos para todos los individuos y comunidades regionales. No es así de extrañar que al amplio catálogo de derechos humanos que expresamente reconoce —enumerados en el cuadro núm. 1— se añadan los imperativos constitucionales de elaborar 65 leyes en su desarrollo, así como la expresa obligación de llevar a cabo actividades en 43 grupos de materias, que se añaden a las habituales.

Cine y derechos humanos

De entre los derechos humanos que corresponden a todos los españoles creemos que afectan más directamente al cine, como medio de expresión, los siguientes:

a) Libre difusión del pensamiento, ideas y opiniones.
b) Producción y creación literaria y artística.
c) Libre expresión del pensamiento, ideas y opiniones.
d) Cultura.
e) Educación.
f) Libertad ideológica y confesional.
g) Libre comunicación de información.

Otros de ellos pueden, a su vez, afectar negativamente porque colisionan o pueden hacerlo con otros derechos: por ejemplo, el derecho a la propia imagen, o a la intimidad personal y familiar, o al honor. El cine es multiforme y polivalente, y es evidente su eficacia para colaborar en que tales derechos sean reales para todos. Por supuesto, no todos los ciudadanos estarán inspirados para hacer películas, pero sí a todos deberán llegar las películas que atiendan sus demandas en estas áreas.

Todo esto obliga a considerar que el cine *puede y debe* ser un medio adecuado para que los ciudadanos puedan, a su través, ejercitar realmente tales derechos humanos reconocidos. Se podrá discutir en qué medida el cine deba ser vehículo cultural o educativo, o deba proporcionar información de actualidad presente o ser evocador de actualidades provocadas, o expresión de opciones y proyectos políticos, o deba fomentar el uso de otras lenguas españolas diferentes del castellano, o tenga consideración de medio de creación artística, o sea solo instrumento para empleo del ocio (cuyo disfrute deben garantizar los derechos públicos). La expresión a través del medio cine es un vehículo para ejercitar los anteriormente citados *derechos humanos* que la Constitución reconoce y tutela, cuyo papel dentro de la convivencia política organizada en la España de hoy no puede ser superior al asignado: la

CUADRO 1. *Derechos Humanos en la Constitución española de 1978*

GENERAL
- IGUALDAD ANTE LA LEY (art. 14).

FÍSICOS
- VIDA (art. 15).
- INTEGRIDAD FÍSICA (art. 15).
- LIBERTAD FÍSICA (art. 17, 1).
- SEGURIDAD FÍSICA (art. 17, 1).
- PROTECCIÓN DE LA SALUD (art. 43, 1).

DE ESTABLECIMIENTO
- INVIOLABILIDAD DOMICILIO (art. 18, 2).
- LIBERTAD CIRCULACIÓN (art. 19).
- LIBERTAD ELECCIÓN RESIDENCIA (art. 19).
- LIBERTAD ENTRADA Y SALIDA DE ESPAÑA (art. 19).
- DISFRUTE DE MEDIO AMBIENTE ADECUADO (art. 45, 1).
- DISFRUTE DE VIVIENDA DIGNA Y ADECUADA (art. 47).

PERSONALIDAD
- INTEGRIDAD MORAL (art. 15).
- HONOR (art. 18, 1).
- INTIMIDAD PERSONAL (art. 18, 1).
- INTIMIDAD FAMILIAR (art. 18, 1).
- PROPIA IMAGEN (art. 18, 1).
- SECRETO DE COMUNICACIONES (art. 18, 1).
- MATRIMONIO (art. 32, 1).

CULTURALES
- USAR LENGUA OFICIAL (art. 3, 1).
- EDUCACIÓN (art. 27, 1).
- CULTURA (art. 44, 1).
- LIBERTAD IDEOLÓGICA (art. 16, 1).
- LIBERTAD RELIGIOSA (art. 16, 1).
- LIBERTAD DE CULTO (art. 16, 1).
- RECIBIR FORMACIÓN RELIGIOSA O MORAL, SEGÚN CONVICCIONES (art. 27, 3).
- LIBERTAD EXPRESIÓN DE PENSAMIENTOS, IDEAS Y OPINIONES (art. 20, 1, a).
- LIBERTAD DIFUSIÓN DE PENSAMIENTOS, IDEAS Y OPINIONES (art. 20, 1, a).
- PRODUCCIÓN Y CREACIÓN LITERARIA, ARTÍSTICA, CIENTÍFICA Y TÉCNICA (art. 20, 1, b).
- LIBERTAD DE ENSEÑANZA (art. 27, 1).
- LIBERTAD DE CÁTEDRA (art. 20, 1, c).
- LIBERTAD DE COMUNICACIÓN DE INFORMACIÓN VERAZ (art. 20, 1, d).
- LIBERTAD DE RECEPCIÓN DE INFORMACIÓN VERAZ (art. 20, 1, d).

POLÍTICOS
- MAYORÍA DE EDAD DIECIOCHO AÑOS (art. 12).
- PARTICIPACIÓN EN ASUNTOS PÚBLICOS (art. 23, 1).
- ACCEDER A CARGOS Y FUNCIONES PÚBLICAS (art. 23, 2).
- DERECHO DE PETICIÓN (art. 29, 1).
- SOSTENIMIENTO DE CARGAS PÚBLICAS (art. 31, 1).
- REUNIÓN PACÍFICA (art. 21, 1).
- ASOCIACIÓN (art. 22, 1).
- NO PRIVACIÓN DE NACIONALIDAD (art. 11, 2).
- INTERVENIR EN CONTROL Y GESTIÓN CENTROS DOCENTES SOSTENIDOS CON FONDOS PÚBLICOS (art. 27, 7).

LABORALES
- TRABAJAR (art. 35, 1).
- LIBRE ELECCIÓN DE PROFESIÓN (art. 35, 1).
- SINDICACIÓN (art. 28, 1).
- HUELGA (art. 28, 2).
- REMUNERACIÓN SUFICIENTE Y FAMILIAR (art. 35, 1).
- PROMOCIÓN A TRAVÉS DEL TRABAJO (art. 35, 1).
- NEGOCIACIÓN COLECTIVA (art. 37, 1).
- CONFLICTO COLECTIVO (art. 37, 2).

ECONÓMICOS
- PROPIEDAD PRIVADA (art. 33, 1).
- HERENCIA (art. 33, 1).
- FUNDACIÓN PARA FINES DE INTERÉS GENERAL (art. 34, 1).
- LIBERTAD DE EMPRESA (art. 38).
- LIBERTAD DE CREACIÓN DE CENTROS DOCENTES (art. 27, 6).

JUDICIALES
- TUTELA EFECTIVA JUDICIAL (art. 24, 1).
- JUEZ ORDINARIO (art. 24, 2).
- DEFENSA Y ASISTENCIA (art. 24, 2).
- INFORMACIÓN DE ACUSACIÓN FORMULADA (art. 24, 2).
- PROCESO PÚBLICO (art. 24, 2).
- DEFENSA; NO DECLARAR CONTRA SÍ MISMO; NO DECLARARSE CULPABLE; PRESUNCIÓN DE INOCENCIA; NO CONDENA POR HECHOS NO PUNIDOS ANTES (art. 25, 1).

DE PENADOS
- TRABAJO REMUNERADO (art. 25, 2).
- BENEFICIO SEGURIDAD SOCIAL (art. 25, 2).
- ACCESO A CULTURA (art. 25, 2).
- DESARROLLO PERSONALIDAD (art. 25, 2).

Constitución obedece al deseo de proteger a todos los españoles y pueblos de España en el ejercicio de sus derechos humanos, sus culturas y tradiciones, lenguas e instituciones [...], de promover el progreso de la cultura, etcétera. Por ello configura tales derechos humanos como *inspiradores* de las leyes, de las actividades de todos los poderes públicos y de la práctica de los tribunales de justicia.

Aun reconocida la importancia de estas declaraciones, señalemos que sería insuficiente. Por ello, la Constitución *obliga* a todos los poderes del Estado a lograr que el disfrute y ejercicio de tales derechos humanos sea *real y efectivo* para todos; será tarea del poder público el fomento y la creación de las condiciones que así lo hagan posible. Esto exige una consideración global de muchos medios, la coordinación de muchas áreas de actividad, también a distintos planos geográficos de actuación (Estado, comunidades autónomas, provincias, municipios) y con distintos protagonistas: públicos unos, profesionales otros, políticos, sindicales, culturales, confesionales, individuales o asociativos, e incluso privados y propiamente mercantiles. Creemos que es una utopía (y una contradicción con el hecho cultural y la dignidad humana) pretender que todo lo hagan los poderes públicos. Pero no hay duda que tales poderes han de tener la *iniciativa*, no limitarse a esperar las que surjan en la Sociedad, y al tiempo deben tutelar y fomentar estas iniciativas espontáneas. Todos los caminos son buenos y todos los impulsos pocos para fines tan elevados y amplios. *El cine será un medio más*, importante pero no único ni aislado, *para hacer efectivos estos derechos humanos.*

La Constitución establece obligaciones más concretas. Relacionadas con los derechos aludidos, señala: la creación de servicios sociales para el ocio de los ciudadanos en tercera edad; facilitar la adecuada utilización del ocio; tener en cuenta las creencias religiosas de la sociedad española; garantizar el derecho de todos a la educación; facilitar el acceso a la cultura; garantizar y promover el enriquecimiento del patrimonio cultural; promover la participación de la juventud en el desarrollo cultural, social y político; además de otras obligaciones que exigen tratamiento legal. Creemos que, puesto que también es medio de comunicación social, resultará aplicable al *cine* el precepto que apresuradamente se ha pensado que solo afectaba a RTVE. Para el caso de las actividades cinematográficas que sean (ahora o en el futuro) de *titularidad pública*, la ley que las regule deberá, en todo caso, *garantizar* el acceso a tales medios de los grupos políticos y sociales significativos, respetando el pluralismo de la sociedad y de las diversas lenguas de España (artículo 20, 3).

Cine y economía

El principio básico constitucional es el de que «toda riqueza del país, en sus distintas formas y sea cual fuere su titularidad, está subordinada al interés general» (art. 128). Esta declaración da pie a un cuadro económico avanzado que podemos resumir como de economía de mercado, subordinada al interés general, en la que junto a la iniciativa privada se reconoce la licitud de la planificación económica general y democrática, amén de la iniciativa pública, con obligada asunción de actividades monopolísticas y servicios esenciales por el sector público económico.

Es evidente que la libertad de empresa en el marco de la economía de mercado ampara la libre creación de empresas en la industria y el comercio cinematográficos. Sin embargo, si se tiene en cuenta —y deseamos que así sea— la función informativa, cultural y educativa del cine, parece evidente que este sector deba entrar en el cuadro de actividades que regule la futura planificación económica, que habrá de conjugar las apetencias de comunidades autónomas, sindicatos, asociaciones patronales y otros protagonistas del quehacer económico, en una cámara representativa creada «ad hoc» para elevar al Gobierno lo que será el núcleo del plan que este remita a las Cortes Generales para su promulgación como ley. Nada exige que las previsiones del plan de desarrollo de la industria cinematográfica y de mejora de sus circuitos de distribución y comercialización impongan nacionalizaciones en el sector; pero tampoco nada impide el protagonismo del Estado en este campo, en uso de la iniciativa que la Constitución le reconoce. Incluso está prevista la intervención por el Estado de empresas, «cuando así lo exigiere el interés general» y —ya lo hemos dicho— su directa asunción de la actividad cuando en ella se diere situación de monopolio, amén de fomentar la creación de cooperativas y de asociaciones de usuarios y consumidores. Todas las posibilidades de dinamizar el universo cinematográfico están explicitadas en la Constitución.

Nota final

Concluimos que hay un nuevo, moderno y ambicioso marco jurídico para que el poder público potencie las actividades cinematográficas y que estas sean medios eficaces para el libre desarrollo de los derechos humanos y el logro de una comunidad política en libertad, plural y moderna. Ahora los políticos tienen la palabra; la iniciativa y las ideas sobre qué hacer en el cine de España las tenemos todos [...].

El ministro de Cultura anuncia medidas de protección al cine

Finalmente, pasó el verano de 1979. Sin embargo, días después de promulgarse la autorización para abrir las referidas salas *X*, el restablecimiento oficial de los antiguos locales de «Arte y Ensayo» y la creación de las clamadas salas para «cine familiar», el entonces ministro de Cultura, don Manuel Clavero Arévalo, anunció por la televisión, a primera hora de la tarde del 6 de octubre de 1979, la entrada en el Congreso, por el procedimiento de urgencia, de un proyecto de ley regulador de las cuotas de pantalla y distribución, encaminado a paliar la crítica situación en que se encontraba la industria cinematográfica española. Tras reconocer esta grave crisis de nuestra producción de cine, el titular de Cultura «se refirió de pasada a una normativa aprobada ayer por el Gobierno —publicaba *ABC*, con fecha 7-X-79—, en relación a la nueva clasificación de las salas cinematográficas y dijo que se trata de una pieza dentro de una política más amplia de protección al cine».

El proyecto gubernamental de restablecimiento de las «cuotas de pantalla y distribución», según el señor Clavero, establecía la obligatoriedad de exhibición de una película española por cada tres extranjeras (el 3 por 1) y la concesión de cinco licencias de doblaje a películas extranjeras por cada película española distribuida (con lo que se modificaban las cláusulas demandadas por los productores).

Otras medidas proteccionistas para el cine español expuestas por el anterior ministro[35] eran la apertura de una doble línea de crédito, a través del Fondo de Protección al Cine (700 millones de pesetas), procedentes del 15 % de la recaudación bruta en taquilla (la deuda, por aquellas fechas, alcanzaba los 1.200 millones), y del Banco de Crédito Industrial, en cuantía desconocida. Además, aludía a una reciente ampliación de capital de Cinespaña, entidad oficial dedicada —entre otras actividades— a la promoción exterior del cine nacional (y cuya supresión pidió el I Congreso Democrático del Cine Español).[36]

---

35. La dimisión del señor Clavero fue presentada el 16 de enero de 1980, debido a sus disensiones con el partido gubernamental (al que pertenecía) en torno a las autonomías; concretamente, la andaluza. Fue sustituido por el historiador Ricardo de la Cierva.

36. Por aquellas fechas, Cinespaña ya había tomado nuevos aires profesionales, con la entrada del especialista Primitivo Rodríguez Gordillo como director general de esta entidad, hoy liquidada.

También se refirió el señor Clavero Arévalo a las relaciones entre Televisión Española y el cine, potenciadas por el reciente concurso dirigido a las empresas productoras para que realizaran películas para la pequeña pantalla. Este concurso, dotado de un elevado presupuesto, finalizó el 30 de septiembre de 1979, con una participación aproximada de 135 guiones.[37]

Mientras tanto, las centrales sindicales UGT y CC.OO. acusaron, en una rueda de prensa celebrada la noche del día 5 del mismo mes, a las empresas multinacionales del sector cinematográfico de «ser responsables de la grave situación en la que se encuentra la industria del cine español», y reclamaron medidas urgentes al Gobierno de UCD, pues el 70 % de los trabajadores cinematográficos se encontraban en paro forzoso.

Se dictamina un proyecto para subsanar la crisis

Fue el día 21 de noviembre, a partir de las 6.30 de la tarde, cuando entró en dictamen para el Congreso de Diputados el susodicho proyecto de ley sobre regulación de las cuotas de pantalla y de distribución cinematográfica. En las tribunas de invitados estaban presentes José Luis Dibildos, José María Forqué, Pilar Miró, Fernando Rey, José Sacristán, Fiorella Faltoyano,

---

37. Poco antes de la referida dimisión del ministro de Cultura, las Direcciones Generales de Cinematografía y Televisión dieron a conocer los 17 proyectos seleccionados, que iban desde obras de Ramón J. Sender y Valle-Inclán hasta novelas de Mercè Rodoreda y Joanot Martorell. Sin embargo, a los pocos días, dos productores españoles iniciaron un proceso para impugnar la decisión tomada por el comité de ese ministerio. Vicente Escrivá y Óscar Garrido afirmaban que uno de los proyectos seleccionados no cumplía una de las cláusulas de la convocatoria: que los guiones se debían basar preferentemente en grandes obras de la literatura española. Se trataba del proyecto presentado por Elías Querejeta para Jaime Chávarri, *Dedicatoria*. En este sentido, también se manifestó con acierto el crítico Miguel-Fernando Ruiz de Villalobos: «No se trata aquí de romper lanzas en contra ni a favor de nadie, pero sí pedir a la Administración una coherencia y una eficacia absolutamente necesaria para que el sector cinematográfico salga, de una vez por todas, de la grave crisis por la que pasa [...]. Si se tiene en cuenta que al fin y al cabo el receptor final del "affaire" será el pueblo, bueno será que se expliquen claramente y cuanto antes los intríngulis de un proyecto de colaboración que ya empieza a presentar fisuras antes de ponerse en marcha»; *Diario de Barcelona* (16-I-1980).

María Luisa San José, Tina Sainz y José Luis López Vázquez. Poco después de iniciarse el debate en el pleno de este proyecto, Alfonso Guerra subió a saludar a los mencionados cineastas. El entonces ministro de Cultura inició la presentación del proyecto de ley con unas palabras, en las que dijo que en 1979 había decrecido la producción de largometrajes en España, dando el siguiente cuadro de cifras:

	1978	1979*
Largometrajes	105	64
Cortos	148	67

* Los datos del año 1979 se avenían hasta aquella fecha.[38]

Esta ley —añadía el señor Clavero— protege a la producción cinematográfica. El cine, por encima de su consideración como industria, tiene que ser un hecho cultural que influye grandemente en la configuración ideológica de un país. En este proyecto de ley hay que resaltar dos temas importantes: con la cuota de pantalla que se establece es necesario proyectar una película española por cada tres extranjeras. Asimismo las distribuidoras podrán adquirir cinco licencias de doblaje por cada una española distribuida.

Seguidamente, fue aceptada una enmienda de Pedro Bofill (PSOE), según la cual la cuota de pantalla se computará cuatrimestralmente, y otra *in voce*, de CD, que señalaba que RTVE queda obligada a retransmitir una película española por cada 10 extranjeras,[39] «siempre que no esté en contra de

---

38. Aun así, las cifras oficiales que proporcionó el Ministerio de Cultura en abril de 1980 no correspondieron al número «inflado» dado por el saliente Ministro. La producción de largometrajes fue de 56, correspondientes al año 79. Dato que confirma también el historiador galo Emmanuel Larraz, *Le cinéma espagnol des origenes à nod jours*, París, Du Cerf, 1986, p. 238. Asimismo, el coste total de la producción fue de 1.060.839.672 pesetas, por lo que el coste medio alcanzó la cifra de 18.943.565 pesetas. Cabe destacar que solo dos largometrajes españoles superaron el coste de 40 millones. «Lo que viene a confirmar —decía *La Vanguardia* del 19-IV-1980— la grave crisis por la que atraviesa ese sector. Si analizamos la producción de este año —continuaba el citado diario— nos encontramos que la mayor parte de los largometrajes españoles tratan sobre temas sexuales, y una gran parte de los mismos están tratados de forma pornográfica [...]. La producción de películas dedicadas al sexo supera el 40 % de lo realizado este año. El segundo tipo de película más producida ha sido la política.»
39. En la actualidad, la nueva Dirección General de Televisión ha establecido una cuota de pantalla del 3 por 1.

los fines que RTVE tiene establecidos en su estatuto», añadió. El debate, finalmente, se centró en el artículo sexto, que tipifica las sanciones a los infractores, hasta que el presidente de la cámara dio por concluido el pleno.

Sin embargo, el 3 de diciembre se manifestó en contra de este primer dictamen el Gremio de Exhibidores Cinematográficos españoles. Una nota enviada por la agencia Europa Press clarificaba una polémica que sigue en pie: *la cuota de pantalla no puede cumplirse*. Veamos las razones que se aducían:

> El proyecto de ley dictaminado no puede cumplirse, ya que el mismo no arbitra fórmula alguna para que la cuota quede regulada en función de las películas producidas cada año.
>
> Asimismo, dicha asociación profesional, ante la inminencia de que el proyecto de ley de cuota de pantalla y de distribución aprobado por el Congreso, pase a la aprobación del Senado, señala que deben realizarse enmiendas a dicho proyecto con el fin de lograr la supresión del cómputo cuatrimestral de la cuota de pantalla, estableciendo un cumplimiento anual que, en caso de exceder ese tiempo, sea valedero para la anualidad siguiente.

El Gremio de Exhibidores Cinematográficos consideraba que la cuota de pantalla era una limitación al derecho de propiedad, y que, como tal, «debe establecerse con la mayor flexibilidad y con las precauciones necesarias». Y concluía: «Quizá conculque el artículo 38 de la Constitución, que proclama la libertad de empresa en el marco de la economía de mercado».

Quince días después, el Senado aprobaría el proyecto de ley de regulación de cuotas de pantalla y distribución, haciendo algún caso a la sugerencia-protesta del citado Grupo de Exhibición. Por una vez en nuestra historia, serían escuchados en las Cortes los profesionales del cine español.

En este dictamen definitivo de la Cámara Alta del Parlamento democrático se introdujeron algunas modificaciones al texto aprobado por el Congreso. Concretamente, se había reducido a un semestre el año natural previsto para que las salas de exhibición cinematográfica programaran películas españolas a razón de un día por cada tres de exhibición de películas extranjeras.

Los socialistas habían solicitado —como señalamos más arriba— que fuera cuatrimestral, mientras que los empresarios de cines pedían que fuera anual, al tiempo que se opusieron a la disposición adicional, por considerar que era anticonstitucional quitar al Gobierno la facultad para modificar la cuota de pantalla a partir del año 1981.

Y así se llegó a la ley de 1980. Con un real decreto, el 10 de enero de 1980 se intentó solucionar la crisis del cine español. Un nuevo «parche» que contó con el acuerdo de la mayoría de los profesionales de la industria, pese a la oposición de los representantes de las multinacionales, que se sintieron perjudicados, no solo por la cuota de pantalla del 3 por 1, sino por quedar fijada la obtención de cinco licencias de importación de films extranjeros por la realización de una película nacional.

Estas medidas, con todo, tuvieron efectos beneficiosos para nuestra cinematografía, al menos en cuanto a cifras de producción, como demuestran los siguientes datos:

	1980	1981	1982
Largometrajes	82	92	118

También el año 1980 vio la desaparición de uno de los últimos vestigios de la censura: la licencia de explotación necesaria para la proyección de un film español. Pero la España de la democracia precisaba, para realizar un cine genuino, leyes más sólidas y realistas, más ambiciosas y duraderas. De momento, sólo sabíamos que se preparaba la tan clamada Ley General de Cinematografía para principios de 1982, casi al final de la singladura del Gobierno de UCD. Sin embargo, se produjo el «cambio» socialista, y una nueva legislación quiso impulsar el cine español.

Llega la Ley del Cine: la política de Pilar Miró

El acceso de una profesional del medio, Pilar Miró, a la Dirección General de Cinematografía fue saludado positivamente por los cineastas españoles.[40]

Así, tras el necesario «rodaje» y las diversas consultas con los diversos sectores de la industria, salió la denominada Ley Miró, aprobada por el Consejo de Ministros socialista del 28 de diciembre de 1983: Real Decreto para la Protección de la Cinematografía española (*BOE*, 12-I-1984).

Resumiremos, en base a las fuentes coetáneas, los puntos clave de esa esperada Ley del Cine. He aquí el despacho de la agencia Efe:

El Ministerio de Cultura ha establecido en España la concesión de «ayudas previas al rodaje» de películas españolas, sistema existente en otros países de Europa y solicitado desde hace años por productores y directores cinematográficos. Estas subvenciones anticipadas podrán llegar hasta el 50 % del coste de las películas.

Las ayudas previas al rodaje, con las que se pretende ayudar a financiar la producción de películas españolas, se concederán, con carga al Fondo de Protección de la Cinematografía, a aquellos proyectos que se consideren de «calidad», a los nuevos realizadores y a películas dirigidas al público infantil o de carácter experimental; se tendrá en cuenta también la rentabilidad de anteriores películas.

La concesión o no de la subvención y su cuantía será determinada por la Dirección General de Cinematografía, previo informe de la comisión de calificación de películas cinematográficas; las cantidades que se anticipen serán descontadas, por otra parte, de la subvención que se otorga a todas las películas españolas una vez terminadas.

Las subvenciones para todas las películas se fijan en un 15% de la recaudación de taquilla que obtengan las películas durante los primeros años de su explotación comercial. Cuando las películas sean calificadas «especial calidad» percibirán una subvención complementaria de un

---

40. No ocurriría lo mismo cuando se fue: Pilar Miró, que sufrió cierto ostracismo por algunos funcionarios de su departamento, manifestó haberse quedado prácticamente sin amigos al término de su gestión, acaso no acostumbrados a no ser «favorecidos» por el director general de turno. Aún está por hacer una «historia de los directores generales de Cinematografía» en España... Después, la Miró sería reivindicada, poniéndola el Gobierno al frente de la Dirección General de RTVE en sustitución de Calviño, y fue cesada en 1989 por el mismo Gobierno socialista.

25% más. Si el coste de producción de la película excede los 55 millones de pesetas, se otorgará, además, una subvención adicional.

Las subvenciones destinadas a los cortometrajes se otorgarán en función del nuevo sistema, con el que se evitará que perciban mayor cantidad de dinero que la del coste de producción; estas ayudas serán valoradas en función de unos puntos que concederá la Dirección General de Cinematografía cuando el coste de los cortometrajes exceda las 300.000 pesetas.

Por lo que respecta a la concesión de licencias para proyectar películas extranjeras, el Real decreto reduce las cinco que hasta ahora se concedían por la distribución de cada película española a cuatro y modifica las condiciones para su obtención. La primera licencia se obtendrá cuando se inicie el rodaje de una película española previamente contratada para su distribución; la segunda, tercera y cuarta cuando se acredite que la mencionada película ha logrado unos ingresos brutos en taquilla de 30, 60 y 100 millones de pesetas, respectivamente.

La «cuota de pantalla» se mantiene en la proporción hasta ahora existente (los productores pedían el 2 por 1): un día de película española por cada tres de extranjera doblada. Se introduce, sin embargo, un correctivo para los casos en que se repongan películas españolas que carezcan de interés cinematográfico; se aplicará entonces la cuota de un día de película española por cada día de película extranjera doblada.

Cada día de proyección de películas calificadas de especialmente adecuadas para la infancia, se computará, por otra parte, como dos de exhibición a efectos de la cuota. El R.D. recoge también la obligatoriedad de proyectar cortometrajes cuando en la sesión se ofrezca un único largometraje. Se deberán exhibir tres días de cortometraje español por cada día de cortometraje extranjero.

Las salas estarán obligadas a cumplir esta cuota de pantalla en cada cuatrimestre del año, con el fin de que no se acumule la proyección de películas españolas en los meses en que desciende la afluencia del público al cine.

Dispone, por último, que el Ministerio podrá modificar anualmente el sistema de determinación de subvenciones en función de la variación de los costes y que el Gobierno establecerá para 1985 una nueva «cuota de pantalla», de acuerdo con las necesidades del mercado cinematográfico.

Una vez conocida la nueva Ley del Cine, antes de su publicación en el *Boletín Oficial del Estado*, diversos profesionales de nuestra industria cinematográfica la valoraron positivamente. Sintetizaré también algunas de las más representativas.[41] Juan Antonio Bardem dijo:

41. Cfr. Lluís Bonet Mojica, y otros, «Valoración positiva del Real Decreto sobre el cine español por parte de los profesionales del sector», *La Vanguardia* (30-XII-1983).

He participado en este decreto porque me lo solicitó la Dirección General de Cinematografía, colaborando en su redacción y en la aportación de puntos de vista. Me parece, por tanto, una ley positiva. Es necesario proteger al cine español, una parcela importante de nuestra cultura. Y que se invierta dinero público, porque la iniciativa privada se ha demostrado incapaz de levantar el cine español.

Para mí, la cuota de pantalla no era el 2 por 1 que figuraba en el proyecto o este 3 por 1 que se mantiene en el nuevo decreto, sino el 1 por 1. Si protegemos el cine español, llegará un día en que realmente dispondremos de films de interés suficientes como para llegar a la cuota del 1 por 1. Hubo, lo sé, presiones fortísimas del imperio (me refiero a las multinacionales) para evitar el 2 por 1. Las multinacionales hablan mucho de libertad económica, cuando son ellas mismas quienes aplican una práctica monopolista. Un distribuidor normal no puede comprar una película norteamericana en el mercado libre si no adquiere todo un lote de films. Esto es monopolio. El imperio asfixia las cinematografías nacionales.

Por su parte, el productor Alfredo Matas manifestó:

El decreto es resultado de un prolongado período de estira y afloja en comisiones y dado que las medidas de protección a la cinematografía española son consideradas unánimemente como necesarias, creo que el decreto es positivamente válido y constructivo.

En todo caso, y solo por hacer alguna pequeña salvedad, yo tal vez hubiera matizado algo más la cuota de doblaje, para que se adaptase gradualmente y no de manera tan drástica a la ejecución del nuevo ordenamiento general. Es decir, en vez de pasar directamente de 5 licencias a 3, antes de que el sistema empiece a dar frutos, hubiera podido resultar más fácilmente operativo practicar una etapa intermedia de 4, para así encajar mejor el instrumento y los resultados.

(Aunque son, realmente, cuatro las licencias establecidas por el citado R.D., Matas no parece considerar la cuarta, que se concederá a partir de los 100 millones brutos de recaudación; acaso por la dificultad para el cine español de conseguir tal rendimiento en taquilla.)

Asimismo, el ex director general de Cinematografía Carlos Gortari —entonces director del Festival Internacional de San Sebastián— diría:

Estoy a favor del nuevo decreto, puesto que, frente a los que piensan que será duro y difícil de cumplir, creo que va a ser posible y bueno para el cine español. Es un camino adelante y el Fondo de Protección para películas españolas será de una gran ayuda para los creadores.

Y añade, sobre la cuota de pantalla:

Pienso que es un acierto que se mantenga un día de proyección de película española por cada tres de película extranjera. Me parece una buena rectificación del proyecto anterior de una por dos, que en todo caso se podrá exigir más adelante, cuando los créditos hayan empezado a dar resultados.

Finalmente, el realizador Basilio Martín Patino declaraba:

Es la mejor de las leyes posibles, dentro de una situación anómala como la de nuestra cinematografía, en la que el Estado debe proteger al cine. Esta ley lo que hace es crear unos elementos que ratifican las relaciones entre productores, distribuidores y creadores, que no eran las más adecuadas. En otros países europeos ocurre lo mismo porque el cine está en decadencia, porque la competencia es brutal, sobre todo debido a la televisión. En España, para que el cine funcione hay que ponerle muletas. Esta muleta es la última ley posible de un sistema que se viene abajo. Respecto a las subvenciones a los nuevos creadores, la nueva ley hace que el protagonismo lo vuelvan a tener los creadores, pues les da más facilidades.

Por último, y con respecto a las cuotas de exhibición, me parece que es anecdótico que sea una por tres en lugar de una por dos. Pienso que esto habrá que irlo rectificando sobre el terreno. Creo que Pilar Miró lo ha hecho lo mejor posible.

Sin embargo, no todo el mundo estuvo de acuerdo con la Ley Miró, cuya política cinematográfica beneficiaba más a los productores que a los distribuidores y exhibidores. De ahí que estos anunciaran la presentación de un recurso ante el Tribunal Supremo, al verse perjudicados en torno a la concesión de licencias para proyectar películas extranjeras. Incluso, antes de la publicación del decreto, José del Villar, presidente de la Federación de Entidades de Empresarios de Cines de España, había afirmado:

[...] de las 450 películas que el pasado año se pasaron en las 4.000 salas cinematográficas españolas, una tercera parte debían de ser españolas, y era muy difícil la selección por la escasez de material.[42]

Mientras, la directora general de Cinematografía defendía así su decreto, saliendo al paso de las críticas vertidas a la Ley del Cine, en una larga entrevista en *La Vanguardia*:[43]

Yo no opino nada sobre este recurso. Me parece que cada ciudadano es libre de presentar un recurso, siempre que lo crea conveniente. Dicho esto, lo que también opino es que el decreto, bien entendido, es positivo para todos. Pero sí quiero aclarar que la gestación de la nueva ley ha sido bastante laboriosa. Las líneas generales vienen desde abril, y desde ese mes hasta la aprobación, se realizaron seis o siete borradores, aparte de que yo he mantenido reuniones con las diferentes asociaciones.

—*¿Cuál es su opinión acerca del escrito a favor del decreto, encabezado por Manuel Gutiérrez Aragón, Fernando Rey y 117 personas más, entre directores, actores y productores?*

—Bueno, la verdad es que escritos a favor ha habido pocos, en comparación con la manera en que se han hecho notar las reacciones en contra. Pero eso suele ocurrir, desgraciadamente, porque la gente que hace, que hacemos cine, somos más parcos en manifestaciones y se ha dado demasiada publicidad a las protestas y poco o ninguna a las personas que estaban de acuerdo.

—*Uno de los temas más controvertidos ha sido el del «doblaje». Se ha llegado a decir que podían casi desaparecer los estudios de doblaje.*

—Este ha sido el blanco de mayores ataques y donde se ha manipulado más la información. Primero, porque un decreto que habla de favorecer la producción cinematográfica se supone que incrementará el trabajo para todos y, naturalmente, también para los estudios de doblaje, los laboratorios y para todos los técnicos en general. Sinceramente, creo que no les afecta el decreto.

—*Pero, ¿lo que sí limita la nueva ley son las licencias de doblaje?*

—En realidad, las licencias de doblaje han quedado como estaban, exceptuando que en lugar de cinco hay cuatro. Lo que supone un cambio es la concesión de la segunda, tercera y cuarta que se obtendrán en función de los ingresos brutos en taquilla de la película española contratada por el solicitante. Fundamentalmente, lo que los distribuidores y exhibidores temen es que el mercado quede desabastecido; pero no

---

42. Declaraciones a *El País* (21-XII-1983).
43. Diego Muñoz, «Entrevista a Pilar Miró», *La Vanguardia* (17-I-1984).

será así, ya que para ello se ha hecho un profundo estudio. Lo que cambia es que, con la antigua legislación, el hecho de estrenar una película en Barcelona y otro día en veinte capitales distintas, les hacía tener tres licencias de doblaje; daba igual que la película fuera explotada o no. De lo que ahora se trata es que la película española no solo se estrene, sino que se explote.

—*En un borrador del Real Decreto, la cuota de pantalla se fijaba en un día de exhibición de película española por cada dos días de película extranjera, en las cinco ciudades de España más importantes. Al final ha quedado en el uno por tres.*

—Yo puedo demostrar que en estas capitales se cumple el uno por dos. De hecho, en Madrid y Barcelona se cumplía. Pero, a raíz de las consultas que efectuamos a los distribuidores, al final se decidió variar este punto del decreto. Y esta es la prueba de que sí hemos hecho concesiones, pensando siempre en el beneficio del espectador y de la industria del cine.

—*Una de las principales innovaciones consiste en las ayudas previas al rodaje, ¿no es así?*

—Sí, en mi opinión ofrece la posibilidad de que se incorporen al cine directores que, o están en la Facultad y en el mundo del cortometraje, o han hecho películas que no se pudieron ni siquiera estrenar. Creo que esto impulsará tanto el cine infantil, de calidad, como el cine de carácter experimental.

—*¿Está usted satisfecha? ¿Es esta la ley de cine que quería hacer Pilar Miró?*

—Yo creo que sí. Considero que era necesaria y que con ella ningún sector sale excesivamente dañado, ni ninguno excesivamente favorecido. Se ha hecho un decreto ecuánime. Por eso, no entiendo que se realicen campañas diciendo que esta nueva normativa hunde a la industria, o que no se ha tenido en cuenta a todos los sectores. Entiendo que es la normativa que en este momento puede ser capaz de sacar adelante al cine español.

No obstante, desde la autonomía catalana se pusieron reservas a la Ley Miró, pues se consideró que su política era un tanto centralista. Reproduciré ahora parte de un editorial de *La Vanguardia*, firmado por Oriol Pi de Cabanyes:

La Ley de Cine que felizmente ha impulsado Pilar Miró ha merecido casi todos los plácemes. Y los ha merecido globalmente por lo que tiene de apoyo al cine de calidad de producción propia y porque, al fin, alguien se ha planteado desde la Administración una seria política de reactivación y fomento de la cinematografía. Es lógico que más que nadie los productores —a los que la Ley permitirá ver subvencionado hasta el 50 % el costo global de sus películas— se manifiesten esperanzados. Con la ayuda estatal, el sector podrá salir al paso de una más que agobiante descapitalización (que incide negativamente en la calidad final del producto ante la apremiante necesidad de la rentabilización inmediata de las inversiones). No con tan buenos ojos contemplan la ley de Pilar Miró los distribuidores y los exhibidores, que se verán obligados a comprar y a vender mayor número de films autóctonos, menos taquilleros en principio que las grandes superproducciones multinacionales de tanta aceptación en el mercado.

Los profesionales del cine que operan en Cataluña se han añadido a los plácemes generales [...]. Pero no es seguro que su inicial entusiasmo no se vea matizado en adelante por las reflexiones que algunos sectores del cine catalán empiezan a plantearse. Menos seducidos por la evidente mejora, algunos se preguntan en qué medida la Ley de Cine de Pilar Miró incidirá en el campo de la cinematografía catalana. Argumentan sus reticencias en la posibilidad de que la comisión central de valoración de proyectos no sepa apreciar con justeza lo que desde nuestra propia perspectiva cultural es interesante y oportuno. Tal como es completada por la ley, una única comisión juzgará la conveniencia de dilucidar toda suerte de «castings» que los productores presenten, tanto si se basan en un texto de Narcís Oller como de Pérez Galdós, tanto si los técnicos propuestos suenan en Madrid como si no suenan (y temen que así se tienda a primar la posibilidad de los conocidos en detrimento de la profesionalidad de los desconocidos). En el caso de los productores noveles, otro tanto. Es posible que si no se tienen en cuenta ciertos puntos como estos, todas las posibilidades que tiene la ley para potenciar el cine de calidad no sean aprovechadas del todo en Cataluña. En el peor de los casos, una aplicación centralista de la ley podría coartar todo intento riguroso de hacer cine catalán.

Sin embargo, en la elaboración de la ley nuestra institución autónoma no ha intervenido para nada [...]. El volumen de producción y consumo de cine en nuestra comunidad autónoma es lo suficientemente importante como para hacerse respetar por propios y extraños. Con datos de 1981: el 20 % de los espectadores y el 30 % de la producción del conjunto español. [...] Sería de desear que la Ley de Cine, que mejora sustancialmente el panorama, no insistiera en los vicios de un viejo centralismo entorpecedor.[44]

44. Oriol Pi de Cabanyes, «El cine, de ley», *La Vanguardia* (4-III-1984). En este sentido, también se pronunció Romà Guardiet, miembro del Institut del Cinema Català, en el diario *Avui*: «Llei de cinema a la madrilenya».

Las mejoras introducidas por la política de Pilar Miró se notaron más cuantitativamente que cualitativamente. Con respecto a la legislación de 1980, el porcentaje aumentó en un 23 %. El objetivo «parecía ser —según E. Larraz— reducir más la dependencia cinematográfica de España, y hacer que su cine ocupe, como en Francia, casi el 50 % del mercado nacional».[45]

Al término de su mandato, en diciembre de 1985 —la Miró cesó voluntariamente en la Dirección General, entonces ya transformada en el ICAA (Instituto de la Cinematografía y las Artes Audiovisuales)—, coincidiendo con el ingreso de España en la Comunidad Económica Europea, el cine español no había alcanzado —¡ni mucho menos!— ese 50 % con respecto al cine extranjero. Pero la rentabilidad en taquilla de la película nacional iba en aumento. Si nos atenemos a los datos facilitados por el Ministerio de Cultura, las cifras oficiales publicadas por el ICAA sobre el mercado cinematográfico español en 1985 son las siguientes:[46]

En España funcionaron 3.109 cines (405 menos que en 1984), que proyectaron 4.516 películas, que congregaron en las salas 101.117.420 espectadores, de los que 17.792.036 presenciaron films nacionales y 83.325.384 visionaron producciones extranjeras, con una recaudación total de 25.296. 268.628 pesetas, de los que 4.108.719.718 pesetas corresponden a las películas españolas, y 21.187.548.910, a las extranjeras.

Madrid, Barcelona, Valencia, Vizcaya y Zaragoza fueron las provincias con mayor número de espectadores y más recaudación. Madrid arrojó un balance de 20.360.630 (3.357.251 espectadores menos que en 1984), que dejaron en taquilla algo más de 5.771 millones (359 menos que el año anterior). En Barcelona, los espectadores fueron 15.504.243, que gastaron algo más de 4.783 millones. Les siguieron a notable distancia Valencia, con 5.896.794 espectadores, que desembolsaron más de 1.583 millones, y Vizcaya y Zaragoza,

---

45. E. Larraz, *op. cit.*, p. 240.
46. Cfr. La publicación del Ministerio de Cultura *Información Cultural*, 45 (febrero 1987), p. 17.

con 3.929.603 y 3.314.976 espectadores, respectivamente, que dejaron en taquilla más de 1.041 y 792 millones de pesetas.

Se nota, por tanto, una recesión con respecto a 1984, primer año en que se aplicó la Ley Miró. Asimismo, solo cuatro películas españolas sobrepasaron los 100 millones requeridos para que la distribuidora obtuviera la cuarta licencia de doblaje de una película extranjera, habitualmente más rentable. He aquí los datos facilitados sobre estos cuatro títulos «comerciales» de 1985:

Films	Recaudación	Espectadores
La vaquilla	505.053.131	1.793.999
La corte del Faraón	216.534.225	715.231
La Biblia en pasta	141.018.786	604.042
Sé infiel y no mires con quién	100.186.051	325.829

Cifras hasta finales de 1985. Para los datos generales del rendimiento en taquilla de las otras películas, véanse las fichas en los correspondientes apartados.[47]

Incertidumbre ante la entrada en la CEE

Y así llegó a la Dirección General de Cinematografía, a propuestas de la Miró, el realizador Fernando Méndez-Leite, hijo de un historiador del cine español hoy desaparecido.[48]

España ya había sido admitida en el Mercado Común, que presentaba por esas fechas el siguiente panorama cinematográfico, según los datos ofrecidos por el especialista Antonio Cuevas Puente, en *El cine español y el Mercado Común europeo*:[49]

47. Véase al respecto la revista profesional *Cineinforme* (Madrid), 461 (abril 1985), donde se ofrecen también las recaudaciones de los restantes films producidos durante la democracia, así como las cifras oficiales facilitadas por el PIC al autor.

48. J.M. Caparrós Lera, «En la muerte de Méndez-Leite, padre. Desaparece un historiador del cine», La *Vanguardia* (13-X-1986).

49. A. Cuevas, «El cine español y el Mercado Común europeo», *Cine Nuevo*, 4 (marzo-abril 1986), 53-55.

Países miembros:
Francia, Italia, Alemania, Bélgica, Holanda y Luxemburgo
(firmantes en 1957 del Tratado de Roma).
Reino Unido, Dinamarca, Irlanda (ingresaron en 1973).
Grecia (ingresó en 1980).
España, Portugal (ingresan en 1986).

Datos cinematográficos del total de los doce países:
Población: 320 millones de habitantes.
Producción de largometrajes por año: 500 films.
Número de salas comerciales: 24.300.
Espectadores anuales: 800 millones.
Número de televisores: 97 millones.
Número de magnetoscopios: 14 millones.

Con todo, en otoño de 1983 el Parlamento europeo ya estaba preocupado por la «grave crisis económica» que padecía la industria cinematográfica, debido —manifestaba en la Asamblea de Estrasburgo— a la televisión y al «dominio abrumador» del cine norteamericano sobre las diversas cinematografías de Europa occidental. Unos datos servidos por las agencias de prensa sobre tal realidad pueden ser reveladores del *statu quo* del momento:[50]

En los principales mercados cinematográficos europeos (Italia, Francia, Reino Unido y Alemania Federal) las películas estadounidenses eran el 47 % de las proyectadas. El 51 restante se distribuía así: un 24 %, italianas; un 16 %, francesas; un 8 %, británicas, y un 3 %, alemanas. Los otros seis miembros de la CEE en esa fecha (Bélgica, Países Bajos, Luxemburgo, Dinamarca y Grecia), así como el resto de países europeos, sólo representaban un 2 %.

Asimismo, la disminución del número de espectadores que asistieron a las salas de proyección durante los últimos veinticinco años variaba entre el 57 y el 91 %, según el país de la CEE tomado como referencia.

Por eso, puede resultar clarificador reproducir a continuación parte del artículo citado del productor Antonio Cuevas:

---

50. Cfr. «El cine europeo se defiende: iniciativa de la CEE contra la crisis», *El País* (12-X-1983).

Estamos en las puertas del Mercado Común y los indicadores económicos de nuestra industria cinematográfica son alarmantes. Se acentúa la deserción de espectadores, disminuyen las recaudaciones de las salas —que cierran cada vez en mayor número y ya no solo en zonas rurales—, se concentran los ingresos de las taquillas en menos películas y en menos empresas —precisamente en las grandes— y el único cine que ofrece resistencia a este preocupante proceso es el norteamericano, que ya acapara más del 50 por ciento de la recaudación de nuestro mercado [...]. En cuanto a la producción, ha sufrido un súbito descenso y los que se arriesgan a producir se enfrentan con unos costes que casi se han duplicado en pocos meses. La alternativa, por otra parte, de producir películas con dinero oficial (subvenciones anticipadas, derechos de antena, ayuda de las Comunidades Autónomas) está reservada para algunos elegidos, y tampoco es solución válida para mantener la industria, si se aplican criterios oficiales selectivos, de espaldas a la taquilla.

En tal estado de cosas se nos presenta la incorporación al área comunitaria cinematográfica, cuyos países, aunque también afectados por la crisis del cine convencional, se vienen preparando con más tiempo en inteligencia que nosotros, para hacer frente a las nuevas situaciones del consumo de imágenes [...].

En cuanto a las primeras incidencias de la legislación comunitaria sobre nuestra cinematografía, la situación es esta:

Las Directivas de 15 de octubre de 1963 y de 13 de mayo de 1965 obligan a la modificación de la «cuota de pantalla» y la «cuota de distribución». En la primera han de admitirse todas las películas comunitarias, y en cuanto a las obligaciones que impone la segunda, no pueden aplicarse a los films de la CEE.

Ello unido a que, a partir de la implantación en España del Impuesto del Valor Añadido, a primeros de enero de 1986, han de ser suprimidos los denominados «cánones de doblaje», es decir, las tasas a satisfacer por la comercialización en nuestro idioma de las películas extranjeras, la situación será, más o menos, la siguiente:

Un libre acceso y circulación en nuestro mercado de los films comunitarios (incluidos, por supuesto, los ingleses), libres de tasas y de licencias de doblaje, y admitidos en nuestra cuota de pantalla. Y aun cuando esta cuota sea posiblemente aumentada, por petición de la CO-PIAC,[51] a la proporción de un 33 por ciento en lugar del 25 por ciento

---

51. Se trata de la Comisión Permanente Intersectorial de Asociaciones Cinematográficas, constituida a mitad de 1984, que reúne a las tres ramas de la industria presuntamente enfrentadas —producción, distribución y exhibición—, la cual solicitó estar presente, como parte interesada, en las conversaciones de la Administración en torno a la entrada en la CEE, especialmente por carecer nuestra cinematografía de un período transitorio para su adaptación comunitaria.

actual, en razón de la admisión en la misma de los films de la CEE, es más que probable que las películas españolas queden en un estado de indefensión comercial en su propio mercado —base de amortización de los costes— y el ya precario 20,9 por ciento de participación de nuestras películas en la recaudación anual de las taquillas, registrado en 1984, se vea afectado negativamente.

En cuanto a las empresas de nuestro sector de exhibición [...] es posible que se vean favorecidas, en términos generales, ante la mayor flexibilidad de la nueva cuota de pantalla; e igual ocurrirá con las empresas distribuidoras que comercializan preferentemente películas de origen comunitario. Queda un problema inquietante: el de los films realizados por las compañías norteamericanas en Inglaterra y que, al ser calificados como originarios del Reino Unido, tendrán también la condición de films comunitarios (recordemos, como ejemplo: «Ghandi», «Los gritos del silencio», «Pasaje a la India», «La selva esmeralda», «Superman», etc.), lo cual puede suponer una invasión peligrosa.[52]

Alguien podría alegar, al llegar a este punto, que ha de haber una contrapartida favorable al cine español. Pero no es de esperar tal cosa. Nuestras películas, lamentablemente, despiertan escaso interés en Europa, y el hecho de incorporarnos al Mercado Común no va a significar un cambio apreciable de esta situación.

El que los films españoles puedan circular libremente en los mercados europeos, e incluso ser admitidos en las «cuotas de pantalla» francesa o italiana, no será una circunstancia capaz de aumentar nuestras exportaciones cinematográficas. La presencia del cine español en el Mercado Común, y en otras zonas del mundo, ha de estar basada en una mejora de nuestros productos cinematográficos y en un esfuerzo de las empresas productoras y, por supuesto, del Estado, para promocionar la comercialización exterior de nuestro cine.[53]

Pero oigamos, ahora, la otra «campana»: la voz de la Administración en torno a la entrada de España en la CEE. Es el actual director del ICAA quien nos hablará de la adapta-

---

52. Cfr. el informe de Félix Flores, «Españoles y europeos obligados a protegerse ante el poderoso enemigo norteamericano», *La Vanguardia* (1-2 enero 1986). En este sentido, también se pronunciaría el nuevo director general de Cinematografía. Ante la producción de EE.UU. que nos llegará a través de Inglaterra y Holanda, las cuotas de distribución y pantalla no servirán para nada. De ahí que declarase: «Eso produciría un efecto verdaderamente chusco: por ejemplo, que por poner durante tres semanas "Rambo" tuvieras que poner "Superman" o "Panorama para matar"». Véase entrevista en *Actualidad Cultural*, 34 (marzo 1986), 34.

53. A. Cuevas, *op. cit.*, pp. 53-54.

ción legislativa de nuestra industria. Dice Fernando Méndez-Leite:

> Se establecerá una cuota de 2 por 1, esto es por cada dos días de exhibición de una película producida por terceros países, habrá que poner un día de película española o comunitaria. Se suprimirá la exigencia del cumplimiento cuatrimestral de esta cuota de pantalla, pero se obligará a los exhibidores a que dicha cuota se cumpla anualmente con al menos dos títulos distintos. Este sistema se pondrá en observación a lo largo de 1986, un año que se prevé conflictivo, y al final del mismo se harán las variaciones que la experiencia aconseje. Todas las películas comunitarias quedarán equiparadas en derechos a las películas españolas, y —como estas— cubrirán cuota de pantalla. El Tratado de Roma prohíbe cualquier tipo de discriminación para los productos de los países comunitarios. No obstante, no se considerarán películas comunitarias las coproducciones con terceros países, a efectos de cubrir cuota de pantalla, aunque sí en lo que se refiere a su libre circulación.
>
> Para paliar el efecto que la entrada en el Mercado Común puede producir en nuestra industria, al no haberse negociado por el Gobierno de UCD la moratoria o período transitorio, se primará a las distribuidoras españolas con el establecimiento de una cuota de distribución, que implica que las películas españolas generan cuatro sucesivas licencias de doblaje para películas de terceros países. Las películas comunitarias no necesitan licencia alguna de doblaje, y podrán distribuirse y exhibirse con plena libertad en el mercado español.[54]

Finalmente, Méndez-Leite hijo —que se había hecho famoso en esas fechas por su programa televisivo *La noche del cine español*— manifestó cuál era su postura sobre el cine de la Cataluña autónoma:

> Me propongo potenciar lo más posible el centro de producción de Barcelona, que tiene una larga tradición y una historia brillante. Creo que fue muy positivo el contacto que tuve en mi visita a Barcelona con los directores, productores, distribuidores y exhibidores catalanes, así como con el Director General de Cine de la Generalitat. Estableceremos una subcomisión de primera instancia en Barcelona para la adjudicación de subvenciones a proyectos catalanes, que yo mismo presidiré

---

54. Cfr. entrevista a Fernando Méndez-Leite, «El director general de moda», *Fotogramas & Vídeo* (Barcelona-Madrid), 1.717 (marzo 1986), 54-55. El título tiene relación con el primer largometraje dirigido por Méndez-Leite: *El hombre de moda*.

una vez al mes. Los proyectos aprobados por esta comisión pasarán a la Subcomisión de Valoración Técnica central, en donde estarán Santiago Lapeira y Carles Balagué, como representantes de los directores y productores catalanes, para defender sus proyectos. El contacto de la Dirección General con el centro de Barcelona será continuo y muy fluido, porque además vamos a abrir una ventanilla en la Delegación del Gobierno en Barcelona, que permitirá agilizar los trámites burocráticos.

Y hasta aquí, la situación puntual del cine español al llegar la segunda legislatura de los socialistas.

El esperado «cambio» socialista

Tras las elecciones de junio de 1986, el PSOE vuelve a obtener la mayoría absoluta. Y las pantallas españolas siguen retratando —mejor o peor— el desarrollo de la democracia, con sus titubeos e incertidumbres, críticas y cambios de mentalidad. Un proceso político que las películas no simplemente han constatado, sino que acaso han contribuido a consolidar. Y los creadores —léase directores y productores, principalmente— se han transformado en testigos del «cambio». Un cambio que, para algunos, se asemeja mucho a un *statu quo* que tiene su origen en la falta de una auténtica industria cinematográfica nacional; para el crítico de *Variety* Peter Besas, por ejemplo, la cinematografía española ha estado siempre sometida: ayer a la dictadura, hoy a la democracia.[55] Quizá —y perdón por la expresión— porque son «los mismos perros, pero con distintos collares» (no quisiera, con este dicho popular, ofender a nadie). Pues el público, en general, sigue sin refrendar los films hispanos.

El crítico Jorge Berlanga, a finales de 1986, estuvo más contundente y no empleó eufemismos para calificar la hora actual del cine español. Reproduciré un texto clarificador:

---

55. Véase P. Besas, *Behind the Spanish Lens, Spanish Cinema under Fascism and Democracy*, Denver, Arden Press, 1985; primer libro de autor extranjero sobre el cine español. Después seguirían el citado Larraz y las obras de Ronald Schwartz, John Hopewell, Virginia Higginbotham, Fiddian y Evans, etc.

Ya va siendo hora de dejarnos de engañifas y decir claramente que el cine que se hace en estos momentos en España no interesa para nada en el extranjero y muy poco aquí. La verdadera industria no dice tonterías cuando tiene comprobado que el ochenta por ciento del público cinematográfico es menor de 25 años. En esta década, y algunos deberían enterarse, la sensibilidad ha cambiado, al igual que el lenguaje. Existe una revolución visual amparada por la evolución tecnológica que transforma los criterios éticos y estéticos. En la mayoría de los países civilizados son conscientes de esto y hacen un cine acorde con su tiempo.

La mayoría de los españoles están comprometidos en la apuesta por la modernidad. En muchos sectores del arte y las ideas estamos en vanguardia. No podemos quedarnos en la retaguardia del cine con rancios dramas rurales, guerras pasadas o amoríos que matan de tedio. Hay que vivir el presente y el futuro. El pasado es para los muertos.[56]

Por eso, ese 60 % de público que —como dijo el director general de cine— no sale de su casa sigue desinteresándose por el cine español. Y cuando ve películas son extranjeras y, la mayoría, en vídeo.

De ahí que, en el coloquio organizado por el Club Diálogos para la Democracia, el citado Fernando Méndez-Leite afirmara: «El sector de exhibición es el más conservador de nuestra industria. Hay que reconvertir las salas; esto es fundamental para hacer que el público vaya al cine».[57]

Por su parte, Manuel Gutiérrez Aragón decía en el mismo foro: «Soy pesimista respecto al futuro del cine. El cómo se consume ahora el cine —no solo en locales cinematográficos, sino también en los domicilios mediante el vídeo y la televisión— va a afectar en el futuro». Mientras Elías Querejeta constataba: «El vídeo y la televisión están modificando el producto cinematográfico y está ocurriendo también un cambio en las estructuras de producción; más público, y de diferentes modos, ve ahora una película».

Finalmente, Méndez-Leite sintetizó así la problemática

56. Jorge Berlanga, «La movida y el cine», *Fotogramas & Vídeo*, 1.725 (diciembre 1986), 15.

57. Cfr. Diego Muñoz, «Representantes de todos los sectores debaten en Madrid la problemática del cine español», *La Vanguardia* (7-V-1986). Un informe más completo, así como de los proyectos del ICAA, puede encontrarse en *Cine Nuevo*, 5 (verano 1986), pp. 6-7.

del cine español: «Hay crisis del cine en todo el mundo, y la industria norteamericana lo copa todo. Por ello, es fundamental para el cine español replantear la relación con los americanos. Si les dejamos que sigan llevándose 50 millones de dólares al año, el cine español desaparecerá. En conclusión, hay que ir a unas relaciones más lógicas e igualitarias con el cine americano».

Pero, ¿cómo luchar contra esa «colonización»? Si el público da la espalda a las películas españolas —salvo contadas excepciones— y sigue «consumiendo» cine extranjero —films comunitarios y, especialmente, norteamericanos— (véase cuadro 2), no cabe más que acometer un cambio sustancial. Y ese cambio —arriesgado, como todo verdadero «cambio»— no se ha realizado en profundidad, como seguidamente veremos.

«Parches» para aliviar el Fondo de Protección

Un año después, el citado director general del ICCA declaraba a *La Vanguardia* que —vistos los resultados en taquilla— «el panorama actual del cine español no es negro, pero sí sombrío, y tenemos que modificar el "Decreto Miró", porque las cosas ahora son radicalmente distintas.[58] Y continuaba:

La situación actual del Fondo de Protección es muy compleja y no se puede explicar telegráficamente. Lo cierto es que en 1987 hemos tenido 500 millones de pesetas menos que el año anterior. Nos dejaron el presupuesto del Fondo de Protección en dos mil millones. Con ellos, se han subvencionado 37 películas nuevas, se han dado las subvenciones objetivas que marca la ley para cualquier filme español y, además, hemos atendido proyectos que quedaron pendientes el año pasado.

Es muy difícil mantener el sistema de subvención al cine con tan poco dinero. Yo creo que, en plan óptimo, haría falta triplicar el presupuesto. Y, sobre todo, la razón principal de que estemos sin un duro es que los costes de producción de las películas españolas prácticamente

---

58. Diego Muñoz, «El Fondo de Protección al cine español ha agotado su presupuesto y no puede subvencionar ningún filme», *La Vanguardia* (12-VII-1987).

CUADRO 2

Año	Cines con recaudación	Espectadores			Recaudaciones (en millones)		
		Películas nacionales	Películas extranjeras	Total	Películas nacionales	Películas extranjeras	Total
1975	5.076	78.814.000	176.970.000	255.785.000	3.727	9.244	12.972
1976	4.874	76.563.000	172.751.000	249.315.000	4.171	10.091	14.262
1977	4.615	65.718.000	146.192.000	211.910.000	4.742	11.191	15.934
1978	4.430	51.592.000	168.517.000	220.110.000	4.519	16.304	20.824
1979	4.288	35.647.000	164.837.000	200.485.000	3.650	18.767	22.418
1980	4.096	36.510.000	139.485.000	175.995.000	4.553	18.007	22.560
1981	3.970	38.791.000	134.868.000	173.659.000	5.672	20.440	26.112
1982	3.939	36.188.000	119.767.000	155.955.000	6.221	21.036	27.258
1983	3.820	30.133.000	110.951.000	141.084.000	5.844	22.795	28.640
1984	3.510	26.267.000	92.325.000	118.592.000	5.567	20.959	26.526
1985	3.190	17.792.000	83.325.000	101.117.000	4.108	21.187	25.296

Fuente: ICAA, *Boletín informativo del control de taquilla*, Subsecretaría del Departamento de Protección al Cine (Ministerio de Cultura, 1986).

se han doblado. Y como muchas de las películas no funcionan en taquilla, el Fondo de Protección no recibe la devolución del dinero de las películas [...]. De entre las películas subvencionadas en lo que va de año [se refiere a 1987], las que se han llevado mayor cantidad de dinero del Fondo de Protección han sido *El Dorado* (100 millones), *Moros y cristianos* (90), *Remando al viento* (80), *La rusa* (80) y *Divinas palabras* (75). Por otra parte, y siguiendo con el tema de los dineros del cine español, el panorama de las películas ya estrenadas en lo que va de año ofrece un aspecto bastante desolador. Las únicas películas españolas que han dado buenos resultados en taquilla han sido *La mitad del cielo*, *El año de las luces*, *La ley del deseo*, *27 horas* y *La vida alegre*.

Al mismo tiempo, afirma que «ha habido fracasos en taquilla estrepitosos», y conviene:

Creo que el problema en este momento es que la gente no va al cine y, por ello, hay que meditar muy bien lo que se debe producir. No se pueden abordar proyectos sin unas mínimas garantías de rentabilidad.

—*Desde el Instituto del Cine, ¿qué soluciones plantea usted?*

—Llevo en el puesto alrededor de año y medio y, básicamente, me he centrado en dos temas que son cruciales para el cine español y que, en parte, ayudarán a resolver las crisis de exhibición: el control de taquilla y la reconversión de las salas cinematográficas. Ya puedo informar, sin temor a equivocarme (porque están listos los informes), que antes de que finalice el año estará en vigor un plan de reconversión de salas cinematográficas en convenio con el Banco de Crédito Industrial, que supone una línea de crédito con una subvención, por parte del Instituto del Cine, de cuatro puntos de interés. Además está pactado con la rama de exhibición. El otro gran tema del que me he ocupado ha sido el posible fraude que existe en el control de taquilla. A comienzos de enero ya estará funcionando un nuevo sistema automatizado de control de taquilla, que nos permitirá conocer las recaudaciones reales de las películas. Resueltos estos dos asuntos, llevo ya varios meses con reuniones para modificar el actual Decreto de Protección al Cine Español.

—*¿En qué van a consistir esas modificaciones?*

—La idea fundamental es que la situación actual exige hacer algunos correctivos en el sistema de subvenciones, aunque seguiremos manteniendo la línea maestra del decreto de diciembre del 83, que ha sido excesivamente generoso en cuanto a las subvenciones y no permite que el Fondo de Protección se regenere nunca. A lo mejor tiene que ser así, pero a lo mejor no. Mi intención en estos próximos meses es llegar a la legislación ideal sobre este tema y luego discutirla con los interesados.

Lo cierto es que nos ha tocado vivir una época de crisis feroz y, además de todo lo dicho, y del fenómeno del vídeo y la televisión, también me preocupa muchísimo el tema de la penetración indiscriminada del cine americano, porque, lejos de disminuir o estacionarse, está aumentando de manera gigantesca. Tal vez habría que estudiar la posibilidad de hacer una ley de porcentajes. Como último elemento, también vamos a incluir en el nuevo decreto la publicidad como un elemento básico del proyecto de la película. Si el cine español no tiene la suficiente publicidad, cómo va a conseguir que la gente acuda a ver las películas. Puede que también hagamos una campaña oficial publicitaria que potencie el cine español.

No obstante, transcurridos dos meses, el director del ICAA declaraba en una rueda de prensa celebrada en San Sebastián que «las películas claramente comerciales no debían tener subvenciones».[59] Méndez-Leite abordó de nuevo la problemática creada por el agotamiento del Fondo de Protección de este año 1987, e indicó que para el próximo ejercicio se realizarían convocatorias cuatrimestrales, incrementando dicho Fondo en un 25 %; que los films que no consigan subvención en una de las convocatorias, podrán optar a la siguiente, y que «los criterios selectivos serán la importancia y calidad de los proyectos».

Fernando Méndez-Leite —sigue informando *La Vanguardia* (21-IX-87)— dijo que en el último trimestre del año se habían presentado 50 guiones, de los que «han sido seleccionados cuatro». Dado que el Fondo de Protección está agotado, Méndez-Leite «ha solicitado una ampliación suplementaria de 350 millones, que espero conseguir». Asimismo, manifestó que en 1988 el control de taquillas informatizado estaría implantado en toda España y que se calculaba que la defraudación fiscal supera en esos momentos el 30 %.

El entonces director general reafirmó la voluntad del Ministerio de Cultura de apoyar al cine español y proseguir con la política de subvenciones, si bien dijo que «cuando un productor confía plenamente en un proyecto debe arriesgarse y hacerlo, aun sin subvención». Por último, indicó que «el Estado coproducirá películas a través del Banco de Crédito In-

---

59. Cfr. *La Vanguardia* (21-IX-1987).

dustrial, y que el Plan Nacional de Reconversión de Salas costará unos 7.000 millones de pesetas».

Con todo, ¿dónde está el «cambio» prometido desde las primeras elecciones? Se aprecian solo «parches» para aliviar el Fondo de Protección, o para solucionar la honda problemática del cine español.

La «corrección» de la Ley Miró

Sin embargo, no fue el Ministerio de Cultura el que hizo las anunciadas modificaciones —o reformas legislativas— al Decreto de Protección a la Cinematografía promulgado bajo el mandato de Pilar Miró, sino que tuvo que intervenir el poder judicial para «corregir» la ley.

Ciertamente, a instancias de un recurso presentado por la Asociación Española de Productores Cinematográficos (AEPC), la sala tercera del Tribunal Supremo decretó una sentencia —dada a conocer el día 28 de octubre de 1987— que dejaba nula la Orden Ministerial de 1984 que regulaba las subvenciones a películas españolas.

La inquietud despertada entre los profesionales del cine por las consecuencias que pudiera tener la anulación de la O.M. que había venido regulando el funcionamiento de las subvenciones, fue declarada por la Administración. El secretario general técnico del Ministerio de Cultura, Javier Matía, manifestó al diario *El País*:

[...] la sentencia declara la nulidad de la orden por defecto de forma. Porque la orden se hizo sin consultar, sin oír, a las asociaciones profesionales. La estimación de ese recurso implica que la orden se deroga, no que no haya existido, y no afecta a ninguno de los actos firmes dictados con anterioridad. Todas las subvenciones concedidas o denegadas, todos los actos administrativos de calificación de películas, son plenamente válidos, no hay que devolver dinero de subvenciones, no hay que rectificar los actos realizados, no se pueden modificar. No altera para nada todas las decisiones que se han adoptado en el ICAA.

La obligatoriedad legal de la audiencia a las asociaciones representativas constituye una cuestión fuertemente debatida en la propia jurisprudencia del Tribunal Supremo, que mantiene posiciones diferentes en sus distintas resoluciones. En razón de ello, el Servicio Jurídico del Estado ha interpuesto un recurso de revisión contra la sentencia citada, con la finalidad de que el Tribunal Supremo decida definitivamente cuál es su actitud ante este caso para que la Administración sepa si la consulta es o no obligatoria.[60]

Méndez-Leite aclaró ante el mismo periódico:

En cualquier caso, la sentencia no entra para nada en el fondo ni en la filosofía de la política cinematográfica actual, que está regida básicamente a partir del decreto de 1983.

La orden es simplemente un complemento técnico, de procedimiento. Pero la sentencia no entra ni siquiera en estas cuestiones, lo único que manifiesta es que en su momento no fue consultada la asociación recurrente. Por tanto, la situación no varía para nada. El Ministerio tiene que cumplir la sentencia, aunque va a interponer un recurso de revisión. Pero hasta que el Tribunal Supremo comunique la sentencia por medio de testimonio y forma, nosotros podemos seguir funcionando con la orden anulada. Lo que vamos a hacer es una nueva orden que desarrolle la anterior y que será sometida a consulta por todas las agrupaciones profesionales vinculadas, de forma que en ningún momento se produzca un vacío normativo.

Es obvio que el Gobierno no quería dar su brazo a torcer. Y el célebre «rodillo» socialista —que no había consultado en esa O.M. a todos los afectados— prometía una nueva ley que, de momento, no se dio.

Pero en noviembre, *El País* volvía a informar sobre la «corrección» del Decreto Miró:

El desconocimiento de en qué van a consistir las modificaciones anunciadas por los responsables de Cultura de la vigente legislación reguladora del cine español inquieta en los medios de la profesión cinematográfica. Se considera que en el Ministerio de Cultura hay urgencia por ajustar esta legislación —en especial, la Ley Miró, base de la financiación del cine— a la situación actual; por otra parte, estas prisas contrastan con el hecho de que no se haya consultado a los medios profesionales ningún borrador que enuncie los criterios a que se va a ajustar

---

60. Fietta Jarque, «Las subvenciones otorgadas al cine no se verán afectadas por la anulación de la orden ministerial», *El País* (31-X-1987).

la futura normativa; finalmente, hay temor sobre qué criterios sectoriales de tipo tecnocrático se impondrán sobre la visión política global que requiere el problema.[61]

En ese mes, ya estaba en la cartera de Cultura Jorge Semprún, conocido ex militante comunista y guionista de cine político (*La guerre est finie* y *Stavisky*, para Alain Resnais; *La confesión* y *Section Spéciale*, para Costa-Gavras, entre otras), que fue nombrado ministro por Felipe González. De ahí que los directivos de la Asociación de Directores de Cine Español (ADIRCE) tuvieran un intercambio de impresiones con el nuevo ministro de Cultura. Según informaron a *El País* fuentes de ADIRCE:

[...] no cuentan con un documento de trabajo sobre el que canalizar sus posturas respecto de estos todavía imprecisos cambios. El ministro nos aseguró que el actual sistema de subvenciones se mantendrá, pero se abrirá una nueva vía de financiación de filmes. En realidad, no es nueva vía, sino un ensanchamiento de la ya existente vía crediticia.

La futura normativa creará una forma de concesión de créditos blandos por el Banco de Crédito Industrial. Se trata de abrir una vía industrial paralela o complementaria de la vía cultural. Esto es coherente con otro de los criterios que orientarán los cambios e innovaciones: el reforzamiento de la figura del productor profesional.

Así, pronto los productores afectados se pronunciarían sobre el tema. Luis Megino consideraría que tal duplicación de la financiación era irreprochable sobre el papel, pero...

[...] en la práctica, la balanza puede sufrir un progresivo deslizamiento hacia la fuente crediticia en detrimento de la fuente cultural. Un proceso como este deterioraría a nuestro cine, pues no sólo se harían menos películas, sino que el nivel de calidad de estas bajaría.

Un temor parecido manifestaron los miembros de ADIRCE antes citados:

Puede disminuir el número de subvenciones, ya que una legislación de estas características tiende a propiciar su aplicación restrictiva.

61. Cfr. *El País* (18-XI-1987).

De hecho, los criterios restrictivos ya se están aplicando [...]. Las partidas presupuestarias para el cine son cortas y los fondos están exhaustos. Semprún es consciente de esto, y en sus proyectos está ampliar sustancialmente el dinero estatal dedicado al cine, para lo que ha iniciado contactos con Hacienda, donde —según él— se han mostrado receptivos a sus propuestas.

Por su parte, el productor Elías Querejeta afirmaba al respecto:

El volumen de subvenciones es en Francia incomparablemente mayor que en España, como lo es también la inversión de la televisión en el cine. Solo el canal Plus ha invertido 19.000 millones de pesetas en el cine francés. Es, por tanto, absurdo hablar de una modificación referida a un solo aspecto de la problemática del cine —el tema de la subvención, que ha sido víctima de una campaña demagógica— sin debatir los aspectos globales de la cuestión. El problema de la financiación no es el único y no puede ser tratado aisladamente.

Los productores y directores del cine español coincidían en que el buen nivel de producción alcanzado, tanto en cantidad como en calidad, en los últimos años peligraba a causa de una pugna que asomaba en los bastidores del Ministerio de Cultura, donde se «cocía» la nueva normativa, y el director del ICAA «amenazaba» con dimitir.

Fuentes de la industria cinematográfica indicaron al mismo diario:

[...] se trata de una pugna entre visiones de fondo del problema del cine español: una visión tecnocrática, que considera que la solución del problema del cine es un asunto administrativo, y una visión de más alcance, que lo considera un problema político.

El necesario apoyo a los exhibidores

Mientras el Gabinete socialista no acababa de aclararse respecto al cinema —y los productores y directores esperaban ansiosos ser consultados sobre el «cambio»—, los siempre sufridos exhibidores estaban esperando también los créditos para renovar las salas cinematográficas del país. Esos prometidos 7.000 millones que costaba —según Méndez-Leite— el denominado Plan Nacional de Reconversión de Salas.

Dejaré aquí que hable una voz más autorizada: el economista cinematográfico Carles José i Solsona, quien por esas fechas acababa de publicar su tercer libro sobre el tema.[62] Reproduzco gran parte de un artículo suyo clarificador, publicado en *La Vanguardia*:

En nuestro caso, el análisis de la realidad es ciertamente inquietante; la deserción de espectadores se ha traducido en un prolongado e incesante proceso de cierre de cines que, por otra parte, no es muy distinto a la tendencia imperante en las salas europeas. Entre 1966 y 1986, el número de cines activos en España descendió de 8.193 a 2.640 (en Cataluña, el parque de locales retrocedió de 1.275 a 421 en ese período), reducción que implica, en el conjunto estatal, un ritmo de tres salas cerradas cada cuatro días, a lo largo de veinte años.

Ante esta acuciante realidad, la renovación de locales se revela como la respuesta más eficaz a la crisis. La modernización de los cines o su parcelación en multisalas, en la mayoría de las experiencias efectuadas, han recompensado la inversión en reconversión con una mayor clientela y, en definitiva, con superiores ingresos. Renovarse es, pues, la alternativa de los locales cinematográficos a sufrir en toda su crudeza el impacto de la crisis y, a la larga, a padecer su cierre definitivo. Sin embargo, no siempre la capacidad financiera de los empresarios, menguada por la pertinaz pérdida de público, está en disposición de acometer las reformas. Hasta ahora, las subvenciones del Instituto de la Cinematografía y las Artes Audiovisuales, dado el gran número de salas entre las que debían repartirse, constituían un endeble remedio al problema, que a lo sumo permitía emprender mejoras de proyección y sonido. En consecuencia y para afrontar decididamente la reconversión del parque español de cines, la mencionada entidad y el Banco de Crédito Industrial suscribieron el pasado 2 de enero [se refiere a 1988] un convenio para la creación, reconversión y remodelación de salas de exhibición cinematográfica.

El coste estimado de renovación de las salas, en función de los proyectos de los exhibidores, es de 8.500 millones de pesetas, de los que 2.500 serán directamente aportados por los empresarios y los 6.000 restantes vendrán financiados por créditos especiales del banco. Este financiará hasta el 70 % de la inversión tangible a realizar, con un térmi-

---

62. *Tendències de l'exhibició cinematogràfica a Catalunya*, Barcelona, Institut del Cinema Català, 1987.

no de amortización de hasta 8 años y una carencia máxima de dos años. El tipo de interés aplicable será el 14,25 %, pero el Instituto subvencionará cuatro puntos, lo que supondrá para el Instituto el destino de 1.260 millones de pesetas a esa actividad entre 1988 y 1995.

Este apoyo, aunque esencial, deberá flanquearse tanto con debates sobre la modernización y reconversión de salas [...] y con actuaciones privadas y públicas. Entre las primeras, destacan ya iniciativas como la celebración semanal de un día del espectador o los primeros intentos de reserva informatizada de localidades, a los que podría sumarse, en el futuro, la aplicación en nuestro país de la experiencia de «cinéma à la carte» (tarjeta de abono con descuento, pago con tarjeta de crédito) del grupo francés Pathé Cinéma. En cuanto a las segundas —junto al logro de un mejor sistema de contratación de películas, al apoyo a la pequeña y mediana empresa exhibidora, o a la persecución de la competencia ilícita— cabría examinar, por el lado de la demanda y mediante encuesta, el perfil del espectador de cine y, por la vertiente de la oferta, establecer un detallado mapa de locales. Conocidos el público y sus características así como la oferta y su distribución (y, en ese aspecto, dada la desertización cinematográfica en zonas rurales, no sería baldío tener presentes ejemplos como la Agencia para el Desarrollo Regional del Cine, en Francia), será mucho más fácil incidir con acierto en el sector y evitarle la persistencia de unos sufrimientos que, hoy por hoy, se mitigan básicamente con la ayuda de la renovación.[63]

Aun así, a finales del mismo 1988, las salas seguían disminuyendo en España, al tiempo que otras se reconvertían en minicines (en las grandes capitales). Huelva, por ejemplo, ciudad de unos 130.000 habitantes, se quedó sin salas cinematográficas.

Poco después, llegaría la dimisión de Fernando Méndez-Leite como director general del ICAA, que trataremos más adelante.

La situación autonómica catalana

Antes de pasar a examinar las causas de tal dimisión —y hacer la «crónica de una muerte anunciada»—, vamos a constatar brevemente la situación del cine catalán en la época del referido director general.

---

63. C. José i Solsona, «Renovarse o sufrir», *La Vanguardia* (24-III-1988).

Méndez-Leite, preocupado entonces por el panorama sombrío del cine español, manifestó también su preocupación por «los resultados de las últimas películas catalanas», que no eran «excesivamente buenos a ningún nivel». Y continuó declarando:

Esto era algo que yo preveía, pues la subcomisión de valoración técnica, que con carácter asesor funciona en Barcelona, solo lleva un año y, en conjunto, ha provocado un auge en la producción en esta ciudad. De cualquier manera, por el hecho de que hay actividad, ya me doy por satisfecho. Pero también debo decir que los productores y directores catalanes tendrían que planificar muy bien cuáles son los proyectos que quieren hacer de ahora en adelante y hasta qué punto esa política de apoyo al cine catalán se puede mantener, si las películas resultan todas un fracaso.[64]

No obstante, cuando se le comentó al dimitido director del ICAA que, en la reunión celebrada por la FERA en Madrid, el Col.legi de Directors de Cinema de Catalunya manifestó que «tal como dice ADIRCE, el cine español habrá cambiado gracias a Pilar Miró, pero el cine catalán cuando ha cambiado ha sido gracias a Méndez-Leite», este concluyó:

Desde el primer momento pensé que no se podía dejar que las cosas continuaran igual en Barcelona, que puede y debe convertirse en un centro de producción. Pero para ello no basta con la existencia de la comisión asesora: tiene que haber también inversión privada e ideas.

Mientras el también dimitido director general de Cinematografía, Vídeo y Televisión de la Generalitat, Josep Maria Forn —que dejó voluntariamente el cargo para volver a realizar películas—, no conseguía poner en marcha su proyectado Ens Autònom de Cinema Català (al parecer por obstaculización de los partidos políticos, que no querían perder el posible «control» del cine), la Oficina Catalana de Cinema presionaba al Gobierno Pujol para que apoyara decididamente esa cinematografía propia, también desde la cadena autonómica de Televisión (TV3).

---

64. «Apoyar al cine catalán será difícil si sus filmes fracasan», declaraciones a *La Vanguardia* (12-VII-1987).

Por eso, a finales de octubre de 1988, la citada Oficina organizó unas Jornades sobre Cinema i Televisió a Catalunya y publicó un significativo Manifiesto acerca del estado de la cuestión. Las líneas maestras de este texto son las siguientes:

— El cine y la televisión en Cataluña: por una igualdad de sexos.
— La necesidad de una ficción propia.
— El audiovisual catalán y su lugar en el marco internacional.
— La producción cinematográfica en TV3 y en TVE y su relación con el cine catalán.
— Relación cine y televisión. Algunos modelos europeos.
— Paisaje televisivo y cinematográfico en Cataluña.
— Legislación sobre cuotas. Las cuotas de programación de películas catalanas en TVE y TV3.
— Las películas y su integridad. Las manipulaciones en TVE y TV3.
— La promoción del cine a través de la televisión.

En dichas jornadas —coordinadas por el secretario de la Oficina Catalana de Cinema, Jordi Balló, crítico que recientemente ha dejado dicho cargo— participamos la mayoría de los profesionales del sector y, de manera especial, los principales líderes políticos: Miquel Roca, por Convergència i Unió, y el socialista catalán Raimon Obiols, por el PSC.

Meses después, tras una polémica crítica de la Associació Catalana de Productors Cinematogràfics, que amenazaba con romper las negociaciones para la renovación del convenio anual entre esta entidad y la televisión autonómica, la dirección de TV3 hizo un comunicado clarificador, donde hacía constar que, en el período comprendido entre 1984 y 1988 (o sea, durante la etapa socialista) TV3 «ha destinado solamente para la compra de derechos de antena, pre-compras y coproducciones un total de 780 millones de pesetas» (y añadían 29 títulos de films o series televisivas). Luego, a instancias del Departament de Cultura de la Generalitat, se firmó un convenio para 1989, con un presupuesto de 500 millones.

Con todo, el balance de la situación catalana —autonomía que no ha recibido los traspasos en materia cinematográfica y cuyas relaciones con el Gobierno central no son tan buenas como las del País Vasco, vía el pacto nacionalista con el PSOE— lo tendremos más adelante, cuando reproduzcamos el artículo de cuatro representantes de este sector, con el título de «El pozo y el péndulo».

«Sonada» dimisión de Méndez-Leite

El 9 de diciembre de 1988, Fernando Méndez-Leite presentó su dimisión al ministro de Cultura, Jorge Semprún, como director general del ICAA, por no estar de acuerdo con el anteproyecto de decreto de regulación de la Ley de Protección a la Cinematografía Española, anteproyecto elaborado por el subsecretario del Ministerio, Miguel Satrústegui. He aquí, pues, el relato de esa «muerte anunciada». Declaraba Méndez-Leite a *La Vanguardia* tres días después:

> Ya no sabía qué demonios pintaba allí […]. No ha habido más remedio que dimitir. Las razones de fondo —aclaraba— son que no estoy de acuerdo con el contenido de un anteproyecto de decreto de protección a la industria del cine que se está elaborando a espaldas de la profesión y en contra de mi opinión. He intentado mejorarlo, pero pienso que es imposible arreglarlo y que el resultado será un monstruo hecho de retazos absurdos que, en la práctica, supone una rebaja drástica del sistema de subvenciones, sin ofrecer ninguna contrapartida, y que hundirá al cine español en quince días.[65]

Respecto a las razones de forma de su dimisión —sigue manifestando al mismo periódico—:

> […] no quiero dar nombres y apellidos, pero en los últimos meses se ha interferido en mis competencias y, por lo que parece, ha primado el criterio de que los decretos los tienen que hacer los profesionales del derecho, los juristas, cuando lo que yo mantengo es que la nueva Ley de

---

65. Diego Muñoz, «Fernando Méndez-Leite dimite de la Dirección General de Cine porque "ya no sabía qué demonios pintaba allí"», *La Vanguardia* (12-XII-1988).

Cine debe hacerse contando con los profesionales y por los profesionales. En resumen, yo tenía en marcha un proyecto pactado con la industria e intenté, dentro del Ministerio de Cultura y con el apoyo de todo el equipo del Instituto de Cinematografía y Artes Audiovisuales (ICAA), llevarlo adelante y negociarlo. No fue posible y por eso dimití. Espero que mi dimisión sirva para que Semprún se dé cuenta de que lo que pretende el proyecto de ley elaborado por los técnicos es un disparate que echaría por la borda cinco años de trabajo y hundiría al cine español.

Por su parte, el realizador José Luis García Sánchez —miembro de la junta directiva de la recientemente fundada Academia de las Artes y Ciencias Cinematográficas de España— afirmó al respecto:

El que hayan forzado a dimitir a Méndez-Leite lo deja todo muy claro: los responsables del Ministerio de Cultura, el Gobierno, quieren quitar las subvenciones al cine español. Todos habíamos oído el rumor, pero nos parecía una barbaridad que esto ocurriera porque los «señores de derechas» se han movido mucho y los «rojos» no han hecho nada. Lo que nos contaban, pero no acabábamos de creerlo, es que el ministro de Cultura, Jorge Semprún, y técnicos de su ministerio como el subsecretario Miguel Satrústegui, consideraban que el cine español estaba muy subvencionado y que eso había que corregirlo con un nuevo decreto. Me parece una barbaridad que corten las subvenciones. Lo que tendrían que hacer es desarrollar bien el decreto y, ya que tanto les gusta Europa, copiar a Francia, donde desde hace 30 años existe un sistema que protege mucho más que el nuestro.[66]

Sin embargo, la respuesta del ministro de Cultura fue mucho más contundente. Un día más tarde, Jorge Semprún se pronunciaba así:

Desde hace dos años se estaban realizando una serie de estudios y acuerdos sobre la llamada «Ley Miró», la Ley de Cine, hecha por una directora para directores, y no para fomentar la industria del cine. Se han hecho muchas reuniones de profesionales, con exhibidores, realizadores, propietarios de salas, para abordar varios puntos, entre ellos el de las subvenciones. Yo creo que hay que movilizar el dinero para ayudar a la industria del cine, pero que el dinero no tiene que ponerlo el Estado,

66. Cfr. «Los cineastas dispuestos a movilizarse», *La Vanguardia* (12-XII-1988), 23.

porque en ninguna democracia es el Estado el principal productor de cine. Yo intentaba que la nueva ley estuviera más dirigida a promover el cine en general que a los caprichos y promesas individuales. Por otra parte, me ocupé de que se buscaran fórmulas para levantar dinero de la llamada sociedad civil, con créditos a bajo interés, solucionar problemas de IVA y actuar sobre el fraude de taquilla, que supone de diez a quince mil millones de pesetas sin declarar, cifra muy superior a la que el ministerio destina a la industria del cine. Porque aquí pasaba algo muy curioso, y es que se daba dinero a todo el mundo, sobre todo a los amigos.[67]

Y añade el ministro Semprún:

En todas estas conversaciones participaba Méndez-Leite, que cuando ve que finalmente vamos a emprender la reforma, dimite. No le puede gustar como director porque, evidentemente, vamos a modificar el sistema de subvenciones, vamos a evitar el escándalo de que un señor presente un presupuesto de 200 millones para hacer una película que le cuesta 150: obtiene 100 del Ministerio, 50 de Televisión, 30 de la Junta de Andalucía o cualquier gobierno autonómico y, antes del estreno, ya tiene unos beneficios de 30 millones. Eso ha ocurrido al menos tres veces cada año. ¿Amiguismo? No, no es amiguismo, porque todos son amigos, sino que es política corporativista. Hay mucha gente dispuesta a que nos metamos con el fraude de taquilla, o con los americanos, pero no con las subvenciones.

En fin, que se había iniciado la polémica: las espadas ya estaban desenvainadas.

Cuatro días después, la prensa española daba cuenta con amplitud de la controversia desatada por la «sonada» dimisión y las declaraciones del representante del Gobierno:

Las asociaciones cinematográficas catalanas y las que tienen su sede en Madrid enviaron ayer por la tarde al ministro de Cultura, Jorge Semprún, sendos comunicados en los que se le invita a reconsiderar su postura en relación al anteproyecto de decreto regulador de la protección al cine español —la conocida como «Ley de Cine»— [...]. El presidente del Col.legi de Directors, Santiago Lapeira, manifestó que, tras la reunión que mantuvo el pasado jueves con Jorge Semprún, espera que este se pronuncie en relación con sus anteriores de-

---

67. Pilar Cernuda, declaraciones a *La Vanguardia* (13-XII-1988).

claraciones, afirmando que «el ministro está dispuesto a dialogar con los profesionales y me transmitió una absoluta disposición a hacer una ley que trabaje desde la protección [al cine] pero también desde el rigor».[68]

Asimismo, la Federación Estatal de Comunicación, Espectáculos y Oficios varios de UGT difundió un comunicado en el que pedía que la reforma del cine «sea consensuada con las centrales sindicales y agrupaciones profesionales y empresariales del sector». Este sindicato socialista —que en esas fechas había prácticamente «roto» con el PSOE tras la huelga general del 14 de diciembre— consideraba negativa para el cine español la gestión de Méndez-Leite, así como la política cinematográfica inaugurada por Pilar Miró, porque «defiende a un pequeño grupo de privilegiados que se autocalifican de portavoces de la profesión».[69]

La Unión General de Trabajadores —informaba *ABC*— pide «una auditoría pública contable y administrativa que delimite las responsabilidades jurídicas y administrativas que se deriven de los favoritismos practicados», y emplaza al ministro a «continuar las conversaciones ya iniciadas sobre la futura reforma del cine». A su vez, Comisiones Obreras, en voz de Emilio Rincón, declaraba que «el borrador del proyecto es incompleto y nos han dicho que cuando esté habrá una reunión con todos. Exigimos que Méndez-Leite rinda cuentas; es responsable de la situación y no queremos que deje en blanco tantas interrogantes». Mientras que el diputado centrista Gabriel Camuñas manifestaba al respecto: «Esto que ha denunciado el ministro llevo años diciéndolo yo, sin que nadie me hiciera caso. La política de subvenciones, tal y como estaba funcionando, es una barbaridad».

Por otra parte, la Federación de Asociaciones y Productores Cinematográficos Españoles, la Asamblea de ADIRCE, la Unión de Actores del Estado Español, la Asociación de Guionistas Españoles, el Col.legi de Directors de Catalunya, la Academia de Artes y Ciencias Cinematográficas de España y la Plataforma de Nuevos Realizadores, manifestaron que «en el momento en que los países de la CEE activan y potencian al máximo su industria audiovisual y especialmente la ci-

---

68. Cfr. *La Vanguardia* (17-XII-1988).
69. S.E., «Jorge Semprún divide al sector cinematográfico español», *ABC* (20-XII-1988).

nematográfica, el Ministerio de Cultura está elaborando un anteproyecto de normativa que puede suponer la desaparición del cine español. Entendemos que únicamente una regulación cinematográfica global podrá conseguir el deseado fortalecimiento de nuestra industria». Ayer por la mañana esta declaración era entregada en propia mano al ministro.

Con todo, la postura de Cataluña y la particular situación del cine catalán se evidenciaría mejor en el ya anunciado artículo de los principales responsables de este sector profesional, publicado precisamente en plena polémica. Con el título «El pozo y el péndulo. El cine catalán frente a las declaraciones del ministro de Cultura», fue firmado por Francesc Bellmunt, presidente de la Oficina Catalana de Cinema; Lluís Bonet, director del Centre d'Estudis de Planificació; Manuel Valls, presidente de la Associació de Productors de Barcelona; y el citado Santiago Lapeira. Lo reproduzco completo, porque no tiene desperdicio:[70]

El cine español ha tenido desde el año 1984 al amparo del decreto Miró una subvención aproximada de 3 mil millones de pesetas, en forma de adelantos sobre los rendimientos de taquilla de las películas. Hoy, tras cinco años de práctica proteccionista, parece que se impone una reflexión sobre los resultados de esta inversión cinematográfica del Estado. Desde una óptica catalana, debemos puntualizar algunos aspectos que estamos seguros ayudarán a comprender mejor el alcance real de la aplicación del decreto, tanto en Cataluña como en el resto de España, y facilitarán la reflexión colectiva sobre el papel de las subvenciones en el desarrollo de una industria cultural fundamental. Estas precisiones sobre el sistema de subvención y su influencia en Cataluña demuestra que un decreto por sí solo no es bueno o malo sino que depende de su aplicación y, en último término, de los resultados.

En 1984, recién aplicado el decreto, en Madrid se subvencionaron 27 películas, de las cuales sólo 4 eran catalanas. En 1987 fueron 15 catalanas por 35 españolas. Esta modificación sustancial, esta tendencia al equilibrio entre los dos centros históricos de la producción cinematográfica en España, se produjo por la presión de los directores del Col.legi en compañía de profesionales sensibilizados, y la recepción po-

---

70. *La Vanguardia* (18-XII-1988).

sitiva de sus aspiraciones por parte del recién nombrado y ahora recién dimitido Fernado Méndez-Leite.

La tendencia decreciente que afectaba a nuestro cine se alteró, y la previsión de alcanzar su punto álgido se cifró para la década de los noventa. Había que salir de una situación sin retorno y superar el criterio de que el cine en Barcelona tenía que ser de bajo presupuesto, basado en los subgéneros y como mucho políticamente resistencial, marginal o vanguardista.

El centro de producción de Barcelona no fue reconocido más que «oficiosamente» por el ICAA, pero en la práctica se puso en funcionamiento una subcomisión propia que anulaba, en este apartado, la injusticia comparativa reinante. Hay que decir que dicha comisión ha actuado sin cobertura jurídica y es en el fondo un arreglo frente a los traspasos pendientes a la Generalitat en materia cinematográfica. Con la subcomisión se produce el primer paso hacia un mejoramiento artístico y cultural que, de forma lógica, incide en el campo laboral e industrial. Las 60 películas realizadas en Cataluña reactivan los equipos técnicos, los laboratorios y los servicios de producción y posproducción y con ello se produce un incremento considerable del número de puestos de trabajo y de la calidad técnica.

Un proceso evolutivo de estas características significa un cambio de las viejas estructuras y propicia una fijación de objetivos que tiende a la consolidación de autores, productores y actores.

El decreto Miró tuvo, pues, una etapa negativa para nosotros en sus tres primeros años y una etapa de dos años bastante positiva.

Sin embargo, la total marginación de Barcelona en los planes de producción de Televisión Española, que en cambio sí mantiene una estrecha colaboración con los productores de Madrid, provoca nuestro alejamiento de esta importante fuente de recursos públicos, unos recursos muy superiores a las subvenciones del Ministerio de Cultura. En el caso de una reducción del sistema de subvenciones, Barcelona se encontraría más debilitada, justo en el inicio de una consolidación que no ha tenido bastante tiempo para fructificar.

El problema del cine no se resuelve con el éxito de una o dos películas, hecho que ya se produce en Cataluña, sino que es necesaria la consolidación de una infraestructura de producción y de servicios, al mismo tiempo que se impone el discurso de sus autores-directores y guionistas, que es lo que en realidad servirá para obtener unos productos que merezcan una cuota de mercado a la altura de la inversión y conseguir un público que no rehúya las películas pensando que si pasa por taquilla se sentirá defraudado.

Esa voluntad de crecimiento y planificación no se debe interrumpir por una dinámica política de tipo pendular, antes tristemente habitual, sino que, siendo el mismo partido que asumió la filosofía del decreto el que está hoy en el gobierno, y el mismo su programa cultural, se debe exigir que cualquier modificación se haga de forma armónica y consecuente.

Las subvenciones repercuten beneficiosamente en todo el sistema de producción, desde facilitar el trabajo continuado a los profesionales, hasta el grado de calidad de los filmes que esto comporta. No se trata de una ayuda parcial al productor, como frívolamente se intenta hacer ver, sino de una ayuda que permite la existencia en el país de una producción cultural propia, la cinematográfica, que debe competir en desigualdad total con las películas norteamericanas.

Para terminar, pensemos en lo que sucedería si de cara al 92, el deporte abandonara cualquier trabajo de preparación, de sentar bases técnicas y humanas o de planificación. El único resultado sería el fracaso. En cine no podemos afrontar un plan de producción para los 90 sin cubrir las etapas necesarias. La primera ya ha pasado y la que debe empezar, la más importante, requiere esta ayuda estatal que permite a todo un sector realizar el propósito de alcanzar niveles de competitividad suficientes para recuperar el mercado propio y el internacional, ante el reto, el verdadero reto de mercado europeo.

Finalmente, otro productor significado dejaría oír su voz once días después. Se trata de José María Blanco, presidente de la Associació de Professionals de la Producció Cinematogràfica de Catalunya. Su artículo, «disidente» del anterior y más globalizador, tampoco tiene desperdicio. Titulado «Fracaso de la ley de cine: todos culpables», vale la pena reproducirlo como conclusión de este apartado testimonial:

La futura ley de cine del señor Jorge Semprún no hundirá el cine español, porque ya está hundido. La actual ley de cine ha sido un fracaso. Pilar Miró la vició de origen y Méndez-Leite la destrozó de final. Muchas de las películas subvencionadas ni se han estrenado o, de haberlo hecho, apenas han durado unos días. Por consiguiente, si era una ley para relanzar la industria, me remitiré a la verdad de las cifras, exponiendo a continuación el porcentaje anual que de las recaudaciones totales por exhibición en España corresponde a nuestro cine: 1970, el 42 %; 1975, el 40,5 %; 1980, el 25 %. El último anterior a la actual ley, en 1982, se recuperó al 29,5 %.

Repasemos porcentajes desde la actual ley: 1983, el primer año, el 25,5 %; 1987, el 17 %. Comparando 1987 con 1982, el cine español ha perdido una capacidad sobre el mercado existente del 41 %. Según declaraciones del ministro, en 1988 se ha descendido al 13 %.

Conclusión: a nuestro público le interesa cada vez menos lo que hacemos. Pregunta: ¿ante tanta pérdida, de dónde sale el dinero que genera nuevas producciones? Respuesta: del Estado. El mecenazgo cultural ha sido un fracaso. Tantas películas llenas de tanto «testimonio» han aburrido a nuestro ex público. Demasiadas boinas y demasiadas denuncias de un pasado que ya no le importa a nadie. Las últimas respuestas del público, acudiendo a determinadas películas, pocas aún lamentablemente, son las que abiertamente quieren más cine comercial.

Fuera de España, a nuestros directores, actores y películas no se les conoce. Si alguien compra una, paga precios tercermundistas y no la exhiben en sus salas de cine, porque casi todo va a los canales de televisión. Hace años dominábamos absolutamente el mercado hispanoamericano. Ahora es de dominio mexicano. Ni nos planteamos su reconquista comercial.

Ahora aquí no produce casi nadie como no sea mediante subvenciones. No es válido decir que producimos tal o cual cantidad de filmes, si el público los desestima y los inversores son el Estado, las televisiones y las autonomías.

Somos nosotros quienes decimos que somos muy buenos y no el público, refrendándolo con su asistencia. Pero no somos lo buenos que decimos, ni se hace casi nada como no sea con la ayuda de papá el Estado. Y no nos engañemos, sin ser unos santos, la culpa no es de los malos y feos de los yanquis, ni de sus multinacionales.

Es de desear que el señor Jorge Semprún consulte a toda la profesión, pero aunque no lo hiciera las cosas no irían peor. No le carguemos culpas antes de comenzar. Pensemos bien cómo y para qué queremos una ley de cine, porque responsables del cine español lo somos todos con lo que estamos haciendo. Sea cual sea la ley o decreto que salga del señor Semprún, con o sin consulta.[71]

Y así llegamos al nombramiento de un nuevo director general del ICAA: Miguel Marías, conocido ensayista cinematográfico y economista —hasta ahora director de la Filmoteca Española—, e hijo del filósofo Julián Marías.

---

71. J.M. Blanco, «Fracaso de la ley de cine: todos culpables», *La Vanguardia* (29-XII-1988), 43. Siete días antes, el realizador Francisco Pérez-Dolz había publicado en el mismo periódico una carta en análogo sentido.

El polémico Decreto Semprún

Cuando amaneció 1989, todo parecía en calma. La actitud del nuevo director general de Cine fue la del silencio. Pero la prensa volvió a sacar el tema a la palestra. Además, se había «filtrado» un borrador del Decreto Semprún, y las espadas se iban a desenvainar otra vez.

El crítico de *El País* Ángel Fernández-Santos fue el primero que puso —más moderadamente— el grito en el cielo, analizando en un extenso artículo la situación del cine español. Veamos sus principales párrafos:[72]

Las gentes del cine español están revueltas y asustadas por el fantasma del paro. Su miedo tiene fundamento. Desde 1983 un decreto del Ministerio de Cultura, la llamada *ley Miró*, les garantizaba la existencia de una producción media aceptable, impulsada por las subvenciones estatales anticipadas [...]. Pero si la *ley Miró* era necesaria cuando nació, también era evidente que resolvía la más urgente de las carencias del cine (la del impulso financiador), pero que esta carencia, aunque prioritaria, no era la única, ni la más grave cuestión que el cine debía afrontar.

[...] Abandonada a su suerte, la *ley Miró* se convirtió en un acto legislativo solitario, que permitía mantener, apoyada en la iniciativa pública, la producción de cine, pero que —precisamente a causa de su soledad— conducía a esa producción a una existencia progresivamente erosionada por los vacíos legislativos que enquistaban el resto de las necesidades y asediaban a nuestro cine. Estas necesidades se resumen en una: regular, activar y sanear *todos* (sin excepción) los escalones del mercado cinematográfico, acabando con las prácticas monopolísticas en la distribución, modernizando nuestro arcaico parque de salas, informatizando el control de taquilla, creando una estructura exportadora eficaz y ordenando de manera justa y estable las relaciones entre los productores de películas y sus dos principales clientes: la televisión y el vídeo.

Y sigue este crítico y famoso co-guionista de *El espíritu de la colmena* (ahora bajo el epígrafe de «Un extraño borrador»):

¿Qué habría ocurrido si la *ley Miró* hubiera sido complementada a tiempo por un ordenamiento legislativo global? Impulsada la creación de

---

72. A. Fernández-Santos, «Los peligros del "plumazo"», *El País* (11-II-1989), 24.

filmes y saneadas las formas de su distribución y su consumo, convertida la producción de películas en una actividad rentable o al menos no gravosa, es más que probable que el dinero privado habría puesto por fin sus ojos en el cine. Entonces, el impulso financiador público hubiese pasado a ser complementario del privado y el tinglado artesanal que es hoy nuestra *industria* hubiera comenzado a convertirse en una verdadera industria.

Los caminos que esboza ese *borrador* no son transitables. Parece que este documento *filtrado* no es más que un papel mojado con involuntaria función de *test*. Pero si se lee con detenimiento, se ven en él ideas que, con seguridad, van a ser parte de la vértebra de la futura regulación. Una de ellas es esa aludida *subvención anticipada* y su sustitución, al menos parcial, por el sistema inverso: financiación privada del cine y utilización de los fondos públicos como complementadores. Como sistema, este es sin duda el más racional, y como meta resulta irrefutable, pues fortalece la figura del productor profesional [...].

¿Cómo hacer para que este sistema sea operativo ahora y aquí, donde nadie va a apoyar a una producción que, como la del cine, tiene secuestradas sus tres vías de rentabilidad? ¿Quién va a dar dinero propio a una tienda cuyos primeros clientes, los distribuidores, representan en su mayoría a la competencia desleal de las multinacionales? Y más aún: ¿qué negociante va a fabricar un producto en cuya explotación en salas se produce, según cifras oficiales, entre un 20 % y un 30 % de desviación de ingresos? ¿Qué financiero va a aconsejar a su cliente que invierta en el cine, si los productos de este son pirateados masivamente por los traficantes y consumidores caseros de vídeos? ¿Qué empresario va a emprender algo en un tinglado que se ve obligado a vender los derechos de antena de sus películas a una televisión que las compra al precio que ella quiere?

Es deseable, insistimos, que el dinero privado tome la iniciativa del impulso financiador del cine. ¿Pero cómo conseguir que esto ocurra? Desde luego *no por decreto*, ni *de un plumazo*. Hay que establecer un período (nos tememos que no corto) de transición, en el que aquellas carencias enquistadas por los vacíos legislativos de los últimos años obtengan su adecuada resolución política y administrativa.

En fin, que se había puesto el dedo en la llaga.

Sin embargo, dos meses más tarde el ministro Semprún, acompañado por el subsecretario de Cultura, Miguel Satrústegui, y el director general del ICAA, Miguel Marías, presentó ante los medios de comunicación las líneas maestras del ya polémico decreto, sustitutivo de la todavía vigente —pese a las enmiendas del Tribunal Supremo antes referidas— Ley Miró. El ministro

93

de Cultura afirmó que lo que se quiere «es que el cine español no viva de subvenciones, aunque mantendremos estas hasta que nuestra industria sea potente» (?). Y avanzó las principales novedades que aporta la nueva normativa, que son cinco; a saber:

Primera. Medidas de estímulo fiscal, que se incluirán en la nueva ley que prepara el Gobierno sobre el Impuesto de la renta de las Personas Físicas.

Segunda. Creación de líneas de crédito bancario a las que se podrán acoger los productores. Además, se va a constituir un Fondo de garantía, para el cual se destinará en 1989 la cifra de 400 millones.

Tercera. Nuevos acuerdos con RTVE. Dentro de los mismos, y con el apoyo de la Comunidad de Madrid, se contempla la creación de la Ciudad del Cine.

Cuarta. Reforma de las subvenciones a las películas españolas, que es la medida que más polémica levantará.

Quinta. Control informatizado de taquilla y creación de ayudas a la distribución y la exhibición.

Asimismo, respecto al tema de las subvenciones estatales al cine, informaba Diego Muñoz:

El nuevo decreto va a limitar las cantidades máximas que en concepto de subvención estatal puede recibir una película y la actual doble vía que existe para «sumar» subvenciones anticipadas (que podían llegar hasta el 50 %) y las automáticas (hasta ahora podían alcanzar el 45 % bajo tres conceptos). El decreto Semprún obligará a que se elija una vía (la subvención anticipada) o la otra (que el productor haga su película sin subvención anticipada y luego, según la taquilla, obtenga una subvención complementaria automática). Además, se mantiene la subvención automática hasta ahora existente del 15 % sobre las recaudaciones de taquilla. Ni el ministro ni su director general, Miguel Marías, quisieron informar sobre qué porcentaje tendrán las subvenciones anticipadas ni tampoco sobre el porcentaje de la subvención suplementaria automática sobre taquilla. Lo que sí anunció Miguel Marías fue que «desligamos la subvención anticipada del presupuesto de la película y habrá topes».[73]

---

73. Diego Muñoz, «Semprún quiere corregir los "efectos perversos" de la ley de Pilar Miró», *La Vanguardia* (16-III-1989).

Al día siguiente, el mismo periódico informaba de la reacción en cadena que provocó la presentación oficial del célebre proyecto de ley. Reproduciremos algunas de las manifestaciones más significativas.[74]

El realizador Antonio Giménez-Rico, antiguo presidente de ADIRCE y actualmente de la Academia de Artes y Ciencias Cinematográficas de España, declaró:

[...] aunque todavía es prematuro hablar sobre el proyecto de decreto que ha elaborado el equipo Semprún, me parece que tiene un defecto de fondo: las intenciones pueden ser buenas (crear una industria, que invierta el capital privado, créditos y desgravaciones fiscales en el futuro) pero las medidas no son adecuadas y a corto plazo lo que van a producir es una paralización de la producción de películas. El decreto Miró tenía defectos pero esta nueva normativa no los corrige, puesto que deja el mercado cinematográfico sin tocar. Esta nueva normativa parte de un error: hablar mucho de la forma de financiación de una película pero no ocuparse para nada del problema de la amortización, que es el principal problema del cine español. El nuevo decreto recorta drásticamente las subvenciones anticipadas (máximo 50 millones de pesetas) como las automáticas (según la taquilla que haga la película), de una forma tan brutal que no va ha haber ningún productor que asuma el riesgo, pues sigue sin haber control de taquilla (hasta dentro de tres años) y no entra para nada en el tema del vídeo.

Por su parte, el productor Luis Megino fue mucho más contundente:

Aunque hay que ser prudentes y pronunciarnos colectivamente los productores, este decreto me parece un retroceso impresionante, muy grave y muy serio. Es como poner al cine español en los años cincuenta y, si se queda así, impedirá que la gente nueva haga cine, a la vez que «castiga» a las películas de alto presupuesto y fomenta un cine barato y cutre. Además, no hay ninguna novedad importante, porque los anuncios de créditos blandos y desgravación fiscal no son tangibles por el momento y dependen de futuras disposiciones.

Mientras, el director y productor Fernando Trueba se lamentaba de «cómo se están haciendo las cosas». Y añadía:

---

74. Cfr. La Vanguardia (17-III-1989).

Me da la impresión de que Jorge Semprún y Miguel Marías van a hundir al cine español. Me parece absurdo que las únicas medidas frente a recortar las subvenciones sean créditos blandos y desgravaciones fiscales. ¡Para que se enteren esos señores, en Noruega la desgravación fiscal por invertir en el cine es del 200 %, y aquí nos anuncian que será del 15 %! Es ridículo. Creo que el fondo del asunto está en que al PSOE no le importa que se vaya a la m... el cine español.

Al mismo tiempo, el ex director general del ICAA, Fernando Méndez-Leite, también entró en liza, declarando:

[...] no sé nada más que lo que ha salido en los periódicos, pero, por lo que he leído, me da la impresión de que este proyecto está más cercano a lo que pensaba yo que a lo que quería hacer Miguel Satrústegui; pero hay cosas que me parecen escasas, como limitar a 50 millones la subvención anticipada. Yo quiero ver las cifras de los porcentajes de las subvenciones, porque ahí está el meollo de la cuestión y ahí se verá si con eso se puede producir o no. De todas formas, con el desconcierto legal que existe en estos momentos, creo que no va a ser posible hacer cine en estos próximos meses.

Con todo, la contestación oficial no se hizo esperar. El día después —parangonando el famoso título de un film antinuclear—, el nuevo director general del ICAA declaraba a *La Vanguardia*:

Yo sabía que nos iban a poner verdes: ¡pero es que también ponían verde a Fernando Méndez-Leite! Lo que hemos sacado adelante no es un decreto «bonito» sino «realista», que permita ir cambiando la forma en que se financian las películas en España, para que no se hagan todas con subvención anticipada. Esta nueva normativa se parece bastante —continúa Miguel Marías— a la que estábamos preparando con Méndez-Leite y las afirmaciones que se hacen de que va a descender la producción o se va a parar son totalmente alarmistas. Sobre todo, dependen del riesgo que quieran asumir los productores. Tenemos la misma cantidad que el año pasado (2.500 millones) y pienso que aquellos productores que digan que no pueden hacer la película que deseaban es porque, en el fondo, no pensaban hacer ninguna sino producir algo para televisión.[75]

---

75. Declaraciones a *La Vanguardia* (18-III-1989).

96

Si el decreto hubiera ido acompañado con un aumento del Fondo de Protección a, por ejemplo, 5.000 millones, las primeras reacciones habrían sido otras. Pero hay lo que hay y sé que cualquier decisión de poner topes y reglas a las subvenciones iba a provocar críticas. De todas formas, me parece que todo lo que se ha dicho es muy apresurado y espero que el sector estudie bien el decreto para que lo valore en su conjunto y lea también la letra pequeña. Por ejemplo, muchos se asustan por el tope de 50 millones para las subvenciones anticipadas pero, con los datos en la mano, yo puedo demostrar que la media por película subvencionada el pasado año fue de 42 millones. Las que tendrán más problemas son las que recibían subvenciones de 90 millones, los proyectos de más envergadura, que ahora tendrán que hacerse con mucho cuidado y buscar dinero por otras fuentes. Si todo el mundo dice que el nuevo decreto es malo, será malo. Si la gente acepta que esto se puede utilizar y se esfuerzan y arriesgan en su proyectos, verán que es bueno y que con más dinero, que probablemente podremos conseguir para el presupuesto que viene, el cine español irá a más que en la situación actual.[76]

Aun así, la respuesta de la industria no se dio hasta finales de marzo de 1989. Tras las reuniones de las diversas asociaciones del sector, los profesionales del cine se pusieron en pie de guerra, rechazando por unanimidad el proyecto de reforma, así como decidieron negarse a «mantener conversaciones con la Administración sobre el mencionado proyecto». El conflicto, por tanto, comenzaba a ser grave. A tal fin, crearon un Comité Unitario Interprofesional —que incluía las centrales sindicales UGT y CC.OO.— y emitieron el siguiente comunicado:

[Se rechaza el proyecto] *Primero*: por considerarlo regresivo, agravando aún más los problemas de nuestra industria.

Segundo: por no tener en cuenta la realidad de nuestra cinematografía nacional, pese a la exhaustiva información que desde los diversos sectores se le ha venido facilitando a la Administración.

Tercero: por entender que dicho proyecto está redactado desde una mentalidad de desprecio y desconfianza hacia todos los sectores de la

---

76. Para aclarar la postura oficial, el secretario general técnico del Ministerio de Cultura, Enrique Balmaseda Arias-Dávila, se pronunció con un largo artículo sobre el proyecto Semprún: «La reforma del sistema de ayudas públicas a la cinematografía», *El País* (7-IV-1989).

industria cinematográfica española, como lo prueban las reiteradas declaraciones públicas de los responsables del Ministerio.

Considera improcedente mantener conversaciones con la Administración sobre el mencionado proyecto por entender que ninguna norma de ordenación parcial puede resolver los problemas de nuestra industria.

Y expresa su exigencia de establecer un diálogo riguroso con la Administración para elaborar una legislación global de la cinematografía y el audiovisual que nos sitúe a nivel de las legislaciones europeas más avanzadas.

Finalmente, preguntado el ministro Semprún durante un viaje a Santiago de Compostela, manifestó a la periodista Rosa María Piñol: «En mi opinión, la respuesta de los profesionales serán unas semanas de cabreo, seguidas de unos meses de reflexión y de unos años de trabajo en común», precisando que «no habrá recorte en las subvenciones de cine, sino matización, para distribuirlas de modo que se estimule la creación de una industria».[77]

Con todo, dos meses más tarde, Jorge Semprún volvió a hacer unas declaraciones explosivas. Con motivo de la inauguración de la exposición dedicada a Goya, en Venecia, dijo que el Consejo de Ministros aprobaría antes del verano la modificación del llamado Decreto Miró, que «todo el mundo sabía que había de cambiar, porque vaciaba las arcas del Tesoro». Y agregó:

En una industria artesanal como la cinematográfica española cualquier cambio produce revuelo, por la costumbre del proteccionismo estatal. La inquietud pasará cuando se entienda que se va a incentivar la inversión privada, con créditos blandos de la banca oficial y un acuerdo entre TVE y el Ministerio de Cultura.[78]

Pero sorprendentemente, dos días después, el director general del ICAA afirma que el Decreto Semprún se encuentra «de momento aparcado».

---

77. Cfr. Diego Muñoz, «Los profesionales del cine contra el proyecto Semprún», *La Vanguardia* (31-III-1989). Seis días más tarde, el ministro manifestó en Barcelona que «estaba dispuesto a dialogar y a corregir todo aquello que sea modificable»; Cfr. *El País* (6-IV-1989).

78. «Semprún: "La ley Miró de cine vaciaba las arcas del Tesoro"», *La Vanguardia* (8-V-1989), télex de la Agencia Efe.

Miguel Marías —escribe *El País*— hizo esta declaración tras cinco horas de reunión con varios representantes del Comité Interprofesional de la Cinematografía, entidad que agrupa a las diversas asociaciones profesionales del sector, en la que se analizaron las relaciones entre el cine y la televisión y el mercado del vídeo.[79]

Por parte del citado Comité asistieron a la reunión, entre otros, los directores Juan Antonio Bardem, José Luis Cuerda y el productor Luis Megino.

Todos los presentes —sigue informando este periódico— se manifestaron partidarios de continuar las conversaciones y optimistas ante el nivel de coincidencia alcanzado en el diagnóstico de «ese enfermo» que es el cine español. Tanto Marías como Megino señalaron que para solucionar los males de la industria cinematográfica han de adoptarse medidas en estrecha colaboración con otros ministerios, dado que el desaforado crecimiento del mercado audiovisual en los últimos años afecta no sólo a Cultura, sino también a Interior o Hacienda. Juan Antonio Bardem se mostró a favor de que, al final de las conversaciones, el acuerdo alcanzado no se plasme en un decreto, sino en un «paquete de medidas» que ponga orden en el mercado.

Así, las conversaciones para lograr este objetivo, definido por Megino con la consigna «que el dinero de las películas revierta en la industria del cine», continuarán en los próximos meses y las medidas concretas no se conocerán probablemente hasta el otoño. La laboriosidad de este proceso negociador entre la Administración y los profesionales del cine llevó a estos a calificarse ayer, con humor, de «equipo médico habitual».[80]

Es obvio, pues, que el Gobierno socialista tuvo que echar marcha atrás, aparcando el polémico Decreto antes de romper la baraja.

---

79. Cfr. Luis Prados, «Miguel Marías: "El borrador del decreto sobre el cine está aparcado". La negociación con la industria continuará hasta el próximo otoño», *El País* (10-V-1989).

80. Y concluye este periodista: «El comité criticó que el director general de RTVE, Luis Solana, no haya aún contestado su solicitud, fechada el pasado 21 de abril, para incorporarse a la mesa de negociaciones entre Cultura y RTVE, y cifra en 12.000 millones de pesetas anuales el fraude producido a la industria del cine por la "piratería" del vídeo» (*Ibíd.*, p. 36). Véase también al respecto la información anterior de Efe titulada «La Administración, RTVE y representantes del cine negocian un acuerdo básico», *La Vanguardia* (27-IV-1989).

Epílogo abierto: ¿tiene futuro el cine español?

No obstante, a los dos días otro despacho de la Agencia Efe ponía el dedo en la llaga, a propósito de unas declaraciones del realizador José Luis Borau:

> La larga enfermedad que corroe desde hace ya diez años a la industria cinematográfica española, hoy en plena agonía, ha ocasionado la muerte definitiva de nuestro cine.
> La crisis de nuestro cine está inmersa en una crisis más global que afecta a todo el cine mundial, excepto a EE.UU., y al cine tercermundista, como el egipcio o el indio, donde se va a ver una película para olvidarse del hambre.[81]

José Luis Borau añade que la industria española es incomparable con la de Francia, donde «se invierte diez veces más que nosotros en el Séptimo Arte y aun así quedan sin estrenar numerosas películas». Asimismo, Borau hizo referencia al daño que la industria videográfica está haciendo al cine:

> Hace treinta años hubo que hacer frente a la televisión, ahora la competencia se agiganta con la llegada del vídeo, la televisión por cable, el vídeo comunitario…, el cine está destinado a morir irremediablemente.

Al tiempo que confía en la buena voluntad del Ministerio de Cultura para confeccionar el borrador definitivo del futuro decreto de protección al cine, concluye este cineasta, miembro en esa fecha del jurado en el Premio Príncipe de Asturias de las Artes: «Es un proceso lento, que aún se demorará casi un año y medio».

Y no se equivocó demasiado. Por esas fechas, se ofrecieron las cifras de la producción de 1988. Veamos sus escalofriantes datos:

Largometrajes	Coproducciones	Cortos
54	9	61

---

81. «José Luis Borau: "El cine español no agoniza, está muerto definitivamente"», *La Vanguardia* (12-V-1989), nota fechada en Oviedo.

Asimismo, durante ese año 1988 recibieron subvención anticipada 49 películas, con una suma total de 2.111.962.860 pesetas.

En cuanto a la distribución y exhibición, no había por esas fechas cifras totales. Las oficiales facilitadas por el ICAA sólo llegan hasta el 31 de agosto. Y son estas: funcionaron 1.746 salas comerciales (2.038 fueron las de 1987 en el mismo período) a las que asistieron 44.830.293 espectadores (52.048.119 en 1987) que gastaron cerca de 14.000 millones de pesetas —1.800 en películas españolas— (más de 15.000 millones en 1987, de los que 2.000 correspondieron a películas españolas).[82] Sobran los comentarios.

Con todo, poco después, con la publicación del libro del economista cinematográfico Carles José i Solsona *Cinema europeo i cinema americà a Espanya*, nuevos datos reveladores salieron a la palestra. Véase el cuadro 3, que es un resumen de las 110 estadísticas que nos ofrece ese texto.

Es más, siguiendo al citado especialista, desde 1967 a 1987 el número de espectadores españoles de cine se redujo de

CUADRO 3. *Cifras en baja para el cine español*

	1984	1985	1986	1987
Espectadores				
Cine español	26,267	17,792	11,638	12,637
Cine extranjero	92,325	83,325	75,698	73,083
Procedencia:				
— Resto CE	23,520	19,712	15,056	18,466
— Estados Unidos	60,648	57,566	55,389	49,707
— Otros países	8,168	6,047	5,253	4,910
Total espectadores	118,592	101,117	87,336	85,720
Recaudaciones				
Cine español	5.567	4.108	3.026	3.657
Cine extranjero	20.959	21.187	21.328	21.871
Procedencia				
— Resto CE	5.320	5.158	4.606	5.737
— Estados Unidos	14.227	14.793	15.615	14.914
— Otros países	1.409	1.236	1.107	1.220
Total recaudación	26.526	25.296	24.355	25.529

Nota: cifras en millones.

82. Cfr. «El cine español 88 en cifras», *Cine 89*, 37 (feb. 1989).

364,64 millones a 85,72. Esto en lo que respecta a salas públicas. Por el contrario, el volumen global de espectadores de películas descendió de 400 millones, en 1966, a cerca de 3.200 hoy.

La diferencia está en que el 87,5 % consumen las películas a través de la televisión, un 10 % en el vídeo familiar (que está en crecimiento) y sólo un 2,5 % en las salas, que son justamente los 80 millones de clientes que nos quedan para el cine-sala, es decir, un 20 % de los que teníamos en 1966.[83]

Por otro lado, los productos audiovisuales europeos no cubren sino un 10 % de todo el mercado continental, y los países de la Comunidad Europea importan hasta 100.000 horas anuales de películas y telefilms de factura norteamericana. El programa MEDIA'92, suscrito por la Comisión de la CE en 1986, trabaja en este sentido, intentando potenciar las coproducciones entre los países miembros y desarrollar una red de distribución, junto a otros planes para estimular la producción y el consumo autóctonos.

España, con los datos antes apuntados, se encuentra en medio de una ya muy discutida y comentada crisis europea. La oferta de cine en España —fuera de la procedencia que fuera— siempre ha sido muy amplia, pero en estos momentos el dominio del mercado por parte de un puñado de distribuidoras, filiales de las grandes compañías norteamericanas, y la ausencia de una industria propia, están poniendo en serio peligro la existencia de un cine autóctono, de interés y rentable.[84]

También sobre el tema de las subvenciones a proyectos de films españoles se pronunció el referido economista cinematográfico por esas mismas fechas:

Los pocos que se llevan a cabo están basados en la obtención de una subvención del Estado. Pero, bien, esta subvención se aplica sobre un guión, no sobre un producto acabado. Si se considera que ese pro-

83. A. Cuevas, «El futuro de la colaboración cine-TV en Europa», *Cinevídeo-20*, 20 (dic. 1987), 41; cit, por Carles José i Solsona, *Cinema europeu i cinema americà a Espanya*, Barcelona, Institut del Cinema Català, 1989, p. 16.
84. De la presentación del libro, por el mismo Carles José. Síntesis publicada en *La Vanguardia* (4-VII-1989).

yecto tiene la suficiente calidad para recibir dinero público, hay que preguntarse por qué, si tiene esa calidad, no hay capital privado interesado en invertir en él. Al final, todo depende de los créditos obtenidos.

En resumen, toda garantía se basa en el crédito estatal; y, desde luego, nada asegura ni mínimamente que el producto terminado, la película, vaya a resultar rentable. El fenómeno que se viene produciendo con esta dinámica, según Carles José, es que no se acaba de crear nunca una industria: tras una película comercialmente fallida, sus artífices pueden cambiar el nombre de la productora, partir de cero y volver a pedir una nueva subvención. De esta forma, «existen un montón de productoras que sólo tienen dos títulos en su haber. En España el productor es un señor que gestiona subvenciones desde un teléfono en un despacho, o a lo mejor sin despacho siquiera [...]».

La competencia «desleal» que llevan a cabo las distribuidoras norteamericanas es un caballo de batalla para la práctica totalidad de los cineastas locales, pero no cabe duda, corrobora Carles José, de que también se ha convertido en un arma para asegurarse el apoyo estatal. Y añade: «¿Por qué no se subvenciona todo, por qué no se subvenciona a los poetas [...]?». La consecución de un nivel aceptable pasa por el desarrollo de la cinematografía como industria. Esto permitiría trabajar en coproducción con otros países europeos, único medio que estos tienen para competir con Estados Unidos, dando por desechada la opción de aplicar barreras proteccionistas, porque «de esta forma se mata al sector de la exhibición». Las cifras hablan solas: si en el año 1969 la relación de espectadores para películas norteamericanas y españolas era pareja, dieciocho años después las producciones estadounidenses se habían cuadruplicado, colocando un promedio de seis títulos anualmente entre los primeros puestos de mayor recaudación.

A esta penuria se añade la circunstancia de que las distribuidoras españolas que operan para las *majors* americanas copan las carteleras mediante sus contratos de películas por cupos (España es su séptimo mercado). Es decir: un título de amplias perspectivas comerciales (el último *Indiana Jones*, por ejemplo) viene a nuestras salas acompañado de un paquete de films menores, de muy inferior calidad (muchas veces deleznable), a cuya contratación —y consecuente estreno— obliga la poderosa firma madre. La táctica de los cupos supone para los exhibidores estrenar una serie de films «por obligación», acompañando a los de primera línea. Las películas españolas no pueden estrenarse sino para cubrir la oficial cuota de pantalla. Para Carles José i Solsona, un proteccionismo supondría actualmente arriesgarse a que la *major* de turno dijera, por ejemplo: «Pues ahora no os cedemos el tercer *Indiana Jones*».[85]

Seguidamente, coincidiendo con las convincentes declaraciones de este agudo economista catalán, el Comité Unitario del Cine presentó en Madrid un *Libro blanco* como alternativa al Decreto Semprún.

El documento, de 53 páginas, hace un repaso a toda la problemática audiovisual española: desde el polémico Fondo de Protección y las correspondientes subvenciones, hasta las relaciones cine-televisión y el consiguiente tema del vídeo. El productor Elías Querejeta resumió así a la prensa la filosofía del texto:

> La oferta audiovisual española pasa por contemplar las salas de cine, las televisiones y los vídeos. La exhibición en las salas representa solo el 11 % de este «pastel», y nosotros queremos hablar con todos los ministerios, y no solo de este porcentaje, sino también del otro 89 %.

Las conversaciones entre el Instituto de Cine y el Comité Unitario finalizaron «el pasado 16 de junio. No tenemos constancia de que continúen, aunque tampoco de que estén rotas». De cualquier manera, la intención del Comité Unitario es reunirse, paralelamente o junto al propio Ministerio de Cultura si lo acepta, con los Ministerios de Hacienda, Trabajo y Transportes, y con las televisiones públicas, para «presentarles nuestra propuesta».

---

85. Cfr. Félix Flores, «El productor es un señor que gestiona subvenciones», *La Vanguardia* (4-VII-1989), 41.

Este *Libro blanco* se acerca bastante a la actual legislación francesa, y podría servir para la futura creación de una ley de cine que, por primera vez, regule todo el mercado audiovisual español, que hasta la fecha se mantiene por medio de decretos. Respecto a cuánto estiman que cuesta su propuesta, por ejemplo, se propone que las subvenciones anticipadas sean alrededor del 50 %, y que el Fondo de Protección no se nutra solo de los Presupuestos del Estado, sino también de lo que paguen televisiones y vídeos por explotación de los largometrajes. Contestan los miembros del comité que «no saben los millones que hacen falta y somos los más interesados en saber las cifras reales del mercado audiovisual español».

El cineasta Fernando Trueba, presente en el acto, al igual que Juan Diego, Juan Luis, Galiardo o Fernando Colomo, no quiso tener la misma prudencia que los representantes del Comité Unitario que presidían el acto, y afirmó:

[...] hace un año, Semprún nos reunió a 50 productores y directores en el Ministerio de Cultura. Ha pasado el tiempo y lo que yo veo como dedicación de este equipo ministerial del cine español son veinte folios (el proyecto de decreto) de los que diecinueve son lugares comunes que se repiten desde hace dos años y la innovación son veinte líneas con dos o tres medidas destinadas a la «administración de la miseria». Lo único que ha conseguido Semprún desde que es ministro es paralizar el cine español y unir a toda la profesión en su contra.

Y seguía informando *La Vanguardia*:

Las declaraciones de Jorge Semprún, realizadas el pasado viernes en un almuerzo con la asociación de periodistas europeos, en la que afirmaba que «el libro blanco del Comité Unitario demuestra que en el terreno de la cinematografía no hemos salido aún del verticalismo», estaban presentes en la mente de todos. «Si no hay una seria regulación del mercado cinematográfico y audiovisual español de aquí a 1993, el cine español quedará absolutamente desmantelado. En estos ocho meses de paro forzoso que estamos viviendo, hemos tenido nada menos que 41 reuniones, muchas de ellas con la Administración, y toda la profesión unida nos hemos planteado una "Propuesta básica para una necesaria regulación del mercado cinematográfico y audiovisual español".

Se la hemos entregado al Ministerio de Cultura y vamos a hacerla llegar a toda la sociedad», afirmó ayer Juan Antonio Bardem en la presentación del *Libro blanco del cine* elaborado por las asociaciones profesionales cinematográficas.[86]

Corría el mes de julio de 1989.

Sin embargo, el 25 de agosto de 1989 el Gobierno aprobó la «temida» Ley del Cine, al tiempo que autorizaría tres canales privados de televisión. Y, en el siguiente Consejo de Ministros, convocó elecciones generales anticipadas (para el 29 de octubre). Pero eso ya es otra historia, que no abarca el texto que nos ocupa.[87]

Aun así, cabe resumir las líneas generales de Real Decreto de Ayudas a la Cinematografía, siguiendo la comunicación oficial transmitida por la Agencia Efe.

El nuevo decreto pretende paliar la debilidad industrial del cine español, así como la fragmentación de las empresas productoras, la limitada explotación de las películas, la carencia de infraestructura industrial y la inexistencia de centros de formación cualificada. Para estos fines articula una serie de procedimientos, como la concesión de créditos bancarios, la reforma de la normativa sobre ayudas a la cinematografía, la implantación de un sistema automatizado de control de taquilla y el reciente convenio con RTVE.

Dentro de la reforma prevista en el Real Decreto, se destaca el establecimiento de una doble vía para que el productor pueda optar a ayudas financieras públicas: subvención por proyecto o realización de la película sin esta subvención, pero obteniendo un dinero complementario sobre la recaudación en taquilla. Concretamente, la nueva ley mantiene la subvención del 15 % sobre recaudaciones en taquilla y limita los máximos que cada película pueda percibir como subvención estatal. Las ayudas se extienden a la distribución, exhibi-

---

86. Diego Muñoz, «Un "libro blanco", alternativa al decreto Semprún», *La Vanguardia* (4-VII-1989).

87. No obstante, hay que constatar que antes de la actual normativa el Ministerio de Cultura repartió 600 millones de pesetas entre 19 proyectos de películas españolas en concepto de subvención anticipada (nueve correspondientes a cineastas catalanes) y firmó un importante convenio de protección al cine español con RTVE, con fecha 29 de julio de 1989.

ción, creación de guiones y organización de festivales o certámenes, y producción, que dependerán de las aportaciones financieras del productor.

El decreto también regula las aportaciones a la distribución de films españoles, o comunitarios en versión original, que solo podrán dedicarse a sufragar el 50 % de los costes del tiraje de copias, subtitulado y publicidad. Las salas de exhibición que proyecten películas españolas o comunitarias en versión original y los guiones en lenguas españolas también podrán obtener ayudas.

Otro procedimiento para desarrollar la reforma que pretende el Real Decreto será el crédito bancario, que se fomentará mediante la constitución de un Fondo de Garantía Complementaria aportado por el Instituto de Cinematografía y de las Artes Audiovisuales (ICAA), que para este año se concreta en 400 millones de pesetas. Esta aportación permitirá abrir líneas especiales de financiación a los productores, con un plazo de amortización de dos o tres años y tipos de interés reducido.

El plan para implantar un sistema automatizado de control de taquilla prevé la informatización de unas 800 salas en un plazo de tres años y con un coste de 850 millones de pesetas, de los que 250 están destinados al presente ejercicio. Durante el próximo semestre se informatizarán 16 salas de taquilla única y 4 de taquilla simple, y se instalará un ordenador central en el ICAA. Este sistema reducirá los costes de obtención de datos y garantizará la fiabilidad de los mismos, lo que es de gran importancia para los titulares del derecho de propiedad intelectual.

El ente público Radiotelevisión Española se comprometió en su convenio del pasado 29 de julio a invertir, durante 1990, 2.000 millones de pesetas en la realización de películas españolas de coste no superior a los 200 millones. El 50 % de esta cantidad se destinará a la adquisición de derechos de difusión a través de televisión. Otros 10.000 millones de pesetas serán para producciones de diversas obras audiovisuales de ficción. Dentro de la programación de películas emitidas por TVE, al menos el 40 % serán producción originaria de los países de la Comunidad Europea y, dentro de ella, al menos el

50 % habrá de estar realizada en cualquiera de las lenguas españolas. Por otra parte, dentro del mismo convenio con RTVE, el ICAA aportará, durante 1990, un total de 500 millones de pesetas para la puesta en marcha del Centro Nacional de Formación y Desarrollo Audiovisual.[88]

Leído el Decreto Semprún, este crítico ni quita ni pone rey. Además, su aplicación afectará a la próxima legislatura y a la siguiente década.

Finalmente, cabría preguntarse: ¿tiene futuro el cine español?, sin conocer cómo va a gobernar el nuevo Gabinete, a modo de epílogo abierto.

Por un lado, quiero decir que, en ese primer ensayo democrático que fue la II República española, la iniciativa privada —sin ayuda del Gobierno (que incluso gravó a la industria cinematográfica con cargas fiscales)— logró levantar una infraestructura mínima y realizar un cine genuino sin «proteccionismo» de ningún tipo. Es más: los productores hispanos vencieron en taquilla al cine euronorteamericano «hablado en español».[89] En la actualidad, contamos con un mercado de habla hispana que todavía no hemos sabido aprovechar convenientemente y, por el contrario, nos hemos abocado a la CEE, con los resultados que estamos sufriendo.

¿Qué hacer, entonces? ¿No se podría, pues, acometer un cambio radical: prohibir el doblaje de las cintas extranjeras, por ejemplo, y que éstas se proyecten subtituladas?[90]

Por otra parte, para aplacar las «iras» de las multinacionales, las películas españolas —incluidas las autonómicas— dejarían de recibir subvención. Es decir, dar a la iniciativa privada toda la responsabilidad. El intervencionismo del Estado sería mínimo. Y los ciudadanos no estarían «pagando» su propio cine con el erario público. Así, los films españoles

88. Véase el texto completo del decreto en el Apéndice A del presente volumen. Como su publicación (BOE, 28-IX-1989) se hizo justo el día antes («de reflexión») de las elecciones generales, no se suscitó una nueva polémica profesional; al menos a la hora de cerrar estas páginas.

89. Véase al respecto mi citada tesis doctoral *Arte y política en el cine de la República*, y el referido libro de Santiago Pozo, *La industria del cine en España (1896-1970)*.

90. Esta opinión-propuesta ya la defendí en el artículo «Ni subvenciones ni licencias de doblaje. Para asegurar el futuro del cine español se impone un cambio

se sostendrían solamente con el respaldo de los espectadores.

Sé que es un reto. Pero cada película se «defendería» por ella misma, y no con las subvenciones del Ministerio ni de las televisiones o gobiernos autónomos. O se hunde para siempre el cine español, o levantamos de una vez por todas la cabeza por medio de un cine con personalidad, que conecte con la gente, e inmerso en la tan clamada modernidad. El vivir de la sopa boba —como ocurrió durante el franquismo— revela que aún no hemos logrado superar los lastres de un pasado histórico que, paradójicamente, nuestras películas democráticas han vapuleado hasta la saciedad.

En fin, esta es mi opinión. El director general de Cine y aquellos que hacen las películas en España tendrán la última palabra, o su opción profesional.

sustancial», publicado en *La Vanguardia* (4-I-1989), sin que fuera «contestado». Acerca del perjuicio a los estudios de doblaje que alguien me indicó personalmente, cabe apuntar que estos viven —o así me lo parece— holgadamente gracias a los continuos encargos de las cadenas televisivas, autonómicas incluidas.

LA HORA ACTUAL
DEL CINE ESPAÑOL

*Los últimos años
de la Historia son crónica.*

ANDRÉ MAUROIS

Etapa de transición

La burguesía catalana durante la Guerra Civil

Tras la muerte de Franco, el cine político español comenzó a recibir «luz verde» para ser proyectado en nuestras pantallas comerciales. El premiado *Pascual Duarte*, realizado en 1975 por Ricardo Franco, abrió el fuego.[1] Y poco después se presentó en Barcelona la película de Jaime Camino *Las largas vacaciones del 36*, como preámbulo del cine de la democracia.

Se trata de una película que difícilmente hubiera sido autorizada por el régimen franquista, y que asimismo fue galardonada por el Festival de Berlín. La dificultad mayor que entraña el film está en su enfoque: los que siempre habían sido «malos» ahora son los «buenos», o viceversa, cosa insólita en la filmografía española sobre la Guerra Civil.[2] Pero sin entrar en polémicas —que eran más propias del Gobierno de transición—, examine-

---

1. Para un juicio crítico de este film, así como de otros estrenados tras la caída del sistema dictatorial, véase mi libro *El cine político visto después del franquismo* (Barcelona, Dopesa, 1978); cfr. asimismo nota en mi otro libro *El cine español bajo el régimen de Franco*, p. 77 *infra*.

2. Cfr. Rafael de España, «Images of the Spanish Civil War in Spanish Feature Films, 1939-1985», *Historical Journal of Film, Radio and Television* (Oxford), 6, 2 (oct. 1986), 223-236. Véase también Marcel Oms, *La Guerre d'Espagne au cinéma*, París, Du Cerf, 1986.

mos directamente la película y sus posibles repercusiones en el espectador español dentro del contexto en que fue estrenada.

Retrato intimista

El barcelonés Camino (n. 1936) ya había probado fortuna sin mucho éxito con tal tema tabú: su *España, otra vez* (1967) apenas se ha visto en la cartelera hispana. Por eso en 1975, animado con la «apertura», se lanzó a la realización de una película más ambiciosa que reflejara el ambiente de la pequeña burguesía catalana —a la que pertenece este cineasta y profesor de música— durante nuestra contienda, una guerra que él solo pudo ver desde la cuna.

Rodada en Argentona y Gelida, *Las largas vacaciones del 36* (1976) es un retrato intimista de esa burguesía presa de una situación conflictiva y límite para los españoles, que se debate entre miedos y contradicciones, heroicidades y cobardías, virtudes y miserias... e ideales sin apenas ideología. Y, junto a los adultos, el drama despreocupado de los niños que juegan a la guerra, planos de ingenuidades y candor, y cuyas actividades, con equívocos en torno a la religión, son apañadas por el autor; pero que, con todo, refleja con creces la decadencia moral de un pueblo dentro de ese cambio de costumbres republicano que nos describe el historiador Rafael Abella en su segundo libro sobre el tema.[3]

Asimismo, resultan muy clarificadores los retratos que Jaime Camino ofrece de los militares de la CNT-FAI en su acción «depuradora» en la localidad, junto a los componentes del ejército popular, o el maestro «rojo» (Paco Rabal) que lee a sus alumnos un poema de Machado y les pide más tarde algo de comer.

Simpatía inocultable

Jaime Camino no puede ocultar su simpatía, si no entusiasmo, por los combatientes o víctimas de esta zona, a la

---

3. R. Abella, *La vida cotidiana durante la Guerra Civil. II: La España republicana*, Barcelona, Planeta, 1976.

cual perteneció por enclavamiento infantil. Es más: si no supiéramos que Camino nació en vísperas de la guerra de España, diríamos que el film está lleno de recuerdos personales. Es obvio, sin embargo, que sus acotaciones y tono enriquecen, por momentos, la crónica político-existencial de esas gentes que parece conocer bien (posteriormente, Jaime Camino mantuvo una larga polémica en la prensa barcelonesa con coetáneos que le acusaron de tergiversar diversos hechos o aspectos históricos de la época, y que reproducimos más abajo). Y su muestrario agridulce acaso llegue a emocionar un tanto al público que sufrió en su carne la contienda fratricida. A tal fin, Camino emplea toques sentimentales (la carta de Quique, por ejemplo) y facilidades en diálogos o golpes de humor puestos en boca de chavales. Citaré el más significativo: cuando un grupo de niños entierran una pistola y otros enseres —en plena retirada de las tropas y habitantes «republicanos»—, ante la duda de un chico acerca de su futura utilidad, otro más pequeño responde: «por si tenemos otras vacaciones...». Es evidente, al respecto, que el realizador catalán «manipula» a los niños, pues a veces les hace decir lo que él piensa sobre las cuestiones planteadas a lo largo del relato.

Aun así, cabe añadir que los múltiples intérpretes —Concha Velasco, José Sacristán, Ismael Merlo, Charo Soriano, José Vivó...— están a la altura requerida por sus tipos; altura que logra asimismo Jaime Camino con la ambientación del film, correcta en el clima y evocadora de esta época conflictiva. También en el ritmo el cineasta barcelonés está preciso, cuidando la elipsis sugeridora y temporal con originalidad y a veces maestría, a excepción de la concesión erótica de la sirvienta murciana (la entonces debutante Ángela Molina). Para mí, esta escena sobraba; y más dado el carácter adolescente de su protagonista. Aquí, los tribunales civiles —en esta etapa democrática prácticamente la censura no existía—[4] podrían acaso presentar a Jaime Camino una querella por corrup-

---

4. Los únicos problemas de censura que tuvo Jaime Camino fueron políticos, en torno a la secuencia de la entrada de los moros en Barcelona, como relató a Peter Besas, *Behind the Spanish Lens. Spanish Cinema under Fascism and Democracy*, pp. 150-151.

ción de menores. Pero él es también abogado y sabe lo que se juega.

Tal afirmación, cuando publiqué la crítica en *Mundo* (28-VIII-1976), provocó posteriormente un comentario adverso, olvidando que lo único que hice es referirme a la legislación vigente, ya que se había eliminado la censura cinematográfica, y, cuando el Gobierno democrático acabó con esa normativa, dejó la responsabilidad en manos de los jueces. Yo ni quito ni pongo rey...

Seguidamente, por su interés historiográfico, incluyo las observaciones que se hicieron al realizador desde las páginas de *La Vanguardia*:

Las largas vacaciones del 36. Sr. Director: Acabo de ver esta película cuyas escenas son rodadas en su mayor parte en mi pueblo natal de Gelida y en cuyas calles transcurrió mi niñez y mi adolescencia, durante la cual pude trabar amistad con los hermanos del señor Camino; con él no, por su diferencia de edad. No comprendo cómo puede Camino tergiversar tanto los hechos. No sé quién le habrá asesorado, pues él entonces aún no había nacido. Para botón de muestra le agradecería me dijera en qué pueblo de Cataluña se hizo fuerte el cura, paisanos y Guardia Civil en el campanario de la Iglesia. En Gelida desde luego no, y dudo que haya algún otro. Después preguntaría al señor Camino si era posible una escena como aquella magnífica paella (rodada en la Font de Can Torrents), en dicha época por unos veraneantes con sombrero y corbata siempre, sin que les peligrara su libertad. Por otra parte, en qué casa de veraneantes presidía el comedor un retrato de Companys. Por último, aquellas escenas finales en que el Ejército derrotado se repliega impecablemente vestido y afeitado, tanto los soldados como los oficiales, es para reírse. El azar quiso que el que suscribe formara parte de aquel derrotado Ejército y que fuera en mi mismo pueblo natal donde hiciera mi última singladura como combatiente del Ejército Republicano, y yo sé cómo íbamos de ropa, de nutrición y no digamos de limpieza. Lamentable, señor Camino. Los que pasaron aquellas largas vacaciones, no hubieran deformado la realidad como Vd. hace en esta película. Pedro VALLS MONTAL. [4-XI-1976.]

Cinco días más tarde, *La Vanguardia* publicó, en su sección de Cartas al Director, la respuesta de Jaime Camino, que también reproduzco íntegra:

El pasado día 4 se publicó en el diario de su dirección una carta de don Pedro Valls Montal, en la que dicho señor hace diversas observaciones respecto a mi película «Las largas vacaciones del 36».

Acepto cordialmente el derecho de crítica del autor de la citada carta, pero me veo obligado a formular algunas consideraciones al respecto. El señor Valls habla de que en mi película he tergiversado los hechos históricos y, para ello, pretende basarse en su propia memoria.

En primer lugar, conviene dejar sentado que la memoria es flaca, tanto la privada como la colectiva, si uno quiere recurrir a la exactitud de los hechos (lo que no pretendo en momento alguno de mi película). Tan flaca es, como para que el señor Valls diga haber trabado amistad con mis hermanos, cuando solo pudo conocer a uno, o creer que la escena de la paella está rodada en «LaFont de Can Torrents», cuando fue rodada en la «Font Freda». La memoria de don Pedro Valls no es la mía ni yo pretendo ser un sacerdote de la memoria. En «Las largas vacaciones del 36» intento recobrar la memoria de otros muchos y, por vez primera, reivindicar un mundo cuyo recuerdo nos ha sido prohibido durante muchos años. Entiendo que no importa tanto el detalle como el sentido de la obra.

Aunque la película está filmada en gran parte en Gelida, es obvio que la acción no se refiere a ese pueblo concreto, como así reza en el título que acompaña la portada del filme. Ni sé cómo terminó el cura de Gelida en aquel verano de 1936. Pero sí sé, y sabemos todos, que en otros lugares, gran parte del clero, las autoridades y muchos oligarcas intentaron sumarse al alzamiento, haciéndose fuertes en iglesias, conventos y cuarteles. Al igual que puedo afirmar que se comieron muchas paellas en aquel verano del 36, que en más de una casa colgaron el retrato del presidente Companys y que, aun retirándose el Ejército republicano, el barbero de la tropa solo concluyó con la definitiva derrota de aquél.

Pero quiero también reivindicar desde estas líneas el derecho a la visión clara de lo que se está viendo y de la obligación consiguiente. Ni los protagonistas de la película se pasean todo el tiempo con sombrero y corbata (¡!), ni los soldados en retirada van afeitados y vestidos impecablemente. Lo que sí me será permitido es mostrar a un oficial del Ejército republicano aseado, limpio y bien afeitado. Así fue posible y así lo he querido. Jaime CAMINO. [9-XI-1976.]

No obstante, pocos días después, entró en la polémica un historiador especialista en el período, el monje de Montserrat Hilari Raguer, quien escribió lo siguiente:

117

Las largas tergiversaciones del 36. Sr. Director: Hay que reconocer la responsabilidad de un sector de la Iglesia en los antecedentes que llevaron a la Guerra Civil, y también la adhesión masiva de la jerarquía al alzamiento luego de producirse. Pero no que la Iglesia fue conspiradora en los preparativos, ni parte armada en los sucesos del 19 de julio. Se comprende que en la confusión de aquellos días circularan rumores de que se había hecho fuego desde edificios eclesiásticos. El único caso comprobado es el de los Carmelitas de la Diagonal, que sin pensarlo ni quererlo se encontraron con un regimiento de caballería que, muy contra sus planes, rechazado en el «Cinc d'Oros», se refugió en el convento. Pero ni en este ni en ningún otro caso consta de sacerdotes y religiosos que hicieran uso de armas. Si se hubiera cogido un solo cura «trabucaire» en Catalunya, se hubiera aireado el triste caso con nombre y señales, y no con rumores genéricos. Solo los que recogía la «Solidaridad Obrera» de aquellos días, asegurando, sin concretar, que algunos sacerdotes habían disparado contra el pueblo con balas envenenadas, o que los Hermanos de San Juan de Dios asesinaban a sus enfermos con inyecciones mortales, por lo que el pueblo los mató a ellos.

Sin embargo, más fácilmente se excusan rumores de este género en la pasión y confusión de julio del 36, que, cuarenta años después, en el filme y la carta del señor Jaime Camino, que afirma que «en otros lugares» (¿cuáles?) «gran parte del clero, las autoridades y muchos oligarcas intentaron sumarse al alzamiento, haciéndose fuertes en iglesias, conventos y cuarteles». Es especialmente de lamentar que el hecho se sitúe en un pueblo de Catalunya, donde las autoridades se mantuvieron fieles al Gobierno, los oligarcas, aun los que deseaban un golpe, no se sumaron a él, y el clero era en su gran mayoría abierto, tolerante y muy poco deseoso de Guerra Civil. La Iglesia, repito, tiene sus responsabilidades por su actuación antes, en y después de la guerra, pero filmes y cartas como los del señor Camino no ayudan a clarificar los hechos ni a consolidar la sana rectificación de actitudes que la Iglesia ha emprendido últimamente, con aplauso de los más inteligentes de entre sus antiguos adversarios. Precisamente estos días leía «Testament a Praga», de Tomás y Teresa Pàmies, donde el veterano luchador habla del daño que el anticlericalismo ha causado a nuestro país.

A partir del 39 tuvimos que aguantar una serie inacabable de filmes de guerra unilaterales. ¿Vamos a tener ahora cuarenta años más de falseamiento histórico de signo opuesto, solo porque, como dice el señor Camino, hace unos años no podía hacerse? Creo que ya sería hora de que terminaran de una vez «las largas tergiversaciones del 36». Hilari Raguer. [12-XI-1976.]

Otras dos cartas al director se publicaron, en el mismo sentido, en las páginas del periódico barcelonés (16-XI-1976). Pero solo reproduciré, para no ser exhaustivo, la que puso punto final a la polémica:

Más sobre *Las largas vacaciones del 36*. [...] Quién suscribe era en aquel entonces un adolescente quinceañero que, en el propio Gelida, sufría también como tantos otros aquellas largas, por forzadas, vacaciones. Es más, para sobrevivir a la escasez de recursos, de alimentos y también de dinero para adquirirlos, daba clases a niños aún más jóvenes que él, de la ex colonia veraniega. De esta última formaba parte la familia Camino.

A mi edad, va uno ya curándose de espantos respecto a la falta de objetividad en relatos, fílmicos o no, de hechos históricos no vividos por quien los divulga cuando no descaradamente falseados o manipulados. Pero si de lo que se trata es de alcanzar pingües resultados de taquilla o, simplemente, estar «à la page» de unas modas políticas, hemos de reconocer, tristemente, que la verdad no es el camino más idóneo para ello.

Y no obstante, no dejo de preguntarme si, incluso desde una óptica u opción más o menos similares a la de la película de marras, no se hubiesen logrado unas secuencias, por reales, mucho mejores. ¿Qué me dice usted, señor Camino, por ejemplo, de una escena final en que, la burguesía y también gran parte del pueblo llano, flácidos y macilentos todos, agotados por el terror primeramente y, más tarde, por la larga espera, fuesen saliendo de sus escondites y refugios, en aquel lejano 23 de enero, a aplaudir y vitorear hasta la extenuación, a los que creían ser sus liberadores?

Existiese o no en dicha actitud error o mala fe, la realidad es esta. Un buen director de cine no puede desconocer tampoco que, a veces, la verdad objetiva es el mejor de los sueños. El que muchos tuvimos entonces. Salvador GOTZENS MARTÍNEZ. [17-XI-1976.]

El *desencanto*, o los «mesetarios» ya no son *underground*

Otra película «comprometida», *El desencanto* de Jaime Chávarri, director procedente de la llamada «escuela mesetaria», supuso la salida a la luz pública de autores hasta entonces malditos.

El término *mesetario* fue aplicado al cine producido en Madrid en comparación con el cine que se hacía en Cataluña, especialmente a raíz de la Escola de Barcelona. Centralismo

119

castellano contra autonomía catalana (que no tiene nada que ver aquí con el reclamado estatuto). Se trata de dos concepciones antitéticas del arte de las imágenes fílmicas, a nivel industrial y temático, procedentes de dos pueblos y de problemáticas tan análogas como diversas en la esfera sociopolítica y de idiosincrasia; concepciones que se concretarían mejor en el llamado cine *independiente* y, después, *marginal*.[5]

La raíz del nacimiento de tal cinema hay que buscarla, no tanto en el movimiento *underground* mundial, como en el particular estatus cinematográfico hispano. En los años en que surgió ese cine marginal, al menos como movimiento ostensible, se estaba muriendo el denominado Nuevo Cine Español (NCE), esa «generación perdida» que apareció tras la renovación propugnada por Bardem y Berlanga y el impulso creador de los hombres salidos posteriormente de la Escuela Oficial de Cinematografía (EOC). Una corriente equivalente a las «nuevas olas» europeas, que acusó cierta incapacidad crítica y una clara carencia de renovación estética. Únicamente rompieron unas estructuras caducas, pero no lograron construir otras nuevas.

Y así, partiendo de esta «generación perdida», aparecieron unos cineastas jóvenes, pertenecientes ya a otra generación, los cuales edificaron precisamente sobre las cenizas de sus predecesores «integrados». Al tiempo que, contando con la experiencia de aquellos realizadores de la EOC, con los errores y equivocaciones del NCE como base, acaso como únicos pilares para trabajar, intentaron crear un cine independiente, otro «nuevo» cinema español.

A tal fin, rodarían en formato reducido —en 16 mm especialmente—, más barato y asequible para sus modestos bolsillos, debido a que la producción era propia —o sea, particular, no industrial—, con guiones originales de cada uno —que, por ser películas privadas, no tenían que pasar por censura—, con presupuestos francamente irrisorios y en co-

---

5. Véase al respecto «El cine marginal en España», documento-encuesta que realicé a finales de 1970, publicada en *Mundo*, 1.601 (9-I-1971), y reproducida en mi citado libro *El cine español bajo el régimen de Franco*, 63-83. En torno a la problemática del «cine independiente» en España, cfr. también A. Castro, *El cine español en el banquillo*, Valencia, Fernando Torres, 1976, pp. 19 y 20.

laboración —en sistema cooperativo—, y libres de coacciones y sin miedos de ningún tipo (como, por ejemplo, la «protección» oficial). Asimismo, tales cineastas evidenciarían, en su mayoría, un amplio bagaje cultural y conocimientos fílmico-artísticos, junto a posturas crítico-políticas harto comprometedoras, aquí, entonces y acaso ahora. Todo ello les llevaría a una narrativa, a una renovación de lenguaje en cuanto a expresión, que les distanciaría mucho de aquella «generación perdida» y, por el contrario, les acercaría más a las «nuevas olas» ya por aquella fecha desmembradas. En definitiva, lo que no habían conseguido los hombres del citado Nuevo Cine Español, desde dentro de la industria o del sistema, lo habían empezado a lograr los cineastas marginales «desde fuera», con sus posturas anti-régimen franquista o independiente del sistema.

Primeros grupos

Dos firmas, una madrileña y otra valenciana, fueron las auténticas pioneras del cine independiente español: el pintor Adolfo Arrieta (*El crimen de la pirindola*, *Imitación del ángel*, *La pirindola en color*...), y Lorenzo Soler de los Mártires (*Será tu tierra*, *52 domingos*, *D'un temps*, *d'un país*...). Corría la mitad de la década de los sesenta.[6]

Pero pronto surgirían los primeros grupos homogéneos: el denominado Cine Libre de Santander; el de Zaragoza, encabezado por Antonio Maenza, la «escuela» catalana —que se inició antes por su gran tradición documentalista y de cine *amateur*, con base por esos años en la Escola Aixelà, de Barcelona, y con Pere Portabella como principal «animador»—, y el «mesetario», o de Madrid, que sería el más coherente y al que ahora nos vamos a referir.

El grupo madrileño fue formado por el hoy premiado Emilio Martínez-Lázaro, Augusto M. Torres (antiguo crítico de *Nuestro Cine*) y Alfonso Ungría, que se asocian en cooperativa y realizan las tres películas más representativas del cinema «marginado»: *La mano de madera* (Martínez Torres,

---

6. No voy a analizar aquí la estética y pretensiones de sus cines, por haberlo hecho ya en mi trabajo citado en la nota anterior, al que remito nuevamente.

1968), *Circunstancias del milagro* (Martínez Lázaro, 1968) y *Querido Abraham* (Ungría, 1968). Y a este grupo madrileño se unirían más tarde otros cineastas «mesetarios» —algunos asociados en cooperativa también, Búho Film e In-Scram—, que realizan cortos en 16 mm ampliándose luego a 35 mm para pasarlos en las entonces minoritarias «salas de arte y ensayo» o certámenes y cine-clubs. Entre ellos cabe destacar nombres hoy por todos conocidos: Antonio Drove Shaw (*¿Qué se puede hacer con una chica?*, 1969), el catalán Francisco Betriu (*Gente de mesón*, 1969; *Bolero de amor*, 1970), Antonio Gasset (*Los hábitos del incendiario*, 1970), Julián Marcos (*La matanza*, 1968; *El libro del buen amor*, 1969, que no tiene nada que ver con los engendros ayer en cartel), Ricardo Franco (*Gospel*, 1969; *El desastre de Annual*, 1970), J. L. García Sánchez (*Gente de boina*, 1970) y, por no citar más, Jaime Chávarri (*Rum, Blancanieves, run*, 1969; *Ginebra en los infiernos*, 1970), quien ha originado el presente comentario.

Dificultades y aspiraciones

Sin embargo, casi todos se toparon con las dificultades propias del cine que se desarrolla al margen del orden establecido: trabajar de espaldas a la industria, a las leyes, a la sociedad, a veces a la moral comúnmente admitida, y en ocasiones hasta del público, conlleva serios problemas. Pues un cine profesional —no *amateur*, aunque emplee muchas veces el mismo formato y similares medios—, realizado con cierta independencia política —al menos del sistema ayer reinante— y artístico-creadora, pero que no se exhibe en principio en las cadenas normales, ocasionaría obvias dificultades con el *stablishment* del país. Desde las vitales de los autores, hasta las de subsistencia de los mismos productores. De ahí, en cierto modo, la parcial extinción —o letargo creador, al menos— del cine «marginado» español, ya que, como me comentaban Ricardo Franco y Julián Marcos, es la industria y la sociedad las que le marginan y no precisamente ellos mismos. (Con todo, durante estos últimos años del franquismo y la etapa de transición, el cine subterráneo español perduró a través de la obra del vasco Iván Zulueta, quien incluso lograría estrenar en Madrid su ultramarginal *Arrebato*.)

Por eso la aspiración de estos cineastas «mesetarios» no era permanecer siempre en el *underground*, sino saltar a las vías normales. Así, tras la inserción industrial de Alfonso Ungría al presentar, en representación de España, su *Hombre oculto* (1970) en el Festival de Venecia, respondía Augusto M. Torres a mi cuestionario: «A pesar de que las dificultades, principalmente económicas, siguen siendo ahora inmensas, tal vez estemos más cerca de poder estrenar una película en el cine Amaya de Madrid y que se mantenga en cartel con llenos diarios».[7] Emilio Martínez-Lázaro añadiría por su parte: «Lo ideal es estrenar ante un público muy numeroso, porque ello posibilita seguir trabajando». Mientras que Jaime Chávarri decía que esperaba «dejar de ser marginado lo antes posible».

El «desencanto» del régimen

Y realmente lo ha conseguido: dejar de ser «marginal», se entiende. Aunque su firma y la del productor Elías Querejeta se han puesto en entredicho ante la oficialidad del país, al retirar su película, por razones políticas, del reciente Festival de San Sebastián, al cual había sido remitida por la Administración e incluso subvencionada sobre el papel. Ahora *El desencanto* (1976) cobra una mayor popularidad. Y su éxito en nuestras «salas especiales» lo confirma.

Pendientes de ver entonces *Las secretas intenciones*, el film de Chávarri es fiel a las premisas de su cine anterior. En las filas *underground* españolas desde 1964, cuando realizó su ópera prima *Blanche Perkins, o vida atormentada*, Jaime Chávarri ha realizado ahora una cinta insólita en cuanto a

---

7. Este crítico, y hoy historiador y realizador, se molestaría años después, cuando yo reproducí, en mi citado libro sobre el cine en la época de Franco, sus respuestas y las de sus colegas a esa encuesta. Así, en su recensión crítica, escribió: «Dada la muy diferente situación actual de estas personas y la censura de la época, sus respuestas carecen de cualquier valor y resulta inadmisible su publicación sin consignar la fecha en que fueron escritas [...] y resulta increíble que se publiquen a estas alturas sin autorización de los encuestados»; *Cartelera Turia*, 1.407 (4-III-1984). Pienso, con todo, que tales respuestas tienen un valor testimonial, más cuando —pese a lo que afirma mi colega— sí consigno la fecha (cfr. p. 63, *infra*). Le doy la razón, en cambio, respecto a que hubiera sido más elegante consultar a los encuestados para su posterior publicación; aunque lo dicho —o escrito—, escrito está. Pero pido disculpas.

concepción narrativa y subversión ideológica. Su «desencanto» bebe en las fuentes del reportaje vivo, dentro de una línea análoga al *cinéma-verité* o a la dialéctica del *cine-ojo* de Dziga Vertov —si me apuran un poco—, del documental de ficción, pero con personajes auténticos, acerca de un famoso poeta de la España de Franco: Leopoldo Panero.[8]

He aquí algo de lo que dijo Jaime Chávarri sobre *El desencanto* mesetario: «En el fondo en el film no sucede nada, todo es cotidiano y solo hay una carga subterránea que encierra un interés social. Es el hecho de que los protagonistas cuenten su vida con crudeza, lo que da dramatismo al filme [...]». Es obvio, con todo, que la presente desmitificación de Panero coincide con el «desencanto» que está sufriendo, hoy por hoy, el régimen español que subrepticiamente evoca.

Carta testimonial

A los pocos días del presente artículo recibí una cara del citado pionero valenciano Lorenzo Soler de los Mártires (publicada en mi sección de *Mundo*, el 27-XI-76), y de la cual reproduzco su texto central:

> *Los mesetarios ya no son underground* [...] me parece muy esclarecedor en el sentido de evidenciar un fenómeno al cual yo me he referido infinidad de veces: las aspiraciones de los cineastas marginales mesetarios no eran las de permanecer indefinidamente en la subterraneidad. Por el contrario, aprovecharon siempre la menor ocasión para auparse dentro del cine comercial.
>
> Esto es muy importante dejarlo bien claro, porque marca la profunda dicotomía que en el modo de entender el cine marginal ha enfrentado la postura de los madrileños y la de los catalanes. En Madrid no ha existido nunca clara conciencia del significado político de la marginalidad. Se hacía cine marginal porque era más barato, era la única posibilidad accesible para muchos cineastas... Y se esperaba mejor ocasión. Sin embargo, entre nosotros se denota más claramente lo que pudiéramos llamar una «conciencia» de marginalidad. Es decir, se tiene en Catalunya, y en líneas generales, mucho más claro, lo importante

---

8. Para un juicio desapasionado de la importante obra literaria de este autor, véase César Aller, *La poesía personal de Leopoldo Panero*, Pamplona, Eunsa, 1975.

que es aceptar deliberadamente la marginalidad, con todas las implicaciones que como alternativa ideológica al sistema representa. Ello ha dado lugar a que hoy exista un sólido cuerpo de películas marginales y que nombres como Portabella, Bayona, Baca y Garriga, Eugeni Anglada y yo mismo... etc., etc., nos mantengamos desde hace años en una postura de franca y aceptada independencia frente a las ingerencias de la Administración sobre nuestros productos fílmicos. (Eso con independencia de las profundas diferencias ideológicas que separan a los distintos autores, por ejemplo, entre los mismos que te acabo de citar.)

Todas esas reflexiones las hago a nivel general, pues tanto en Madrid como en Barcelona hay ejemplos de todo lo contrario. Lo que trato de resaltar es una línea de tendencia [...] A título personal te digo que en los últimos años llevo ya hechas cinco películas independientes y que estoy en la brecha y sigo trabajando sin plantearme jamás estrenar en el Paseo de Gracia o en la Gran Vía.

Es también un dato muy significativo —concluye Soler de los Mártires— que la primera distribuidora a nivel nacional de cine marginado haya surgido en Barcelona. Se trata de la llamada "Central del Corto" que solo en lo que lleva de año lleva contabilizadas más de seiscientas prestaciones de películas. Si repasas su catálogo verás la abrumadora presencia de catalanes en sus filas.

Un testimonio que valía la pena constatar.[9]

El nuevo despertar catalán: *La ciutat cremada*

Pocos cines nacionales han sufrido tanto como el catalán. Hoy, tras la apertura, Cataluña parece iniciar una nueva etapa artístico-creadora.

Para uno, el *cinema català* siempre fue un cine nonato. Y así lo expresé en un ensayo crítico.[10] Las razones son obvias:

---

9. También quiero pedir disculpas desde aquí a Lorenzo Soler, quien sería reconocido más tarde con el premio anual de la Generalitat de Catalunya, por el juicio vertido en torno a una obra suya sobre el cine independiente español, redactada con Joaquim Romaguera. Valoración parcial, que estaba mediatizada —como informé a este coautor— por las demandas de la empresa en que yo trabajaba por aquella fecha. Espero que Llorenç ya no me guarde rencor.

10. «Ayer y hoy del nonato cine catalán», *Nuestro Tiempo* (Pamplona), 216 (junio 1972), 82-95. En este mismo sentido, también se pronunciaría el crítico Josep Maria López i Llaví: «Mai no ha existit una cinematografia catalana», *Mundo Diario* (11-VIII-1977).

Podrá denominarse cine catalán —escribía en aquel entonces— toda aquella creación fílmica que retrate el carácter, los sentimientos y los problemas del hombre de esta tierra; toda obra cinematográfica que tenga una temática catalana o se preocupe de la amplia problemática de este país y de los que en él viven, sin que por ello deje de tener contacto con los diversos problemas y formas de vida de otras regiones o nacionalidades españolas. Por lo cual, querer ahogar por temores separatistas, o cualquier otra estrechez de miras, una necesidad vital que puede producirse en el artista, en el cineasta catalán —porque ama su tierra y expresa su idiosincrasia— no sería más que un ataque a la libertad personal y de expresión artística.

Y si en estos términos nos pronunciábamos por aquella época franquista, hoy vemos que las cosas empiezan a cambiar al respecto, pero sigue vigente el discurso precedente.

Un poco de historia

Con todo, no han faltado teóricos que han querido ver nacido un auténtico cine catalán. Miquel Porter-Moix le dedicó más de un libro y valiosas investigaciones.[11] Otros colegas también nos han brindado su defensa de la existencia de tal cinematografía. No voy a negar, a estas alturas, la parte de verdad que encierran tales trabajos y tan autorizada firma. Pero, si examinamos la historia, veremos cuán forzado es hablar de un verdadero cine catalán, al menos con la coherencia y estabilidad industrial que precisa el arte de nuestro tiempo, este apasionante *mass-media* que denominamos *cine*.

Es cierto, sin embargo, que la cinematografía española nació de las manos de un catalán en sus tiempos olvidado: Fructuós Gelabert (1874-1955), y que han sido numerosos los pioneros del llamado *cine nacional* originarios de esta tierra: desde los hermanos Baños hasta Adrià Gual, por no citar más. Asimismo, durante el «esplendor» de la II República, en las dos zonas, Barcelona contó con una cuantiosa producción de películas (véase el ya citado libro *Petita història del*

---

11. M. Porter-Moix, *Història del cinema català* (1895-1968), Barcelona, Tàber, 1969; y *Adrià Gual i el cinema primitiu de Catalunya* (1897-1916), Barcelona, Universidad, 1985.

cinema de la Generalitat, 1932-1939) y nueve estudios de rodaje, los cuales fueron desapareciendo durante la larga posguerra, al tiempo que se iba desmantelando la estructura económica, al centralizar casi todas las distribuidoras en Madrid.

Abstencionismo e idioma

No obstante, si damos una rápida mirada al cine realizado en Cataluña se puede apreciar de entrada el abstencionismo de los «poderosos»: los capitales se han desinteresado por el negocio cinematográfico de raíz catalana: desde Rovira Beleta, con la excepción de *La Larga agonía de los peces* (frustrada, con Serrat), hasta las ambiciosas coproducciones de Antonio Isasi o los productos consumistas de Balcázar, Iquino y Germán Lorente, por no ir más lejos. Pues, como decía Jordi Torras, el *seny* les dice a los potentados que el cine no da dinero y «prefieren especular en terrenos que es más seguro... Será porque seguimos siendo un pueblo de burgueses». Son obvias, por supuesto, las dificultades políticas que han impedido el normal desarrollo de un cinema propio y de una industria de cine barcelonesa, pero tales dificultades no eximen totalmente a la burguesía inversionista de su tanto por ciento de culpa por la pasividad y el abstencionismo ante el cinema, mientras se ha ocupado de otros medios de cultura de masas: el libro, la prensa y la *cançó*.

Por eso, si de la burguesía catalana no se podía esperar nada, no debe extrañarnos que las primeras películas realizadas por los hombres de esta tierra fueran dirigidas precisamente contra nuestra sociedad burguesa. Y ahí están títulos tan conocidos como *Los felices 60* (Camino, 1936), *Vida de familia* (Font, 1964), *Brillante porvenir* (Aranda-Gubern, 1964), *Una historia de amor* (Grau, 1966), *La piel quemada* (Forn, 1966) y *El último sábado* (Balañá, 1966), las cuales fueron «intentos» casi frustrados.

Por otra parte, se daba el problema del idioma. Durante el período franquista, la lengua catalana fue prácticamente reducida al uso particular. Tanto es así que, durante cuarenta años, entre más de mil películas producidas en Barcelona, solo media docena de cintas doblaron en catalán: *El Judas* (Iquino, 1951), *Siega verde* (Gil, 1960) —traducida en 1968 bajo el título de *Verd madur*—, *María Rosa* (Moreno, 1965), *En Baldiri de la Costa* (Font Espina, para Joan Capri), *Laia* (Lluch, 1971), junto al citado film de Rovira-Beleta y el «doblaje» que se hizo de la realización de Tulio Demicheli *La herida luminosa*. Y paremos de contar.

Aun así, una cuestión más ha de quedar clara: que una película esté «hablada en catalán» no es suficiente —pues ha de tener las premisas señaladas al principio— para representar a esta cinematografía en potencia. Y otras más: no debe confundirse con cinema catalán los films realizados en Barcelona, ni defenderlos por el simple hecho de su territorialidad: si tales no expresan la idiosincrasia o problemática de esta tierra, no son películas catalanas. Un ejemplo clarísimo lo tenemos en la fallecida Escola de Barcelona. En cambio, sí son cine catalán muchas películas «marginadas» de los cineastas del *underground* de Cataluña.

Presente y futuro

Y llegamos, en esta brevísima e incompleta panorámica, a la actualidad. El presente se advierte un tanto optimista: han saltado a las pantallas comerciales diversas cintas que pueden catalogarse de catalanas. Desde la ayer prohibida *La respuesta* (Forn, 1969) hasta *La nova cançó* (Bellmunt, 1975), pasando por *Las largas vacaciones del 36* (Camino, 1976, en espera de la versión en catalán)... y *La ciutat cremada* (Ribas, 1976), que ha originado este artículo.

A tal fin, con todo, se requerirá una serie de medidas estructurales: por un lado, lograr una continuidad laboral —recuperando la mayoría de los profesionales emigrados a Madrid, hasta ahora el centro productor hispano—, y, por otro, el desarrollo industrial necesario —con base en un cine de género que brinde una rentabilidad económica, sin excluir con ello los elementos culturales autóctonos—, que redundaría también en films de mayor ambición artística e ideológica, como los cuatro últimos citados.

Futuro que, de algún modo, apunta esta producción, y

que ha auspiciado el Institut del Cinema Català en su declaración programática, a través de cuatro puntos o propuestas-clave:

1) La promoción específica del cine catalán en tanto que vehículo de la cultura de un pueblo.
2) Potenciación del cine en Cataluña.
3) Desarrollo de la industria cinematográfica en Cataluña.
4) Creación de un cinema que se inscriba en la lucha democrática, tanto por su contenido como por sus relaciones de producción.

Por último se señala, entre otras reivindicaciones, que para la realización de estos objetivos «se fomentará la producción y difusión de un cinema específicamente catalán: por su lengua, para reflejar la realidad del país, basándose en sus problemas humanos, políticos y culturales».

¿Ha nacido ya un cine catalán auténtico y continuado?

La historia de una ciudad

Ciertamente, *La ciutat cremada* parece iniciar la respuesta, pues en pocas películas de las llamadas catalanas se ha vertido con tanta pasión la idiosincrasia de esta tierra. Además, evocando la historia de Barcelona: la época que va desde la definitiva caída del imperio colonial español a la Semana Trágica; o sea, del desastre de Cuba y sus repercusiones, al triste año 1909. Un fragmento de la historia de una ciudad —asesorado por historiadores especialistas— que ha servido a Miguel Sanz y Antoni Ribas para componer un guión cinematográfico ambicioso y llevarlo a la pantalla en régimen de cooperativa (130 productores, con un capital de 50 millones), cargada de deudas. Si bien el éxito taquillero cubrirá los gastos con creces.

El relato —que alcanza las dos horas y media de duración— se nos presenta como pensado, ante todo, para el público de Cataluña, ya que desarrolla su acción dramática a través del prisma personal de una familia de la burguesía catalana, la cual se mueve en ese telón de fondo y es afectada por los acontecimientos de la época referida.

Sin embargo —pese a la precisión histórico-narrativa (¿por qué su ampuloso estreno en cinerama?)—, algunos espectadores pueden quedar un tanto defraudados. Después de estudiar, días antes de visionar el film y a través de diversas fuentes bibliográficas, el período que nos ocupa, me siento obligado a expresar las lagunas que posee el film: se da mucho por sabido o conocido. Lagunas para el no entendido especialmente, al que, si son fieles los autores a sus miras populares, va dirigida *La ciutat cremada*. Asimismo, el binomio Ribas-Sanz parece hacer demasido hincapié en el conflicto interpersonal de los protagonistas —sobre todo en el aspecto pasional, concesiones fáciles y obscenidades incluidas—, y éste se «come», acaso sin querer, la crónica histórica. Y el documento barcelonés (1898-1909) queda en mucho momentos en un segundo término, lleno de apuntes —la *Solidaridad Obrera*, la Lliga, Centre Nacionalista Republicà, Solidaritat Catalana, etc.— que no llegan a satisfacer ni a clarificar convenientemente su desarrollo; ni a conectar con el espectador poco versado en la historia. Y otro tanto se podría decir del tratamiento que hacen del clero, de la religión, que sabe a superficial y sectario. De ahí que *La ciutat cremada* se acerque bastante a la mera ilustración sentimental y crítica de la historia de Barcelona, de una ciudad y su gente. Pero poco más.

Políticos y esperanza

Finalmente, cabe señalar que el film de Ribas fue acogido con interés por los políticos catalanes. Tanto es así que algunos pidieron intervenir como figuras, junto a López Vázquez (Prat de la Riba), Marsillach (Cambó), José Vivó (Dr. Robert), entre un largo reparto (¿por qué utilizar actores famosos para encarnar a esos personajes célebres, en perjuicio de su identidad?); políticos actuales, que estuvieron en esa fiesta de catalanidad que constituyó el estreno de la cinta, en unión de ciertos sectores de la intelectualidad del país.

De ahí que, durante la proyección, se aplaudieran algunas frases y se concluyera cantando *Els segadors* ante la mirada atónita de la policía. A la vez que Antoni Ribas manifestaba emocionado su esperanza: «Espero que *La ciutat cremada* sigui l'inici d'un nou cinema català que estigui per la llibertat, l'amnistia sense exclusions i l'Estatut d'autonomia». Es el nuevo despertar catalán.

Colorín colorado... este cuento se ha acabado

Entre tanto subproducto hispano, pululando con la «luz verde» del «destape», una película como la de José Luís García Sánchez es como una bocanada de aire fresco en el vergonzante panorama cinematográfico, que dominan los artesanos «peseteros» del consumo nacional, en muchos puntos comparables a los editores de revistas populares. Por eso quiero dedicar ahora un comentario aparte al presente film de García Sánchez.[12]

Ingenio creador

Sin embargo, no piense el lector que *Colorín, colorado* (1976) se aparta de la línea comercial de nuestro cine, o que se trata de una película extraordinaria. No, la cinta de García Sánchez cuenta con los mismos elementos que un Dibildos, un Lazaga o un Forqué —acaso a nivel de producción muchos menos: estrellas y capital incluidos—. Con todo, utilizando el mismo lenguaje popular que esos realizadores, obtiene unos resultados más efectivos a nivel de comunicación con el público. ¿Dónde está la clave? En el ingenio creador de este joven director. Me explicaré brevemente.

Cuando, hace unos nueve años, visioné en una sala de

---

12. Nótese que, especialmente a partir de esta crítica, utilizo el *presente histórico* para seguir con la crónica del cine español de la democracia, respetando incluso las críticas originales publicadas en su día. De ahí que titule a este apartado «La hora actual del cine español». Pienso, además, que el comentario de las películas en su contexto le da un carácter de crónica social de estos años, huyendo de la teorización sin perspectiva del ayer histórico, que aún no cobra el carácter de historia, como refería Maurois. Prefiero, por tanto, gestar los libros como compendio de mi labor profesional, y no redactar obras concebidas en laboratorio. Es —lo dije en otra ocasión— una opción intelectual acaso discutible, pero a respetar.

«arte y ensayo» su cortometraje *Gente de boina*, me dije: «He aquí un cineasta que promete». Y no me equivoqué: su ópera prima, realizada dentro de la línea teórica de la «tercera vía» —satisfactoriamente muerta—, confirmó la valía profesional de García Sánchez. Me estoy refiriendo a *El love feroz* (1973), que pasó inadvertida en nuestras carteleras.

Y es que donde los veteranos del cine español ponen «destape», García Sánchez se inclina por la sugerencia, por la elipsis de tono «colorado»; donde los «consagrados» ponen ambición, García Sánchez se inclina por la sencillez; cuando se prodigan con diálogos pretenciosos, él construye un guión sólido; o cuando —por no seguir más— se intenta ofrecer un discurso intelectualizante y de cariz demagógico, este realizador opta por el sentido común... tan falto en la mayoría de las firmas cotizadas de la industria cinematográfica del país. Y no digo más, ¡que ya es bastante!

La herencia del franquismo

Insisto. Pero no piense el aficionado que está ante una película «fuera de serie»: *Colorín, colorado* es un film corriente del cine español. O mejor dicho: una cinta de las que, corrientemente, se tendrían que editar en España, para lograr una base productiva mínima donde asentar una infraestructura económica realista. Mas pasemos al film en cuestión.

Colorín, colorado, como ayer su *El love feroz*, cobra visos de autenticidad poco frecuentes en nuestro cine. Aquí no hay melodramas ni convencionalismos; hay un conflicto moral y existencial atrevido, con un final crítico abierto y nada gratuito (canción de Víctor Manuel incluida). La agudeza de García Sánchez está presente a lo largo de todo el relato, con la sátira en los labios —que hace reír y reflexionar al espectador, y no precisamente con las facilidades chabacanas a que estamos acostumbrados en esta geografía—. Una sátira que cuestiona la herencia del franquismo.

Ciertamente, burla burlando, García Sánchez pone en la picota a cierto tipo de familia oficial española, con hija «progre» que vive con un compañero de facultad —expulsado de la escuela de Arquitectura por «rojo»—. Y a modo de fábula, este joven realizador evidencia los vicios y valores, los equívocos y contradicciones de dos generaciones antitéticas, que ambas defienden *su* verdad. Los apuntes y *gags* son constantes, con referencias muy directas a la realidad inmediata del posfranquismo y el camino actual a la democracia. Es obvio que en otros tiempos esta película no hubiera pasado la censura de la Administración. Y no precisamente por las inexistentes concesiones.[13]

No obstante, José Luís García Sánchez es honrado. Nunca se ensaña con los personajes; los evidencia, los comprende. Asimismo, como ya hizo en la anterior película citada, no se pone al lado de ninguno; ni a favor ni en contra del todo; sino que intenta reflejar, aunque sea caricaturizándola, una realidad, cierto estatus que padecemos.

Por eso me parece que no tergiversaré la letra de la significativa canción final por completar el título del film con «... este cuento se ha acabado». Pues realmente sería de agradecer, con películas como la presente y un auténtico cambio político del país.

Importancia del guión

A poco de aparecer esta crítica, recibí una carta de la productora del film —Eco-Films, S.A.—, firmada por el productor y guionista Juan Miguel Lamet (publicada también en *Mundo*, el 29-I-77), que decía así:

Unas letras para agradecerte muy sinceramente tu crítica de *Colorín, colorado* que, como habrás comprobado, los mercaderes de nuestra industria ya han sustituido por productos más al hilo con sus intereses con las multinacionales de rigor. Empeñado como estoy en la realización de un cine verdaderamente popular y sin concesiones a subgéneros ni destapes al uso, créeme que tus palabras me sirven de acicate y aliento.

Una pequeña observación. ¿Cómo es posible que olvides el hecho, nada casual, de que *Colorín, colorado* y *El love feroz* sean dos películas

---

13. No obstante —todo hay que decirlo—, no ha sido esta una de las cualidades de la posterior obra de García Sánchez: desde *Las truchas* a *Hay que deshacer la casa*, pasando por *La corte del Faraón*, etc. Pero lo que escribí ayer, no lo voy a cambiar por su evolución actual.

escritas por una misma persona, es decir, por mí? Tengo la impresión de que los críticos, en la línea con la política de autores de aquellos «Cahiers» fundamentalmente «chauvinista», subestimáis la importancia del guión.

En fin, otra carta que valía la pena reproducir.

Delibes, y *Retrato de familia*, de Giménez-Rico

En la línea «comprometida» de *Jo, papá* (Armiñán, 1975), pero más enclavada en el cine político español, se ha estrenado otro film que ha hecho furor en las pantallas comerciales. Me refiero al ya polémico *Retrato de familia*, basado en una novela de Miguel Delibes.

Por fin, el académico Delibes ha saltado a las pantallas. Y no es de extrañar, pues su espléndida narrativa literaria es muy idónea para el lenguaje de las imágenes fílmicas. Sin embargo, de la letra al cine hay un paso, como seguidamente veremos.

Fidelidad al espíritu

El ilustre escritor castellano siempre nos habla en sus novelas de personajes inmersos en un contexto, pero nunca del contexto en sí mismo. Por eso, en *Mi idolatrado hijo Sisí*, muestra las consecuencias que la Guerra Civil española tiene en una familia de la pequeña burguesía de provincias (concretamente, en Valladolid). Y Giménez-Rico ha sido bastante fiel a los personajes del autor.

La acción del film, al igual que la novela, se desarrolla en 1918, 1931 y 1936. Tres hitos de nuestra historia reciente que, de algún modo, influyen en la conducta de los protagonistas: Adela (Amparo Soler Leal), mujer frustrada y esposa engañada, que pone todas sus ilusiones en su hijo único, Cecil (Miguel Bosé), se siente amenazada con la necesaria participación de su hijo en el conflicto bélico; Cecilio (Antonio Ferrandis), hombre egoísta, calculador y marido que en otro tiempo mantenía una amante (Mónica Randall), está asimismo volcado en Cecil —quien tiene, a su vez, relaciones con la antigua «querida» de su padre, ya entrada en años— e incluso intenta «arreglarle» su ineludible alistamiento. Este personaje, eje de la trama, logra mantenerse al margen de la política, y es castigado con la muerte fortuita de Cecil; con lo que acaba suicidándose.

Dramaturgia tradicional

La narración está concebida dentro de la dramaturgia tradicional del cine español de la Reforma (en la denominación de algunos críticos), en la cual se toma como protagonistas a personajes burgueses, a gente que mantiene una actitud de espectador; mientras que los personajes secundarios —ocurría también en la comentada *Las largas vacaciones del 36*, de Camino— quedan reducidos a meros arquetipos, con el resultado de que la guerra solo arrastra tras de sí a fuerzas, clases y grupos sociales a los que no representan, y en cuyo relato se fomenta la identificación espectáculo-espectador. De ahí que un conocido colega catalán dijera también:

Así, no puede ser más significativo el que los republicanos sean sistemáticamente encarnados por CNT, FAI y Brigadas Internacionales de inconfundible tufillo moscovita, mientras que los sublevados son tipificados como gente de un clericalismo tridentino o como fascistas de opereta. Las razones por las que combatían ambos bandos nos son escamoteadas o reducidas a grandes frases, haciéndose muy difícil el comprender el porqué de una guerra de tres años de duración y de una posguerra tan larga y tan dura [Octavi Martí, «Guerra Civil: memoria controlada», *Tele-Exprés*, 18-V-77].

Y conviene este crítico, en su análisis de las varias películas españolas sobre la Guerra Civil del posfranquismo, en que...

[...] naturalmente hay diferencias de matiz entre unas y otras, siempre planteadas a nivel moral y nunca en términos políticos. Tanto Giménez-Rico como Camino muestran su simpatía por los republicanos y convierten en héroes a los personajes que se desclasan y se unen a

135

las filas —acostumbra a haber una motivación amorosa— republicanas.

Por eso, para la madre de *Retrato de familia* es válida la postura de sus vecinos de la CEDA. Y para el padre, la guerra es un absurdo, no sabe por qué se lucha y —pese a estar en la zona nacionalista— no la considera su contienda.

Traspiés

Si tal postura creadora puede resultar para muchos un traspiés de Giménez-Rico en los planteamientos fílmico-ideológicos, en cuanto a las posibilidades que brindaba el argumento original, mayor todavía se presenta éste en su «epatante» puesta en imágenes. El oportunismo comercial de sus abundantes obscenidades (airadamente protestadas por el propio Delibes, pues el mismo autor dijo que «pensaba que no están justificadas y sobran en la película»), junto a una escena pornográfica entre Mirta Miller y un niño (que incurre en corrupción de menores, de acuerdo con el artículo 452 bis b, números 1 y 3, del vigente Código Penal), ensucian un film cuyo interés en la realización —ambiente evocado y recreación de los tipos— no precisaba de concesiones, y distraen en mucho el hondo contenido de este importante film político que hubiera podido ser *Retrato de Familia* (1976), ahora de Antonio Giménez-Rico y no propiamente del académico Miguel Delibes. Esperemos, para la próxima versión, mejor suerte.[14]

Bardem y su *Puente* democrático

Sendos films latinos, firmados por los veteranos Mario Monicelli y Juan Antonio Bardem, tocan de algún modo problemas análogos de la democracia. Se trata de las cintas *Que-*

---

14. Sobre la adaptación fílmica de la obra de Miguel Delibes, se pronunciaría años después el propio autor, en la «Tribuna de *La Vanguardia*», mediante dos artículos «Novela y cine» y «Experiencias cinematográficas.»

remos los coroneles (1976) y *El puente* (1977), dos comedias satíricas de fondo político, que se presentaron en las pantallas españolas con cierto éxito de público y aprovechando el camino abierto hacia la liberalización ideológica del país. Sin embargo, solo comentaré aquí la realización de Bardem, cineasta «maldito» y muy criticado por su regreso comercial, especialmente tras su *Varietés*, para Sara Montiel, y *La corrupción de Chris Miller*, con Marisol.[15]

El puente es un film insólito, concebido en plena transición democrática y sin traicionar los tópicos del cine «de consumo» hispano. Es más: Bardem se aprovecha de tales e incurre en todos los defectos propios del subgénero —«destape», tacos, obscenidades, pretensiones...— para sensibilizar al espectador y, hablándole con el lenguaje del bajo pueblo, concienciarle políticamente. A tal fin, cuenta una historia vulgar: las desventuras de un mecánico que, despreciado por su última amante, marcha casualmente a Torremolinos para «explotar» el puente de casi tres días de fiesta en el taller. Y nuestro obrero español se tropieza con todo un mundo consumista y decadente —al que en cierto modo pertenece—, que le lleva del frívolo egoísmo, tras su desdichada experiencia, al «compromiso» en la lucha político-reivindicativa de su clase.

Juan Antonio Bardem, de quien díjose siempre que era del PC, y con la «apertura» ha sido confirmado, se presenta bastante inteligente. Su agudeza crítica, burla burlando, llega a conectar con el espectador, el cual se siente sentimentalmente conducido al terreno del realizador. El sagaz Bardem, sirviéndose de la industria y sus actuales intereses, manipula sensorial, dramática y psicológicamente al gran público masivo español en aras a unas convicciones ideológicas extremas y en torno a un beneficio económico de su cine. Se declara un artista dependiente del sistema, pues no puede ser «independiente en la medida que soy —declaraba en 1972 a la prensa— el asalariado de una industria. Y se me contrata —añadía— en virtud de las películas que hago. Sigue funcio-

---

15. Cfr. críticas en J.M. Caparrós Lera, *El cine de los años setenta*, Pamplona, Eunsa, 1976, pp. 362-364 y 195-196, respectivamente.

nando el *slogan* completamente capitalista de que uno vale lo que vale su última película».

En este sentido, Bardem utiliza al popular Alfredo Landa, a quien intenta «desencasillar» del fenómeno comercial que ha provocado tal actor, formando un binomio creador —pues es clave en el film la actuación de este intérprete—, que le hace abandonar el célebre «landismo». Lo que no está tan claro es si el film va «a funcionar», ya que el nivel estético-narrativo de *El puente* no deja demasiado bien a Juan Antonio Bardem como artista de categoría. Sigue, por tanto, en la incógnita el futuro del polémico cineasta español.

No obstante, tras el estreno en España —presentada en Barcelona con enorme derroche de medios: en cinerama—, recibió el gran premio del Festival de Moscú, acaso «preparado» para apoyar a Bardem, y el cual impulsó popularmente a esta película «militante».

Garci: *Asignatura pendiente*

Nuevas películas preelectorales saltaron a las pantallas «comerciales» del país, todas ellas de producción nacional: *El apolítico*, *Uno del millón de muertos* y *Asignatura pendiente*. Sin embargo, solo esta última vale la pena comentar en extenso.

Infraestructura

Realizados dentro de los esquemas de «consumo» españoles, pero con una clara intencionalidad política y acaso oportunista, tales films pertenecen a la infraestructura industrial de nuestro diezmado cine. Para producir obras con ambición es necesario realizar películas de «serie» —como siempre se hizo en Hollywood— para el público «popular»; no obstante, sin «insultar» a esos espectadores ni mantener los en el subdesarrollo cultural e ideológico. Y tales parecen los resultados de las dos primeras cintas mencionadas dirigidas por Mariano Ozores, para Carmen Sevilla y López Vázquez, y por Andrés Velasco, con un guión insólito de Emilio Romero.

Reacción posfranquista

En cambio, *Asignatura pendiente* (1977), de José Luis Garci, plantea una crítica más coherente al sistema ayer reinante. La España del posfranquismo nos es ofrecida con pelos y señales por este ex crítico y guionista de Dibildos (el colega y amigo Garci fue una de las piezas clave de la bien fallecida «tercera vía»). Todo el estatus actual es puesto en la picota —amnistía, abogados laboralistas, actividad y contradicciones de miembros de partidos o sindicatos, referéndum, etc.— con enorme sentido del humor, no exento de «colmillo» y cierto «mal café», junto a las concesiones de poco gusto habituales en esta época de «sarampión destapista».

De ahí que el film sepa a fácil reacción —a veces vengativa, otras un tanto cínica— posfranquista. Garci y González Sinde se ensañan en ocasiones contra aquellos valores antaño intocables y hoy cuestionados por la confusa opinión pública que padecemos. Todo ello resta rigor intelectual a *Asignatura pendiente* y a esos medidos diálogos que, en momentos, estallan en tópicos manipuladores para la galería, medias verdades incluidas.

Todavía sin cursar

El film de José Luis Garci —quien demuestra que sabe hacer cine de veras—, con todo, posee mayor calidad que las cintas españolas que pululan por nuestras carteleras. Su contenido, algo ambiguo con relación a los partidos de izquierda —su humanidad acaso molestará a los comunistas más radicales y hasta a los «eurocomunistas» de Carrillo—, no está reñido muchas veces con el sentido común, y más en la línea evocadora del pasado reciente tan propia del cine de nuestros días; incluida la nostálgica dedicatoria final.

Acaso en ese punto esté el único valor crítico-histórico —o político «dirigido»— del film. Pero no en esa «asignatura pendiente» tan polarizada que parece apuntar Garci con el idilio de José Sacristán y Fiorella Faltoyano. La verdadera asignatura pendiente de este país no está en la expuesta por tales autores, quienes tampoco consiguen que sus personajes centrales —psicológicamente algo contradictorios— la «aprueben»; sino en la pretendida y anunciada democracia, que tenemos todavía sin cursar...[16]

Fernán Gómez y Mercero: ideología subterránea

Tras su presentación en el Festival de San Sebastián, dos films hispanos —de carácter dramático y fondo político— se estrenaron en nuestras pantallas comerciales.

Y ambos están siendo celebrados en ese auge «aperturístico» ideológico y moral... Es obvio que me estoy refiriendo a las cintas de Fernán Gómez y Antón Mercero: *Mi hija Hildegart* y *La guerra de papá*, respectivamente, las cuales comentaré por separado.

Anarquismo integral

De tal cabe calificar a la historia de Aurora Rodríguez, famosa parricida durante la II República (muy bien interpretada por Amparo Soler Leal), cuyas ideas ácratas y, primero, socialistas heredó su hija Hildegart, a quien acabó matando. Su célebre proceso, durante el bienio radical-cedista, y posterior condena quedaría sobreseído al estallar la Guerra Civil, cuando los milicianos abieron las cárceles de la zona republicana.

Con bastante inteligencia y tino ambiental, Fernando Fernán Gómez ha puesto en imágenes interesadas la novela de Eduardo de Guzmán *Aurora de sangre*, interpretación dramática e ideológica de ese hecho real, donde subterráneamente los guionistas cinematográficos —el propio Fernán Gómez y Rafael Azcona— dejan destilar su bilis crítica acerca de una sociedad y las contradicciones de una determinada ideología. Así, la figura central aparece mitificada, como pura representación de una postura socialista coherente, que

---

16. Nótese, asimismo, que en esa época de transición la democracia española estaba prácticamente en pañales. Diez años más tarde, José Luis Garci realizaría otra película sobre el tema, *Asignatura aprobada*, a modo de continuación.

se ha visto traicionada por su partido —pactista con la burguesía de la II República durante el bieno izquierdista— y por su propia hija —a la que tuvo por sus singulares teorías genésicas—, «niña-prodigio» (licenciada en Derecho a los 17 años) y propagandista de extrema izquierda —desde *El Socialista* y *La Tierra*—, empeñada en la «liberación de la mujer» bajo una insólita actitud sexual.

A tal fin, Fernán Gómez no escatima en discursos políticos —sobre todo, el juicio— ni en obscenidades que pretenden ser simbólicas de un estatus límite, moral y existencial, en la España de la época, pero hoy «taquillero» (véase, si no, el lanzamiento publicitario), junto al contrapunto del periodista y las mujeres de la vida que abren y cierran la reflexión-testimonio de *Mi hija Hildegart* (1977).

Generación de posguerra

Como la anterior película, *La guerra de papá* (1977) no habría sido autorizada durante el régimen franquista (aunque en este caso no presente concesiones pornográficas). Antonio Mercero, el archipremiado realizador televisivo, ha dirigido un nuevo largometraje «comprometido» basado en la novela de Miguel Delibes *El príncipe destronado*: aguda introspección sociopsicológica de una familia burguesa madrileña, cuyo padre poco menos que ha traumatizado a sus hijos con las «heroicidades» de *su* guerra.

Mercero, con mayor pulcritud fílmico-estética que su colega Fernán Gómez y mucho menos «mal café», pone en la picota el mundo engendrado por ese «paterfamilias» vencedor en la contienda bélica, haciendo hincapié en la presión ejercida en sus hijos menores, particularmente en un pequeño de tres años, que encarna, de forma magistral, el niño Lolo García. Antonio Mercero ha demostrado habilidad en la dirección de los pequeños actores, quienes en casi todo momento se muestran espontáneos y nada observados por la cámara (no interpretan ante el objetivo fílmico, sino que actúan con naturalidad).

Aquí, el tono poético y el sentido del humor superan a la crítica —y distan de la amargura de la cinta comentada más

141

arriba—, al tiempo que obligan a la reflexión seria del espectador cultivado; en especial, aquella generación que ha sufrido de algún modo «la guerra de papá». En cambio, apunta «salidas» no justificables —en torno al adulterio de la protagonista— y cierto conformismo subterráneo que puede provocar polémicas ideológicas entre tirios y troyanos. Con todo, el film posee vibración, algunos toques sentimentales, y se sostiene en conjunto como una obra un tanto menor de este autor de valía.

El asesinato de Carrero Blanco

Una película sobre el asesinato del que fue penúltimo presidente del Gobierno de Franco provocó una seria polémica política. Se trata, evidentemente, del film español *Comando Tkikia* (1977), de José Luis Madrid.

Cuando se presentó en uno de los cineramas de Barcelona la cinta en cuestión, que ya se había granjeado una dura crítica en Madrid, tuvo una fría acogida. La obra de J.L. Madrid —un cineasta mesetario calificado de artesano— apenas tiene categoría artística: guión flojo, diálogos un tanto irrisorios, narrativa fácil, baches rítmicos... En fin, un film menor, bastante oportunista —como se apreció por la publicidad— y de poco impacto para el aficionado.

Sin embargo, un grupo de ultraderecha pronto se mostraría molesto con este producto «comercial» y sin altura crítica rigurosa: la autodenominada «Triple A» amenazó con poner una bomba en el local de proyección si no retiraban la película antes de quince días. El empresario, al principio, hizo caso omiso, tomándoselo como una «anécdota» extremista más. Pero, en seguida, los vecinos del barrio reaccionaron con diversas protestas —pancartas, letreros en los balcones, manifestos—, hasta lograr la retirada del cartel de *Comando Txikia.*

Cerrazón ideológica

Por una vez, es necesario entrar en una polémica sociocinematográfica algo extrafílmica. Sin pretender que ahora los militantes de la AAA (Alianza Apostólica Anticomunista) me pongan la bomba a mí, habría que aclararles —a tales y al aficionado— el contenido del film de José Luis Madrid, subtitulado «Muerte de un presidente».

Los autores de *Comando Txikia* pretenden, ante todo mitificar la figura de Carrero Blanco. Incluso —vean, si no, unos y otros, con atención y desapasionamiento la película— explican el porqué del magnicidio, al tiempo que intentan, si no justificarlo, sí aproximarnos a su perpetración y logro (muy flojas, con todo, las maquetas de la voladura final, pese a la propaganda y enorme gasto que anuncian). Y por último, pretenden darnos una visión humana de ETA, del comando que llevó a cabo el asesinato (muy discreto Juan Luis Galiardo como «jefe»), a la vez que brindan una reflexión bastante acrítica de la necesidad de pacificación del país, precisamente poco antes de que se dictara la última amnistía.

A cada cual puede resultarle molesta o no la sencilla tesis vertida en la endeble película de José Luis Madrid. Pero querer volar *Comando Txikia* es algo tan ingenuo como cerrado a nivel ideológico. El film, francamente, no merecía ese gratuito «lanzamiento». Ni mayor atención por parte de este crítico.[17]

La herencia del franquismo

Tres películas ambivalentes, que cuestionan la España de Franco, se estrenaron en las pantallas del país: *Caudillo*, de Basilio Martín Patino; *Camada negra*, de Manuel Gutiérrez Aragón; y *Raza, el espíritu de Franco*, de Gonzalo Herralde, todas de 1977, y polemizadas por la prensa española.

Con Franco ha muerto el franquismo —lo dijo el mismo Generalísimo—. Eso nadie lo duda. Pero es obvio que su largo mandato, su persona, su ideario (?) ha dejado una herencia. Para unos, el caos; para otros, el fracaso... y para unos

---

17. En 1984, José Luis Madrid volvería a sorprender con otro film menor, asimismo de carácter político: *Memorias del general Escobar*, crónica intimista de la Guerra Civil española a través de la biografía novelada de este célebre militar. Pero resulta muy superior la obra original de José Luis Olaizola *La guerra del general Escobar*, Barcelona, Planeta, 1983.

terceros —muy divididos—, la posibilidad de construir una democracia a la par de los tiempos que corren.

Pero ¿y el cine? Si el franquismo frustró el inicio de una verdadera industria cinematográfica durante ese ensayo fallido de democracia que fue nuestra II República (1931-1936), sí proporcionó, con el tiempo, las posibilidades de que el cine español se diera a conocer en el extranjero. Mejor o peor, qué duda cabe, los films nacionales cruzaron las fronteras a un lado y otro de la península, abriéndose tímidamente a los mercados internacionales.

Sin entrar a comentar directamente las cintas arriba mencionadas —pues la prensa diaria ya lo hizo con profusión en su día—, puede resultar más interesante referirse a los códigos que se aprecian en los tres films, junto al fenómeno sociológico que han provocado.

Códigos

Por tanto, ¿cuáles son las leyes, dispuestas según un plan metódico y sistemático, que se deducen de tales películas? Sin ánimo de establecer un juicio definitivo ni excluyente de opiniones diversas y hasta contrarias, sí cabría apuntar algunos de los códigos que se presentan como bastante obvios, a saber:

a) El intento de objetividad. Todos los directores poseen una voluntad de expresión que enfoca a un tratamiento objetivo y distanciado de la figura del dictador o su herencia, si bien casi ninguno lo consigue. En el caso de Gutiérrez Aragón, que brinda una metáfora sobre la ultraderecha hispánica —léase Guerrilleros de Cristo Rey— es patente su «distanciamiento», pero no su objetividad, pues vapulea al grupo terrorista hasta la saciedad, al tiempo que la herencia franquista queda ridiculizada en extremo. Menos parcial que *Camada negra*, indiscutiblemente resulta *Caudillo*. Patino —en la línea documental de *Canciones para después de una guerra* y *Queridísimos verdugos*—[18] intenta aproximarnos a la

18. Para un juicio crítico de estos films, producidos en 1971 y 1973 respectivamente— pero no estrenados hasta los años 1976 y 1977—, véase J.M. Caparrós Lera, *El cine político visto después del franquismo*, pp. 74-76 y 103-105.

personalidad de Franco, comparando imágenes bélicas de ambos bandos y hablando del Generalísimo como producto de una Guerra Civil, poco menos que un «enviado»..., a la vez que confronta opiniones ambivalentes sobre el famoso político español. Mientras que Gonzalo Herralde consigue un equilibrio superior con su insólita *Raza, el espíritu de Franco*, desveladora de una cara en parte desconocida del Generalísimo: su biografía e ideario personal impreso en su guión firmado con el seudónimo de Jaime de Andrade, y puesto en imágenes por Sáenz de Heredia, en *Raza* (1941), y comentado por dos testimonios indiscutibles: Pilar Franco, su hermana, y Alfredo Mayo, el intérprete de aquel film de propaganda.

b) La desmitificación. Con todo, lo que sí es evidente es el afán de desmitificación —tan de moda hoy día— que se aprecia en todos estos films sobre el franquismo, especialmente referido a la figura del protagonista en las citadas cintas de Martín Patino y Herralde, mientras que en la película de Manolo Gutiérrez se incide más en un equívoco concepto de patria y valores perennes, pero simplificando el problema del fascismo hasta extremos casi irrisorios.

c) La ambigüedad. Aun así, hay algo que se puede constatar en los tres films: un cierto tono ambiguo —sobre todo contextual— acerca de los pros y los contras del mandato político de Franco, gestión del que fue Caudillo de España que se cuestiona comprendiéndola —no justificándola— sobremanera dentro del particular estatus del país. De ahí que apenas se pronuncien los autores sobre el personaje central y su contexto determinado, al menos con claridad suficiente para definir una postura muy contraria o extrema.

d) Perspectiva de «izquierda». Sin embargo, el aparato crítico de los susodichos realizadores presenta un cariz de «izquierda» indudable. Patino, Gutiérrez Aragón y Herralde —este, ayudado por Román Gubern en la preparación de las entrevistas— son hombres poco simpatizantes con Francisco Franco. Por tanto, sus visuales —más o menos matizadas— se decantan hacia la izquierda, favoreciendo el lado republicano —en el caso de *Caudillo*— o ridiculizando actitudes pasadas —en el caso de *Raza*...—, presentes —en torno al grupo extremista de *Camada negra*—, o con comentarios personales —con imágenes de archivo sobre Franco y poemas de Alberti, Neruda, etc.—.

e) El sentimiento y la facilidad. Asimismo, cierto aire sentimental está presente en casi la mayoría de los relatos «franquistas». En *Caudillo* y *Raza*..., a base de imágenes retrospectivas especialmente, tocando las fibras sensibles del público en algunas secuencias; y en el caso de *Camada negra*, con fáciles manipulaciones dramáticas, que, junto a las facilidades, inciden en el espectador con los efectos deseados *a priori*. Facilidades —todo hay que decirlo— de las que tampoco se escapan las cintas de Martín Patino y Herralde —aunque sin concesiones a la galería, como ocurre con las obscenidades de la obra de Manuel Gutiérrez—, no exentas de un meditado sentido del humor —a modo de *comic*, en *Caudillo*, o las declaraciones de Alfredo Mayo, en la película de Herralde— y de contrastes de imágenes y banda sonora —el discurso de Fernández Cuesta, por ejemplo, en la de Patino—, haciendo hincapié en la música «preparada» o en esa voz *en off* que subraya también a su *Caudillo*.

Reacciones

Por último, cabría hablar de las distintas reacciones que han provocado los tres films que nos ocupan. Pero tales reacciones también fueron constatadas por los periódicos con mayor actualidad.

Resta decir, con todo, que las cintas no tuvieron el éxito esperado. La radicalidad de las izquierdas y de las derechas no han tirado precisamente flores sobre las películas. *Caudillo* fue cuestionada, y apenas respondió a la expectación que se anunciaba. *Raza, el espíritu de Franco* fue acogida con frialdad, a causa de la «apertura» ecuánime de su crítica y su aire un tanto cinéfilo. De nuevo, Gonzalo Herralde (*La muerte del escorpión*) no ha sido del todo comprendido, al igual que antes Martín Patino, con sus también debatidas *Canciones...* Y *Camada negra* tampoco acabó de cuajar, centrando el público su atención en lo «epatante» del film y acaso despertando más filias y fobias de las que pretendía criticar. De

146

ahí los enfrentamientos que hubo en la noche del estreno en Madrid, y la llamada que se produjo durante el matinal de pre-estreno en Barcelona por parte del grupo evidenciado, quien dijo por teléfono con un mal talante justificado: «¡De esta, os acordaréis!». No obstante, esta triple herencia del franquismo no ha hecho llegar la sangre al río. Ya es un paso, pues, dentro del pluralismo ideológico que queremos construir.

Comedias para la democracia

Dos films hispanos, de cariz comercial, saltaron a las pantallas españolas sostenidos por un buen aparato publicitario y dentro de la línea tópica de la actual democracia.

Se trata de dos cintas coyunturales y en parte oportunistas, que brindan una visión ambivalente y antitética de nuestra «piel de toro»: *Vota a Gundisalvo*, de Pedro Lazaga, y *Tigres de papel*, de Fernando Colomo (ambas de 1977). Las comentaré por separado.

Reaccionaria

Esperaba más de ese buen artesano que es el tarraconense Lazaga,[19] antaño «redescubierto» por la revista *Film Ideal*. Pero, de la mano del productor y guionista Dibildos —el de la fallecida «tercera vía»—, su película es decepcionante. Realizada dentro de los esquemas «destapistas» del actual cine español —aquí con excesos del peor gusto— y con un guión pretencioso en ideas, la cinta es tan ambiciosa como subdesarrollada. Narra las desventuras de un contratista de obras madrileño que, por intereses de un partido centrista, es presentado para senador.

Las posibilidades que ofrecía el tema, en manos más capaces, eran notables. Pero el tópico texto de José Luis Dibildos, con la colaboración en los diálogos —algunos con grace-

---

19. Pedro Lazaga murió en Madrid, en 1979, con más de noventa películas en su haber.

jo— del humorista Mingote, unido al oficio de Pedro Lazaga y la interpretación de Antonio Ferrandis, no consiguen salvar un film que estaba frustrado de entrada, por chabacano y vulgar.

Sin embargo, ahí no está lo más grave. La ideología que desprende de fondo es harto reaccionaria. Su burla continua de una serie de presupuestos democráticos equívocos transforma *Vota a Gundisalvo* en el film más antidemocrático que se ha realizado tras las elecciones. El retrato que hace del español medio es vergonzante, tachando de incultos a los políticos y al pueblo, junto con todo un aparato electoral que parece depender en buena parte del dinero y del sexo bruto.

Así, los apuntes críticos acertados —que, sin duda, los posee— quedan ahogados por el mal tino del equipo realizador y sus planteamientos de fondo, los cuales proceden de una ética —o voluntad de expresión— escéptica y oportunista ante el nuevo sistema, llegando, por su aire reaccionario —insisto—, a cotas críticas —sobre todo al ser *Vota a Gundisalvo* un film para el consumo popular—, que podrían ser tachadas de terrorismo intelectual, con la apoyatura final de una frase lapidaria de sir Winston Churchill.

«*En un país de ciegos...*»

Comparado con la obra de Lazaga, al primer largometraje de Fernando Colomo cabría atribuirle ese viejo refrán español. Este novel realizador, conocido por sus cortos *Mañana llega el presidente* (1973), *En un país imaginario* (1975), *Usted va a ser mamá* y *Pomporrutas imperiales* (ambas de 1976), es un cineasta mesetario que puede dar que hablar.

Su *opera prima* comercial es un tanto insólita. Realizada con muy pocos medios, a gran velocidad y en cooperativa —con actores que no cobraban y escenarios naturales prestados—, pretende testimoniar una cierta mentalidad española —o mejor, madrileña— en crisis. La cinta relata, también en plena época electoral, las vicisitudes de varias parejas separadas y en relación amatoria. La vida en común, las relaciones interclasistas, el caos ideológico-personal, la moral de situación y la incertidumbre total son algunas de las premisas que aparecen constantemente en la narración.

Rodada con sonido directo y diálogos muy naturales, muchos espectadores se podrán reconocer en esos tipos, mientras otros acaso verán al vecino o reflejado al compañero de la esquina. Sin embargo, *Tigres de papel* presenta el error contrario al film de Lazaga: Colomo es poco ambicioso, se queda en la epidermis de la problemática existencial que plantea.

Influido por el cine de Rohmer —pero a mil yardas de distancia, a nivel estético y fílmico-creador—, admirador del estilo del Godard, de la Nouvelle Vague y de la interpretación del suizo Alain Tanner, Fernando Colomo intenta un parangón hispánico de ese cine ideológico o «comprometido» en extremo. No obstante, sus cotas de *engagement* no alcanzan demasiado rigor intelectual, carecen de hondura crítica: son meros apuntes —a veces amargos; otras, atinados o dosificados por el humor continuo— más o menos testimoniales de nuestro estatus psicológico democrático actual, en ciertos sectores del país.

El propio Colomo, que ha querido incluso huir del «destape» fácil, pero no evita alguna concesión obscena (mucho menos, comparativamente, que el subproducto de Lazaga), afirma, en una reciente entrevista, que empezó a escribir el guión...

[...] sin un espíritu crítico fuerte; contaba conversaciones que recordaba, personajes que me interesaban. Entre el guión y la película [...] habrá unos tres o cuatro meses; a lo mejor al rodar y al haber pasado el proceso político me dio cierta perspectiva sobre los personajes. Lo cierto es que esa crítica la completa el espectador.

Y concluye Fernando Colomo:

[...] ese tono agrio nace de mi interpretación del guión al dirigir la película y que se completa mucho con el espectador. Al verla con público se convierte en otra película [Declaraciones a Augusto M. Torres, *Dirigido por*, 50 (1978)].

Ciertamente, *Tigres de papel* —pese a sus defectos, ambigüedades y el aire poco serio que respira en algunos momentos— sale mejorada con la reflexión del espectador profundo y «al día» de tal problemática democrática.

Revisión del pasado histórico

En vísperas de aprobarse la Constitución de 1978, aparecieron nuevos temas en el cine español. No voy a hablar aquí del cine pornográfico, destinado al público marginal (marginal desde el punto de vista del nivel intelectual). Me refiero a esos films que reflejan el cambio social y político, al menos por el modo de abordar temas del pasado y del presente español.

Primo de Rivera y la República

La acometida de la revisión histórica ha cargado, en primer lugar, sobre la Dictadura de Primo de Rivera y la II República. En *Un hombre llamado «Flor de Otoño»* (1978), film premiado en el Festival de San Sebastián, Pedro Olea brinda una ilustración política del período de la Dictadura, a través de las actividades de un abogado laboralista catalán, militante anarco y travestí nocturno. La película, basada en un hecho real, muestra la insólita vida de este homosexual, ejecutado tras fracasar su atentado a Primo de Rivera.

También con una perspectiva anarquista, Miguel —Ángel Rivas, un debutante en el largometraje, ofrece en *Borrasca* (1977) un superficial estudio sociológico de los primeros años republicanos. La acción de la película, que ha sido acogida con gran frialdad, se sitúa en un pueblo del Ampurdán, donde un ingenuo maestro es asesinado por los caciques locales. Tanto *Flor de Otoño* como *Borrasca* presentan toques románticos y de reivindicación sexual —no exentos, el primero, de mal gusto, y el segundo, de obscenidades—, al mismo tiempo que denuncian la corrupción política y social de una época. Mientras la obra de Olea aparece con una envoltura contestataria, la pieza de Rivas resulta un tanto escéptica políticamente. Aunque la película de Olea tiene una calidad superior (apoyada en el trabajo interpretativo de José Sacristán), ambos realizadores incurren en cierto cinismo ideológico y en el juego de la provocación fácil. Si la cinta de Rivas se queda en un intento fallido, por su simplicidad de posturas, la de Olea va más lejos en su ambición crítica y refleja mejor el ideario ácrata, aunque tenga que apuntalarlo con recursos lacrimógenos.

Testimonios sobre la Guerra Civil

Siguiendo la cronología de nuestra historia reciente, cabe destacar la película de Jaime Camino *La vieja memoria* (1977), interesante colección de testimonios sobre las razones del fracaso de la II República y del desenlace de la Guerra Civil. A base de entrevistas con políticos que protagonizaron aquellos hechos (desde Gil Robles a Tarradellas, pasando por Abad de Santillán, La Pasionaria, Julián Gorkin, Líster, Federica Montseny...), el realizador catalán nos muestra la postura de algunos de los personajes más significativos de este triste período.

En sus largas intervenciones, los políticos clarifican puntos controvertidos y dan motivos o excusas para explicar las decisiones en que tomaron parte. Por ejemplo, los hechos de mayo de 1937 se tratan bastante a fondo. Todo este largo y a veces agotador testimonio está sustentado por imágenes de documentales de la época, que son confrontadas con las opiniones más diversas.

Se advierte menos equilibrio en la versión justificativa de la CNT-FAI, realizada por Diego Abad de Santillán, Jr., y Luis Galindo. Bajo el título de *Por qué perdimos la guerra* (1978), han «montado» otro apasionado testimonio sobre la tragedia de la Guerra Civil. Más idealista que el de Jaime Camino —que no acabó de gustar a los militantes del PSUC—, este film también aporta datos clarificadores sobre puntos oscuros de esa época.

Especialmente interesantes son los testimonios acerca de la gestión del Partido Comunista, y de cómo Stalin «vendió» la República a Franco en la batalla del Ebro por el pacto URSS-Alemania. Entre sus fallos destacan la contradictoria mitificación de Durruti, el escamoteo de Federica Montseny en el Gobierno republicano, y las parcialidades en torno a la Iglesia. También en esta película intervienen políticos de aquellos años.

Ambos films molestarán a tirios y troyanos; mas, a pesar de su subjetivismo, pueden brindar testimonios valiosos a los historiadores de ese período.[20]

Camus y Martínez-Lázaro, ayer y hoy

Cabe celebrar el regreso de Mario Camus y la salida del *underground* del también «mesetario» Emilio Martínez-Lázaro. Dos cineastas que estaban desaprovechados.

Se trata del estreno de dos films hispanos —*Las palabras de Max* y *Los días del pasado*—, que de algún modo podrían incluirse dentro del cine político actual, únicamente «posibles» en la democracia de nuestros días. Los comentaré en dos tiempos.

Coherencia y regreso

Los días del pasado, de Camus, es una cinta en torno al fenómeno del maquis,[21] la cual revela a un autor coherente y serio, que también tuvo su pasado difícil. Me explicaré brevemente.

Nacido en Santander (1935), Mario Camus se diplomó como director en la célebre Escuela Oficial de Cinematografía (EOC), de Madrid, para saltar a la realización profesional con *Los farsantes* (1963), una película producida por Iquino que, junto a la siguiente —la poco comprendida *Young Sán-*

---

20. En este sentido, cfr. Antoni Rigol i Mach, *El documental de «reconstitució» histórica*, Universidad de Barcelona, 1986 (tesina); y la tesis doctoral que está realizando el mismo investigador, titulada *La producción anarcosindicalista sobre la Guerra Civil española (1936-1980)*.

21. Véase sobre el tema el importante libro del periodista Daniel Arasa, *Años 40: los maquis y el PCE*, Barcelona, Argos-Vergara, 1984.

chez (asimismo del año 1963)—, evidenciaría su constante-clave como autor: la exaltación de la amistad.

Sin embargo, Mario Camus se vio pronto metido en la dramática industrial de nuestra pobre cinematografía y, aca-so sin pretenderlo, se transformó en un artesano (véanse sus declaraciones a Antonio Castro, en *El cine español en el ban-quillo*, pp. 109-119, con un agudo análisis de los problemas industriales, no incidentes en el tópico de la censura). Aman-te del cine americano y buen narrador fílmico, con todo, tra-bajó para Raphael (*Cuando tú no estás*, 1966; *Digan lo que di-gan*, 1967) y Sara Montiel (*Esa mujer*, 1968), realizó antes otra película incomprendida —*Con el viento solano* (1965), presentada sin éxito en Cannes— y dos *western* hispanos (no *spaghetti*, entiéndase) con temas ambivalentes pero propios: *La cólera del viento* (1969) y *La leyenda del alcalde de Zalamea* (1972), al tiempo que entraba en TVE para filmar diversas series, entre ellas la conocida de *Los camioneros*, quizá con el ánimo de subsistir o para poder seguir haciendo cine. Pero ahora Camus ha saltado con aceptación a la pantalla grande.

Ciertamente, *Los días del pasado* (1977), interpretada por Marisol y Antonio Gades (mas no «al servicio» de esta famosa pareja), es su film más personal, posiblemente el más acaba-do, que no traiciona su estilo creador —enamorado del paisa-je santanderino, lo transforma casi en el verdadero protago-nista— y apenas cae en las fáciles concesiones al uso («Soy un director —dijo Camus— que vive muy fuera de la moda»). La elipsis y la sugerencia político-psicológico-sentimental son sendas cualidades de esta obra fílmica, de claro trasfon-do ideológico antifranquista y exaltador de la amistad, su te-mática preferida. Uno acaba incluso respirando el ambiente del maquis y el drama personal de la maestra, así como la idiosincrasia del pueblo montañés.

Mayor profundidad hubiera requerido, no obstante, el personaje de Antonio (Gades) y las razones últimas de sus compañeros de fatigas. Pero la superficialidad que algunos colegas achacarán al film —cine de *qualité*, dirán— se entien-de por la opción creativa que ya manifestó Mario Camus en el referido libro, cuyo párrafo central no tiene desperdicio (al menos para comprender de una vez por todas a este cineasta español) y que reproduzco entero:

> Contra lo que me rebelo es contra la teoría de que una buena película tiene que incluir forzosamente grandes dosis de filosofía y de sociología. Esto me parece una estupidez. Pienso que el director debe ser por encima de todo un narrador, y se pueden contar maravillosas historias que no tengan que ver con la filosofía ni con la sociología.[22]

Esto es, en definitiva, sus *Días del pasado*.

Objetivo y peligros

Menos logrado, aunque dure más en cartel y pese al gran premio Berlín-78, resulta el primer largometraje comercial de Emilio Martínez-Lázaro, ayer cineasta «subterráneo». También recurriré al pasado para examinar el presente de este autor hoy en el candelero.

Nacido en 1945, cursa Física en la Universidad de Madrid, y en seguida entra en contacto con el grupo «mesetario» del cine independiente español, transformándose en uno de sus pioneros, en unión con Alfonso Ungría y Augusto M. Torres. Los buenos aficionados seguro que recuerdan sus cintas «marginales» *Circunstancias del milagro* (1968), *Aspavientos* (1969) y *Amo mi cama, rica* (1970), junto a sus críticas en *Nuestro Cine* y *Griffith*.

En la citada encuesta-documento que publiqué por aquellos sus primeros años creadores (cuando también lo conocí personalmente), Martínez-Lázaro respondía a mi cuestionario:

> Hago el cine que quiero, en la medida que puedo; y como es pobre y sin recursos —y, por otra parte distinto al usual en nuestros cines—, resulta marginado [...] Hay que rodar como se pueda. Lo ideal es estrenar ante un público muy numeroso, porque ello posibilita seguir trabajando. [Cfr. «El cine marginado en España», *Mundo* (9-I-1971)].

---

22. A. Castro, *op. cit.*, pp. 118-119. Posteriormente, Mario Camus recibiría el Premio Nacional de Cine.

Y francamente, con la naciente democracia, Emilio Martínez-Lázaro ha dejado el *underground* para pasar, con *Las palabras de Max* (1977), al cine un tanto minoritario de las salas de arte y ensayo del país, tras recibir, al alimón con *Las truchas*, el reciente Oso de Oro berlinés.

Con una temática ya casi agotada: la incomunicabilidad de los humanos, que a finales de los cincuenta y principios de los sesenta nos ofreció con creces Michelangelo Antonioni, pero imprimiéndole un carácter genuinamente español, este joven ex realizador marginal ha saltado al estrellato —como vimos tenía por objetivo— no solo nacional sino internacional.

Las palabras de Max (antes titulado «El corazón de la luz») cuestiona, con todo, a cierto tipo de intelectual hispano, solitario, que quiere romper con el pasado —formación, convencionalismo, etc.— y no logra más que una rebelión infructífera consigo mismo y apenas liberarse de los traumas engendrados debido al sistema franquista —según el aparato crítico del autor, se entiende—, que le configuran como un ser frustrado y poco recuperable, enormemente triste e incapaz de transmitir sus vivencias a los demás (hija, esposa, amante, amigos).

Con una buena factura fílmico-estética, dentro de su ya habitual estilo creador, aunque no exenta de concesiones en boga, Emilio Martínez-Lázaro consigue comunicarnos el caos existencial del protagonista (Ignacio Fernández de Castro) y de la gente que le rodea, al tiempo que infunde al espectador el pesimismo más obtuso. De ahí que gran parte del público haya tachado a estas discursivas *Palabras de Max* de terriblemente aburridas. Y eso es un peligro más —aparte de la herencia de Antonioni, etc.— para la supervivencia industriosa-profesional de este novel cineasta, antes marginal y hoy apoyado por Elías Querejeta.[23]

---

23. Con el productor Elías Querejeta mantuve una agria pero divertida polémica en junio de 1975, acerca de la liquidación de la censura y el «posibilismo» del cine español. Con todo, la hipótesis que vertí en el citado *El cine español bajo el régimen de Franco* (p. 57, nota 70, *infra*) queda ahora matizada por la reciente investigación de J. Hernández-Les, *El cine de Elías Querejeta. Un productor singular*, Bilbao, Mensajero, 1986. Espero que el tiempo y la democracia hayan curado los ánimos exaltados de ambos. Y debo hoy reconocer la importante labor global de este cineasta.

La España de los cuarenta años

Es obvio que el cine español de la democracia posee un afán de revisionismo (a veces, refalseamiento) de nuestra historia reciente. Así, mientras algunos directores centran su atención en la Guerra Civil y sus prolegómenos, otros ponen en la picota la España moldeada por el régimen de Franco: los cuarenta años que amenazan con convertirse en un nuevo tópico.

Desmitificación de la contienda

Precedida de una enorme publicidad, llegó a nuestras pantallas comerciales una película que prometía mucho y se ha quedado a mitad de camino: *Soldados* (1978), de Alfonso Ungría.

Basada en una novela de Max Aub, el antiguo cineasta *underground* Ungría (que, como ya hemos dicho debutó en el largometraje profesional con *El hombre oculto*, 1970; y *Gulliver*, 1977) ha demostrado sus cualidades fílmico-creadoras en la reproducción del ambiente de nuestra Guerra Civil y el clima de crisis anímica de unos seres que se debatían ante la pérdida de la contienda fratricida.

Aquí no son los «perdedores» los *malos*..., ni tampoco los *buenos*, como hemos visto últimamente. Sino gente que luchaba, que vivía y moría, que tenía defectos y virtudes. Es decir: personas normales, que estaban a un lado, pero que no eran mejores ni peores que las del otro, sino iguales en su condición humana.

Pero Ungría no se ha sabido librar del lastre literario de la obra original, ni cuidar la elipsis en aquellos pasajes más escabrosos, que este realizador expone en imágenes hasta la saciedad (he visto salir espectadores de la sala, acaso molestos). De ahí que caiga en obscenidades y mitificaciones o equívocos del peor gusto. Esto no solo le resta puntos estéticos a la cinta, sino que en buena parte la invalida, al caer en el tono escandaloso de otros films que no se escudan en tantas pretensiones; pues es evidente que *Soldados* intenta desmitificar nuestra contienda a través del drama interpersonal de unos tipos corrientes, pero que en el fondo son casos singulares y hasta patológicos.

De la minoría antes silenciosa

Un cineasta catalán, que podría encuadrarse dentro de cierta «minoría silenciosa» —pero no *underground*— de la época franquista, ha sorprendido con un film desigual, que incluso presentó en el Festival de Cannes.

Francamente, en *Alicia en la España de las maravillas* (1978), Jordi Feliu apunta demasiado alto y se queda muy por debajo de sus posibilidades. Este realizador y documentalista, apartado del largometraje profesional, ha querido regresar al primer plano con una obra tan ambiciosa como fallida. Su *Alicia...*, una interpretación libre de la célebre obra de Lewis Carroll, es una síntesis crítica —llena de claves más o menos inteligibles— sobre los años de franquismo. Defectos y valores de nuestra sociedad son vapuleados dentro de un tono humorístico y «selectivo» que difícilmente logra divertir al espectador, ni aun distraerle o hacerle pensar en serio, con un mínimo de rigor.

El relato se presenta como una serie de *sketches*, metidos unos dentro de otros, los cuales concéntricamente van formando el complejo ensamblaje del film. Los aciertos aislados y el derroche de fantasía —o de realidad exagerada, a modo de fábula— le dan un aire pseudointelectual y pretencioso, si bien, por sus abundantes concesiones a la galería, la pieza de Feliu se podría parangonar con las películas de consumismo erótico de este país. Lástima, porque Jordi Feliu promete más como autor.[24]

La dialéctica de Armiñán

Al servicio de la mujer española (1978) no es, ciertamente, otra película más de «destape», sino una cinta bien concebida fílmicamente y con un mal talante —guardaré las formas que los autores no respetan: los tacos son continuos— impresionante.

---

24. También al mismo Jordi Feliu —con quien guardo buena amistad— le manifesté personalmente mi juicio adverso, quien me reconoció los fallos de su película, pero «quería sacarse la espina de aquellos años, casi a modo de venganza [...]». Después, Feliu realizaría un documental de propaganda nacionalista titulado *Som i serem* (1982).

Jaime de Armiñán, famoso por sus ambiguas series televisivas, pero de la misma índole ideológica, ofrece una crítica acerba a la tópica España de los cuarenta años, o a las concepciones que se le asocian al régimen de Franco, a través de un programa radiofónico de consulta femenina. La analogía con la popular Francis —productos de belleza incluidos— es más que evidente. Hasta podría ser demandado por aquella. Postura tradicional y de consejo que es vapuleada por Armiñán y su personaje central, que incorpora Adolfo Marsillach, hasta la total «liberación» de la protagonista (la argentina «importada» Marilina Ross), para acabar, según los autores, con los convencionalismos de siempre —léase amor puro, bien hablar, sentido común— y unos valores que mantienen el *statu quo* de la España eterna...

Es fácil, por tanto, para el espectador no avispado caer en este juego dialéctico de Jaime de Armiñán, o en el engaño de confundir el franquismo —que fue solamente un sistema político— con lo perdurable. Si a eso se le pone un poco de salsa erótico-exhibicionista y la desvergüenza moral de los protagonistas, ya tenemos un nuevo producto taquillero del cine «democrático» español. Y más cuando Armiñán sabe hacer cine, la interpretación de Marsillach resulta lograda —todo hay que decirlo— y cierto público hispano ya está predispuesto «a picar».

Parábolas, traumas, represiones...

Otros realizadores intentan liberarse con la cámara de lo que han sentido como traumas y represiones durante la época ya superada.

Una de las películas con mayor éxito de público, ¡*Arriba Hazaña!* (1977), es una crítica a la enseñanza confesional en la España de Franco, tipificada en un colegio-internado de religiosos. Con un planteamiento simplista y tópico, con falta de rigor histórico no exento de aciertos parciales —en ocasiones muy realistas pero sin evitar el mal gusto—, el film de José María Gutiérrez se transforma poco a poco en una parábola política sobre el pasado y el presente. Pues si, por un lado, Fernando Fernán Gómez incorpora el régimen dictatorial de los cuarenta años —la parte represiva del sistema, mejor—, José Sacristán encarna la conciliación entre el método antiguo y los internos subversivos o revolucionarios de hoy. Así, algunos han identificado esta postura con la del actual partido gubernamental, y a Sacristán con el propio Adolfo Suárez.

Ahora bien, ante todo, la película de Gutiérrez es una denuncia de la enseñanza religiosa —inspirada de los relatos de Azaña y en la novela *El infierno y la brisa*—, pintada de un modo caricaturesco o al menos parcial. Tal vez quienes vuelvan sobre este manido tema del internado provinciano de posguerra regido por religiosos intolerantes son solo los que lo pasaron realmente mal allí. Aunque su crítica les ayude a espantar sus traumas de adolescentes, es poco representativo de lo que ha sido la enseñanza religiosa en ese período.

Menos éxito taquillero obtuvo *La ràbia* (1978), la obra experimental de Eugeni Anglada, presentada en cinerama y en versión original catalana, que duró muy poco en la cartelera barcelonesa. Aquí, el realizador catalán, ayer prestigiado como cineasta *amateur*, lanza una crítica al mundo rural de posguerra, concretamente sobre la Cataluña oprimida lingüística y políticamente. Centra la acción en las vicisitudes morales y existenciales de un niño, hijo de un republicano «purgado», al tiempo que pone en solfa el régimen educacional, familiar y social que le rodea.

Más logrado fílmicamente que el de Gutiérrez, sus imágenes son duras, no siempre comedidas ni atinadas, pero eficaces para impresionar al espectador. Aun así, Anglada no pretende cualidad artística alguna, sino una estética imperfecta y libre de efectismos. Obra, por tanto, ideológicamente bastante cerrada, con toques un tanto irreligiosos y obscenos, y con un final que sabe demasiado a rabieta, a venganza política o, cuanto menos, a esa espina clavada que ahora muchos se pueden sacar...

Berlanga: un disparo fallido

Que se ha abierto la veda del franquismo resulta evidente en la última película de Luis G. Berlanga *La escopeta nacional* (1978), cuyo éxito de taquilla no está en consonancia con la calidad artística, sino más bien con el oportunismo político del argumento.

Después de cinco años de vacío creador, el que fue uno de los cineastas clave de la renovación del cine español —junto con Bardem, hoy también en crisis— nos ha defraudado con su reciente película. Ahora —valga la referencia a Juan Antonio Bardem— que ambos no son «perseguidos» por la Administración, tampoco han dado muestras de su maestría como autores consagrados.

Berlanga brinda una fábula sobre los intereses políticos de la España de los años sesenta, a modo de sainete, que transcurre en una típica cacería a la que acuden diversos personajes —símbolo del sistema de Franco. Un cúmulo de situaciones tópicas y lugares comunes —algunos ya pasados...—, equívocos y errores de fondo sobre personas e instituciones, groserías y concesiones, están revueltos por Berlanga, a modo de cóctel atrayente, pero de desagradable degustación. Apenas hay golpes de humor acertados o convincentes, pues la chabacanería, la caricatura exagerada (la del industrial catalán es de mal gusto, por ejemplo) y el bajo nivel intelectual que se respira a lo largo de todo el relato, se limitan a provocar efectos fáciles en el público superficial, al que primordialmente va dirigida la película.

Una interpretación acertada, el «humor negro» de Rafael Azcona y una estética explícitamente descuidada componen el resto de este fallido disparo de *La escopeta nacional*.

A modo de primer balance crítico

Junto a los films caracterizados por su intento revisionista de la Guerra Civil y de la época de Franco, otras producciones hispanas se vuelcan en un análisis de la realidad social de la España de hoy.

Pesadillas en clave

Paradójicamente, desde que murió Franco, Carlos Saura parece haber abandonado el cine político para acometer temas más intimistas, con cierta capa lírica e introspectiva, que no por ello dejan de tener un trasfondo de crítica social.[25] En *Los ojos vendados* (1978), critica la tortura, por medio de la fabulada historia de una joven (Geraldine Chaplin) que quiere ser actriz y termina, casi por azar, siendo una víctima más del terrorismo gubernamental.

Obra difícil, con una estética cuidada y hondo cariz intelectual que, a pesar de su estilo original, acaba confundiendo al espectador poco avispado.

Todavía más difícil resulta la obra kafkiana de Manuel Gutiérrez Aragón —no confundirlo con José María Gutiérrez, el director de ¡*Arriba Hazaña*!—, quien ayer sorprendiera con sus cintas *Habla, mudita* (1973) y *Camada negra* (1977). Como Saura, Gutiérrez Aragón no se libra de sus obsesiones, traumas y hasta obscenidades que pretenden ser simbólicas. Así, en *Sonámbulos* (1978) centra la acción en los años setenta, cuando se celebró en España el debatido proceso de Burgos. Y narra la historia surrealista y política de una joven militante (Ana Belén) que tiene que elegir entre la muerte o la locura. De ahí que diga su realizador: «Esta es la opción al despertar de la pesadilla de cuarenta años en los que fuimos sonámbulos». Con todo, Manolo Gutiérrez evidencia buen tino fílmico y posibilidades como autor, siempre que escoja temas de menor ambición y más enjundia.

Los restos del naufragio

Entre las películas de carácter testimonial destacan dos que, sin embargo, han tenido escasa aceptación por parte del público.

---

25. El ejemplo más característico de tal afirmación es *Elisa, vida mía* (1977), su obra mayor de la transición. Al respecto, se pronunciaría Miquel Porter-Moix, en «Saura i el futur del cinema a Espanya», *Avui* (Barcelona) (14-VII-1977), artículo al que remito a falta de mi crítica en el presente capítulo.

Por un lado, está *El asesino de Pedralbes* (1978), premiada en San Sebastián y realizada por Gonzalo Herralde (*Raza, el espíritu de Franco*, 1977). Montada a modo de encuesta crítica sobre un suceso real, con entrevistas a las personas que trataron a José Luis Cerveto, el tristemente célebre asesino barcelonés y auténtico protagonista del film, esta película adquiere cierto valor sociopsicológico y de crítica. No obstante, el planteamiento no es del todo objetivo y su visión resulta demasiado acongojante.

También la cinta del antaño *underground* Ricardo Franco, *Los restos del naufragio* (1977), provoca una seria reflexión del espectador profundo. En su clarificador relato, Ricardo Franco muestra el caos existencial de un joven intelectual de izquierdas (interpretado por él mismo), quien, envejecido prematuramente y tras quemar sus libros, se va a vivir a una residencia de ancianos. Obra lírica y llena de claves que, sin recurrir a concesiones de ningún tipo, resulta una notable aproximación crítica al momento presente, realizada con calidad estética. Sin embargo, el espectador no supo entender ni responder a un film que, para mí, es uno de los más importantes del último cine español.

Lo insólito de la vida cotidiana

Finalmente, entre las muchas películas que pretenden reflejar interesada y parcialmente la realidad cotidiana, solo voy a comentar la de Fernando Colomo, *¿Qué hace una chica como tú en un sitio como este?* (1978), cuyo largo título responde a la melodía rock central del film, que interpreta el «travolta nacional» José Lage. Colomo (*Tigres de papel*, 1977) cuenta las desventuras de una peluquera, separada del marido —antiguo policía—, y su relación escapista con este joven cantante «progre».

El relato es inteligente, pero le falta —como sucedía en su citada *opera prima*— precisión y profundidad crítica. Así, la naturalidad y espontaneidad de que hace gala Colomo no justifica que se quede en la epidermis de los problemas planteados. Y la intencionalidad política, si la hay, queda ahogada por una trama que, si bien no es psicologista, incurre en los defectos dramáticos y en el oportunismo erótico del cine tradicional que parece rechazar.

A la espera del equilibrio

A pesar de sus diversos enfoques, es posible detectar ciertas líneas comunes en tres aspectos del cine español de la transición.

Respecto a sus intenciones, a nivel de voluntad de expresión, se advierte claramente el deseo de revisar y desmitificar la época franquista; pero su crítica no se limita al mero aspecto político, sino que se extiende a la religión, a la moral, a las costumbres, a la familia... u otras instituciones, que aparecen como estructuras ligadas a un tiempo pasado y ya superado. La actitud de estos directores está alentada también por la moda —que ellos mismos contribuyen a crear o mantener— y acentuada por el hecho de poder decir cosas antes prohibidas, revanchismos incluidos.

En el aspecto estético, la mayoría acusa cierto desequilibrio fílmico por incoherencia entre lo que quieren decir y cómo lo dicen, la forma de contarlo; mientras que la madurez creadora de otros resulta a veces pretenciosa o se empaña con fáciles concesiones eróticas y violentas de claro signo comercial, restando calidad artística a los films.

Por último, junto a esa falta de coherencia estético-expresiva, la dificultad de comunicación entre cineastas y espectadores se complica con un exceso de símbolos y de claves críticas, que a veces se agrava por una cerrazón ideológica agobiante. De ahí que el público no responda la mayoría de las veces, y, cuando lo hace, se inclina por los films de más bajo nivel intelectual aderezados con los reclamos al uso.

Espero —escribía entonces— poder revisar estos juicios más adelante, a medida que el cine español encuentre su equilibrio a un nivel superior. Y sea realmente democrático, ahora que ha sido refrendada la Constitución.

Fichero de películas
(1976-1978)

A un dios desconocido

P.: Elías Querejeta P.C. (1977). *D.*: Jaime Chávarri. *A.* y *G.*: Jaime Chávarri y Elías Querejeta. *F.*: Teo Escamilla. *M.*: Luis de Pablo. *Dec.*: Rafael Palmero. *Mon.*: Pablo G. del Amo. *Int.*: Héctor Alterio, Ángela Molina, Xabier Elorriaga, María Rosa Salgado, Mirta Miller, Rosa Valentí, José Pagan, Mercedes Sampietro, Marisa Porcel, José Joaquín Boza y Yelena Samarina. Color - 114 min. *E.*: 16-9-1977. *Días*: 906. *Espect.*: 270.943. *Recaud.*: 29.421.039.

Al servicio de la mujer española

P.: Exclusivas Molpeceres (1978). *D.*: Jaime de Armiñán. *A.* y *G.*: Jaime de Armiñán. *F.*: Domingo Solano. *M.*: Mari Carmen Santoja. *Mon.*: José Luis Matesanz. *Int.*: Marilina Ross, Adolfo Marsillach, Mary Carrillo, Amparo Baró, Emilio Gutiérrez Caba, José Ruiz Lifante, Félix Rotaeta, Silvia Aguilar, Luis Gaspar, José Segura y Antonio Ramis. Color - 104 min. *E.*: 16-10-78. *Días*: 2.474. *Espect.*: 291.301. *Recaud.*: 35.558.475.

Alicia en la España de las maravillas

P.: Roda Films (1977). *D.*: Jordi Feliu. *A.* y *G.*: Jesús Borrás, Antoni Colomer y Jordi Feliu. *F.*: Raúl Pérez Cubero y Joan Gelpí. *M.*: Joan Pineda. *Mon.*: Teresa Alcocer y Guillermo S. Maldonado. *Int.*: Mireia Ross, Silvia Aguilar, Montserrat Móstoles, Conchita Bardem, Pau Bizarro, Montserrat Julió, Rafael Anglada, Alfred Luchetti, Carles Lucena y

---

Clave de abreviaturas. *P.*: Producción; *D.*: Director; *A.*: Argumento; *G.*: Guión; *F.*: Fotografía; *M.*: Música; *Dec.*: Decorados; *Mon.*: Montaje; *Int.*: Intérpretes; *E.*: Fecha de estreno (en Madrid o Barcelona); *Días*: permanencia en cartel; *Espect.*: número de espectadores; *Recaud.*: recaudación en pesetas (cifra correspondiente a esos días y número de espectadores).

Jordi Torras. Color - 83 min. *E.*: 1-10-78. *Días*: 331. *Espect.*: 32.249. *Recaud.*: 4.025.426.

¡Arriba Hazaña!

P.: Sabre Films, S.A. (1977). *D.*: José María Gutiérrez. *A.*: José María Vaz de Soto, según su novela *El infierno y la brisa*. *G.*: José María Gutiérrez y José Sámano. *F.*: Magí Torruella. *M.*: Luis Eduardo Aute. *Mon.*: María Rosa Salgado. *Int.*: Fernando Fernán Gómez, Héctor Alterio, José Sacristán, Gabriel Llopart, Ramón Reparaz, Luis Ciges, José Luis Pérez y Carlos Coque. Color - 98 min. *E.*: 1-6-78. *Días*: 7.078. *Espect.*: 1.236.014. *Recaud.*: 141.054.335.

El asesino de Pedralbes

P.: Figaró Films (1978). *D.*: Gonzalo Herralde. *A.*: Gonzalo Herralde. *G.*: Gonzalo Herralde, Juan Merelo y Pep Cuxart. *F.*: Jaume Peracaula. *M.*: Fragmentos de *La muerte del escorpión* y canciones de Juanito Valderrama. *Mon.*: Teresa Alcocer. *Int.*: José Luis Cerveto, Fernando Chamorro, Rafael Gavilán, Antonio García, Francisco Mas y Juan Merelo. Color - 90 min. *E.*: 14-9-78. *Días*: 891. *Espect.*: 86.477. *Recaud.*: 10.614.632.

Asignatura pendiente

P.: José Luis Tafur P.C. (1977). *D.*: José Luis Garci. *A.* y *G.*: José Luis Garci y José Mª González Sinde. *F.*: Manuel Rojas. *M.*: Jesús Gluck, sobre temas de Theodorakis, Presley, Guthrie, Lynes, de la Calva y Arcusa. *Mon.*: Miguel González Sinde. *Int.*: José Sacristán, Fiorella Faltoyano, Antonio Gamero, Silvia Tortosa, Simón Andreu, Héctor Alterio, Covadonga Cadenas, María Casanova, José Mari González Sinde, Berta y Micaela Fraguas. Color - 109 min. *E.*: 18-4-77. *Días*: 7.013. *Espect.*: 2.320.565. *Recaud.*: 228.213.811.

Borrasca

P.: Arte 7 (1977). *D.*: Miguel Angel Rivas. *A.* y *G.*: Rafael Feo, Milagros Fernández y Miguel Ángel Rivas. *F.*: Andrés Berenguer. *M.*: Lluís Llach. *Dec.*: Luis Vázquez. *Mon.*: Eduardo Biurrun. *Int.*: María Luisa San José, Manuel Sierra, Antonio Ferrandis, Héctor Alterio, Teresa Gimpera, Ricardo Merino, Juan Jesús Valverde, Queta Claver, Laly Soldevila, Alejandro Ulloa, Carlos Lucena, José Ruiz Lifante, Verónica Miriel, Vicky Peña, Francisco M. Summers, Luis Ciges y Rafael Bardem. Color - 100 min. *E.*: 24-7-78. *Días*: 2.021. *Espect.*: 215.310. *Recaud.*: 20.925.755.

Camada negra

P.: El Imán (1977). *D.*: Manuel Gutiérrez Aragón. *A.*: José Luis Borau, Manuel Gutiérrez y José Luis García Sánchez. *G.*: José Luis Borau y Manuel Gutiérrez Aragón. *F.*: Magí Torruella. *M.*: José Nieto. *Dec.*: Wolfgang Burmann. *Mon.*: José Salcedo. *Int.*: Ángela Molina, María Luisa Ponte, Manuel Fadón, Joaquín Hinojosa, José Luis Alonso, Emilio Fornet, Antonio Passy, Toni Valento, Ismael Serrano, Petra Martínez, José Cervino y María Porcel. Color - 85 min. *E.*: 30-9-77. *Días*: 1906. *Espect.*: 390.509. *Recaud.*: 40.081.548.

Caudillo

P.: Retasa P.C. (1977). *D.*: Basilio Martín Patino. *A.*: biografía de Francisco Franco. *G.*: Basilio M. Patino. *F.*: Alfredo F. Mayo e imágenes de archivo. *M.*: canciones de la época y adaptaciones de Saeger, Heiler y Heden. *Mon.*: José Luis Peláez y Basilio M. Patino. *Int.*: Francisco Franco y otros personajes históricos. Blanco y negro y Color - 109 min. *E.*: 1-11-77. *Días*: 1.091. *Espect.*: 195.930. *Recaud.*: 21.368.427.

La ciutat cremada

P.: Leo Films - P.C. Teide (1976). *D.*: Antoni Ribas. *A.* y *G.*: Miquel Sanz y Antoni Ribas. *F.*: Teo Escamilla. *M.*: Manuel Valls Gorina. *Dec.*: Josep Massagué y Jordi Berenguer. *Mon.*: Ramón Quadreny. *Int.*: Xabier Elorriaga, Ángela Molina, Pau Garsaball, Jeannine Mestre, Montserrat Salvador, Francesc Casares, Adolfo Marsillach, José Luis López Vázquez, Ovidi Montllor, José Vivó, Núria Espert, Joan Manuel Serrat, Teresa Gimpera, Alfred Luchetti, Mary Santpere, Iván Tubau, Patty Shepard, Marta May, Marina Rossell, Montserrat Roig, Josep Benet, Rafael Anglada, Jordi Solé-Tura, Josep María Castellet y Heribert Barrera. Color - 156 min. *E.*: 8-11-76. *Días*: 5.134. *Espect.*: 1.447.377. *Recaud.*: 127.227.163.

Colorín, colorado

P.: Eco - Luis Megino (1976). *D.*: José Luis García Sánchez. *A.* y *G.*: Juan Miguel Lamet. *F.*: Magí Torruella. *M.*: Víctor Manuel. *Mon.*: Eduardo Biurrun. *Int.*: José Sazatornil *Saza*, Mary Carrillo, Teresa Rabal, Juan Diego, Fiorella Faltoyano, Antonio Gamero, María Massip. Color - 91 min. *E.*: 18-11-76. *Días*: 2.519. *Espect.*: 246.052. *Recaud.*: 17.543.071.

Comando Txikia

P.: Servi Films (1977). *D.*: José Luis Madrid. *A.* y *G.*: José Luis Madrid y Rogelio Baon. *F.*: Enrique Salete. *M.*: Ángel Arteaga. *Int.*: Juan Luis Galiardo, Paul Naschy, Tony Isbert, José Antonio Cainos, Ana Molina, Andrés Isbert, Darío Escribá y Juan Marín. Color - 109 min. *E.*: 1-8-77. *Días*: 2.600. *Espect.*: 416.409. *Recaud.*: 36.216.230

El desencanto

P.: Elías Querejeta P.C. (1976). *D.*: Jaime Chávarri. *A.* y *G.*: Jaime Chávarri. *F.*: Teo Escamilla. *M.*: Franz Schubert. *Mon.*: José Salcedo.

Int.: Felicidad Blanc, Leopoldo Panero, Juan Luis Panero y José Moisés Panero. Blanco y negro - 97 min. *E.*: 4-9-76. *Días*: 581. *Espect.*: 219.827. *Recaud.*: 20.486.465.

Los días del pasado

P.: Impala, S.A. (1977). *D.*: Mario Camus. *A.* y *G.*: Mario Camus y Antonio Betancor. *F.*: Hans Burmann. *M.*: Antón García Abril. *Dec.*: Rafael Palmero. *Mon.*: Javier Morán. *Int.*: Marisol, Antonio Gades, Gustavo Berges, Antonio Iranzo, Fernando Sánchez Polak, Saturno Cerra y Juan Sala. Color - 116 min. *E.*: 17-5-78. *Días.*: 3.033 *Espect.*: 359.888. *Recaud.*: 36.858.463.

Elisa, vida mía

P.: Elías Querejeta P.C. (1977). *D.*: Carlos Saura. *A.* y *G.*: Carlos Saura. *F.*: Teo Escamilla. *M.*: Erik Satie, J. Philippe Rameau y anónimo del s. XV. *Dec.*: Antonio Belizón. *Mon.*: Pablo G. del Amo. *Int.*: Geraldine Chaplin, Fernando Rey, Isabel Mestres, Norman Briski, Joaquín Hinojosa y Ana Torrent. Color - 125 min. *E.*: 27-11-77. *Días*: 1.315. *Espect.*: 365.387. *Recaud.*: 38.649.439.

La escopeta nacional

P.: Incine (1977). *D.*: Luis G. Berlanga. *A.* y *G.*: Luis G. Berlanga y Rafael Azcona. *F.*: Carlos Suárez. *Dec.*: Rafael Palmero. *Mon.*: José Luis Matesanz. *Int.*: José Sazatornil *Saza*, José Luis López Vázquez, Mónica Randall, Bárbara Rey, Maribel Ayuso, Conchita Montes, Antonio Ferrandis, Agustín González, Rafael Alonso, Luis Escobar, Rosanna Yanni y Andrés Mejuto. Color - 95 min. *E.*: 14-9-78. *Días*: 7.862. *Espect.*: 2.060.326. *Recaud.*: 269.800.562.

Una familia decente

P.: Huguet (1977). *D.*: Luis José Comerón. *A.* y *G.*: Luis José Comerón. *F.*: Aurelio G. Larraya. *M.*: Joan Pineda. *Int.*: Juan Luis Galiardo, Pilar Velázquez, Francisco Algora, Antonio Ferrandis, Agustín González, Yolanda Ríos y Montserrat Salvador. Color - 96 min. *E.*: 1-1-78. *Días*: 2.592. *Espect.*: 252.846. *Recaud.*: 27.173.538.

La guerra de papá

P.: José Frade P.C. (1977). *D.*: Antonio Mercero. *A.*: según la novela de Miguel Delibes *El príncipe destronado*. *G.*: Horacio Valcárcel y Antonio Mercero. *F.*:Manuel Rojas. *M.*: Phonorecord. *Int.*: Héctor Alterio, Lolo García, Teresa Gimpera, Queta Claver, Eugenio Chacón, Verónica Forqué, María Isbert, Vicente Parra, Fernando Chinarro y Beatriz Díez. Color - 97 min. *E.*: 7-10-77. *Días*: 10.008. *Espect.*: 3.521.766. *Recaud.*: 360.809.171.

Gulliver

P.: Juan Manuel Muñoz P.C. (1977). *D.*: Alfonso Ungría. *A.* y *G.*: Alfonso Ungría y Fernando Fernán Gómez. *F.*: José Luis Alcaine. *M.*: Carmelo Bernaola. *Int.*: Fernando Fernán Gómez, Yolanda Farr, Enrique Fernández, José Jaime Espinosa, Rodolfo Sánchez y Mariano Camino. Color - 109 min. *E.*: 28-1-78. *Días*: 898. *Espect.*: 48.622. *Recaud.*: 3.960.442.

Un hombre llamado «Flor de Otoño»

P.: José Frade P.C. (1977). *D.*: Pedro Olea. *A.*: José María Rodriguez Méndez y Rafael Azcona. *G.*: Pedro Olea y Rafael Azcona. *F.*: Fernando Arribas. *M.*: Carmelo Bernaola. *Dec.*: Antonio Cortés. *Mon.*: José Antonio Rojo. *Int.*: José Sacristán, Francisco Algora, Félix Dafauce, Luis Ciges, María Álvarez, Carme Carbonell, María Elena Flores, Roberto Camardiel y Mimí Muñoz. Color - 106 min. *E.*: 2-3-78. *Días*: 5.437. *Espect.*: 1.092.017. *Recaud.*: 129.844.864.

Las largas vacaciones del 36

P.: José Frade P.C. (1976). *D.*: Jaime Camino. *A.*: Jaime Camino. *G.*: Jaime Camino y Manuel Gutiérrez Aragón. *F.*: Fernando Arribas. *M.*: Xavier Montsalvatge. *Mon.*: Teresa Alcocer. *Int.*: Analía Gadé, Concha Velasco, Ismael Merlo, Ángela Molina, José Sacristán, Francisco Rabal, José Vivó, Charo Soriano y Vicente Parra. Color - 103 min. *E.*: 28-10-76. *Días*: 4.087. *Espect.*: 1.096.105. *Recaud.*: 86.194.095.

Mi hija Hildegart

P.: Cámara P.C.-Jet Films (1977). *D.*: Fernando Fernán Gómez. *A.*: Eduardo de Guzmán, según su novela *Aurora de sangre*. *G.*: Rafael Azcona y Fernando Fernán Gómez. *F.*: Cecilio Paniagua. *M.*: Luis Eduardo Aute. *Dec.*: Luis Vázquez. *Int.*: Amparo Soler Leal, Carmen Roldán, Manuel Galiana, Carlos Velat, Pedro Díez del Corral, José María Mompín, Ricardo Tundidor y Maribel Ayuso. Color - 110 min. *E.*: 20-11-77. *Días*: 4.064. *Espect.*: 1.169.543. *Recaud.*: 121.539.326.

Ocaña, retrato intermitente

P.: Teide P.C. - Procesa (1978). *D.*: Ventura Pons. *A.* y *G.*: Ventura Pons. *F.*: Lucho Poirot de la Torre. *M*: Aureli Villa. *Dec.*: Miquel Sanchís. *Mon.*: Emilio Rodríguez y Valerie Sarmiento. *Int.*: José Pérez Ocaña, Camilo Cordero, Guillermo Nazaré y Paco de Alcoy. Color - 85 min. *E.*: 1-6-78. *Días*: 699. *Espect.*: 96.686. *Recaud.*: 13.101.653.

Los ojos vendados

P.: Elías Querejeta P.C. (1978). *D.*: Carlos Saura. *A.* y *G.*: Carlos Saura. *F.*: Teo Escamilla. *M.*: Henri Purcell, Pérez Prado y otros. *Dec.*: Antonio Belizón. *Mon.*: Pablo G. del Amo. *Int.*: Geraldine Chaplin, José

Luis Gómez, Xabier Elorriaga, Lola Cardona, Manuel Guitián, Carmen Maura y Andrés Falcón. Color - 110 min. *E.*: 18-5-78. *Días*: 659. *Espect.*: 103.941. *Recaud.*: 13.740.488.

Las palabras de Max

P.: Elías Querejeta - N.C.K5 (1976). *D.*: Emilio Martínez Lázaro. *A.* y *G.*: Elías Querejeta y E. Martínez Lázaro. *F.*: Teo Escamilla. *M.*: Luis de Pablo. *Dec.*: Antonio Belizón. *Mon.*: Pablo G. del Amo. *Int.*: Ignacio Fernández, Miriam Maeztu, Cecilia Villareal, Gracia Querejeta, Héctor Alterio, María de la Riva y Raúl Sender. Color - 90 min. *E.*: 1-6-78. *Días*: 542. *Espect.*: 114.329. *recaud.*: 14.878.023.

Parranda

P.: Lotus Films (1977). *D.*: Gonzalo Suárez. *A.*: *A esmorga*, de Eduardo Blanco Amor. *G.*: Eduardo Blanco y Gonzalo Suárez. *F.*: Carlos Suárez. *M.*: Juan José García Caffi. *Int.*: José Luis Gómez, José Sacristán, Antonio Ferrandis, Fernando Fernán Gómez, Charo López, Queta Claver, Isabel Mestre y Marilina Ross. Color - 89 min. *E.*: 10-7-77. *Días*: 2.400. *Espect.*: 285.120. *Recaud.*: 25.407.553.

El perro

P.: Deva Cinematográfica (1977). *D.*: Antonio Isasi. *A.* y *G.*: Antonio Isasi y Juan Antonio Porto. *F.*: Juan Gelpí. *M.*: Antón García Abril. *Dec.*: José Antonio Guerra. *Int.*: Jason Miller, Lea Massari, Marisa Paredes, Aldo Sambrell, Juan Antonio Bardem, Yolanda Farr, Manuel de Blas y Antonio Gamero. Color - 119 min. *E.*: 2-12-77. *Días*: 7.594. *Espect.*: 2.509.050. *Recaud.*: 242.938.478.

Perros callejeros

P.: Profilms, S.A. - Films Zodíaco (1976). *D.*: José Antonio de la Loma. *A.* y *G.*: José A. de la Loma. *F.*: Francisco Sánchez. *M.*: Cam Española. *Dec.*: Ramón Ivars. *Int.*: Ángel Fernández, Miguel Hugal, Rocío Siska, Jesús Miguel Martínez, Víctor Petit, Frank Braña y César Sánchez. Color - 110 min. *E.*: 24-12-77. *Días*: 8.060. *Espect.*: 1.812.593. *Recaud.*: 167.265.359.

Por qué perdimos la guerra

P.: Eguiluz Films, S.A. - Luis Galindo (1978). *D.*: Luis Galindo y Diego Abad de Santillán (hijo). *A.*: Guerra Civil española (1936-1939). *G.*: Diego Santillán. *F.*: Julio Bragado e imágenes de archivo. *M.*: Mario Litwin y canciones populares. *Int.*: Diego Abad de Santillán (padre), Eduardo de Guzmán, Claudio Sánchez Albornoz, García Prades, El Campesino, Josep Tarradellas, Rafael Alberti y otros personajes históricos. Blanco y negro y Color - 91 min. *E.*: 1-6-78. *Días*: 737. *Espect.*: 72.850. *Recaud.*: 8.816.131.

El puente

P.: Arte 7 (1977). D.: Juan Antonio Bardem. A.: según unos relatos de Daniel Sueiro. G.: Juan Antonio Bardem, Daniel Sueiro y Javier Palmero. F.: José Luis Alcaine. M.: José Nieto. Dec.: Wolfgang Burmann. Mon.: Eduardo Biurrun. Int.: Alfredo Landa, Simón Andreu, Josele Román, Victoria Abril, Francisco Algora, Mabel Escaño, Germán Cobos y Yelena Samarina. Color - 108 min. E.: 11-2-77. Días: 5.286. Espect.: 873.216. Recaud.: 79.006.592.

Qué hace una chica como tú en un sitio como este

P.: La Salamandra P.C. (1978). D.: Fernando Colomo. A. y G.: Fernando Colomo y Jaime Chávarri. F.: Javier Aguirresarobe. M.: Luis de Pablo. Dec.: Pedro Burgaleta. Mon.: Miguel Ángel Santamaría. Int.: Carmen Maura, Félix Rotaeta, Héctor Alterio, José Lage, Concha Gregori y Kity Manver. Color - 88 min. E.: 25-9-78. Días: 2.590. Espect.: 335.139. Recaud.: 38.470.025.

La ràbia

P.: P.C. Teide (1978). D.: Eugeni Anglada. A.: Jorge de Cominges y Eugeni Anglada. G.: Josep M. Hernán, Miquel Porter-Moix y Eugeni Anglada. F.: Tomás Pladevall. M.: Lluís Vidal y Jordi ballester. Int.: Marta May, Darius Anglada. Maria Assumpció Sancho, Francesc Jarque-Zurbano, Maria Angels Codina, Carmen Casanovas, Rafael Túnez y Montserrat Julió. Blanco y negro y Color - 93 min. E.: 14-9-78. Días: 354. Espect.: 43.387. Recaud.: 5.734.892.

Raza, el espíritu de Franco

P.: Septiembre P.C. (1977). D.: Gonzalo Herralde. A. y G.: Gonzalo Herralde. F.: Tomás Pladevall y Enrique Guerner. M.: Manuel Parada. Int.: Pilar Franco Bahamonde y Alfredo Mayo. Blanco y negro y Color - 96 min. E.: 26-5-78. Días: 221. Espect.: 17.349. Recaud.: 1.999.655.

Reina Zanahoria

P.: Labarone, S.A. (1977). D.: Gonzalo Suárez. A. y G.: Gonzalo Suárez. F.: Carlos Suárez. M.: Luis de Pablo. Dec.: Alberto Corazón. Int.: José Sacristán, Marilina Ross, Fernando Fernán Gómez, Diane Polakov, Fernando Hilberk. Color - 89 min. E.: 2-6-78. Días: 2.089. Espect.: 264.974. Recaud.: 28.776.902.

Los restos del naufragio

P.: Aura S.A. - Incine - Monvel, S.A. (1977). D.: Ricardo Franco. A. y G.: Ricardo Franco. F.: Cecilio Paniagua. M.: David C. Thomas. Int.: Ricardo Franco, Ángela Molina, Fernando Fernán Gómez, Felicidad Blanc, Alfredo Mayo y Luis Ciges. Color - 100 min. E.: 1-6-78. Días: 890. Espect.: 92.790. Recaud.: 11.737.825.

Retrato de familia

P.: Sabre Films, S.A. (1976). *D.*: Antonio Giménez-Rico. *A.*: según la novela de Miguel Delibes *Mi idolatrado hijo Sisí*. *G.*: José Sámano y Antonio Giménez-Rico. *F.*: José Luis Alcaine. *M.*: Carmelo Bernaola y canciones de la época. *Mon.*: María Rosa Salgado. *Int.*: Antonio Ferrandis, Amparo Soler Leal, Mónica Randall, Miguel Bosé, Encarna Paso, Gabriel Llopart, Mirta Miller y Alberto Fernández. Color - 97 min. *E.*: 2-9-76. *Días*: 5.292. *Espect.*: 1.394.641. *Recaud.*: 106.448.655.

Soldados

P.: Antonio Gregori (1978). *D.*: Alfonso Ungría. *A.*: según la novela *Las buenas intenciones*, de Max Aub. *G.*: Alfonso Ungría y Antonio Gregori. *F.*: José Luis Alcaine. *M.*: Franz Schubert. *Dec.*: Antonio Cortés. *Mon.*: Javier Morán. *Int.*: Marilina Ross, Ovidi Montllor, Francisco Algora, José M.ª Muñoz, Claudia Gravi, Julieta Serrano, Lautaro Murúa y José Calvo. Color - 124 min. *E.*: 30-8-78. *Días*: 1.752. *Espect.*: 285.199. *Recaud.*: 35.768.161.

Solos en la madrugada

P.: José Luis Tafur P.C. (1977). *D.*: José Luis Garci. *A. y G.*: José M.ª González Sinde y José Luis Garci. *F.*: Manuel Rojas. *M.*: Jesús Gluck. *Mon.*: Miguel González Sinde. *Int.*: José Sacristán, Fiorella Faltoyano, Emma Cohen, Germán Cobos, María Casanova y Claudio Rodríguez. Color - 102 min. *E.*: 1-6-78. *Días*: 4.122. *Espect.*: 775.086. *Recaud.*: 87.539.031.

Sonámbulos

P.: Profilmes, S.A. (1978). *D.*: Manuel Gutiérrez Aragón. *A. y G.*: Manuel Gutiérrez Aragón. *F.*: Teo Escamilla. *M.*: José Nieto. *Mon.*: José Salcedo. *Int.*: Ana Belén, María Rosa Salgado, Norman Brisky, Javier Delgado, José Luis Gómez, Lola Gaos, Laly Soldevila y Enriqueta Carballeira. Color - 96 min. *E.*: 18-9-78. *Días*: 1.229. *Espect.*: 171.597. *Recaud.*: 20.359.219.

Tatuaje

P.: Luna Films (1976). *D.*: Bigas Luna. *A.*: Manuel Vázquez Montalbán y José Ulloa. *G.*: M. Vázquez Montalbán, J.J. Bigas Luna y José Ulloa. *F.*: Tomás Pladevall. *M.*: Toni Miró y Joan Albert Amargós. *Mon.*: Emilio Rodríguez. *Int.*: Carlos Ballesteros, Pilar Velázquez, Mónica Randall, Carmen Liaño, Luis Ciges, Terele Pávez, Carlos Lucena y Luis Induni. Color - 106 min. *E.*: 5-6-78. *Días*: 264. *Espect.*: 28.881. *Recaud.*: 2.870.383.

Tigres de papel

P.: La Salamandra P.C. (1977). *D*.: Fernando Colomo. *A*. y *G*.: Fernando Colomo. *F*.: Ángel Luis Fernández. *M*.: Tomaso Albinoni. *Mon*.: Miguel Ángel Santamaría. *Int*.: Miguel Arribas, Carmen Maura, Joaquín Hinojosa, Emma Cohen, Félix Rotaeta, Concha Gregori, Juan Lombardero, Amera Pastor y Guillermo Vallejo. Color - 93 min. *E*.: 17-4-78. *Días*: 2.755. *Espect*.: 408.753. *Recaud*.: 43.428.153.

Las truchas

P.: Arándano, S.A. (1977). *D*.: José Luis García Sánchez. *A*.: José Luis García Sánchez. *G*.: J.L. García Sánchez, Manuel Gutiérrez Aragón y Luis Megino. *F*.: Magí Torruella. *M*.: Víctor Manuel. *Mon*.: Eduardo Biurrun. *Int*.: Héctor Alterio, María Elena Flores, Roberto Font, Juan Jesús Valverde, José M.ª Riera, Raúl Pazos, Yelena Samarina y Mary Carrillo. Color - 104 min. *E*.: 1-4-78. *Días*. 1.624. *Espect*.: 263.375. *Recaud*.: 31.244.437.

El último guateque

P.: Arte 7 (1977). *D*.: Juan José Porto. *A*. y *G*.: Juan José Porto, Carlos Puerta y Juan José Daza. *F*.: Raúl Pérez Cubero. *M*.: Jesús Gluck. *Dec*.: Jaime Pérez Cubero. *Int*.: Cristina Galbó, Miguel Ayones, Nadia Morales, Miguel Arribas, Jaime Gamboa, Beatriz Rosat, José Calvo y Antonio Casa. Color - 95 min. *E*.: 29-4-78. *Días*: 3.847. *Espect*.: 596.515. *Recaud*.: 58.095.016.

¡Vámonos, Bárbara!

P.: Jet Films, S.A. (1977). *D*.: Cecilia Bartolomé. *A*.: Sara de Azcárate. *G*.: Cecilia Bartolomé y Concha Romero. *F*.: José Luis Alcaine. *M*.: Carlos Laporta. *Dec*.: Josep Rossell. *Mon*.: José Luis Matesanz y Claudio García. *Int*.: Amparo Soler Leal, Cristina Álvarez, Ramiro Oliveros, Julieta Serrano, Iván Tubau, José Ruiz Lifante, Josefina Tapias, Conchita Bardem, Josep Maria Angelat, Manuel Gas y Carles Velat. Color - 95 min. *E*.: 6-4-78. *Días*: 1.641. *Espect*.: 147.369. *Recaud*.: 16.281.041.

La vieja memoria

P.: Profilmes S.A. (1977). *D*.: Jaime Camino. *A*. y *G*.: Jaime Camino y Román Gubern. *F*.: Teo Escamilla, José Luis Sánchez, Francisco Sánchez e imágenes de archivo. *M*.: Xavier Montsalvatge. *Mon*.: Teresa Alcocer. *Int*.: Diego Abad de Santillán, Jaume Miravitlles, Eduardo de Guzmán, José María Gil Robles, Dolores Ibarruri, Raimundo Fernández Cuesta, Josep Tarradellas y otros personajes históricos. Blanco y negro y Color - 175 min. *E*.: 22-9-78. *Días*: 491. *Espect*.: 55.747. *Recaud*.: 7.567.477.

Vota a Gundisalvo

P.: Ágata Films (1978). *D*.: Pedro Lazaga. *A*.: José Luis Dibildos. *G*.: José Luis Dibildos y Antonio Mingote. *F*.: Manuel Rojas. *M*.: Antón García Abril. *Dec*.: Ramiro Gómez. *Int*.: Antonio Ferrandis, Emilio Gutiérrez Caba, Laly Soldevila, Tina Sainz, Yolanda Ríos, Ivonne Sentís, Silvia Tortosa y Rafael Hernández. Color - 90 min. *E*.: 25-3-78. *Días*: 5.286. *Espect*.: 989.791. *Recaud*.: 102.718.268.

Período constitucional

Suma y sigue: política y «consumismo»

Coincidiendo con la fuga de uno de los implicados en la matanza de Atocha, Lerdo de Tejada, y con la firma del traspaso de competencias entre el Gobierno de UCD y la Generalitat provisional de Cataluña, se estrenaron en España dos films políticos directamente relacionados con tales temas, que se vienen a sumar a otro de crítica a la sociedad de consumo.

Suma y sigue, por tanto, de unas cintas hispanas que intentan reflejar el apasionante período en que vivimos.

Una película de partido

La ya polémica *Siete días de enero* (1979) es la segunda película que ha realizado Juan Antonio Bardem tras la muerte de Franco; si el cineasta comunista se reveló claramente como tal con *El puente* (1977), ahora nos ha deparado la primera película de partido de la historia del cine del suarismo que nos ocupa. Es más, aunque no figura como una producción del Partido Comunista, es obvio que el PCE está detrás y totalmente de acuerdo con las ideas e hipótesis que promulga el film en cuestión. Me explicaré mejor.

La osadía o atrevimiento de Bardem es la de prejuzgar, no sometiéndose a lo que digan después los tribunales de justicia (como reza un letrero que abre el film), los orígenes ideológicos de la célebre matanza de los abogados laboralistas, por parte de un grupo ultraderechista, el 24 de enero de 1977, en el despacho que tenían aquellos en la calle de Atocha, de Madrid. Hecho terrorista que tuvo lugar precisamente en unos días —siete jornadas políticas álgidas— en que estuvo a punto de frustrarse la naciente democracia española: asesinato violento de cuatro policías, muertes de Arturo Ruiz y María Luz Nájera en el transcurso de unas manifestaciones, secuestro del general Villaescusa por parte del GRAPO..., hasta el discurso pacificador de Adolfo Suárez al país.

Así, Bardem reproduce los hechos, centrándose en el asesinato de los abogados laboralistas, y carga subrepticiamente las culpas a Fuerza Nueva, a los llamados Guerrilleros de Cristo Rey, a diversos dirigentes sindicales de la fallecida organización vertical, junto al parlamentario Blas Piñar. Todos los personajes «reproducidos» aparecen bien caracterizados, pero, por supuesto, con los nombres cambiados.

Con una carga dialéctica que pretende ser solapada, bastante medida y sin caer en extremismos ni apenas facilidades de poco gusto, Bardem no logra evitar cierto tono maniqueo, es decir: de «buenos» y «malos» —no hace falta clarificar quiénes son unos y quiénes son otros—, la mitificación de los militantes asesinados —en una secuencia a *ralentí* muy lograda—, y que las masas correligionarias o simpatizantes de izquierdas rompan en manifestaciones o aplausos a lo largo de la proyección del film. Lo mejor de *Siete días de enero*, con todo, está en su parte documental: en la combinación de la ficción (?) del relato central con reportajes testimoniales procedentes del colectivo de cine comunista de Madrid, que tenían filmados y conservados en sus archivos para esta y otras ocasiones.

Vida y muerte de Lluís Companys

Presentada casi simultáneamente en el Festival de
Cannes y en un cinerama de Barcelona, *Companys, procés a Catalunya* (1979) es una cinta correcta que testimo-
nia los últimos días del que fue presidente del Gobierno
de la Generalitat durante el segundo bienio de la República y la Guerra Civil española. El relato comienza cuando Lluís Companys abandona la capital catalana, el 23 de
enero de 1939, y concluye con su fusilamiento en Montjuïc, el 15 de octubre de 1940, tras haber sido detenido en
Francia por la Gestapo y reclamada su extradición por el
Gobierno de Franco.

Josep Maria Forn, uno de los cineastas «purgados» en
la última época franquista y ausente de la dirección desde
hacía diez años (*La respuesta*, 1969; prohibida hasta 1976),
nos brinda un film más histórico que biográfico, de claro
cariz nacionalista, pero alejado del tono revanchista propio
del cine de la democracia. Así, su película no es de «buenos» y «malos» —como la comentada de Bardem—, sino la
crónica sobria de unos hechos que dejaron helado el corazón del pueblo catalán. Por eso, estos ciudadanos del Estado español —según el término constitucional— se sentirán
emocionados por la «recuperación» sentimental y nacionalista —por no decir romántica— de su historia reciente. En
seis ocasiones se aplaudió espontáneamente durante la
proyección.

Con todo, Forn ha estado mesurado, muy comedido,
para no caer en el partidismo fácil o en la exaltación patrióti-
ca catalana, ni en la demagogia del momento. Con imágenes
retrospectivas —una secuencia documental, otro montaje del
material rodado por el Institut del Cinema Català, que él mismo presidía, y el resto *flash-backs* reconstruidos—, ofrece
unos apuntes a los hitos más significativos de Cataluña durante este período: la discusión del Estatuto de Autonomía en
las Cortes republicanas, la proclamación del Estat Català el 6
de octubre de 1934, la sublevación nacionalista del 18 de julio
de 1936...; para centrarse en el consejo de guerra sumarísimo
que sufrió Companys en el castillo de Montjuïc, donde, más

que a un hombre, se procesó a una nacionalidad. De ahí el título del film.

Lo más valioso de esta obra cinematográfica catalana reside en la evocación de una época conflictiva y en el clima humano-ambiental de esos trágicos días, que Josep Maria Forn reproduce en imágenes austeras, con una estética discreta y sin pretensiones de alta calidad fílmico-artística. La cinta parece realizada con pocos medios económicos. Sin embargo, todavía sobresale más la interpretación de un ciudadano vasco llamado Luis Iriondo quien, sin ser actor, dio perfectamente el tipo de Lluís Companys. Al contrario de *La ciutat cremada* (Ribas, 1976), no se contrataron estrellas famosas. La razón la explica el mismo Josep Maria Forn:

> Se barajaron un par o tres de nombres europeos, al estilo de Yves Montand. Pero a mí esto no me satisfacía, porque pensaba que íbamos a hacer una película en la cual la gente diría... "qué bien está Yves Montand haciendo de Companys" o no sé... a nivel de Estado español "qué bien está Marsillach". Y esto no era, o no es, el espíritu de la película. Si nosotros queríamos darle una veracidad, si queríamos, de alguna manera, hacer participar al público, lo que teníamos que hacer era esto que hemos hecho. Es decir, presentar caras nuevas, gente nueva que pudiera incorporar a *Companys* [declaraciones a M.F. Ruiz de Villalobos, *Diario de Barcelona* (17-V-1979)].

Ciertamente, el parecido físico y la encarnación que ha sabido hacer Iriondo —muy correcto en las escenas íntimas— cobran su momento de mayor emotividad en la secuencia del fusilamiento, donde gran parte de los espectadores ven realmente a su antiguo presidente morir por la causa de Cataluña sin ningún rencor. Forn evita el ya tópico *ralentí* (cosa que no hace Bardem con sus abogados laboralistas) en la sencilla muerte de Companys, a la vez que cierra el film con enorme sobriedad, sin himnos ni *senyeras*.

Asimismo, es notable la reproducción de algunos personajes célebres —Layret, el Noi del Sucre, el General Goded, Franco...—, sin el menor atisbo de mitificación o ridiculización en su tratamiento. Por último, cabe también destacar el certero diálogo de los militares encargados de sentenciar a Lluís Companys y la factible disidencia de un general no vengativo... En fin, pero aquí ya entraríamos en la polémica histórico-ideológica, y el film de Josep Maria Forn no pretende llevar la sangre al río; más bien explicar lo menos subjetivamente posible la vida y muerte de un gran político que fue ejecutado por su ideal nacionalista.[1]

Crítica a la sociedad de consumo

Las verdes praderas (1979) es la última película del ex crítico José Luis Garci, uno de los impulsores de la fallecida «tercera vía» del cine español, que ha sido realizada dentro de la misma línea nostálgico-denunciatoria de su *Asignatura pendiente* (1977) y *Solos en la madrugada* (1978), también de éxito comercial.

Con el mismo estilo creador —espontaneidad narrativa, naturalidad de los actores...— cuenta las desventuras de una familia de la clase media madrileña durante un fin de semana en la sierra de Guadarrama; él, un ejecutivo que mediante esfuerzos ha logrado una óptima posición social; ella, una hija de buena familia —de ascendencia militar—, que vive feliz con dos niños. Pero ambos se sienten insatisfechos con la vida cotidiana que llevan, sobre todo en esos convencionales *weekends*, los cuales aparentemente sirven para descansar. Al final, queman su chalet, con el fin de hacer aquello que realmente les gusta, ser ellos mismos...

Es obvio que se trata de una sátira inteligente a la vida «consumista» española, concebida en imágenes sencillas y con un tono poético-emotivo de primer orden (nostalgias incluidas). La factura del film es correcta, sin las concesiones habituales en este tipo de comedias costumbristas (aunque en algún monólogo se le escapa la mano chabacana). Los trabajos interpretativos de Alfredo Landa —aquí actor dramáti-

---

1. Para un juicio histórico muy acertado de este film, véase M. Porter-Moix, «La Catalunya contemporània i el cinema», en J.M. Caparrós Lera (ed.), *6 anys d'història i cinema a la Universitat de Barcelona*, Facultat de Geografia i Història, 1987, pp. 33-37.

co— y de la «revelación» María Casanova (debutante en *Tobi*), de Mercero, son inmejorables.

La denuncia, con todo, a la sociedad de consumo de la actual democracia se queda un tanto en la epidermis, «distraída» acaso por la continua hilaridad del film, pero obliga a la reflexión crítica por parte del espectador profundo.

De Borau a Saura, pasando por Savolta

Mientras la cinematografía española ha regresado del Festival de Berlín sin sus esperadas distinciones, y la última obra de Carlos Saura, sin fortuna en el Óscar a la mejor película extranjera, nuevas producciones hispanas concentran la atención de los aficionados.

José Luis Borau se ha pasado cuatro años «de vacío» desde que realizó *Furtivos* (1975). Y ahora ha sorprendido a los espectadores con otra ambiciosa película, producida en colaboración con Suecia, que apenas ha convencido a sus seguidores y, en buena parte, ha defraudado a la crítica más exigente. Se trata de *La Sabina* (1979).

Tragedia romántica

El mito legendario de la Sabina, una criatura monstruosa envuelta en relatos de hombres desaparecidos, sirve de nudo o pretexto para tratar fílmicamente un tema actual: el contraste entre la idiosincrasia andaluza y la mentalidad europea occidental, representada por un grupo de ingleses inmigrados a un pueblo de los montes penibéticos. Romance y tragedia, arcaísmo y progreso, juventud y decadencia, raza y civilización, pasiones y espíritu son las cartas que escoge Borau para jugar un póquer tan mágico como inesperado y singular.

Narra la aventura de un escritor británico (Jon Finch), que investiga la enigmática muerte de un colega, quien, como él, habitó en la Andalucía rural, pero en la época romántica. El guión es complejo, harto intelectual, y denuncia todo un estatus ancestral hispano, raíces étnicas y folklóricas incluidas. Al novelista inglés, que prepara un libro sobre el tema junto a una histérica amante (Carol Kane), se unen su esposa (Harriet Andersson), un amigo que vive con esta (Simon Ward) y la joven sirvienta de la tierra (Ángela Molina), que será la catarsis —o detonante, mejor— de una tragedia colectiva.

Erotismo, odio, miseria humana, superstición e ignorancia, junto al paisaje granadino, protagonizan un film que evidencia una voluntad de expresión bastante caótica —sobre todo para el gran público— y que no escatima la obscenidad en diálogos y escenas, lo cual deteriora la calidad de la cinta. Unido a ello, cabe apuntar el insólito doblaje a un perfecto castellano de los personajes extranjeros, lo que da un tono de mayor irrealidad a esta frustrada película.

Saura, otra vez

La más reciente realización de Carlos Saura está dentro de la línea intimista que ha emprendido este autor tras la muerte de Franco. Antes, tenía una cierta *entente* con el régimen, y ahora, que «puede», no hace cine directamente político. Así, *Mamá cumple cien años* (1979) viene a ser un poco la continuación de *Ana y los lobos* (1972). Ahora el personaje central, que asimismo incorpora Geraldine Chaplin, «resucita», y regresa a la mansión —el solar hispánico— que domina la inmortal «mamá», que vuelve a interpretar Rafaela Aparicio. Aquí las claves políticas se ponen al día —la democracia actual—, pero la simbología y fabulación crítica se presentan mucho más cerradas, hasta la mixtificación. Siguen los fantasmas de Carlos Saura —como él mismo los denominó— campeando a través de sus insólitos personales (Fernando Fernán Gómez, José Vivó...), casos patológicos que no representan con objetividad a la pretendida (?) España eterna. En Francia la han interpretado como una crítica al «suarismo», de que todo sigue igual, que nada ha variado. A lo que dice Saura: «Hasta aquí —se refiere al final del film— yo puedo estar de acuerdo, pero luego siguen esas cosas que a mí me fastidian tanto, que si un simbolismo de España y demás, que son absolutamente falsas y que jamás me planteé».

Subjetivismo que explicita mejor su realizador, al hablar de la banda musical de la película: «La verdad es que toda esta mezcla da un aire más que de farsa, muy nuestro, un batiburrillo de mezcla oriental, marchas militares y música culta, que corresponde bastante bien con lo que yo creo que somos, o al menos con lo que yo soy».

Aun así, *Mamá cumple cien años* es una obra menor dentro de la filmología de Saura. Estéticamente inferior a las anteriores —aunque le hubieran concedido el Óscar a la mejor película extranjera, que sería por «intereses»—, incurre también en equívocos religiosos y en el exhibicionismo erótico que caracteriza su obra más reciente (afirma que lo hace, incluso gratuitamente, para «vengarse» de las veces que no le dejó la censura franquista, que le decía: «Todo lo que ustedes quieran menos sexo, política y religión»). Con todo, este film esperpéntico, con reminiscencias del teatro de Rambal, apenas deleitará por su sentido del humor al público sofisticado y al aficionado al cine en alza de Carlos Saura.

Con las cartas marcadas

También presente en Berlín-80, *La verdad sobre el caso Savolta* (1978) es una producción iniciada hace dos años y que sufrió diversos avatares —con intervención de los sindicatos de actores y técnicos—, que hasta ahora no ha podido ver la luz. Su director y guionista es el joven Antonio Drove, antiguo impulsor para Dibildos de la fallecida «tercera vía» (*Tocata y fuga de Lolita, Mi mujer es muy decente dentro de lo que cabe*), que ha regresado al cine «comprometido» con la presente película, de nacionalidad hispano-franco-italiana.

Basada en una novela de Eduardo Mendoza, cuenta el drama de un periodista ácrata que, en la Barcelona de 1917, denuncia al dueño de una próspera fábrica de armas —que traficaba durante la Gran Guerra—, tras la muerte de un obrero anarquista. Eran los años de las huelgas

(como hoy) y de la represión violenta. José Luis López Vázquez, ya polifacético, es el periodista Domingo *Pajarito* de
Soto, mientras que el actor francés Charles Denner es el co-
rrompido «traficante». A ambos les supera el valenciano
Ovidi Montllor (que también aparece en *La Sabina*), «cere-
bro gris» de la época posterior: la Dictadura de Primo de
Rivera.

Se me ha preguntado mucho —dijo Antonio Drove Shaw, con motivo de su estreno en España— si es una película política. Por supuesto
que hay unas propuestas muy claras, pero no vamos a entrar en el habitual maniqueísmo de los buenos y los malos. En este caso, creo que se
trata de un ejercicio de inteligencia para el espectador, para que pueda
aplicar lo que recoja de esta experiencia en su vida práctica. O sea, que a
través de la película ejercita su capacidad de raciocinio.

Ahora bien, a ese público que Drove emplaza apenas se le
da posibilidad de un juicio objetivo personal; pues la historia
se le brinda «con las cartas marcadas»: la lucha de clases, los
intereses de los patronos, la explotación de los obreros, la
persecución a los partidos o centrales sindicales (CNT, especialmente), las relaciones interpersonales, todo ello respira
una ideología ácrata de fondo, que puede llegar a manipular
al espectador. La base histórica, por tanto, cobra un tono
simplista o de irrealidad —ficción, si se quiere—, que se concreta en escenas tan «preparadas» como la muerte de Savolta
en manos de los pistoleros, la cual está concebida como el
asesinato de Julio César. Con todo, la ambientación y la creación de tipos son idóneas. Pero no puede faltar la concesión
pornográfica, para aumentar las posibilidades comerciales
del film.

Del franquismo a la España de Suárez

Otra serie de films españoles han saltado a nuestras pantallas. Obras de diferentes autores, que marcan las tendencias predominantes en el cine de la democracia.

Homenaje al maquis

El joven cineasta santanderino Manuel Gutiérrez Aragón (*Habla, mudita*; *Sonámbulos*) por fin ha podido estrenar su insólita versión de *El corazón del bosque* (1978), curiosamente en una sala de arte y ensayo de Madrid y en una comercial de Barcelona. Inspirada en la obra de Joseph Conrad, *En el corazón de las tinieblas* (como ya hiciera Francis Ford Coppola con *Apocalypse now*), este valioso realizador español ha concebido un filme de calidad estética y hondo contenido ideológico. Narra la historia de un maquis, viejo combatiente de la Guerra Civil, que es «liquidado» por un correligionario disidente.

Sobrio, sin fáciles concesiones —ha mejorado en este aspecto creativo Manolo Gutiérrez—, con un guión perfectamente medido e imágenes de una belleza plástica de primer orden (rodaje en escenarios naturales cántabro-astures), su fábula adquiere cierto carácter de homenaje a aquellos inútiles guerrilleros —así se deja entrever a lo largo del denso relato (tan denso como las brumas del bosque de Saja)—, al tiempo que se ofrece una aproximación al mito del *maquisard*, a la comprensión del hombre preso de un ideal y que no quiere reconocer que ya está políticamente trasnochado. De ahí la «ejecución» del protagonista. Realismo antropológico y racionalismo fantástico se combinan en un film que, sin duda, contará en la historia del cine español. El año pasado estuvo nominado para el Óscar de Hollywood, pero no pudo concurrir porque el Gobierno español se olvidó de inscribirlo.

¡Viva la clase media!

Caminando por la España de Franco, llegamos cronológicamente —pues el anterior film sitúa la acción en los años cincuenta— a la década de los sesenta. Y es ahora José María González Sinde, coguionista y productor asociado de la «serie» de José Luis Garci (*Asignatura pendiente*, *Solos en la madrugada* y *Las verdes praderas*), quien toma la «batuta» como director, mientras que Garci intercambia funciones y debuta como actor, para tratar y también homenajear a determinada clase media resistente al régimen liquidado.

Sin la calidad artística de la cinta de Gutiérrez Aragón, el binomio González Sinde - Garci ha concebido un film sencillo, para el consumo popular (si bien ha fallado en taquilla, al contrario de *El corazón del bosque*), que conecta ideológicamente con amplios sectores de la izquierda española; mientras el resto de espectadores asiste con curiosidad a la evocación de cierta vida cotidiana madrileña, en la clandestinidad, a través de las vicisitudes y contradicciones ideológicas de unos militantes del PCE, el célebre «grupo mixto» que fue condenado por sus actividades subversivas. El final de *¡Viva la clase media!* (1980) se mueve entre la nostalgia y la mitificación político-social.

Canto a Euskadi

Mucho más explícita resulta *El proceso de Burgos* (1979), de Imanol Uribe, cuyo estreno ha tenido serias dificultades administrativas. La razón es obvia: es una visión «comprometida» del sumario 31/69, que se desarrolló del 3 al 9 de diciembre de 1970 en consejo de guerra sumarísimo contra 16 miembros de ETA.

Tras una introducción histórico-política de Francisco Letamendía acerca del nacionalismo vasco y la génesis de esta organización terrorista, de cuyo nacimiento y subversión parece que se da la culpa al sistema franquista y un tanto al PNV, el realizador entrevista a todos los encausados en el famoso proceso y escoge la intervención de algunos de sus abogados defensores: Juan María Bandrés y Jaime Castells.

Con un tono claramente *abertzale*, este documental, ideológicamente próximo a Herri Batasuna, es un *témoignage* acaso útil para historiadores, pero apenas convincente para el público aficionado, debido a su inequívoca parcialidad. ETA prácticamente queda mitificada —aunque, según Imanol Uribe, la organización no ha contribuido económicamente a la realización de su film, ni él es miembro de tal grupo— y, a lo más, se nos brinda una aproximación acrítica al drama

185

de un pueblo. El canto viene dado por las imágenes, a veces poéticas, de los escenarios de Euskadi y por la banda musical en euskera.

Un «best-seller» en pantalla

Fernando Vizcaíno Casas se está pasando al cine. Ahora no es solo uno de los autores más vendidos del país, sino que sus novelas se traducen «oportunísticamente» —nótese que no digo *oportunamente*— en imágenes. Y sigue la comercialidad... La última es su célebre *best-seller* ... *Y al tercer año, resucitó*, que Rafael Gil dirigió en 1979 con tan poco tino fílmico como poca inspiración argumental, pese al guión del propio Vizcaíno. Únicamente se salva de la «quema» el arranque de la película: una secuencia bien concebida —reclamo de la publicidad— que, con todo, no justifica el film.

Pero ... *Y al tercer año, resucitó* está batiendo el récord de taquilla. La razón también es obvia: el lector de la novela quiere comprobar en imágenes lo que sugirió la obra original, y quien no la leyó piensa así ahorrarse el texto. Sin embargo, unos y otros se encuentran con una cinta chabacana, sin casi hilación e ideológicamente reaccionaria. Así se escribe la historia del cine «democrático» español.

Oportunismo «carrilista»

Aun así, todavía más oportunista resulta la otra realización evocadora de la España democrática: *Miedo a salir de noche* (1979), de Eloy de la Iglesia. Realizada dentro de la línea creadora de la fallecida «tercera vía», impulsada a finales de los años sesenta y principios de la pasada década por el productor y guionista José Luis Dibildos —productor asimismo de la presente película—,[2] se trata de un producto para el consumo popular (a la vez que cubrirá con creces la cuota de pantalla hispana).

---

2. Sobre la denominada «tercera vía», cfr. Vicente Vergara, *Cartelera Turia* (Valencia), 582 (1974), y mi citado librado *El cine español bajo el régimen de Franco*, p. 58 e *infra*, nota 73.

Narra las desventuras de una familia de la clase media española —más concretamente, madrileña—, compuesta por un ejecutivo de banca —que votó al partido gubernamental y al alcalde de la capital de España, Tierno Galván—, una mujer ingrávida y que piensa mucho en sí misma —con un hijo solo—, y una suegra obsesionada por el pasado franquista y que ve fantasmas (?) por todas partes. La acción transcurre llena de avatares diversos —adulterio incluido—, y siempre con el miedo latente a salir de noche, debido a la inestabilidad social —atracos, asaltos, terrorismo, violaciones, manifestaciones...— de la actual democracia.

Con un buen arranque —como la cinta de Gil - Vizcaíno Casas— y acertado retrato de cierta sociedad española, empieza un film que peca de ambicioso, mal gusto supino y las facilidades de siempre —demagogia crítica en sus diálogos; obscenidades en algunas escenas— y en el que solamente destaca José Sacristán —quien da el tipo— en su familiar reparto. Pero todavía hay más: el director esconde subrepticiamente su ideología comunista —Eloy de la Iglesia es miembro del PC— e intenta romper una lanza en favor de la democracia hispana por vía «carrillista». Al parecer, también la alcaldía de Madrid ha facilitado la promoción de esta película, que quiere quitar a los ciudadanos el miedo a salir de noche y acabar de una vez por todas con los «traumas» de la España precedente.

La comedia política y el cine del partido

Nuevas películas españolas, más o menos relacionadas con el contexto sociopolítico del país, se han estrenado como cierre de la temporada 1979-1980. Producciones que centraron la atención del público hispano durante algunas semanas, pese a la crisis continuada de los últimos meses; al menos, en lo que a la industria cinematográfica se refiere.

Nostalgia de ayer y de hoy

Una de las constantes habituales de esta etapa democrática española es el «cine de la nostalgia», estilo crítico y hasta creador —si me apuran— que se manifiesta en muchos films de fácil impacto en el público nacional, el cual se identifica o reconoce en algunos relatos. Tal constante se evidencia en la reciente película del ex crítico Juan José Porto —quien trabajaba en la antigua cadena de diarios del Movimiento de Franco—, *El curso que amamos a Kim Novak* (1979), donde retrata una sociedad subdesarrollada en extremo: la vida provinciana de la España de los cincuenta y sesenta; concretamente, en torno a la Universidad de Salamanca.

Aquellos años en que algunos «amamos a Kim Novak», como símbolo romántico —y podría incluirme como adolescente de la posguerra— están reproducidos singularmente por este cineasta hispano de la nostalgia —antes fue *El último guateque* (1977)—, para evocar un pasado por vía crítico-humorística, y cayendo en los lugares comunes de siempre: fácil demagogia, escenas «porno», atisbos de cinismo, etc.

Muy lejos de la intencionalidad de su temáticamente homóloga *Nueve cartas a Berta* (Patino, 1966), *El curso que amamos a Kim Novak* contiene algunos pasajes inspirados, y el resto se mueve en la mediocridad y la falta de ambición, también fílmica. En cambio, pese a la pobreza de contenido y artística, la «fórmula» parece funcionarle a J.J. Porto. Así, a poco ha realizado otra película análoga —*Crónicas del bromuro* (1980)—, que forma «trilogía» con las anteriores y se repite a modo —con perdón— de disco rayado.

Más ambiciosa y conseguida resulta *Ópera prima* (1979), la exitosa cinta del hasta entonces crítico del periódico *El País*, Fernando Trueba, quien abandona el ayer histórico para situarse en el ahora hispano. Su primer largometraje —el título es un ingenioso juego de palabras— viene a ser una tremenda crónica testimonial de la España del momento, a nivel de cierta juventud a la deriva; concretamente, los llamados *pasotas*: gente quemada, que está de vuelta de todo... pero que acaso no ha ido ni va a ninguna parte.

El debutante Trueba, dentro de un aire de espontaneidad e intrascendencia, parece cuestionar un sistema de valores —los caducos (?) de la sociedad-hecha y los que promulga ese tipo de hombre-nuevo, *que-passsa-de-todo*—, pero no se pone a favor de nadie. Ese «nadar y guardar la ropa» le da un tono de ambigüedad al film que, junto al humor, gotas de cinismo, aciertos parciales y las obscenidades de siempre, hacen de esta doble *Opera prima* no más que un ensayo. Aun así, cierto sector del país —la cinta retrata mejor la idiosincrasia madrileña— ha aupado el film hasta la saciedad y acaso colocado al también ex crítico cinematográfico —este es de izquierdas, al contrario de Porto— en un pedestal que todavía no merece como autor. De momento, la Administración española envía su *Opera prima* a la remozada Mostra de Venecia.

ETA, otra vez

Un nuevo film pro ETA se ha estrenado en España, también con amenaza de bomba. Se trata de la famosa película política de Gillo Pontecorvo (*La batalla de Argel*, 1966) basada en el libro *Operación Ogro*, que narra la preparación y asesinato del almirante Carrero Blanco, el penúltimo presidente del Gobierno franquista.

Una primera lectura de *Operación Ogro* nos evidencia una crónica fría, objetiva, cuasidocumental, al servicio de la clarificación de la historia. En este sentido, es análoga a *Comando Txikia* (José L. Madrid, 1977). Sin embargo, si interpretamos más a fondo la obra de Pontecorvo —o sea, leemos entre imágenes— nos toparemos con una voluntad de expresión en buena parte mitificadora del terrorismo o, al menos, justificadora de ETA, como organización generada —vienen a decir— por la represión lingüístico-cultural y político-nacionalista del régimen anterior. Sin entrar en polémicas al respecto, la verdad es que quedan muy bien parados los asesinos —el fin (acabar con el franquismo) no justifica los medios (matar)—, dándonos la cara humana de los miembros de ETA y llegando a caer un tanto simpáticos al espectador medio.

Ahora bien, si hacemos esa segunda lectura apuntada, todavía podremos llegar más a fondo en el análisis argumental: mientras el terrorista «romántico» sigue la única lucha armada que le parece útil —asesinar a miembros de las Fuerzas Armadas—, los otros «compañeros» han entrado en la liza política parlamentaria, a través de un grupo político legalizado, pues no ven necesario continuar la guerra —así la llaman, apelando a Ginebra— como alternativa para conseguir la autodeterminación de Euskadi. Así, si la ya comentada cinta pro ETA *El proceso de Burgos* estaba próxima al partido Herri Batasuna, esta película, asimismo partidista, lo está más de Euskadiko Ezquerra, hoy en el Parlamento.

Sagacidad anarquista

Y ya que hablamos de films de partido, cabe constatar otra de las películas españolas que han tenido mayor impacto últimamente: la realización del catalán Francesc Betriu (*Corazón solitario*, 1972; *Furia española*, 1974). Pero la razón no se debe tanto a la calidad de la cinta, sino a la orquestación que le han proporcionado ciertos sectores de la crítica y el público.

Los fieles sirvientes (1979) es una comedia de costumbres, dentro del estilo propio del cine consumista hispano, que posee subrepticiamente más ambición ideológica que el resto de los productos «comerciales» de nuestra diezmada industria del cine, estos meses de nuevo en crisis aguda. Realizada en régimen de cooperativa, con base anarquista, su sencilla historia presenta una clara intencionalidad política en una atenta lectura. Esa historia simplista de unos sirvientes de una masía catalana desvela el conflicto clasista laboral del momento (cuando el paro en el país alcanza cifras alarmantes), a nivel de mandos intermedios y entre la clase trabajadora de la España de Suárez. Simbología crítica y fabulación intencionada, que va mucho más allá de la mera anécdota del film.

Grosería y obscenidad, sátira e ironía, dentro de un clima desenfadado y de subversión, se evidencian en este film ácrata dirigido a un público bien determinado ideológicamente; al tiempo que los autores intentan mentalizarnos en la lucha entre patronos y obreros —«esquiroles» incluidos— por la vía que ellos proponen, pues las otras alternativas —comunista, socialista, etc., en frente a la anarquista (o cenetista, mejor)— quedan ridiculizadas o dadas por inútiles.

«Costumbrismo» crítico

Dentro de esa línea ácrata cabe reseñar asimismo la pieza «costumbrista» del valenciano Carles Mira, *Con el culo al aire* (1980), concebida a modo de provocación enajenante y un tanto esperpéntica, y la no menos «malintencionada» película de Vicente Aranda *La muchacha de las bragas de oro* (1979), basada en la homónima novela de Joan Marsé acerca de la «autocrítica» de un franquista, pero en la que no sabe librarse del lastre literario, e incluso aumenta los defectos del «Planeta» del pasado año (editorial que va a producir sus propios premios).

Mejor será comentar más extensamente el film menos fallido del también catalán Jaime Camino, *La Campanada* (1979), tan demoledor como los anteriores, que fue presentado en las pantallas españolas con una publicidad harto atrayente y sirviéndose del poder de TVE.

Camino cuenta la crisis de un hombre de 40 años —ahora es moda hablar de esa edad como conflictiva—, casado y con tres hijos, aparentemente feliz y que está muy bien considerado profesionalmente, quien un día es víctima de un estrés y decide mandar todo a hacer gárgaras: familia, posición y convicciones personales. Esa «campanada» —de ahí el título— le lleva a que le tomen, primero, por loco, y después le conduce al suicidio.

Con un tema interesante, los autores —Jaime Camino y su colaborador Román Gubern— ha realizado una película desigual, fílmicamente brillante, pero con un contenido enormemente corrosivo. Su visión de la sociedad española y los valores que la sustentan son puestos en tela de juicio de forma disolvente, entre escéptica y cínica, para que no le quede ningún apoyo ni salida posible al espectador. Por eso, los atinados dardos críticos que asimismo posee el film, junto a la espléndida ambientación y el retrato de lo cotidiano, quedan ahogados por una filosofía derrotista (¡y nada democrática!), y su singular relato «costumbrista», sazonado con un casi continuo sentido del humor no exento de concesiones de la peor índole pornográfica —como en los otros films citados en este apartado—, pese a su calidad fotográfica. Por último, el suicidio final (¿frustrado?) deja aún más ambigua la postura crítica de esta nueva *campanada* del cine de la democracia.

Las películas de la crisis

Antes del intento de golpe de Estado en España saltaron a las pantallas comerciales una serie de films que constatan la crisis por la que está pasando el cine español. Y entre las pocas películas interesantes realizadas en los últimos meses —a cuyas bajas cotas cuantitativas se han unido las cualitativas—, cabe comentar tres películas del final de la década.

Crítica a la mentalidad española

La cinta más destacable, a nivel fílmico-estético, se debe a la firma de Jaime de Armiñán: *El nido* (1980), premio de interpretación en el Festival de Montreal y nominada para el Óscar a la mejor producción extranjera por la Academia de Hollywood.

Con un tono excesivamente intelectualizante y la ambigüedad acostumbrada, el polémico realizador «televisivo» acomete otra historia singular (recuérdense sus *Mi querida señorita* y *El amor del capitán Brando*): las relaciones sentimentales entre un viejo y una niña. Dos mundos ambivalentes —pues él es un magnate de provincias, y ella, la hija de un guardia civil— que llegan a comprenderse, para luego ser separados por las convenciones (?) sociales.

Se observa en el film de Armiñán una acerba crítica a la mentalidad española, al tiempo que expone sin tapujos cierta idiosincrasia del país, con sus distintos elementos, vicios y valores. Sin embargo, en momentos es cruel, y tanto sus personajes como la historia que cuenta —escrita por él— saben a «preparados»: casos patológicos que «comunican» su locura al espectador, con toques surrealistas incluidos. Sobresalen la banda musical —Haendel, especialmente— y la fotografía de Teo Escamilla (el sucesor del desaparecido Luis Cuadrado), aparte de la galardonada interpretación de Ana Torrent, la niña de *El espíritu de la colmena*.

El mundo televisivo, en la picota

La también directora de TVE Pilar Miró, a quien le han autorizado la exhibición de *El crimen de Cuenca* (después de un largo contencioso que terminó en el Tribunal Supremo), ha sorprendido a los aficionados con un film feminista que retrata cierto tipo de mujer a la deriva, con amigos, amantes... y un serio problema de comunicación, de soledad. Se trata de *Gary Cooper, que estás en los cielos...* (1980) —el llorado actor a quien la realizadora pide ayuda ante su peligro de muerte—, donde lo más notorio es la descripción del mundo periodístico y televisivo de Madrid, que parece conocer bien su autora y al cual pone un tanto en la picota.

Con todo, la crítica testimonial —el itinerario ético y profesional de una creadora de televisión— es reemplazada en seguida por las desventuras sentimentales de la protagonista: una mujer de fuerte personalidad, algo inestable y con una vida independiente donde solo ella lleva la marcha..., como le acusa el redactor jefe de *El País*, que hace lo que le apetece y parece estar ideológicamente próxima al existencialismo sartriano. Bien interpretada por Mercedes Sampietro, cuyo rostro revelador da el personaje de mujer «liberada» y amoral, aunque no sabe «liberarse» de las escenas eróticas propias del cine «antifeminista», posee cierto carácter autobiográfico de fondo (según posteriores declaraciones de Pilar Miró) y no solo en anécdotas profesionales. El clima pesimista y sin salida se hace a veces agobiante, pese a su final abierto.

«Pasotismo» ácrata sobre la milicia

El catalán Francesc Bellmunt (*Canet Rock, L'orgia...*) ha vuelto a las pantallas comerciales con una coproducción hispano-venezolana de fácil efecto en el gran público: *La quinta del porro* (1980), fábula ácrata, a modo de farsa satírica, sobre el servicio militar hispano. «Divertimento» de contenido derrotista, donde los dardos críticos tienen poca categoría intelectual y cuyos tópicos o falta de gusto pueden impacientar al espectador serio y más exigente.

Aquí, la sal gruesa y la obscenidad se unen a la grosería en los diálogos y canciones, como rompiendo con todas las formas del cine tradicional y de la sociedad. Es la actitud anarquista del grupo realizador y productor, que se evidencia también a nivel narrativo, de imagen. Ideológicamente «pasota» y un tanto disolvente, solo posee una escena con intencionalidad crítica algo profunda —la conversación entre el sargento que interpreta Álvaro de Luna y los «quintos» encerrados en el vagón-correo que los transporta al campamento militar—, pero es de una endeblez de contenido inaudita.

La quinta del porro —caricatura de cierta juventud drogadicta actual que va a la «mili»— intenta ser una comedia de costumbres para el público catalán (pienso que en el resto de España será rechazada), e inaugurar un género de consumo en lengua vernácula. Pero por este camino no podremos llegar a un digno cine catalán, ni a levantar la pobre cinematografía española en continua crisis de talento artístico y creador.

Dos y dos, cinco y las Converses de Cinema a Catalunya

No se trata de una sátira del espíritu negociante catalán, sino del título de un film cuya suma viene a ser una lección ideada para los adultos. Estreno que, prácticamente ha coincidido con los traspasos de competencias en materia de cultura por parte del Gobierno central, y con la clausura de las Converses de Cinema a Catalunya.

Un cineasta honesto

Luis José Comerón nació en Mataró, en 1926; o sea, no es un director de la «nueva ola». Licenciado en Ciencias Exactas, se inicia en el arte cinematográfico con *Paréntesis* (1953), cinta *amateur* premiada en el Festival de Cannes. Galardonado como autor teatral y después como documentalista, su tarea más importante fue la de guionista. Y como tal colabora con Pedro Lazaga —*El frente infinito* (1956)— y especialmente con Julio Coll y Antonio Isasi, de quienes fue coautor de los guiones de diversas películas: *La cárcel de cristal, Distrito 5.º, Estambul 65*, etc. En 1963, debuta como director con *Escuadrilla de vuelo*, documental argumentado rodado en el Campamento de Milicias Universitarias de Villafría (Burgos). Pero hasta 1966 no consigue la independencia como realizador profesional, y se dedica a la producción de films industriales —edita unos setenta documentales, algunos galardonados—, a la vez que funda la firma de *spots* publicitarios Movirama-Telecine, S.A. (Barcelona), con su colaborador en los guiones Jordi Illa. En ocasiones, para mantener a su numerosa familia, Comerón tuvo que ejercer su carrera universitaria: trabajó como profesor de Matemáticas.

Sin embargo, en la década de los setenta vuelve a su auténtica vocación: el cine. Y junto a varios documentales culturales, realiza un film artesanal —*Larga noche de julio* (1974), *thriller* que sería bien acogido en los países del Este—, y destaca por su éxito de crítica y público *Una familia decente* (1977), inteligente comedia tradicional —que hace pensar en Frank Capra y Billy Wilder— que cuenta con una excelente dirección de actores. Eficiente técnico y cineasta contracorriente, el catalán Comerón ha sido calificado como «francotirador». Incluso por su cine dramático y sicologista —sincero y profundo, basado en los valores humanos— ha tenido ciertas dificultades de exhibición dentro del espectro «comercial» del país. Pero ahora, con *Dos y dos, cinco* (1980), el tesón de este cineasta honesto se ha visto compensado por el reconocimiento de su infatigable trabajo; precisamente en unos tiempos críticos para el cine español.

Calidad estética

El guión original de Luis José Comerón —titulado «Fin de un verano»— había ganado el Premio Nacional, pero no pudo ponerlo en imágenes hasta hoy. Gracias a la intervención de uno de sus protagonistas, Antonio Ferrandis, los «arruinados» productores hispanos —quienes se quejan de la falta de talento y poco ingenio de los autores del momento— se animaron a rodar (30 millones de pesetas fue su presupuesto) este «libreto». Y el resultado lo tenemos en pantalla: enorme sensibilidad artística e intuición creadora, no exentas de un hálito de poesía y equilibrio en el tono, con un ritmo mantenido y un clímax continuo que mete al espectador dentro de la sencilla trama, junto a la perfección de imagen, medida concepción de cada escena, y cuidado de la elipsis en el tratamiento de las situaciones límite (donde demuestra el gusto estético y cómo pueden tocarse temas eróticos sin caer en concesiones, con la mera insinuación inteligente y nada más).

Calidad fílmica a la que se une la partitura del reconocido músico cinematográfico Carmelo Bernaola, y sobre todo, el trabajo del cuadro interpretativo: desde la mexicana Silvia Pinal —muy elegante y comedida—, hasta el citado Antonio Ferrandis, en su papel de viejo filósofo que quiere huir de la realidad... No obstante, aún superior es la labor del pequeño Lolo García (*La guerra de papá*, *Tobi*), quien no se comportó como un repelente «niño prodigio» —tan habitual en el cine americano—, sino con gran naturalidad. Veamos lo que dice Comerón:

La suerte fue que Lolo y yo sintonizamos inmediatamente. Mi guión no lo escribí pensando en él, aunque después la búsqueda del niño protagonista resultó agotadora. Lolo es temperamental, intuitivo. Durante el rodaje tuve que inventar cien mil historias y guiones distintos para que entrara en situación y aportase la imagen exacta del personaje. A cualquier actor puedes darle la vuelta y sacar algo de él, pero ¡con un niño! Todas las prevenciones se vinieron abajo desde el primer día. Y de los 30 días que duró la filmación, Lolo trabajó 29. El rodaje en El Escorial daba comienzo a las nueve de la mañana y terminaba a las nueve de la noche. Lolo aguantó perfectamente este plan de trabajo.

La responsabilidad de los padres

Con todo, no solo hay cualidades formales en la película de Comerón. En cuanto al contenido, *Dos y dos, cinco* —el nuevo título del film— tiene mucho que decir, cosa un tanto chocante en nuestra cinematografía, tan vacía de ideas y polarizada en ciertas temáticas. Luis José Comerón critica un tipo de formación española —que podría ser extranjera, ¿por qué no?— donde a los menores se les esconde la realidad de la vida: muerte, sexo, violencia, miseria, relaciones sentimentales... aislándoles del mundo o proporcionándoles una educación ideal (?), apartada de lo cotidiano y de toda trascendencia.

Así, la hipocresía de determinada sociedad es vapuleada con elegancia y contundencia por este realizador, pero sin dejar mal sabor de boca al público. De ahí que el niño-protagonista se transforme, sin darse cuenta, en un testigo denunciador de cierto estatus con el progresivo y equívoco descubrimiento de la verdad de las cosas, a veces mal explicada —como refiere Tomás (A. Ferrandis), por parcial o inconveniente para su edad—, porque se le ha ocultado a su debido tiempo... Pienso, por tanto, que muchos mayores podremos vernos reflejados en buena parte de la historia del film. Sin embargo, prefiero que nos hable Luis José Comerón en este mismo sentido:

Los padres no siempre nos damos cuenta de la terrible responsabilidad que adquirimos al educar a nuestros hijos. Moldeamos la personalidad del niño, y en nuestro acierto o nuestro error, tal vez esté la clave del hombre de mañana. Debemos tener la suficiente capacidad de autocrítica para reconocer nuestros fallos y no reincidir. La gente normal educa a sus hijos como puede. Solo en un «status» económico superior las posibilidades pedagógicas resultan ilimitadas. La película —añade— tiene un valor de símbolo, pero su tema no es otro que la responsabilidad de los padres ante el tipo de educación que dan a sus hijos.

El guión y los diálogos están medidos, son de acabada calidad literaria y humana, así como la aguda introspección en el mundo de los chicos. Acaso, en algún momento, le falte garra narrativa —a nivel de dramatismo—, pero interesa más el fondo de su argumento que la anécdota o la acción de los personajes. ¿Aprenderá la sociedad adulta —la familia de hoy y la de mañana— la sencilla lección que da este valioso cineasta catalán, a través de Lolo? La respuesta la tiene el espectador hispano —el film se ha vendido «a muy buen precio» a varios países de Latinoamérica—, quien se motivará a una mejora personal con la visión de la insólita cuenta de un matemático-cineasta: *Dos y dos, cinco*.

Conversaciones importantes

De necesarias también cabría calificar a estas Converses de Cinema a Catalunya, cuya importancia se ha evidenciado por el amplio espectro de los organismos convocantes; a saber: Agrupació Catalana de Productors Cinematogràfics Independents, Gremi d'Empresaris de Cinema de Barcelona, Gremi de Distribuïdors de Barcelona, Institut de Cinema Català, Sociedad General de Autores de España, los partidos Centristes de Catalunya-UCD, Convergència Democràtica, Esquerra Republicana, PSC-PSOE, PSUC, Unió Democràtica de Catalunya, y las centrales sindicales UGT, CC.OO., CNT y USO, aparte del propio Gobierno de la Generalitat.

Primeras Converses, de algún modo continuadoras del Àmbit Cinema del Congrés de Cultura Catalana (1977) y de las Jornades de Cinema Català (1979) —ya mencionados—, que lograrían un carácter más unitario y el apoyo de los poderes políticos.[3]

Así, los ocho ámbitos de estudio llevaron los siguientes enunciados: Análisis histórico; Problemática industrial y comercial (producción, distribución, exhibición); Problemática social y profesional del trabajador cinematográfico en Cataluña (escuela profesional de cine); Problemas culturales; Normalización del catalán en el cine; Relaciones cine-TV; Traspaso de competencias (medidas a corto y medio plazo);

---

3. J. Romaguera, «Les Converses i la perspectiva del cinema», *Avui* (18-II-1981).

Estudio y propuestas sobre la creación de un ente autónomo del cine catalán.

El resumen de tales capítulos pone en evidencia la seriedad del análisis llevado a cabo para contribuir —como apuntaba el artículo 2 del reglamento de las Converses— a «establecer las bases que permitan una política cinematográfica en nuestro país».[4]

La sesión de clausura de estas primeras Converses de Cinema a Catalunya tuvo lugar el 7 de febrero de 1981, en el histórico Saló de Cent del Ayuntamiento de Barcelona. Entre los temas tratados —como constataría el cronista de *La Vanguardia*— cabe destacar el estudio de la disminución de asistencia a las salas cinematográficas, con el progresivo cierre de más de mil cines en Cataluña durante el último decenio y la competencia «avasalladora y desleal de la televisión». En este sentido, se puso de manifiesto la necesidad urgente de «establecer negociaciones con Televisión Española, para llegar a un acuerdo —semejante a los que ya existen en Europa— en la difusión de largometrajes por la pequeña pantalla».[5]

Saura y Berlanga, en tela de juicio

Tras la dimisión del presidente Suárez y los sucesos del 23 de febrero —el asalto al Parlamento español—, nuestra cinematografía ha languidecido en estos últimos meses de crisis. De ahí que 1981 se presentara como uno de los años más oscuros. Dos películas en cartel dan prueba de ello.

---

4. Véase también *Converses de cinema a Catalunya. Història i conclusions*, Barcelona, Caixa de Barcelona, 1981.

5. Lluís Bonet Mojica, «Clausura de las Converses de Cinema a Catalunya», *La Vanguardia* (10-II-1981).

Recientemente, de cara a la creación del demandado ente autónomo del cinema catalán, el director general Josep Maria Forn convocó a los diversos especialistas a unas segundas Converses. Las reuniones de trabajo tuvieron lugar en el Palau Marc, durante la temporada 1986-1987, y en las cuales participé como representante del Centre d'Investigacions Cinematogràfiques Film-Història.

«Deprisa, deprisa», premiada y discutida

Se trata de un film de «crónica negra» sobre un hecho de lacra social de la España democrática: la delincuencia y el terrorismo juvenil.

Antitética a los subproductos pseudomoralizantes de José Antonio de la Loma (*Perros callejeros*), Saura retoma su crónica análoga de la época franquista —*Los golfos* (1959), con la que abrió el Nuevo Cine Español— y evidencia cierto estatus actual. Los que ayer eran maletillas del extrarradio de Madrid, hoy son drogadictos y gente a la deriva de la misma condición social. Y el tono del cine de Carlos Saura ha cambiado considerablemente.

Interesante film-testimonio sobre la evolución de determinada juventud inmigrada del país, revela el cambio sociopolítico —incluso económico— acaecido en España durante los últimos veinte años. Así lo entendería el jurado internacional del Festival de Berlín, quien premió *Deprisa, deprisa* con el Oso de Oro de 1981.

Deprisa, deprisa (1980) está narrada con corrección y cierta brillantez formal, evitando las habituales concesiones y los fantasmas de Carlos Saura, quien apenas incurre en el mal gusto (a no ser por algún exceso en los groseros diálogos), y sabe sacar partido a una serie de actores no profesionales, algunos auténticos delincuentes de la capital, pues dos protagonistas han vuelto a la prisión poco después del rodaje. Con todo, se le puede acusar de ambigüedad (el autor no se pronuncia: se limita a reflejar una forma de vida, sin imponer un juicio moral sobre los hechos y los personajes), de expresar claramente los mecanismos de la delincuencia y de caer en la superficialidad de contenido. Asimismo, hay quienes afirman que *Deprisa, deprisa* es una de las peores películas de este discutido cineasta español.

Con todo, Saura viajó a Barcelona para «defender» su obra y mantenerla un poco más en taquilla, ya que comenzaba a fallar ante el gran público.

No he profundizado en los hechos y condicionamientos porque no era mi propósito hacer un estudio sociológico o un documental. No creo en eso de la causa y efecto, y si existe no me ha preocupado nada. En el caso de *Deprisa, deprisa*, hacía tiempo que quería realizar un documental reconstruido sobre esa clase de juventud, estos «delincuentes»(entre comillas, he de precisar, porque son gente tan normal como nosotros mismos), que son un problema que nos concierne a todos. Y es así por lo que fui recogiendo un vasto material periodístico hasta que, de golpe, comprendí que tenía a mano un tema válido para un film; un film que he ido construyendo gradualmente.

No obstante, si hemos de fiarnos de la comisión francesa de control de películas, que ha calificado a *Deprisa, deprisa* para mayores de 18 años (en España fue autorizada a partir de los 16), el mundo reflejado en la cinta puede suscitar más fascinación que rechazo:

Estos cuatro jóvenes —dice el dictamen de dicha comisión— son simpáticos, atractivos. Viven entre ellos una amistad y un amor fuerte y conmovedor. Aparecen más como víctimas que como delicuentes, y su aventura es un desafío que puede seducir a más de un adolescente. El final trágico, más que contribuir a disuadir, aumenta este desafío: el robo, el alcohol, la droga, todo aparece gratificante, fácil, banal.

En fin, la comisión francesa —tan poco exigente en cuanto a la clasificación de las cintas de carácter pornográfico— estima que «este film corre el riesgo de fomentar entre los adolescentes una fuerte ejemplaridad». Esta ejemplaridad no implica que la película estimule a asaltar bancos, como sucede en el relato. Pero tampoco parece que contribuya a disuadir a quienes sientan esa tentación.

Además, cuando su protagonista —José Antonio Valdelomar— fue detenido por asaltar una entidad bancaria, el productor Elías Querejeta y el propio Saura se mostraron sorprendidos por esa acción delictiva y pidieron permiso a las autoridades para proyectarle *su* película en Carabanchel. Pienso que esa sorpresa del director y del productor acerca del comportamiento de su protagonista es muy propia de cierta postura de algunos intelectuales, para quienes el mundo de las ideas y el de la acción son dos esferas distintas. Tal vez por eso les resulta un tanto difícil comprender que algunos jóvenes pasen del pensamiento a la acción deprisa, deprisa...

«Patrimonio nacional», otro trabucazo de Berlanga

He aquí la nueva película de Luis García Berlanga, que aprovecha el éxito taquillero de *La escopeta nacional* para brindarnos otra historia entre cáustica y amable, esperpéntica y surrealista, pero sin pena ni gloria.

Patrimonio nacional (1981) es una comedia del posfranquismo, que posee un gracejo demasiado grueso y un tanto superficial; la baza fundamental la juegan los actores y unas situaciones crítico-burlescas llenas de referencias populares, que no pueden evitar caer a menudo en la facilidad de un caricaturismo epidérmico y naturalista.

Sainete hispánico, escrito por Rafael Azcona y el propio Berlanga, incurre en los tópicos y concesiones del peor gusto y en una crítica política que se queda en la mera sugerencia para «iniciados». No parece, por tanto, que el público exigente conecte con esta segunda parte de *La escopeta nacional* (1978): oí pocas risas durante la proyección —pese a las pretensiones hilarantes de los autores—, y observé caras decepcionadas a la salida. En cambio, insólitamente, la película ha aguantado mucho en cartel.

Todo ello, acaso, animó a sus productores —pues, a juzgar por los comentarios de cierta prensa, parecía que iba a marcar un hito en el cine español— a enviar *Patrimonio nacional* al Festival de Cannes 1981. Pero ¡cuál fue la sorpresa de Berlanga al ver que la mayoría de los críticos se limitaban a mencionarla de pasada! Con todo, el mayor vapuleo vino de *Le Monde*, que sentenció en algunos párrafos:

[la película] arranca bien con situaciones absurdas, de un humor chirriante que recuerda a *La escopeta nacional*. Después se hunde en escenas excesivamente parlanchinas, insoportablemente aburridas. A juzgar por la vulgaridad de la realización, Berlanga no parece interesarse apenas por esos fósiles, feos, idiotas, vulgares, de una clase degenerada, cuya caricatura es como una mayonesa cortada. Ciertamente, a pesar del renombre de sus autores, este film no estaba a la altura de una competición internacional.

De hecho, son evidentes los fallos de ritmo, la languidez narrativa —la pobreza del guión es escalofriante— y su discreción formal. ¿Dónde está el ingenio de Luis G. Berlanga? Tal vez haya que buscarlo en la pérdida del sentido crítico ante los autores consagrados en otros tiempos. Él, que acusaba a la censura del régimen de Franco de frustrarlo como autor, ahora, que no tiene ninguna cortapisa ideológica, ha dado menos en el blanco con este «trabucazo». Con todo, el Gobierno le acaba de entregar el Premio Nacional de Cine.

El crimen de Cuenca, crónica de la España ancestral

El juicio sobreseído entre el Gobierno de UCD y este film de Pilar Miró ha favorecido enormemente a *El crimen de Cuenca* (1979), ahora estrenado en las pantallas de todo el país. Las razones son las siguientes: los tribunales españoles consideraron que esta película podía ser delictiva contra el cuerpo judicial y la Guardia Civil. Luego, se les propuso una solución intermedia: clasificarla S. Pero el productor-distribuidor, Alfredo Matas, rechazó la oferta ministerial y recurrió al Tribunal Supremo. Y en la primavera de 1981, tras el frustrado golpe de Estado que ejecutaron precisamente miembros de la Guardia Civil, este tribunal falló en favor de la cinta, a la cual se le han añadido unos «letreros pacificadores»: «Esta película, de fondo histórico, relata unos hechos acaecidos hace más de 65 años, que fueron objeto de juicio y sobre los que recayó una sentencia. Esta sentencia fue revisada y anulada en su día por el Tribunal Supremo. No hay en ella la menor intención ofensiva para ninguna persona, provincia e institución o cuerpo del Estado, pues todos ellos merecen el mayor respeto de los ciudadanos». Frase que fueron reídas o «comentadas» por el público al inicio de la proyección.

Pero, ¿qué tiene *El crimen de Cuenca* para provocar tanta

sensación? Resucita una crónica negra de la España ancestral, que está «condimentada» por diversas escenas de sadismo, obscenidad, violencia atroz y un mal gusto supino, los cuales, en algunos momentos, obligan a cerrar los ojos al espectador o a abandonar molesto la sala, como ocurrió en el Festival de Berlín de 1980, donde se exhibió sin autorización oficial.

Basada en una idea de Juan Antonio Porto —antiguo crítico de cine—, escrita por Salvador Maldonado (Lola Salvador), Pilar Miró ha compuesto un guión que pretende ser objetivo pero sabe a manipulación, al menos en las anécdotas sentimentales: eso incidirá con «éxito» en el ánimo del público. Cuenta la historia real de unos tristes sucesos que tuvieron lugar en la provincia de Cuenca, desde 1910 a 1926: dos hombres fueron erróneamente condenados por un crimen que no cometieron y que confesaron debido a las vejaciones físico-morales de que fueron víctimas. Al final, aparece el «muerto»: un retrasado mental que había desaparecido del pueblo de Osa de la Vega, a quien la realizadora dedica su película, al tiempo que, subrepticiamente, critica el caciquismo y al clero.

Sin entrar en la discusión de si es honesto o no sacar a la luz esos trapos sucios de nuestra «leyenda negra» peninsular, diré que lo único válido de la obra es la ambientación rural y la evocación de un mundo ancestral —en escenarios naturales—, junto a la creación de tipos, especialmente de los figurantes. Y, sobre todo, esa secuencia final, que posee un sabor a película italiana de *vendetta* (Germi o Damiani, por ejemplo), sin perder el genuino carácter hispano.

Después de este discutido film, ya nadie podrá seguir preguntándose lo que dice el adagio popular: «Pero, ¿existe Cuenca?».

Un *thriller* de José Luis Garci y una experiencia compartida

Entre los titubeos creadores y caos industrial en que se mueve la cinematografía de la España democrática, cabe constatar el estreno de diversas películas nacionales que han centrado la atención de los espectadores del país.

Garci: «cine negro» a la española

Uno de los más destacados cineastas del sistema actual, José Luis Garci (*Asignatura pendiente, Las verdes praderas*), ha sorprendido al público aficionado con un film más comedido que los anteriores. Se trata de *El crack* (1981), cuyo título es también alegórico a la situación sociopolítica y económica española.

Con un arranque excelente, Garci parece haber abandonado la crítica político-nostálgica para iniciarse por los caminos del «cine negro» —tan popular entre los cinéfilos de acá y allende las fronteras—, utilizando las mismas constantes que el género USA: el destino inexorable, la postura amoral y determinista de los personajes, junto a las situaciones inmersas en la fatalidad..., propias de cierta visión de la vida. Actitud desesperada de los autores —a veces próxima al cinismo— que, con todo, cobra un hálito poético y de cariño hacia los personajes. Unos tipos francamente logrados, especialmente ese Humphrey Bogart «a la española» que es Alfredo Landa. Pero todo ello dentro del casticismo de la gente corriente de Madrid (aunque la cinta ha tenido éxito también en Barcelona y en el resto de las capitales del país), con un lenguaje grosero y acaso demasiado discursivo.

En cierto modo, *El crack* viene a ser como un pequeño homenaje a determinado Madrid «barriobajero» (también a sus calles, a la ciudad, comparada a Nueva York de noche), romántico y soñador, a esa gente sencilla de donde procede su autor: el ex crítico de cine José Luis Garci.

El ritmo es pausado, apenas sin baches, y mantiene una curva de interés y de *suspense* propios del *thriller* tradicional, pero sin lograr el dinamismo y clima narrativo de las piezas maestras del género. Aun así, aunque el film conecta (ha batido récords taquilleros, lo que animaría después a Garci a rodar una segunda parte), difícilmente llega a entusiasmar por su tono poco comprometido, característica habitual en el cine de José Luis Garci, que carece de profundidad y está reclamando temas más ambiciosos. Y cuando toma partido —como en la historia romántica que protagoniza María Casanova—, incide en el melodrama con excesos lacrimógenos;

para quedarse, al final, en la fría venganza y una falta de fino sentido del humor impropia en los clásicos del cine negro americano y europeo.

«Kargus», o «Esperando a Godot»

Si algún film reciente tuviera que definir la «última hornada» del cine español, posiblemente sería *Kargus* (1981) uno de los más significativos; pues cierta actitud «pasota» —ética y creadora— y postura ambigua, aunque no exenta de unas ansias de comunicación con el público joven, convierten a esta película en la bandera de una generación.

Ciertamente, se trata de la *opera prima* de dos jóvenes procedentes de la Facultad de Ciencias de la Información —sección Imagen—, de donde van a salir los futuros realizadores (?) del cine nacional. Juan Miñón y Miguel Ángel Trujillo son los directores de este film producido en cooperativa y con el apoyo económico del Ministerio de Cultura del gobierno de Calvo Sotelo (ocho millones de pesetas y su envío a la Mostra de Venecia, festivales de Chicago y Estrasgurgo). Ahora, tras el éxito comercial de la cinta, ambos autores ya están preparando por separado sus próximas películas.[6]

Kargus está concebido con estructura de comedia y posee un guión literario bastante original: un joven descentrado espera con ilusión la llegada de un insólito filósofo, J.R.H. Kargus, a modo de Godot salvador, al tiempo que escribe para él seis cuentos sobre la vida cotidiana del pasado franquista y del suarismo, mientras subsiste en el caótico presente democrático. Pero «Godot» no llega, y vuelve con la chica con la que vivía, acaso liberado de un mal sueño, o creyendo que el futuro no tiene otra solución que vivir para sí mismo, anárquicamente.

Es obvio que la cinta, por momentos, conecta con el público de hoy, pero carece de auténtica calidad. De todos los

---

6. La dificultad de la salida profesional de los licenciados en Ciencias de la Información ha planteado al Gobierno socialista la reapertura de la Escuela Oficial de Cinematografía (EOC), creada en los tiempos de Franco.

episodios, se destacan las dos primeras historias —las de la Guerra Civil e inmediata posguerra—, mientras que las décadas cincuenta y sesenta son relatadas cayendo en el tópico, para incidir en la obscenidad y en la concesión fácil en las últimas historias (sobre todo, el episodio de la muerte de Franco).

La obra, por tanto, es desigual, con secuencias felices y hasta poéticas —no exentas de inspiración creadora—, junto a otras en las que la miseria humana, el poco gusto o la ambigüedad ideológica pueden llegar a molestar al espectador exigente o no superficial; pues ese revanchismo nostálgico y el feísmo estético se unen a cierta superficialidad de fondo y surrealismo (dentro de la línea de *Opera prima*, de Fernando Trueba), junto a un aire un tanto ácrata-despreocupado que se acerca más al pasotismo en boga que a un planteamiento riguroso de la España de cuarenta años a esta parte. Además, el relato del binomio Miñón-Trujillo no sirve como radiografía o retrato sociohistórico del país, debido a la singularidad de las historias retrospectivas y situaciones de los personajes protagonistas; es una mera fabulación acrítica.

Películas de las autonomías

Tras la aprobación de los primeros Estatutos de autonomía para las distintas nacionalidades y regiones —según la Constitución democrática— del Estado español, han saltado a las carteleras del país varios films que reflejan la idiosincrasia de tales comunidades autónomas.

Cataluña, ayer y hoy

El barcelonés Jordi Grau, antaño famoso como uno de los pioneros del Nuevo Cine Español (*Noche de verano*, 1962; *Una historia de amor*, 1966), después de una etapa de titubeos y dedicada al film de consumo, parece haber resurgido en el candelero nacional con una cinta digna acerca de la tierra que le vio nacer: Cataluña.

El timbaler del Bruc (1981) es una coproducción hispano-mexicana realizada dentro de los esquemas del cine comercial, pero que «recupera» a Grau para la época democrática de nuestra cinematografía. Se trata de una obra menor, con todo, de comedida exaltación nacionalista —a nivel más romántico-legendario que histórico riguroso—, que puede gustar al gran público catalán y al hispano de allende las fronteras.

La acción está enclavada en la España ocupada por los franceses, en el período de la guerra de la Independencia —años antes de la autodeterminación de los países hispanoamericanos—; concretándose la historia en la Cataluña de principios del siglo XIX y en una leyenda popular: la del tambor del Bruc, en la que un niño «derrotó» a las tropas napoleónicas con un solo tambor, cuyo toque resonó en la sierra de Montserrat e hizo creer al enemigo que se trataba de un gran ejército.

El relato de *La leyenda del tambor* —su título en castellano— posee toques sentimentales acusados (hasta las «lágrimas» del espectador sencillo) y cierta corrección narrativa, sustentada en la brillantez formal lograda en torno de los escenarios catalanes de Montserrat, Sampedor y otros parajes donde el exotismo se une con lo pintoresco. Grau, asimismo, ha conseguido sacar partido de los figurantes —siempre fue un buen director de actores—,[7] sobre todo en la secuencia de la batalla entre el somatén y los franceses. Sin embargo, en momentos, la cinta resulta algo fría, y solo el colorido —a nivel de costumbrismo patriótico— y la banda sonora folklórica levantan una historia que hará vibrar a los catalanes de hoy, pero que dirá poco a los hispanohablantes que visionen *El timbaler del Bruc* en su versión castellana.

Por último, cabe añadir dos virtudes a esta obra de Jordi Grau: está exenta de pretensiones intelectuales —o intelectualizantes, mejor— y no cae en los revanchismos habituales del cine de las autonomías democráticas.

---

7. De ahí también que en los años sesenta Jorge Grau publicara un valioso libro especializado: *El actor y el cine*, Madrid, Rialp, 1962.

La milicia, otra vez

Francamente, no se puede decir lo mismo de *La batalla del porro* (1981), donde de nuevo se vuelve a vapulear, no tanto a las Fuerzas Armadas, como al servicio militar español. Aprovechando el éxito taquillero de *La quinta del porro*, el operador de aquella —Joan Minguell— es el director de esta segunda parte, que ya anuncia una tercera: «El porro contraataca».

Así, la presente realización es un —digámoslo claramente— engendro «comercial», un subproducto para el consumo popular —hablado en catalán en su mayoría—, que intenta llegar al público subdesarrollado o poco exigente de la Cataluña autónoma y del resto del Estado español. La idea primigenia de los autores es que, para crear una industria sólida, se necesita antes una infraestructura de producciones rentables y populares como la cinta en cuestión. En fin, sin entrar a discutir tal opción, lo que no parece honesto es que, en aras de la tan clamada industria cinematográfica catalana, se engañe a los espectadores de esta comunidad y sirva como excusa para los del resto del país, que menospreciarán el film y acaso también el cine catalán. Además, es obvio que con este tipo de producciones la cooperativa anarquista que ha editado la película —ahora asociada con Ediciones Z (*Interviú*)— se está haciendo de oro, pues con la anterior cinta alcanzó la friolera de 200 millones de pesetas de recaudación, y la presente se ha mantenido largamente en cartel.

La batalla del porro, por tanto, realizada dentro de la línea «pasota»-destructora del cine ácrata —carece de ingenio creador y de categoría fílmica—, es una obra inconsistente, ideológicamente disolvente, la cual recurre a las concesiones demagógicas y a la crítica fácil. Todo ello, dentro de un tono festivo, de sal gruesa y con un mal gusto supino, donde la pornografía y la obscenidad —en imagen y diálogo— se unen a la ridiculización de los personajes, incidiendo en la sátira a los militares.

Tercera película de ETA

La organización terrorista ETA acaba de realizar, más o menos veladamente, su tercera producción fílmica. Si antes fueron *El proceso de Burgos* (Uribe, 1979) y *Operación Ogro* (Pontecorvo, 1979), con el apoyo de los partidos políticos Herri Batasuna y Euskadiko Ezquerra, respectivamente, ahora ha sido el mismo director de la primera, Imanol Uribe, quien ha recibido ayuda económica de personas vinculadas actualmente a ETA u otras que participaron directamente en la célebre fuga de la cárcel de Segovia (incluso, en los títulos de crédito, dos de los componentes del equipo firman debajo de sus nombres con las siglas de esa organización). También se ha escrito que el Gobierno vasco (PNV), a través de su Consejería de Cultura, ha contribuido al financiamiento, y que la misma Guardia Civil —en declaraciones a la prensa del realizador (cfr. entrevista con Imanol Uribe, en diario *Avui*, 2-X-1981)— colaboró en el rodaje de esta película.

La fuga de Segovia (1981), con todo, es una cinta más próxima al cine comercial —concretamente, al género de aventuras, policíaco— que al film político. La idea de los productores ha sido realizar una obra de evasión —tipo *Fuga de Alcatraz* (Siegel, 1980), o la clásica de John Sturges *La gran evasión* (1963), con la que guarda enormes similitudes narrativas— que pueda llegar al gran público que no tenga intereses políticos, sino meramente de cine-espectáculo (y lo han logrado, si nos atenemos a sus rendimientos en taquilla).

Imanol Uribe ha sabido imprimirle un buen ritmo a la acción, al tiempo que el relato posee bastante garra y mantiene en vilo al espectador. La realización está cuidada formalmente —sobre todo, la ambientación—, pero cae en las concesiones comerciales habituales: un exhibicionismo gratuito y ciertos toques sentimentales a cargo del militante catalán Oriol Soler Sugranyes, el único muerto en la fuga (interpretado por Ovidi Montllor), que le dan a la película un aire entre demagógico y un tanto exportable, también para la comunidad autónoma de Cataluña.

Asimismo, Uribe logra explotar los escenarios naturales de Euskadi y el folklore popular vasco, con lo que favorece la segunda lectura de la cinta. *La fuga de Segovia* (*Segoviako ihesa* es su título original en eusquera), ante todo, es un film militante, de intencionalidad más propagandística y nacionalista que histórica, aunque su carga ideológica sea subrepticia e indirecta.

En la actualidad, añadiré, el País Vasco está realizando —gracias a las subvenciones de la Caja Laboral Popular y de la Fundación Orbegozo— una serie de noticiarios hablados en lengua vernácula (como gran parte de esta cinta) que, bajo el título de *Ikustas*, pretenden desvelar tal idiosincrasia e informar al resto del país de la marcha de ese territorio autónomo.

Finalmente, cabe constatar las significativas declaraciones de Imanol Uribe, realizadas con motivo del lanzamiento de la película en el Estado español:

> Tengo mucha confianza en la infraestructura que generará la formación de la Televisión gubernamental vasca. El otro día, cuando vio la película el Consejero de Cultura Labayen, me dijo: «Ahora estoy convencido que se puede hacer cine vasco». Antes, aquí no se podía hacer absolutamente nada, porque no había ni equipos técnicos, ni laboratorios, ni productores, ni personas. Yo mismo he trabajado o estudiado cinematografía durante once años en Madrid, ahora he decidido volver a vivir aquí definitivamente. Me iré a un caserío a estudiar euskera y, mientras tanto, iré escribiendo un nuevo guión para otra película. Esta realizada representa una cosa muy importante: el intento de consolidación de la Frontera Film Irún, la primera productora estable vasca, que se dedicará a hacer un cine vasco.

Y termina el realizador definiendo esa cinematografía:

> El cinema vasco, como cualquier otro cine, ha de poder hablar de cualquier cosa, para demostrar que la cultura vasca sirve para explicar cualquier aspecto de la vida. No sé aún exactamente de qué tratará la nueva historia, pero pienso hacer algo de ambiente rural, una historia de caserío, que es una faceta sociológica muy ignorada tanto en Euskadi como fuera, y que es extraordinariamente rica...

Nostalgia y traumas de la vida cotidiana

El sistema democrático español —en crisis tras la remodelación del partido del Gobierno (Unión del Centro Democrático), la discutida sentencia del juicio sobre el frustrado golpe de Estado de 1981 y la perspectiva de adelantar las elecciones generales— continúa revisando el pasado histórico a través del cine.

«Dulces horas», de Carlos Saura

El ayer «contestatario» Saura se cierra de nuevo ante los intereses políticos del momento y, con *Dulces horas* (1982), vuelve a sus traumas y recuerdos infantiles.

A través de un guión suyo —¿autobiográfico?—, Carlos Saura arremete contra el ayer hispano e incide en planteamientos claramente freudianos, hasta la amoralidad —o inmoralidad, en torno del incesto surrealista— más absoluta, cayendo en obscenidades que podrían estar reflejadas en el Código Penal (corrupción de menores).

En el capítulo de aciertos, en cambio, están la ambientación —con escenas en *flash-back* de la Guerra Civil—, los tonos cromático-expresivos de la fotografía de Teo Escamilla —digno sucesor de Luis Cuadrado—, el plantel de intérpretes, encabezado por Asumpta Serna, y, sobre todo, el proceso interno-narrativo sauriano, donde desarrolla el juego espaciotemporal ya consolidado con *La prima Angélica* (1974).

Sin embargo, la maestría creadora de Saura, a nivel de significante, no está de acuerdo con el contenido de la cinta, cuya inmoralidad de fondo e imágenes —insisto— y cierto cinismo «libertador» inciden en el «epatado» espectador por el clima confuso, decadente y hasta desagradable (pese al lirismo que encierra en algunos momentos el relato) de la trama argumental.

Ideológicamente algo endeble —cosa habitual en el cine de Carlos Saura—, *Dulces horas* es una película ambiciosa, de difícil intelección para el gran público, pero con una simbología más clara y sencilla que su obra anterior.

«A contratiempo», de Óscar Ladoire

A caballo entre la nostalgia y el trauma, el actor y guionista Óscar Ladoire (*Opera prima*, 1979) ha debutado como realizador con *A contratiempo* (1982). Un producto típicamente «mesetario», dentro de la misma línea creadora de su compañero Fernando Trueba —el director de la citada *Opera prima*, coguionista y productor de este film—, pero más logrado a nivel estético y de concepción interna.

Se trata de un viaje nostálgico —también en el sentido literal de la palabra, pues los protagonistas se pasan toda la película viajando en coche—, interpretado por el propio Ladoire, quien da el tipo de un hombre de ayer que no encuentra su sitio en el hoy y no sabe conectar con un determinado tipo de mujer del mañana (?).

Con enorme libertad creadora y consecución formal, Ladoire y su equipo —ahora se han intercambiado los papeles con Trueba, al modo de las «nuevas olas» de los sesenta— saben cuidar el ritmo y captar el interés del espectador en todo momento, también con una apoyatura de escenarios naturales gallegos impresionantes. Asimismo, el relato presenta un tono entre cínico y desenfadado —habitual en sus autores—, con diálogos bien pensados y ese aire amoral del cine español de nuestros días.

A contratiempo, por tanto, viene a ser un ensayo creador, donde hay una búsqueda estético-narrativa y de identidad, y las sugerencias intelectuales —sin fáciles concesiones ni demagogias— se prodigan a lo largo de 107 minutos de cine de autor.

Auge del cine catalán

Coincidiendo con la aprobación por el Parlamento español de la discutida Ley Orgánica para la Armonización del Proceso Autonómico, que ha enfrentado a los partidos políticos, Cataluña ha vuelto ha poner en pantalla nuevos films en lengua vernácula, los cuales patentizan su idiosincrasia.

Homenaje a un pueblo

Sin duda, *La plaça del Diamant* (1982) es una de las películas que mejor reflejan el carácter catalán y las circunstancias históricas de un pueblo, juntamente con *Companys, procés a Catalunya*. Se trata de una impresionante evocación de las etapas de la Dictadura de Primo de Rivera, II República, Guerra Civil y primera posguerra, en la villa de Gracia (hoy día una importante barriada de Barcelona). Cuadro histórico-ambiental que trasciende los hechos sociopolíticos para incidir en el drama interior de unas gentes, del pueblo corriente, en ese largo período.

Con una puesta en imágenes austera a cargo de Francesc Betriu (*Los fieles sirvientes*), y una estética poco brillante, pero idónea al relato —nótese que el fim es una versión reducida de una coproducción seriada para Televisión—, el equipo realizador ha logrado una espléndida «ilustración» de la novela homónima de Mercè Rodoreda, un *best-seller* traducido a numerosos idiomas y valorado como una de las obras capitales de la moderna literatura catalana, pieza perfectamente escrita —con depurado estilo, lleno de imágenes y gusto por la forma—, de cariz triste y melancólico, poco esperanzador, en una palabra, como ya es habitual en esta autora.

Con todo, la personalidad de la Rodoreda y el espíritu del texto original se «come» en parte la película, tanto que su narrativa aparece como presa de la literatura. De ahí que el relato cinematográfico sucumba en momentos ante la escritura y carezca de cierta entidad fílmica (voz en *off* icluida). No obstante, *La plaza del Diamante* —título con el que se exhibirá en todo el mundo— contiene secuencias muy logradas: la despedida del niño en la colonia de refugiados, la escena del parque Güell y la despedida del novio, o la declaración del *botiguer* (tendero) y los bombardeos bélicos, en la casa y en el metro, junto a las escenas del entoldado, durante la tradicional fiesta mayor de Gracia.

La interpretación —y gran revelación— de la actriz Silvia Munt, quien da muy bien el personaje de Colometa —chica sencilla de la época, soñadora y típicamente de aquella barriada barcelonesa—, casi anula el trabajo, también destacado, de sus *partenaires* Lluís Homar y Joaquim Cardona, al tiempo que se dibujan con acierto los tipos obreros y las mentalidades de aquellos años críticos. Con un ritmo pausado, Betriu logra asimismo meter al espectador en la trama y le hace olvidar el largo metraje del film (dos horas para el cine, cuatro para TV), no sin cierto sentido del humor y de lirismo, dentro del «espíritu» de Mercè Rodoreda. A la vez, cuida bastante la elipsis —con algún toque mínimo de poco gusto— y equilibra la tragedia de los protagonistas, el homenaje a ese pueblo catalán. Aun así, *La plaça del Diamant* es una obra artísticamente menor, con apuntes geniales en el plano creativo.

Comerón y su comedida revolución ecológica

Más satisfactoria en su conjunto, pero no tan ambiciosa, resulta la película del catalán Luis José Comerón, *La revolta dels ocells* (1982), estrenada con todos los honores en Barcelona y cuyo título castellano será *La rebelión de los pájaros*.

Comerón, con un tema universal y de actualidad, ha lindado su obra maestra como realizador. Se trata de un musical «ecológico», que cuenta una fábula protagonizada por un grupo de niños-cantores (el conjunto Regaliz) y el pequeño actor Jorge Sanz (el intérprete del comentado *El timbaler del Bruc*), los cuales, con su actitud humanitaria, hacen regresar a los pájaros que han «huido» por la contaminación de la ciudad.

Con un guión original perfectamente estructurado —profundo y sincero, sin caer en el tópico naturalista—, Luis José Comerón pone en la picota el fenómeno de la polución atmosférica de las grandes urbes; concretamente, en la Barcelona actual. Su historia, plena de imaginación e ingenio artístico, es lineal, blanca, sencilla. Por eso *La revolta dels ocells* no solo es una espléndida película para menores, sino un buen film de tesis o de toma de conciencia para el espectador adulto; es decir, dirigido a todo ese público que quiere descansar en el cine, divertirse y a la vez reflexionar sobre una realidad crítica de la vida cotidiana.

Concebida con precisión fílmica, inspiración y un gran sentido del espectáculo —que es otra de las mejores cualidades de este cineasta de Mataró—, los «números» musicales son atrayentes, si bien acaso carezcan de un ápice de continuidad narrativa —ese musical «puro» o moderno tan difícil de conseguir, que no forma paréntesis en la acción—, debido a su escaso presupuesto y a sus limitados medios coreográficos. Destaca, con todo, *La terra és bonica, hem de conservar-la* y el rock en la plaza de Cataluña.

Asimismo, con una notable dirección de actores y movimientos de cientos de niños figurantes —que trabajan con gran naturalidad—, dentro de ese tono de comedia tradicional y festiva —el sentido del humor está presente a lo largo del relato— que caracteriza el ya comentado cine de Comerón, la cinta posee enorme colorido (en la acepción más amplia del término, escenarios naturales incluidos), y logra su objetivo fundamental: distraer y hacer pensar al gran público a través del viejo lema «formar deleitando», tan necesario en la actualidad. De ahí que la línea emprendida por Luis José Comerón pueda ser un camino idóneo para realizar el tan clamado cine infantil y juvenil. De momento —junto al premio especial Menores del Ministerio de Cultura y su venta al extranjero—, los niños del país lo están aplaudiendo.

Camus y Gutiérrez Aragón: recuerdos de posguerra

La cinematografía hispana continúa deparando obras que, por sus intenciones, acaparan la atención de buen número de espectadores y de los críticos más autorizados.

«La colmena»: una novela de Cela a la televisión

Mario Camus ha vuelto a colaborar en TVE con una cinta continuadora de la política de coproducción auspiciada por algunos profesionales del cine español como salida de la crisis: *La colmena* (1982), realizada para exhibir en la «gran pantalla» y emitir en capítulos en la pequeña. Pero si ese es el tipo de solución que proponen nuestros cineastas, una vez visionado el film en cuestión uno ya empieza a tocar a réquiem por el cine español.

La colmena es una decepcionante «ilustración» fílmica de una obra antaño prohibida de Camilo José Cela, quien publicó su novela en Buenos Aires, en 1951, tras un largo proceso de elaboración y lucha con editores y censores. Por aque-

216

llos años, el filósofo y también académico Julián Marías escribiría:

Es una panorámica de la vida madrileña hacia 1942, poco después de la Guerra Civil, en una época de estrechez económica y zozobra política. No es un «documento», sino una interpretación literaria muy elaborada, pero con un trasfondo de realidad penetrantemente observada. Cela, como siempre, se complace en lo grosero y repelente, pero esta novela, dura y tierna a un tiempo, con viñetas certeras, intensas, donde el lirismo brota de repente y se esconde, con innumerables personajes representados, con rasgos vivos y expresivos, consigue crear una fuerte estampa literaria.[8]

Sin embargo, esa crónica negra de la España de la primera posguerra, donde se resalta únicamente la sordidez y la miseria humanas, ha sido recreada por Camus sin imaginación. Así, el clima asfixiante de la pieza original y el espíritu de Cela han sido vertidos en unas imágenes donde el tono literario y la influencia del medio televisivo se dejan notar demasiado, dañando la entidad cinematográfica de la obra, pese al guión y diálogos de José Luis Dibildos. Asimismo, este retrato de toda una época carga las tintas pesimistas y comunica al espectador la amargura de un lado del país: eminentemente, el de los vencidos...

Con concesiones pornográficas y toques de mal gusto, *La colmena* posee algunas escenas evocadoras harto logradas, que no justifican un film desigual, más próximo al revanchismo crítico que al rigor histórico.

«Demonios en el jardín» hispánico

Se trata de otra historia dramática de posguerra, dentro de la simbología cerrada de Manuel Gutiérrez Aragón, aunque menos enrevesada que en sus anteriores películas *(El corazón del bosque, Maravillas)*. Así, *Demonios en el jardín* (1982) es una visión ácida de la España rural de los primeros años del franquismo, con el racionamiento y el estraperlo, la

---

8. J. Marías, «Relectura visual de *La colmena*», *La Vanguardia* (19-XII-1982).

miseria, en una palabra —no solo económica, sino moral—, que embargaba a ciertas zonas del país.

Con un trasfondo de carácter autobiográfico —a nivel de recuerdos personales, al menos— y una puesta en escena austera —las obscenidades son mínimas, en relación con otras películas de este autor—, Gutiérrez Aragón crea un clima feísta y, dentro de ese ambiente misérrimo, estudia la psicología de gentes singulares, que pretenden ser arquetipos de todo un período (superior Ángela Molina a su *partenaire* Ana Belén), por medio de la mirada de un niño: el revelador Álvaro Sánchez Prieto.

No obstante, el desgarro y los equívocos religiosos, la crueldad y lo grotesco, junto al aire esperpéntico de algunas escenas, se unen a determinada crítica social un tanto ambigua, que cobra caracteres desmitificadores entorno del «héroe» de la época de Franco y sus relaciones con el cine a través del NO-DO. Incluso, la narración tiene momentos que recuerda el estilo duro y costumbrista de Camilo José Cela, con toques políticos algo inspirados.

Con todo, Gutiérrez Aragón,[9] considerado como uno de los más ingeniosos realizadores del cine español, precisa temas más universales y enjundiosos para desarrollarse como auténtico hombre de cine en esa búsqueda estético-estilística que lo singulariza como creador.

Valentina, según un relato de Sender, y la *Antonieta* de Carlos Saura

La tercera coproducción de TVE con la industria cinematográfica nacional —la primera y segunda fueron las comentadas *La plaza del Diamante* y *La colmena*— está batien-

---

9. A Manolo Gutiérrez lo conocí personalmente en un plató de Prado del Rey, cuando ambos esperábamos para grabar una entrevista en el desaparecido programa de Alfonso Eduardo *Revista de cine*. Allí hizo una valoración de mi citado libro *El cine político visto después del franquismo*, que lamentó no hubiera tenido mayor difusión en Madrid; acaso recordaba que yo fui uno de los primeros críticos españoles que «creyó» en él, cuando debutó con *Habla, mudita* (1973), que califiqué como «el film más importante que nos ha dado el cine patrio desde hace un montón de años», opinión que recogió J.M. Baget Herms con motivo de su pase por TVE (Cfr. *La Vanguardia*, 11-V-1979).

do récords taquilleros en España, mucho antes de que sea emitida por la pequeña pantalla del país. Mientras, Saura no triunfa con su acaso más pulcra realización.

«Valentina», de Sender-Betancor

El exiliado y recientemente fallecido Ramón J. Sender, célebre escritor aragonés —autor de *La aventura equinoccial de Lope de Aguirre*, *Réquiem por un campesino español* y *La tesis de Nancy*, entre otras—, publicó en 1942 una extensa novela de cariz autobiográfico: *Crónica del alba*. Esta acaba de ser llevada a la pantalla por un joven realizador hispano, Antonio José Betancor, coautor también del guión cinematográfico con Lautaro Murúa, que ha contado con un presupuesto de 145 millones de pesetas para filmar las dos partes de la obra. Asimismo, para la distribución mundial de la cinta se contrató a Anthony Quinn, quien da muy bien el personaje de un sacerdote rural.

Valentina (1982), título de la primera parte, es una buena «ilustración» de la pieza de Sender, ambientada en la España de principios de siglo, concretamente en la localidad de Albarracín (Teruel), en 1911. Así, narra los recuerdos de infancia de Pepe Garcés (espléndido Jorge Sanz) y sus relaciones sentimentales con Valentina (impresionante la interpretación de la niña Paloma Gómez). Todo ello, envuelto en un clima de lirismo e ironía costumbrista y evocando, por la vía de la nostalgia, el mundo rural y el estilo de Ramón J. Sender, sin traicionar el espíritu de la novela.

No exenta, con todo, de cierto tono literario y del lenguaje propio del medio televisivo —se nota que al joven director le falta oficio—, la película de Betancor posee fuerza narrativa. Y si parece faltarle un ápice de nervio dramático, su correcta factura y cuidada ambientación —la fotografía de Juan A. Ruiz Anchia es un tanto virtuosista— sabe aprovechar los escenarios naturales auténticos, potenciando el clima intimista y retratando con creces un período de la historia española. La música de Riz Ortolano también ayuda a la creación de esa atmósfera, que capta a todo tipo de espectadores desde el primer momento, preparándole inconscientemente a esperar la segunda parte: *1919, Crónica del alba* es su título.

«Antonieta», otra discutida obra de Carlos Saura

Saura, el más famoso realizador español del momento, ha saltado a las pantallas comerciales con una pieza que está al borde de la obra maestra. En cambio, el público y parte de la crítica no han respondido favorablemente a la cinta; acaso porque *Antonieta* no está en la línea de su temática habitual.

Es obvio que, tras la fallida *Dulces horas*, donde parece cerrar una etapa de su cine, Carlos Saura ha querido abandonar sus traumas españoles para universalizarse con una historia novelada de altas miras. Pero los aficionados no se lo han «permitido»..., como ayer le criticaron que, después de la muerte de Franco, no hiciera films políticos sin cortapisas. Sin embargo, personalmente, me quedo con este Saura.

Antonieta (1982), coproducción franco-hispano-mexicana, cuenta una historia real: la vida y muerte de la escritora Antonieta Rivas (1900-1931), a través de la investigación que hace una socióloga europea del porqué de su extraño suicidio en el interior de la catedral de Notre-Dame. No obstante, la crítica mexicana se ha lanzado contra el film, acusando al cineasta español de falta de rigor histórico y de superficialidad, de buscar el efectismo fácil de cara al público europeo y de desvirtuar totalmente la figura de la «heroína» posrevolucionaria. Pues «*Antonieta* —escribió Héctor Rivera, en el semanario independiente *El Proceso*— es una breve e imprecisa lección de historia nacional para alumnos extranjeros de cursos de verano»; mientras Ethel Krauze, conocida firma del diario *Unomasuno*, afirma: «Contar hechos sociales, en vez de ir a la cacería de personajes, es el mejor antídoto en contra del Arte. Antídoto que se ha usado con eficacia en *Antonieta*».

La única defensa que puedo hacer de Carlos Saura procede del terreno estrictamente fílmico: la concepción estética de su película, con su coherencia estilística y originalidad creadora, posee una entidad artística de primer orden. Si no ha sido fiel a la biografía original —o a lo que esperaban los mexicanos—, no lo voy a discutir; sí, en cambio, que *Antonieta* «cierre con broche de lodo —como añade la Krauze— las maneras de este sexenio cinematográfico». Quizá no se está respetando la libertad creadora del realizador, su interpretación de lo que significó la escritora mexicana. No hay que olvidar que se está ante una obra cinematográfica, no ante un libro histórico-biográfico, abierta a las diversas intelecciones.

Con un guión escrito en colaboración con Jean-Claude Carrière —el habitual guionista de Buñuel—, Saura logra una inteligente introspección psicológica, con toques surrealistas incluidos, al tiempo que evoca toda una época. La ambientación y creación de tipos son perfectos, así como la espléndida interpretación que brindan dos «divas» del cine actual: Isabelle Adjani, como Antonieta, y Hanna Schygulla, como la socióloga investigadora. Con un cuidado gusto en la composición interna de cada escena, evitando fáciles concesiones y midiendo cada plano, Carlos Saura —ayudado por su *cameraman* Teo Escamilla— consigue soluciones estéticas antológicas; especialmente, en ese juego espaciotemporal en que se funden las dos mujeres protagonistas. El final, con su apoyatura musical, también es destacable a nivel formal.

Por tanto, la intuición poética del hoy aún más discutido realizador español, y la indudable garra narrativa de su *Antonieta* —el interés es más interno que puramente temático, más subjetivo y sugeridor a nivel intelectual que objetivo—, lo sitúan entre las primeras firmas del cine contemporáneo. Una vez abandonados sus fantasmas hispánicos, sería grato que Saura siguiese por ese camino como autor. Pese a que haya defraudado a sus «seguidores».

Comedias, fábulas y tragedias

En esta continuada crisis de nuestra cinematografía, surgen nuevos títulos que acaparan la atención del sufrido espectador: una serie de comedias, fábulas y tragedias que intentan reflejar la evolución de la sociedad española dentro de la democracia ya consolidada en el país.

Berlanga y su «Nacional III»

Otro de los veteranos realizadores españoles, Luis G. Berlanga, ha vuelto a las carteleras, con la esperada *Nacional III* (1982). Se trata de la tercera y última parte de una serie sainetesca que inició al poco tiempo de la desaparición del régimen dictatorial, con el que tuvo serias disidencias. Pero si las anteriores cintas —*La escopeta nacional* y *Patrimonio nacional*— fueron fallidas, la presente realización resulta la peor.

Evidentemente, Berlanga ha entrado en una clara crisis creadora; él, que fue uno de los pocos maestros del cine español, y que achacaba a la censura franquista su frustración como autor, ahora que ya no tiene cortapisa alguna —ni ideológica ni económica (ha contado con 80 millones de pesetas)— está realizando las películas más flojas —por no decir, mediocres— de su carrera. Y en esta opinión coinciden críticos hispanos tan exigentes como el catalán Enric Ripoll-Freixes, del diario *Avui*.

Así, con un guión ambicioso, escrito en colaboración con Rafael Azcona y no exento de humor negro, Berlanga brinda algunos golpes ingeniosos que provocan la hilaridad en el público, junto a groserías y facilidades eróticas y anticlericales que desvirtúan más el pobre y repetitivo argumento del film... hasta parecer que, por su trama, estamos viendo siempre la misma película (en relación con las anteriores, se entiende). Ahora, las desventuras de la familia Legueniche se centran en la fuga de capitales, tras los sucesos del frustrado golpe de Estado del 23-F.

Con cierto escepticismo crítico y ambigüedad ideológica —apenas hay retrato social en *Nacional III*—, el discursivo y poco inspirado film de Luis García Berlanga se apoya primordialmente en el plantel de intérpretes, quienes repiten sus personajes de forma más tópico-caricaturesca que convincente, dentro del tono de sainete propio de este antiguo maestro del cine español y utilizando el plano-secuencia como método narrativo.

En septiembre (1982) es la nueva realización de Jaime de Armiñán. Otro discurso sociopolítico sobre el pasado reciente, incidiendo en el sistema educativo del ayer hispano.

La película es mera anécdota: los antiguos alumnos de un colegio quieren rememorar su vida adolescente con una excursión en bicicleta, como cuando ellos y ellas eran estudiantes. Así, Armiñán desarrolla una crónica crítico-nostálgica y compone un retrato acerca de la España del franquismo, con sus miserias y valores, prejuicios y convenciones. «Prejuicios» —entre comillas—, que los protagonistas presentan hoy como «represiones» y de las cuales intentarán «liberarse» a través de ese insólito paseo. Con tal fin, el guionista-realizador crea un clima romántico y un tono lírico, a veces, con la apoyatura de la banda sonora y la interpretación. Pero su habitual ambigüedad ideológica y preciosismo estético de sus imágenes —tomas demasiado efectistas de Teo Escamilla— le dan cierto aire de irrealidad a una historia que acaba por ser no creíble; aparte de la ausencia de tesis alguna.

Y un tanto de lo mismo ocurre con *La próxima estación* (1982), de Antonio Mercero, quien, aprovechando el éxito de la serie de TVE *Verano azul*, toca la problemática de cierta juventud actual, incidiendo en la educación y en las relaciones padres-hijos. La introspección que Mercero hace del mundo de los adultos es más interesante que el drama de los jóvenes, pero le falta tino al final. De ahí que su película parezca una versión española del *Taking off* (1970), de Milos Forman, sobre los adolescentes que se marchan de casa. Asimismo, pese a su brillante puesta en escena y trabajado guión —las concesiones son mínimas, en relación con las de Jaime de Armiñán—, su fondo también es ambiguo, confrontando los diversos puntos de vista y cargando las tintas dramáticas, sin demasiada capacidad de reflexión para el espectador, debido a lo «marcado» de una historia plena de apriorismos y situaciones-límite.

Más películas fallidas

Y entre el resto de productos hispanos presentados en las salas del país, cabe constatar otros títulos fallidos, que han pasado sin pena ni gloria (aunque algunos hayan rendido en taquilla), pero englobables en el título general de este artículo. Los ya veteranos Manuel Summers y Eloy de la Iglesia han estrenado *To'er mundo e güeno* —una especie de «objetivo indiscreto— y *Colegas* —sobre los marginados—, respectivamente; mientras que su coetáneo Javier Aguirre tampoco ha recibido el parabién de la crítica por su *Vida perra*, un «solo» de Esperanza Roy basado en la novela de Ángel Vázquez *La vida perra de Juanita Narboni.*

Por otra parte, el *underground* madrileño Pedro Almodóvar ha vuelto a desagradar al público con otro film antiestético, *Laberinto de pasiones*, al tiempo que dos cineastas del País Vasco han presentado una comedia «negra» de cara a popularizar esa cinematografía: *Siete calles*, de Javier Rebollo y Juan Ortuoste, ambientada en el mismo Bilbao. Fernando Colomo exhibió en Venecia su *Estoy en crisis*, que parece volver a la fórmula de la fallecida «tercera vía», a la vez que el comité organizador del Festival de Cannes (como se ha repetido en las ediciones siguientes) no seleccionó ninguna película española para su último certamen. Y con este panorama, llegamos al final del período constitucional.

Para terminar, la recién nombrada —tras la victoria del PSOE en las elecciones adelantadas de octubre— directora general de Cinematografía, Pilar Miró, acaba de presentar su film *Hablamos esta noche*. Se trata de una nueva cinta «feminista», que viene a ser la otra cara de su *Gary Cooper, que estás en los cielos*. Paradójicamente, la autora que tropezó con el sistema político español con su ayer prohibido *El crimen de Cuenca*, hoy ha sido llamada para regir los destinos de la cinematografía nacional.

La Miró, lo primero que hizo fue enviar a Hollywood *Volver a empezar* (1982), una buena película de José Luis Garci, estrenada durante la etapa del Gobierno de UCD, y con la cual los socialistas se marcarían el tanto del primer Óscar al cine español; aunque el film pertenece a la época democrática anterior.

Segundo balance crítico

Terminado el período centrista, queda por ofrecer un segundo balance crítico del cine español de la democracia, el cual —debido al mismo partido en el poder y la misma política cinematográfica— no se diferencia sobremanera de la etapa anterior.

Superado el revanchismo y la desmitificación de la larga dictadura, que provocó un sarampión posfranquista —sacarse la «espina» del régimen anterior, para muchos—, los films españoles continúan su proceso en búsqueda del equilibrio creador. De ahí que, a nivel de voluntad de expresión, se incida en la temática política —Bardem, Berlanga, Gutiérrez Aragón... e incluso Saura—, sobre todo a medida de que el sistema democrático comienza a consolidarse tras el frustrado golpe de Estado del 23-F y se autorizan películas conflictivas tipo *El crimen de Cuenca*.

Esa nueva politización del cine nacional tiene su punto culminante con el estreno de varias cintas propagandísticas del grupo terrorista ETA, así como una revisión crítica de la sociedad española, incluso de la democracia (Garci, Armiñán, Mercero, etc.).

Por otra parte, surge la «movida» madrileña (Trueba, Ladoire, Colomo... hasta Pedro Almodóvar) en la liza cinematográfica; mientras Cataluña responde con un cine autonómico que intenta reflejar —idioma incluido— la mentalidad de esa nacionalidad del Estado español.

Asimismo, a nivel estético-expresivo, se observa una mayor coherencia formal entre lo que se quiere decir y cómo se dice, aunque la simbología y las claves críticas hacen que siga siendo difícil la «digestión» de algunas películas hispanas. De ahí también que no siempre se dé una idónea comunicación por parte del espectador, a quien se le abruma con fáciles concesiones «epatantes», que no aportan nada en torno a la mejor intelección de los films, pero sí de cara a la taquilla entre el gran público.

Sin embargo, la larga época socialista nos brindará mayores perspectivas sobre la evolución del cine español actual.

Fichero de películas
(1979-1982)

A contratiempo

P.: Ópera Films (1981). *D.*: Óscar Ladoire. *A.* y *G.*: Óscar Ladoire y Fernando Trueba. *F.*: Ángel Luis Fernández. *M.*: Arie Dzierlatka y J.A. Sánchez Ferlosio. *Mon.*: Miguel Ángel Santamaría. *Int.*: Óscar Ladoire, Mercedes Resino, Fernando Vivanco, Paco Lobo, Almudena Grandes, Juan Cueto, Rafael García Martos, Manolo Huete, Raúl Palacios, Carlos Boyero y Salvador Gómez-Calle. Color - 107 min. *E.*: 15-3-1982. *Días*: 1.773. *Espect.*: 341.502. *Recaud.*: 68.933.006.

Antonieta

P.: Nuevo Cine - Conacine, S.A. - Gaumont (1982). *D.*: Carlos Saura. *A.*: Según la novela de Andrés Henestrosa. *G.*: Jean-Claude Carrière y Carlos Saura. *F.*: Teo Escamilla. *M.*: José Antonio Zavala y canciones de la época. *Dec.*: Kleomenes Stamatiades. *Mon.*: Pablo G. del Amo. *Int.*: Isabelle Adjani, Hanna Schygulla, Ignacio López-Tirso, Carlos Bracho, Gonzalo Vega, Héctor Alterio, Bruno Rey, Diana Bracho, Víctor Junco, Fernando Balzaretti, Víctor Alcocer y Narciso Busquets. Color - 104 min. *E.*: 21-10-82. *Días*: 1.388. *Espect.*: 174.471. *Recaud.*: 37.575.881.

Asesinato en el Comité Central

P.: Morgana Films - Lola - Acuarius (1982). *D.*: Vicente Aranda. *A.*: según la novela de Manuel Vázquez Montalbán. *G.*: Vicente Aranda. *F.*: José Luis Alcaine. *M.*: Manuel Camp. *Dec.*: Roberto Alonso. *Mon.*: Teresa Font. *Int.*: Patxi Andión, Victoria Abril, Conrado San Martín, Héctor Alterio, José Vivó, José Carlos Plaza, Miguel Rellán, Francisco Vidal, José Curro, Juan Jesús Valverde, Ramón Durán y María Rubio. Color - 110 min. *E.*: 16-8-82. Días: 1.516. *Espect.*: 169.963. *Recaud.*: 30.779.787.

Barcelona Sur

P.: Figaró Films (1980). *D.*: Jordi Cadena. *A.*: Gustau Hernández y Jordi Cadena. *F.*: Jaume Peracaula. *M.*: Carles Santos. *Dec.*: Cesc Candi-

226

ni. *Mon.*: Teresa Alcocer. *Int.*: Jaime Moreno, Alma Muriel, Marta Molins, Ángel Jové, Carles Velat, Paca Gabaldón, Iran Eory, Miriam de Maeztu, Berta Singerman y Carme Elías. Color - 101 min. *E.*: 26-3-81. *Días*: 1.385. *Espect.*: 221.159. *Recaud.*: 38.603.084.

La batalla del porro

P.: Profilmar - Germinal Films - Prozesa (1981). *D.*: Joan Minguell. *A.*: Francesc Bellmunt, Juanjo Puigcorbé, Miquel Sanz y Joan Minguell. *G.*: Francesc Bellmunt. *F.*: Tomás Pladevall. *M.*: José María Durán. *Dec.*: Joan Puerto. *Mon.*: Emilio Ortiz. *Int.*: Victoria Abril, Joan Borrás, Carles Tristancho, Joan Armengol, Pepe Rubianes, José María Cañete, Jaume Sorribes, Paul Naschy, Fernando Rubio, Francesc Albiol, Ricard Borrás, Oscar Rodríguez y Antonio Chamarro. Color - 102 min. *E.*: 1-3-82. *Días*: 2.748. *Espect.*: 617.816. *Recaud.*: 113.489.020.

Bodas de sangre

P.: Emiliano Piedra P.C. (1980). *D.*: Carlos Saura. *A.*: según la obra teatral de Federico García Lorca. *G.*: Alfredo Mañas, Carlos Saura y Antonio Gades. *F.*: Teo Escamilla. *M.*: Emilio de Diego. *Dec.*: Rafael Palmero; Coreografía: Antonio Gades. *Mon.*: Pablo G. del Amo. *Int.*: Antonio Gades, Cristina Hoyos, Juan Antonio Jiménez, Pilar Cárdenas, Carmen Vilena, Enrique Esteve, Marisol y Pepe Blanco. Color - 72 min. *E.*: 9-3-81. *Días*: 939. *Espect.*: 243.631. *Recaud.*: 46.564.960.

La campanada

P.: José Frade P.C. (1979). *D.*: Jaime Camino. *A.* y *G.*: Jaime Camino y Román Gubern. *F.*: José Luis Alcaine. *M.*: Joan Albert Amargós. *Dec.*: José Espinosa. *Int.*: Juan Luis Galiardo, Fiorella Faltoyano, Ovidi Montllor, María Asquerino, Agustín González, Ismael Merlo, Fermí Reixach y José M.ª Loperena. Color - 102 min. *E.*: 6-3-80. *Días*: 1.039. *Espect.*: 162.978. *Recaud.*: 22.879.147.

Colegas

P.: Ópalo Films (1982). *D.*: Eloy de la Iglesia. *A.* y *G.*: Gonzalo Goicoechea y Eloy de la Iglesia. *F.*: Hans Burmann y Antonio Cuevas. *M.*: Miguel Botafogo y Antonio González Flores. *Dec.*: Juan Puerto. *Mon.*: José Salcado. *Int.*: Antonio González Flores, Rosario González Flores, José Luis Manzano, José Manuel Cervino, Queta Ariel, José Luis Fernández Eguía, José Luis Márquez, Ricardo Casares, Quique San Francisco, Pedro Nieva Parola e Isabel Perales. Color - 90 min. *E.*: 25-10-82. *Días*: 3.159. *Espect.*: 553.904. *Recaud.*: 104.893.571.

La colmena

P.: Ágata Films - TVE (1982). *D.*: Mario Camus. *A.*: según la novela de Camilo José Cela. *G.*: José Luis Dibildos. *F.*: Hans Burmann. *M.*: An-

tón García Abril. *Dec.*: Ramiro Gómez. *Mon.*: José María Biurrun. *Int.*:
José Sacristán, Ana Belén, Concha Velasco, Charo López, José Luis Ló-
pez Vázquez, Fiorella Faltoyano, Francisco Rabal, Luis Escobar, Emilio
Gutiérrez Caba, Victoria Abril, Francisco Algora, Rafael Alonso, José
Bódalo, Mary Carrillo y Agustín González. Color - 112 min. *E.*: 11-10-
82. *Días*: 4.147. *Espect.*: 1.486.765. *Recaud.*: 339.694.699.

Com un adéu
   P.: D'Ocon Films - Profilmar (1982). *D.*: Pere Vila. *A.* y *G.*: Pere Vila.
F.: Llorenç Soler. *M.*: Juan Moreno. *Dec.*: Jordi Anguera. *Mon.*: Margarida Bernet. *Int.*: Mario Pardo, Fiorella Faltoyano, Mercè Camins, Jordi
Humet, Anna Segura, Marina Rossell, Iñigo Gurrea, Vicens M. Domènech y Laura Culat. Color - 90 min.. *E.*: 3-8-84. *Días*: 220. *Espect.*:
26.668. *Recaud.*: 6.267.738.

Companys, procés a Catalunya
   P.: P.C. Teide - La Llanterna Films - Prozesa (1979). *D.*: Josep
Maria Forn. *A.*: Ferran Llagostera, Antoni Freixas y Josep Maria
Forn, basado en hechos históricos. *G.*: Antoni Freixas y Josep M.ª
Forn. *F.*: Cecilio Paniagua. *M.*: Manuel Valls Gorina. *Dec.*: Josep Ma-
ria Sagarra y Josep M. Espada. *Mon.*: Emilio Rodríguez. *Int.*: Luis
Iriondo, Marta Angelat, Montserrat Carulla, Xabier Elorriaga, Ovidi
Montllor, Marta May, Pau Garsaball, Agustín González, Alfred Lu-
chetti, Carles Velat, Jordi Serrat, Biel Moll y Josep Andreu i Abelló.
Color - 125 min. *E.*: 17-9-79. *Días*: 1.571. *Espect.*: 361.807. *Recaud.*:
55.740.757.

Con el culo al aire
   P.: Ancle - Globe Films - Estudios Andro (1980). *D.*: Carles Mira. *A.*
y *G.*: Carles Mira. *F.*: Hans Burmann. *M.*: Juan Carlos Senante. *Dec.*:
Alejandro Soler. *Mon.*: Pablo G. del Amo. *Int.*: Ovidi Montllor, Eva
León, María José Arenas, Juan Monleón, Juan Carlos Senante, Antonio
Morant, Rosita Amores y José Luis Gil. Color - 94 min. *E.*: 11-9-80. *Días*:
3.056. *Espect.*: 738.273. *Recaud.*: 120.218.102.

Corazón de papel
   P.: Blau Films - Manuel Salvador, S.A. (1982). *D.*: Roberto
Bodegas. *A.*: Manuel Albignoni. *G.*: Manuel Albignoni, Jaime de Armi-
ñán y Roberto Bodegas. *F.*: Manuel Rojas. *M.*: Carmelo Bernaola. *Dec.*:
Gil Parrondo. *Mon.*: Guillermo Maldonado; *Int.*: Antonio Ferrandis,
Patxi Andión, Ana Obregón, Eduardo Calvo, Isabel Luque, Lautaro Mu-
rúa, Héctor Alterio, Claudia Graby, Francisco Vidal, Silvia Tortosa y
Aurora Redondo. Color - 107 min. *E.*: 22-9-82. *Días*: 478. *Espect.*:
53.065. *Recaud.*: 11.566.943.

El corazón del bosque

P.: Arándano, S.A. (1979). *D.*: Manuel Gutiérrez Aragón. *A.* y *G.*: Manuel Gutiérrez Aragón y Luis Megino. *F.*: Teo Escamilla. *M.*: Jaime Robles, Jesús Oriola, Pedro González y Vicente Martínez. *Dec.*: Félix Murcia. *Mon.*: José Salcado. *Int.*: Norman Brisky, Ángela Molina, Luis Politti, Víctor Valverde, Santiago Ramos, Margarita Mas, Julio César Acera, Ernesto Martín, Julián Navarro y Luis Pastor. Color - 108 min. *E.*: 28-11-79. *Días*: 1.425. *Espect.*: 262.403. *Recaud.*: 40.768.051.

El crack

P.: Nickel Odeón - Acuarius Films (1981). *D.*: José Luis Garci. *A.* y *G.*: José Luis Garci y Horacio Valcárcel. *F.*: Manuel Rojas. *M.*: Jesús Gluck y Ugo Jürgens. *Dec.*: Félix Murcia. *Mon.*: Miguel González Sinde. *Int.*: Alfredo Landa, María Casanova, Manuel Tejada, Miguel Rellán, Raúl Fraire, Manuel Lorenzo, José Bódalo, Francisco Vidal y Mayrata O'Wisiedo. Color - 131 min. *E.*: 6-4-81. *Días*: 2.718. *Espect.*: 580.775. *Recaud.*: 101.587.413.

El crimen de Cuenca

P.: Incice - Jet Films (1979). *D.*: Pilar Miró. *A.*: Juan Antonio Porta, basado en hechos reales. *G.*: Salvador Maldonado y Pilar Miró. *F.*: Hans Burmann. *M.*: Antón García Abril. *Dec.*: Fernando Sáenz. *Mon.*: José Luis Matesanz. *Int.*: Amparo Soler Leal, Héctor Alterio, Daniel Dicenta, Fernando Rey, José Manuel Cervino, Mary Carrillo, Fernando Rey, José Manuel Cervino, Mary Carrillo, Francisco Casares, Eduardo Calvo, José Vivó, Félix Rotaeta y Pedro del Río. Color - 91 min. *E.*: 17-8-81. *Días*: 6.412. *Espect.*: 2.618.861. *Recaud.*: 461.037.195.

Cristóbal Colón, de oficio descubridor

P.: Constan Film (1982). *D.*: Mariano Ozores. *A.* y *G.*: Juan José Alonso Milán. *F.*: Alejandro Ulloa. *M.*: Teddy Bautista y Pepe Robles. *Dec.*: Antonio Cortés. *Mon.*: Antonio Ramírez de Loaysa. *Int.*: Andrés Pajares, Fiorella Faltoyano, María Kosty, Juanito Navarro, Rafaela Aparicio, Manolo Gómez Bur, Antonio Garisa, Alfredo Mayo, Ángel de Andrés, Antonio Ozores, Roberto Camardiel y Quique Camoiras. Color - 87 min. *E.*: 8-9-82. *Días*: 4.194. *Espect.*: 1.399.689. *Recaud.*: 284.741.109.

El curso que amamos a Kim Novak

P.: Togapor P.C. (1979). *D.*: Juan José Porto. *A.* y *G.*: Carlos Puerto y Juan José Porto. *F.*: Miguel Mila. *M.*: Ángel Arteaga. *Int.*: Miguel Ayones, Kitty Manver, Miguel Arribas, Cecilia Roth, Beatriz Elorrieta, Antonio Gamero y Roxanne Bach. Color - 85 min. *E.*: 28-6-79. *Días*: 859. *Espect.*: 86.251. *Recaud.*: 10.600.640.

Dedicatoria

P.: Elías Querejeta P.C. - Les Films Molière (1980). *D.*: Jaime Chávarri. *A.*: Jaime Chávarri. *G.*: Jaime Chávarri y Elías Querejeta. *F.*: Teo Escamilla. *M.*: Mozart, Schubert, Ravel e Iparraguirre. *Dec.*: Antonio Belizón. *Mon.*: Pablo G. del Amo. *Int.*: José Luis Gómez, Amparo Muñoz, Patricia Adriani, Marie Mansart, Francisco Casares, Helène Peycherand, Luís Politti y Claude Ledros. Color - 99 min. *E.*: 5-9-80. *Días*: 1.304. *Espect.*: 128.405. *Recaud.*: 19.033.438.

Demonios en el jardín

P.: Luis Megino P.C. (1982). *D.*: Manuel Guitérrez Aragón. *A.* y *G.*: Manuel Gutiérrez Aragón y Luis Megino. *F.*: José Luis Alcaine. *M.*: Javier Iturralde. *Dec.*: Andrea D'Odorico. *Mon.*: José Salcado. *Int.*: Ángela Molina, Ana Belén, Imanol Arias, Encarna Paso, Eusebio Lázaro, Francisco Merino, Álvaro Sánchez-Prieto, Pedro del Río, Luis Lemos y Amparo Ciment. Color - 100 min. *E.*: 18-10-82. *Días*: 3.355. *Espect.*: 976.185. *Recaud.*: 220.033.013.

Deprisa, deprisa

P.: Elías Quejereta P.C. - Molem (1980). *D.*: Carlos Saura. *A.* y *G.*: Carlos Saura. *F.*: Teo Escamilla. *M.*: Canciones de Los Chungitos, Lole y Manuel, Cappuccino y La Marelu. *Dec.*: Antonio Belizón. *Mon.*: Pablo G. del Amo. *Int.*: Berta Socuéllamos, José Antonio Valdelomar, Jesús Arias, José María Hervás, Consuelo Pascual, María del Mar Serrano, Andrés Falcón, Alain Doutey, Suzy Hannier e Ives Arcanel. Color - 99 min. *E.*: 1-4-81. *Días*: 4.699. *Espect.*: 1.046.001. *Recaud.*: 167.162.731.

Después de...

1.ª parte: *No se os puede dejar solos*. 2.ª parte: *Atado y bien atado*. *P.*: Ales P.C. (1981). *D.*: Cecilia y José Juan Bartolomé. *A.* y *G.*: Celilia y José J. Bartolomé. *F.*: José Luis Alcaine. *M.*: Vyistas Bremer. *Mon.*: Javier Morán. *Int.*: gente de la calle. Color - 95/104 min. *E.*: 7-11-83. *Días*: 161/179. *Espect.*: 16.826/18.345. *Recaud.*: 3.277.404/3.648.564.

El divorcio que viene

P.: Pedro Masó - Impala (1980). *D.*: Pedro Masó. *A.* y *G.*: Rafael Azcona y Pedro Masó. *F.*: Alejandro Ulloa. *M.*: Juan Carlos Calderón. *Dec.*: Ramiro Gómez. *Mon.*: Alfonso Santacana. *Int.*: José Luis López Vázquez, José Sacristán, Amparo Soler Leal, Mónica Randall, Agustín González, Amparo Baró, Florinda Chico, Guillermo Marín, María Kosty y Alberto Closas. Color - 115 min. *E.*: 10-7-80. *Días*: 3.085. *Espect.*: 801.283. *Recaud.*: 121.777.691.

Dos y dos, cinco
   P.: Blau Films, S.A. - Lotus Films (1980). *D.*: Luis José Comerón. *A.* y *G.*: Luis José Comerón. *F.*: Manuel Rojas. *M.*: Carmelo Bernaola. *Dec.*: Ramiro Gómez. *Mon.*: Guillermo Maldonado. *Int.*: Antonio Ferrandis, Lolo García, Silvia Pinal, Juan Ferrara, Lola Forner, Gonzalo Fernández, Helga Liné, José Luis de Vilallonga, Miguel Ayones, Jorge Sanz y Francisco Casares. Color - 96 min. *E.*: 23-11-81. *Días*: 1.851. *Espect.*: 184.546. *Recaud.*: 25.899.823.

Dulces horas
   P.: Elías Querejeta P.C. - Les Productions J. Roitfeld (1981). *D.*: Carlos Saura. *A.* y *G.*: Carlos Saura. *F.*: Teo Escamilla. *M.*: *La Valse* de Ravel y temas populares interpretados por Imperio Argentina y Celia Gámez. *Dec.*: Antonio Belizón y Emilio Sanz de Soto. *Mon.*: Pablo G. del Amo. *Int.*: Assumpta Serna, Iñaki Aierra, Álvaro de Luna, Jacques Lalande, Luisa Rodrigo, Alicia Sánchez, Pablo Hernández, Alicia Hermida, Elena Marín, Isabel Mestre y Ofelia Angélica. Color - 106 min. *E.*: 15-2-82. *Días*: 1.270. *Espect.*: 171.498. *Recaud.*: 31.444.689.

En septiembre
   P.: A. Punto E.L., S.A. (1981). *D.*: Jaime de Armiñán. *A.* y *G.*: Jaime de Armiñán y Ramón de Diego. *F.*: Teo Escamilla. *M.*: Jesús Aranguren y canciones de Dyango. *Dec.*: Félix Murcia. *Mon.*: José Luis Matesanz. *Int.*: Amparo Baró, Carmen de la Maza, María Massip, María Luisa Merlo, Paula Martel, Agustín González, Álvaro de Luna, José Luis Pellicena y Raúl Sender. Color - 107 min. *E.*: 1-3-82. *Días*: 1.119. *Espect.*: 125.941. *Recaud.*: 22.825.007.

Estoy en crisis
   P.: La Salamandra P.C. - Ágata Films (1982). *D.*: Fernando Colomo. *A.* y *G.*: Andreu Martín y Fernando Colomo. *F.*: Ángel Luis Fernández. *M.*: José Nieto. *Dec.*: María Victoria del Real. *Mon.*: Miguel Ángel Santamaría. *Int.*: José Sacristán, Cristina Marsillach, Fernando Vivanco, Mercedes Sampietro, Marta Fernández Muro. Color - 90 min. *E.*: 24-11-82. *Días*: 2.248. *Espect.*: 467.077. *Recaud.*: 97.946.272.

Los fieles sirvientes
   P.: Ogro Films - Imago - Cop. Nou (1980). *D.*: Francesc Betriu. *A.*: Benet Rosell, Gustau Hernández y Francesc Betriu. *G.*: Gustau Hernández y Francesc Betriu. *F.*: Raúl Artigot. *M.*: Albert Sardà. *Dec.*: Ramon Ivars y Josep Rosell. *Mon.*: Margarida Bernet. *Int.*: Amparo Soler Leal, Francisco Algora, María Isbert, José Vivó, Pilar Bayona, Paloma Hurtado y Lázaro Escarceller. Color - 102 min. *E.*: 27-4-80. *Días*: 661. *Espect.*: 68.969. *Recaud.*: 9.467.940.

La fuga de Segovia

P.: Frontera Films Irún, S.A. (1981). *D.*: Imanol Uribe. *A.*: basado en el libro de Ángel Amigo *Operación Poncho*. *G.*: Ángel Amigo e Imanol Uribe. *F.*: Xabier Aguirresarobe. *M.*: Xabier Lasa y Amaya Zubiria. *Int.*: Xabier Elorriaga, Mario Pardo, José María Muñoz, Ramón Balenciaga, Imanol Gaztelumendi, Ovidi Montllor, José Pedro Carrión, Virginia Mataix, Alex Angulo y Ramón Barea. Color - 115 min. *E.*: 7-11-81. *Días*: 2.689. *Espect.*: 649.927. *Recaud.*: 117.405. 181.

Función de noche

P.: Sabre Films, S.A. (1981). *D.*: Josefina Molina. *A.*: según fragmentos de la obra *Cinco horas con Mario*, de Miguel Delibes. *G.*: Josefina Molina y José Sámano. *F.*: Teo Escamilla. *M.*: Alejandro Massó y Luis Eduardo Aute. *Mon.*: Nieves Martín. *Int.*: Lola Herrera, Daniel Dicenta, Natalia Dicenta Herrera, Daniel Dicenta Herrera, Margarita Forrest, Luis Rodríguez Olivares, Jacinto Bravo y Juana Ginzo. Color - 90 min. *E.*: 25-9-81. *Días*: 2.185. *Espect.*: 583.256. *Recaud.*: 115.227.089.

Gary Cooper, que estás en los cielos

P.: Pilar Miró - Incine - Jet Films (1980). *D.*: Pilar Miró. *A.*: Pilar Miró. *G.*: Antonio Larreta y Pilar Miró. *F.*: Carlos Suárez. *M.*: Antón García Abril. *Dec.*: Fernando Sáenz. *Mon.*: Javier Morán. *Int.*: Mercedes Sampietro, John Finch, Carmen Maura, Víctor Valverde, Isabel Mestres, Agustín González, Mary Carrillo, Amparo Soler Leal, Fernando Delgado, Alicia Hermida y José Manuel Cervino. Color - 106 min. *E.*: 17-11-80. *Días*: 2.134. *Espect.*: 445.593. *Recaud.*: 76.503.479.

Hablamos esta noche

P.: Kaktus P.C. - Jet Films - Pilar Miró (1982). *D.*: Pilar Miró. *A.* y *G.*: Pilar Miró y Antonio Larreta. *F.*: Juan Amorós. *M.*: José Nieto. *Dec.*: Luis Vázquez. *Mon.*: José Luis Matesanz. *Int.*: Víctor Valverde, Daniel Dicenta, Amparo Muñoz, Mercedes Sampietro, Conrado San Martín, Amparo Soler Leal, Afredo Mayo, Miriam de Maeztu, Francisco Merino, Álvaro Tafur y Fabián López-Tapia. Color - 100 min. *E.*: 4-9-82. *Días*: 1.171. *Espect.*: 229.816. *Recaud.*: 53.759.495.

Héctor

P.: Carlos Pérez Ferré P.C. (1982). *D.*: Carlos Pérez Ferré. *A.*: Carlos Pérez Ferré, basado en hechos reales. *G.*: C. Pérez Ferré. *F.*: Jordi Morraja y Federico Ribes. *M.*: Cam Española. *Dec.*: Alejandro Soler. *Mon.*: Pablo G. del Amo y Juan San Mateo. *Int.*: Ovidi Montllor, Julio Mira, Aldo Sanbrell, Laly Espinet, Roberto Sansilvestre, Rosario Guillem, Amparo Albors, Ariadna Mira y Enrique Soler. Color - 89 min. *E.*: 15-10-84. *Días*: 554. *Espect.*: 51.243. *Recaud.*: 11.372.807.

El hombre de moda

P.: Niebla Films (1980). *D.*: Fernando Méndez-Leite. *A.* y *G.*: Manolo Matjí y Fernando Méndez-Leite. *F.*: Enrique Porfirio. *M.* : Luis Eduardo Aute. *Mon.*: Nieves Martín. *Int.*: Javier Elorriaga, Marilina Ross, Maite Blasco, Walter Vidarte, Isabel Mestres, Francisco Merino, Alicia Sánchez, Luis Politti, Carmen Maura y Antonio Drove. Color - 115 min. *E.*: 14-11-80. *Días*: 1.091. *Espect.*: 151.558. *Recaud.*: 24.745.732.

Kargus

P.: Taller de Cine, S.A. (1980). *D.*: Juan Miñón y Miguel Ángel Trujillo. *A.* y *G.*: Juan Miñón. *F.*: Miguel A. Trujillo y José Luis Martínez. *M.*: Pedro Luis Domingo. *Dec.*: Roberto Alonso y Gumersindo Andrés. *Mon.*: José Salcado. *Int.*: Patricia Adriani, Paco Algora, Laura Cepeda, Modesto Fernández, Kitty Manver, Cristina S. Pascual, Agustín González, Antonio Gamero, José Ruiz Lifante y Lourdes A. Laso. Color - 96 min. *E.*: 19-6-81. *Días*: 268. *Espect.*: 46.051. *Recaud.*: 9.322.744.

Laberinto de pasiones

P.: Alphaville, S.A. (1982). *D.*: Pedro Almodóvar. *A.* y *G.*: Pedro Almodóvar. *F.*: Ángel Luis Fernández. *M.*: Pedro Almodóvar, Bernardo Bonezzi y Fabio de Miguel. *Dec.*: Pedro Almodóvar. *Mon.*: José Salcedo. *Int.*: Cecilia Roth, Imanol Arias, Helga Liné, Marta Fernández-Muro, Fernando Vivanco, Ofelia Angélica, Concha Gregory, Ángel Alcázar, Cristina Sánchez, Antonio Banderas, Ana Trigo y Javier Pérez. Color - 100 min. *E.*: 29-9-82. *Días*: 1.712. *Espect.*: 234.263. *Recaud.*: 58.699.524.

Mamá cumple cien años

P.: Elías Querejeta - Pierson Prod. (1979). *D.*: Carlos Saura. *A.* y *G.*: Carlos Saura. *F.*: Teo Escamilla. *M.*: Federico Chueca, Manuel Garrido y Schubert. *Dec.*: Antonio Belizón. *Mon.*: Pablo G. del Amo. *Int.*: Geraldine Chaplin, Fernando Fernán Gómez, Rafaela Aparicio, Norman Brisky, Charo Soriano y Amparo Muñoz. Color - 98 min. *E.*: 17-9-79. *Días*: 5.138. *Espect.*: 1.119.500. *Recaud.*: 155.821.263.

La mano negra

P.: La Salamandra P.C. - Ogro Films - Incine (1980). *D.*: Fernando Colomo. *A.* y *G.*: Fernando Trueba y Fernando Colomo. *F.*: Ángel Luis Fernández. *M.*: José Nieto. *Mon.*: Miguel Ángel Santamaría. *Int.*: Íñigo Gurrea, Joaquín Hinojosa, Virginia Mataix, Antonio Resines, Carmen Maura, Fernando Vivanco, Emilio Urdiales, Mary Carrillo y Manolo Huete. Color -105 min. *E.*: 20-8-80. *Días*: 1.497. *Espect.*: 211.976. *Recaud.*: 32.999.505.

Maravillas

P.: Arándano, S.A. (1980). *D.*: Manuel Gutiérrez Aragón. *A.* y *G.*: Luis Megino y Manuel Gutiérrez Aragón. *F.*: Teo Escamilla. *M.*: Nina

Hagen, Mahler e Ippolitov-Ivanov. *Dec.*: Félix Murcia. *Mon.*: José Salcedo. *Int.*: Fernando Fernán Gómez, Cristina Marcos, Quique San Francisco, Francisco Merino, Gerard Tichy, José Manuel Cervino, Juan Jesús Valverde, Leon Klimovsky, Eduardo Mac Gregor, Jorge Rigaud y Yolanda Medina. Color - 96 min. *E.*: 20-3-81. *Días*: 722. *Espect.*: 176.142. *Recaud.*: 33.052.167.

Mater amatísima

P.: Imatge Comunicacions, S.A. (1980). *D.*: Josep-Anton Salgot. *A.*: J.J. Bigas Luna. *G.*: J.A. Salgot. *F.*: Jaume Peracaula. *M.*: Vangelis. *Dec.*: Carles Riart. *Mon.*: Anastasio Rinos. *Int.*: Victoria Abril, Julito de la Cruz, Jaume Sorribas, Consol Tura, Carmen Contreras y Carlos Lucena. Color - 90 min. *E.*: 1-5-80. *Días*: 524. *Espect.*: 68.538. *Recaud.*: 11.794.826.

Miedo a salir de noche

P.: Blau Films - Alfaro Films, S.A. (1979). *D.*: Eloy de la Iglesia. *A.* y *G.*: Roberto Bodegas, José María Palacio y Eloy de la Iglesia. *F.*: José García Galisteo. *M.*: Carmelo Bernaola. *Int.*: José Sacristán, Claudia Gravy, Antonio Ferrandis, Tina Sainz, Mari Carmen Prendes, Florinda Chico, Ricardo Tundidor, Nuria Gallardo y José Ruiz Lifante. Color - 97 min. *E.*: 1-3-80. *Días*: 2.987. *Espect.*: 507.141. *Recaud.*: 65.475.863.

La muchacha de las bragas de oro

P.: Morgana, S.A. - Prozesa - Proa Cinematográfica (1979). *D.*: Vicente Aranda. *A.*: según la novela de Juan Marsé. *G.*: Vicente Aranda. *F.*: José Luis Alcaine. *M.*: Manuel Camps. *Dec.*: Josep Rosell. *Mon.*: Alberto Torija. *Int.*: Victoria Abril, Lautaro Murúa, Hilda Vera, Perla Vonacek, Pep Munné, Carlos Lucena, José María Larra, Consuelo de Nieva, Palmiro Aranda, David Durán e Isabel Mestres. Color - 128 min. *E.*: 1-3-80. Días 3.604. *Espect.*: 795.337. *Recaud.*: 109.503.390.

Nacional III

P.: Kaktus P.C. - Incine - Jet Films (1982). *D.*: Luis G. Berlanga. *A.* y *G.*: Rafael Azcona y Luis G. Berlanga. *F.*: Carlos Suárez. *Dec.*: Román Arango. *Mon.*: José Luis Matesanz. *Int.*: Luis Escobar, José Luis López Vázquez, Amparo Soler Leal, Agustín González, José Luis de Vilallonga, Luis Ciges, María Luisa Ponte, Roberto Camardiel, Chus Lampreave, Carmen Carbonell, Ángel Álvarez y Francisco Llinás. Color - 102 min. *E.*: 6-12-82. *Días*: 1.984. *Espect.*: 391.206. *Recaud.*: 91.653.931.

Naftalina

P.: Teide P.C. (1981). *D.*: Pep Callís. *A.*: Joaquim Ventolà. *G.*: Toni Agustí, Pep Callís y Joaquim Ventolà. *F.*: Joan Costa. *M.*: Francesc Bonastre. *Dec.*: Toni Agustí. *Mon.*: Ramon Quadreny. *Int.*: Pilar Domín-

234

guez, Toni Agustí, Silvia Tortosa, Maria Lluïsa Planella y Maria Pujolar. Color - 89 min. *E.*: 1-9-81. *Días*: 25. *Espect.*: 4.260. *Recaud.*: 702.777.

El nido
   P.: A. Punto E.L., S.A. (1980). *D.*: Jaime de Armiñán. *A.* y *G.*: Jaime de Armiñán. *F.*: Teo Escamilla. *M.*: Maxence Cantelobe, Haydn y anónimo del siglo XVII. *Dec.*: Jean-Claude Hoerner. *Mon.*: José Luis Matesanz. *Int.*: Ana Torrent, Héctor Alterio, Luis Politti, Agustín González, Patricia Adriani, María Luisa Ponte, Ovidi Montllor y Mercedes Alonso. Color - 107 min. *E.*: 18-9-80. *Días*: 2.056. *Espect.*: 584.136. *Recaud.*: 92.632.966.

Opera prima
   P.: La Salamandra P.C. - Les Films Molière (1979). *D.*: Fernando Trueba. *A.* y *G.*: Fernando Trueba y Óscar Ladoire. *F.*: Ángel Luis Fernández. *M.*: Fernando Ember. *Dec.*: Fernando Colombo. *Mon.*: Miguel Ángel Santamaría. *Int.*: Óscar Ladoire, Paula Molina, Antonio Resines, Marisa Paredes, Luis González Regueral, Kitty Manver y David Thomson. Color - 95 min. *E.*: 3-4-80. *Días*: 4.528. *Espect.*: 1.187.293. *Recaud.*: 194.407.892.

Operación Ogro
   P.: Sabre Films - Vides - Action Films, S.A. (1979). *D.*: Gillo Pontecorvo. *A.*: basado en un hecho histórico. *G.*: Ugo Pirro, Giorgio Arlario y Gillo Pontecorvo. *F.*: Marcelo Gatti. *M.*: Ennio Morricone. *Int.*: José Sacristán, Ángela Molina, Gian Maria Volonté, Eusebio Poncela, Severio Marconi, Georges Staquet, Nicole García y Fedor Atkins. Color - 103 min. *E.*: 5-4-80. *Días*: 2.408. *Espect.*: 543.970. *Recaud.*: 80.113.251.

La paloma azul
   P.: Brezal, P.C. (1980). *D.*: Luis Manuel del Valle. *A.*: según la novela de José Luis Olaizola. *G.*: Francisco Fernández Cueto y José Luis Olaizola. *F.*: Guillermo Moliní. *M.*: Juan José Garci Cafi. *Dec.*: Ana Mampaso. *Mon.*: Luis Manuel del Valle. *Int.*: Matilde Olaizola, Fátima Olaizola, María Luisa Ponte, Susana Osuna, Ricardo Franco, Concha de Leza, Fernando Vivanco, Sergio Busto y Carlos Cano. Color - 90 min. *E.*: 24-10-80. *Días*: 384. *Espect.*: 46.755. *Recaud.*: 8.821.879.

Pares y nones
   P.: Estela Films - Brezal, P.C. - Anem - Impala, S.A. (1982). *D.*: José Luis Cuerda. *A.* y *G.*: José Luis Cuerda. *F.*: Antonio Ruiz-Anchía. *M.*: José Nieto. *Dec.*: Dolores Trueba Olazábal. *Mon.*: José Luis Matesanz. *Int.*: Antonio Resines, Silvia Munt, Carles Velat, Virginia Mataix, Alicia Sánchez, Mercedes Camins, Marta Fernández Muro, Agustín González, Miguel Rellán y Eduardo Bea. Color - 92 min. *E.*: 24-1-83. *Días*: 1.236. *Espect.*: 169.959. *Recaud.*: 38.960.607.

Patrimonio nacional

P.: Incine - Jet Films, S.A. (1981). *D.*: Luis G. Berlanga. *A.* y G. Luis G. Berlanga y Rafael Azcona. *F.*: Carlos Suárez. *Dec.*: Román Arango y José Morales. *Mon.*: José Luis Matesanz. *Int.*: Luis Escobar, Jose Luis López Vázquez, Amparo Soler Leal, Mary Santpere, Luis Ciges, Agustín González, José Luis de Vilallonga, Alfredo Mayo, Stella Syliane y José Ruiz Lifante. Color - 112 min. *E.*: 30-3-81. *Días*: 3.555. *Espect.*: 1.120.721. *Recaud.*: 200.351.389.

La plaça del Diamant

P.: Figaró Films - TVE (1982). *Pr.*: Pepón Corominas. *D.*: Francesc Betriu. *A.*: Mercè Rodoreda. *G.*: Francesc Betriu, Benet Rosell y Gustau Hernández. *F.*: Raúl Artigot. *M.*: Ramon Muntaner. *Dec.*: Josep Rosell. *Mon.*: Ernest Blasi. *Int.*: Silvia Munt, Lluís Homar, Joaquim Cardona, Elisenda Ribas, Josep Minguell, Marta Molins, Lluís Julià, Alfred Luchetti, Paca Gabaldón, Joan Ferrer y Rafael Anglada. Color - 110 min. *E.*: 1-3-82. *Días*: 1.937. *Espect.*: 503.047. *Recaud.*: 103.061.327.

El proceso de Burgos

P.: Cobra Films - Irrintzi Zinema (1979). *D.*: Imanol Uribe. *A.*: basado en un hecho histórico. *G.*: Imanol Uribe. *F.*: Javier Aguirresarobe. *M.*: Hibai Rekondo. *Mon.*: Julio Peña. *Int.*: los 16 procesados en el sumario 31/69 del proceso de Burgos y algunos de sus abogados. Color - 134 min. *E.*: 10-11-79. *Días*: 697. *Espect.*: 203.517. Recaud. 30.275.678.

La próxima estación

P.: Paridas, S.A. (1982). *D.*: Antonio Mercero. *A.* y *G.*: Antonio Mercero, Horacio Valcárcel y J.A. Rodero. *F.*: José Luis Alcaine. *M.*: Luis Gómez-Escolar y Honorio Herrero. *Dec.*: Julio Esteban. *Mon.*: Javier Morán. *Int.*: Alfredo Landa, Lola Herrera, Cristina Marcos, Alberto Delgado, Carmen de la Maza, Agustín González, Lolita Garrido, Luisa Rodrigo, Alejandro de Enciso y Mauricio Gaitán. Color - 95 min. *E.*: 5-3-82. *Días*: 2.523. *Espect.*: 413.634. *Recaud.*: 77.379.347.

La quinta del porro

P.: Prozesa - Films 80 C.A. (1980). *D.*: Francesc Bellmunt. *A.* y *G.*: Miquel Sanz, Juanjo Puigcorbé, Arnau Vilardebó, R.L. Picón y Francesc Bellmunt. *F.*: Joan Minguell. *M.*: Josep M.ª Durán. *Dec.*: Ramón Pou. *Mon.*: Ramon Quadreny. *Int.*: Álvaro de Luna, Joan Borrás, Pep Munné, Juan Manuel Montesinos, Carme Pérez, Assumpta Almirall, Ricard Borrás, Arnau Vilardebó y Fernando Rubio. Color - 111 min. *E.*: 30-1-81. *Días*: 4.372. *Espect.*: 1.221.580. *Recaud.*: 202.355.271.

236

La revolta del ocells

P.: Figaró Films (1982). *D.*: Luis José Comerón. *A.* y *G.*: Luis José Comerón. *F.*: Jaume Peracaula. *M.*: Manuel Cubero. *Dec.*: Rosa Español. *Mon.*: Teresa Alcocer. *Int.*: Grupo Regaliz, Jorge Sanz, Assumpta Serna, Montserrat Carulla, Jaume Sorribas, Alfred Luchetti, Carles Lucena, Rafael Anglada, Carles Velat, Arianna Grañena y Josep Barba. Color - 92 min.. *E.*: 4-5-82. *Días*: 2.300. *Espect.*: 294.012. *Recaud.*: 66.853.923.

La Sabina

P.: El Imán - Svenska Films (1979). *D.*: José Luis Borau. *A.* y *G.*: José Luis Borau. *F.*: Lars-Goran Bjorne. *M.*: Paco de Lucía. *Dec.*: Wolfgang Burmann. *Mon.*: José Salcedo. *Int.*: Ángela Molina, John Finch, Carol Kane, Harriet Andersson, Simon Ward, Ovidi Montllor, Francisco Sánchez, Mary Carrillo, Luis Escobar y Paula Molina. Color - 118 min. *E.*: 3-11-79. *Días*: 2.155. *Espect.*: 679.094. *Recaud.*: 103.489.723.

Siete calles

P.: S.L. Lan-Zinema (1981). *D.*: Javier Rebollo y Juan Ortuoste. *A.* y *G.*: Juan Ortuoste y Javier Rebollo. *F.*: Guillermo Moliní. *M.*: José Nieto. *Dec.*: Juan Zárate. *Mon.*: Luis Manuel del Valle. *Int.*: Quique San Francisco, Antonio Resines, M.ª Victoria Goyoaga Bilbao, Fernando Vivanco, Patricia Adriani, Iñaki Miramón, Julio Mauri, Manuel Bilbao. Color - 90 min. *E.*: 1-2-82. *Días*: 213. *Espect.*: 29.198. *Recaud.*: 6.197. 612.

Siete días de enero

P.: Goya Films (1979). *D.*: Juan Antonio Bardem. *A.* y *G.*: Gregorio Morán y Juan Antonio Bardem. *F.*: Leopoldo Villaseñor. *M.*: Nicolás Payrac. *Dec.*: Antonio de Miguel. *Mon.*: Guillermo Maldonado. *Int.*: Manuel Egea, Fernando Sánchez Polack, Virginia Mataix, José Manuel Cervino, Madeleine Robinson, Jacques François, Joaquín Navarro y Alberto Alonso. Color - 176 min. *E.*: 28-3-79. *Días*: 2.324. *Espect.*: 270.756. *Recaud.*: 34.388.271.

El timbaler del Bruc

P.: Nuevo Cine - Conacine, S.A. (1981). *D.*: Jordi Grau. *A.* y *G.*: Jordi Grau, Benito Alazranci y Luis Murillo, basado en la leyenda del tambor del Bruc. *F.*: Fernando Arribas. *M.*: Santi Arisa sobre temas populares catalanes. *Dec.*: Eduardo Torre de la Fuente. *Mon.*: Mercedes Alonso. *Int.*: Andrés García, Mercedes Sampietro, Jorge Sanz, Alfredo Mayo, Diana Bracho, Vicente Parra, Guillermo Antón, Roberto Camardiel, Eduardo Bea y Antonio Canal. Color - 90 min. *E.*: 31-5-81. *Días*: 1.164. *Espect.*: 105.745. *Recaud.*: 18.674.405.

To'er mundo e güeno

P.: Kalender - Paraguas Films - Lima P.C. (1982). *D.*: Manuel Summers. *A.* y *G.*: Guillermo y Manuel Summers. *F.*: Antonio Cuevas, Jr. *M.*: Carlos A. Vizziello. *Mon.*: José Luis Pelaez. *Int.*: gente de la calle. Color - 90 min. *E.*: 1-3-82. *Días*: 4.401. *Espect.*: 1.322.851. *Recaud.*: 270.516.268.

Valentina

P.: Ofelia Films - Kaktus P.C., S.A. - TVE (1982). *D.*: Antonio José Betancor. *A.*: según la novela de Ramón J. Sender *Crónica del alba*. *G.*: Lautaro Murúa, Antonio J. Betancor, Carlos Escobedo y Javier Moro. *F.*: Juan Antonio Ruiz Anchía. *M.*: Riz Ortolano. *Dec.*: Félix Murcia. *Mon.*: Eduardo Biurrun. *Int.*: Jorge Sanz, Paloma Gómez, Anthony Quinn, Saturno Cerra, Marisa de Leza, Alfredo Luchetti, Conchita de Leza, Eusebio Poncela, Luis Ciges, Concha Hidalgo, María Rubio, Emilio Fornet y Antonio Carral. Color - 90 min. *E.*: 12-11-82. *Días*: 3.362. *Espect.*: 751.385. *Recaud.*: 170.655.375.

La verdad sobre el caso Savolta

P.: P.C. Domingo Pedret - Filmalpha - Nef Diffusion (1979). *D.*: Antonio Drove. *A.*: según la novela de Eduardo Mendoza. *G.*: Antonio Drove y Antonio Larreta. *F.*: Gilberto Acevedo. *M.*: Egisto Macchi. *Int.*: Charles Denner, José Luis López Vázquez, Ovidi Montllor, Omero Antonutti, Stefania Sandrelli, Ettore Manni, Alfredo Pea y Rogelio Ibáñez. Color - 113 min. *E.*: 1-2-80. *Días*: 1.208. *Espect.*: 187.740. *Recaud.*: 27.444.089.

Las verdes praderas

P.: José Luis Tafur P.C. (1979). *D.*: José Luis Garci. *A.* y *G.*: José Luis Garci. *F.*: Fernando Arribas. *M.*: Beethoven. *Mon.*: Miguel González Sinde. *Int.*: Alfredo Landa, María Casanova, Carlos Larrañaga, Ángel Picazo. Irene Gutiérrez Caba. Color - 100 min. *E.*: 26-3-79. *Días*: 5.562. *Espect.*: 884.023. *Recaud.*: 117.793.678.

El viaje a la última estación

P.: Teide P.C. (1982). *D.*: Albert Abril. *A.* y *G.*: Albert Abril y Josep María Blanco. *F.*: Llorenç Soler. *M.*: Francesc Pi de la Serra. *Mon.*: Margarida Bernet. *Int.*: Mireia Ross, Jennifer James, Ricard Massip, Francesc Pi de la Serra, Pau Garsaball, Pere Castaño, Quim Llovet, Francesc Alborc, Pere Tió y Francesc Jarque Zurbano. Color - 89 min. *E.*: 12-12-83. *Días*: 323. *Espect.*: 24.205. *Recaud.*: 5.138.249.

Vida perra

P.: Bermúdez de Castro P.C. (1981). *D.*: Javier Aguirre. *A.*: según la novela *La vida perra de Juanita Narboni*, de Ángel Vázquez. *G.*: Javier

238

Aguirre. *F.*: Manuel Rojas. *M.*: Jesús Villa-Rojo y J.S. Bach. *Mon.*: Antonio Ramírez. *Int.*: Esperanza Roy. Color - 95 min. *E.*: 29-9-82. *Días*: 221. *Espect.*: 21.300. *Recaud.*: 4.714.623.

¡Viva la clase media!

P.: Acuarius Films, S.A. - Garci / Sinde P.C. (1979). *D.*: José María González Sinde. *A.* y *G.*: José M.ª González Sinde y José Luis Garci. *F.*: Hans Burmann. *M.*: Federico Chueca. *Dec.*: Enrique Alarcón. *Mon.*: Miguel González Sinde. *Int.*: Emilio Gutiérrez Caba, María Casanova, Enriqueta Carballeira, José Luis Garci e Irene Gutiérrez Caba. Color - 102 min. *E.*: 1-3-80. *Días*: 1.186. *Espect.*: 163.509. *Recaud.*: 23.588.082.

Volver a empezar

P.: Nickel Odeón (1982). *D.*: José Luis Garci. *A.* y *G.*: José Luis Garci y Ángel Llorente. *F.*: Fernando Navarrete. *M.*: Johann Pachelber, Jesús Gluck y Cole Porter. *Dec.*: Gil Parrondo. *Mon.*: Miguel González Sinde. *Int.*: Antonio Ferrandis, Encarna Paso, José Bódalo, Agustín González, Pablo Hoyos y Marta Fernández Muro. Color - 90 min. *E.*: 1-3-80. *Días*: 3.664. *Espect.*: 848.909. *Recaud.*: 187.957.889.

... Y al tercer año, resucitó

P.: 5 Films (1980). *D.*: Rafael Gil. *A.* y *G.*: Fernando Vizcaíno Casas, basado en su propia novela. *F.*: José F. Aguayo. *M.*: Gregorio García Segura. *Dec.*: Fernando Marqueríe Jaramillo. *Mon.*: José Luis Matesanz. *Int.*: Antonio Garisa, Alfonso del Real, José Bódalo, Ángel de Andrés, Fernando Sancho, Mary Begoña, Florinda Chico, Francisco Cecilio, Isabel Luque, Juan Luis Galiardo, Manuel Alexandre y José Sancho. Color - 90 min. *E.*: 1-3-80. *Días*: 3.915. *Espect.*: 1.342.567. *Recaud.*: 189.905.668.

Plano de conjunto de *Patrimonio nacional*, la segunda fábula de Berlanga

Simon Ward y Harriet Andersson, co-protagonistas de *La Sabina*

Un significativo plano de ... *Y al tercer día resucitó*, de Vizcaíno Casas y Rafael Gil

Plano de la primera parte de *Después de... No se os puede dejar solos*, de los hermanos Bartolomé

La legendaria escena de *El timbaler del Bruc*

Álvaro de Luna, de la pequeña pantalla a co-protagonizar
La quinta del porro

Alfredo Landa es el detective de *El crack*, primer *thriller* de Garci

Victoria Abril y Patxi Andión, en *Asesinato en el Comité Central*, de Aranda y Vázquez Montalbán

Tras la muerte de Franco, Carlos Saura abandonaría el cine político
Geraldine Chaplin y Fernando Rey, en *Elisa, vida mía*

Antonio Gades y Cristina Hoyos, en el primer ballet de Saura:
Bodas de sangre

Una significativa escena de *El crimen de Cuenca* (1979), de Pilar Miró

Con *Gary Cooper que estás en los cielos*, la Miró lanzó
a Mercedes Sampietro

Una representativa escena de *La plaza del Diamante*, de Rodoreda y Paco Betriu

Una crecida Ana Torrent (*El espíritu de la colmena*) protagoniza, junto a Héctor Alterio, *El nido*, de Armiñán

Antonio Resines y Óscar Ladoire en *Opera prima*, de Trueba

Un plano medio de *A contratiempo*, dirigida por Óscar Ladoire

III

Época socialista

Volver a empezar, **el primer Óscar del cine español**

La Academia de Artes y Ciencias Cinematográficas de Hollywood ha concedido el Óscar de la mejor película extranjera a un film español.

Para la cinematografía nacional ha sido un gran triunfo. Después de diversas nominaciones, la vieja Meca del Cine reconoce el esfuerzo de nuestra pobre industria y premia a una de las cintas más interesantes salida de los estudios de rodaje del país: *Volver a empezar*, de José Luis Garci.[1]

Es posible que una serie de circunstancias coyunturales favorecieran este galardón: un homenaje a Hollywood —concretamente, al cine *musical* y a Cole Porter—, un canto al exiliado en USA..., junto a la oportunidad de premiar a una película de la España democrática.

Sin embargo, sería injusto no reconocer la categoría de *Volver a empezar*, la cual también entra de lleno en la línea pacifista —nótese que el Óscar a la mejor película de habla

---

1. La crítica de este film del período constitucional fue escrita tal cual con motivo de su estreno en marzo de 1982. No obstante, al incluirla en el presente apartado, he vuelto a redactarla, aunque sin cambiar la valoración que ya hice en su día de la película de Garci.

inglesa recayó en *Gandhi*— que Hollywood ha querido premiar este año 1983.

José Luis Garci

Madrileño (entonces de 39 años) —es un castizo auténtico—, hijo único de una familia modesta, desarrolló desde pequeño su afición por el arte cinematográfico hasta transformarse en un competente crítico de cine. Firma sus escritos en la década de los sesenta, en las revistas *Signo*, *Mundo Joven* y *Reseña*, destacando su labor especializada en *Cinestudio* y como titular del semanario *SP*, de Madrid.

En la pasada década comienza otra tarea profesional dentro del mismo campo cinematográfico, como guionista al lado de José Luis Dibildos, escribiendo temas para la llamada «tercera vía» del cine español. Fue el productor José María González Sinde quien le animó a dirigir sus propias películas, debutando en el terreno del cortometraje en 1972, con *Al fútbol*, *Mi Marylin* y *Tiempo de gente acobardada*.

No obstante, sería en 1977 cuando realizó su opera prima como director: la comentada *Asignatura pendiente*, a la que siguió *Solos en la madrugada* —cinta fallida donde se acentúo el cinismo y las concesiones eróticas—. Pero con *Las verdes praderas* (1979), José Luis Garci depuró y limpió su estilo. Después llegaría ese corto homenaje a Alfonso Sánchez, otro madrileño de pura cepa y recordado crítico. Y finalmente, realizaría *El crack* —no sin antes producir e interpretar *Viva la clase media* (1980), insólito film político-partidista asimismo reseñado—, con Alfredo Landa como detective protagonista (que ya tiene su segunda parte), y el ahora premiado *Volver a empezar*.

Un buen equipo

Ciertamente, el incansable Garci ha dado a luz un film que está al borde de la obra maestra. Pues —como declaró con motivo del estreno— ha «depurado su estilo», y realizado «una película más austera que las demás».

Con tal fin, José Luis Garci ha contado con un equipo de

primer orden: el guionista Ángel Llorente —colega de Garci y del que suscribe, cuando éramos críticos de la revista *Cinestudio*—, el director artístico Gil Parrondo (Óscar por *Patton* y *Nicolás y Alejandra*), el operador Manuel Rojas, y los intérpretes Antonio Ferrandis, Encarna Paso, José Bódalo y Agustín González.

Nostalgia y tercera edad

Volver a empezar (1982), subtitulado «Begin the Beguine» —significativa melodía de Cole Porter—, cuenta la historia de un exiliado, el asturiano Antonio Albajara, profesor de la Universidad de Berkeley, que acaba de recibir el Premio Nobel de Literatura. El regreso a su tierra natal —el Rey, en persona, le telefonea felicitándole (es prodigioso el doblaje que se hace de la voz de don Juan Carlos)— le rememora al protagonista todo un pasado, donde la nostalgia —constante en el cine de Garci— y la emoción (nuestro hipotético Nobel ha sido deshauciado por los médicos) están en un primer plano artístico.

Así, con una narrativa sencilla y notorio equilibrio creador —sin concesiones—, Garci ofrece una medida puesta en imágenes, de clara influencia y admiración por el cine americano (Ford, Hawks, Hitchcock, Leo McCarey...), por aquellos grandes «clásicos» y todo ese género musical, por sus homenajeados Fred Astaire y Ginger Rogers, con detalles de enorme sensibilidad, de canto a la gente de la tercera edad. «Tengo mucho cariño por la gente mayor [...] Me encanta la vitalidad de aquellos que eran jóvenes hace cuarenta años. Creo que sería interesante volver a empezar, con el encanto. Porque del desencanto hemos pasado al catastrofismo», declaraba José Luis Garci.

Vitalismo y simbología

Con un guión bastante profundo y comedido —esta vez sí—, a pesar de cierta amoralidad de fondo en las actitudes vitalistas de la pareja principal, su voluntad de expresión cobra un carácter más simbólico que cínico (cosa que no ocurría en otras películas de este realizador), al tiempo que destaca ante

243

todo el valor de la amistad sincera, otra de las constantes del cine garciano. Los diálogos están bien escritos, así como la definición de los tipos —la secuencia dramática de José Bódalo es extraordinaria—, y resulta también impresionante la actuación de Agustín González como hotelero gijonense.

El clima, tanto interno como externo, está conseguido, creando un tiempo fílmico subjetivo que está subrayado por un ritmo preciso, pausado, invitando a la reflexión del espectador, quien asimismo descansa con el espléndido paisaje asturiano y disfruta ante escenas como la de la clase final en Berkeley, de clara simbología.

Cultivador del cine popular

Con todo, *Volver a empezar* está más próximo al sentimentalismo nostálgico que a un auténtico análisis crítico de las situaciones o del pasado histórico (aparece, globalmente, la típica superficialidad de la obra garciana), pero aquí queda compensado por su habitual parrafada-dedicatoria final, que vale la pena constatar:

> Esta película quiere rendir homenaje
> a los hombres y a las mujeres
> que empezaron a vivir su juventud
> en los años treinta;
> y en especial, a los que aún están aquí,
> dándonos ejemplo de esperanza,
> amor,
> entusiasmo, coraje
> y fe en la vida.
>
> A esa generación interrumpida,
> gracias.

Es obvio que José Luis Garci es un fructífero cultivador del cine popular, que posee ingenio artístico y a la vez comercial (sus productores se están «haciendo de oro»), y sabe conectar con todo tipo de público. Atacado, en cambio, por su tono melodramático, se autodefine así: «Tengo un alma de portera que no merezco».

Carmen y el regreso de Víctor Erice

Tras el comentado Óscar de Hollywood al cine español, se habla de un renacimiento del cine nacional. De momento, para proteger a la inexistente industria cinematográfica española, la directora general de cine Pilar Miró —quien subvencionó a José Luis Garci para la «campaña» de difusión entre los miembros de la Academia de su *Volver a empezar*— ha conseguido que el Gobierno socialista le aprobara un real decreto con el fin de potenciar este sector especializado, que no ha satisfecho a todas las ramas del país, como quedó constatado en el primer apartado del presente volumen. Mientras, se presentan las nuevas películas realizadas durante la denominada etapa del «cambio».

«*Carmen*», de Gades-Saura

Presentada en el último Festival de Cannes, se trata de la segunda colaboración entre el bailarín y coreógrafo Antonio Gades y el realizador fílmico Carlos Saura, dentro de la línea estético-creadora y «musical» del anterior ensayo de ambos: *Bodas de sangre* (1981), según la pieza de García Lorca.

Ahora ha sido la célebre obra de Próspero Mérimée y Georges Bizet la que ha inspirado a los autores españoles (como inspiró también a Godard, Rosi o Zeffirelli), quienes cuentan con la afamada guitarra de Paco de Lucía para poner en escena esta enésima versión de *Carmen* (1983).

Así, a caballo entre el ballet y el arte cinematográfico, el binomio Gades-Saura logra una síntesis de ambos medios de expresión a través de un único lenguaje —el de la imagen dinámica—, bien servido por la cámara de Teo Escamilla (tan eficiente como la del desaparecido Luis Cuadrado), que se mueve al compás de los «números» musicales y al servicio de los actores-bailaores, aunque estos fallen un tanto a nivel de interpretación: desde la «descubierta» protagonista Laura del Sol (Carmen) hasta el mismo recitado de Antonio Gades. Mayor fuerza expresiva posee la temperamental Cristina Hoyos, como directora de la academia de baile.

De ahí que secuencias tan conseguidas como la corrida

de toros y el arranque en la famosa fábrica de tabacos, o la pelea a bastonazos al final, hagan que la personalidad artística de Gades prevalezca por medio de la danza y la coreografía. Pero Saura vuelve a ensayar su estilo narrativo, con esta confusión espaciotemporal que le singulariza y da originalidad al film, aparte de entidad creadora a su puesta en escena; ese «toque» sauriano —juego realidad-ficción— que aquí resulta inteligible para el gran público.

Sin embargo, la *Carmen* de Saura-Gades no es una obra redonda. Pese a la sobriedad narrativo-ambiental, incurre en concesiones eróticas que ensucian una pieza cuya virtud era el equilibrio, un gusto estético que tenía que prevalecer por encima de las efusiones pasionales, las cuales debían ser solo insinuadas —y no mostradas—, como ya hiciera en la referida *Bodas de sangre*. Esa carencia de elipsis perjudica el juicio global del film, al tiempo que pierde un tanto el ritmo en la media hora final del relato. Si Saura se hubiera sabido comedir —pues su traducción libre cobra un carácter simbólico sobre la España eterna— muy posiblemente habría alcanzado el Óscar de Hollywood en 1984, galardón para el que estaba propuesto. Pero tenía dos *handicaps* insalvables: Ingmar Bergman, con su *Fanny y Alexander*, y el mismo premio que recibió el cine español en 1983.

«*El Sur*», la sinfonía inacabada de Erice

Calificada por la crítica de Cannes-83 como «un clásico de nuestro tiempo», *El Sur* significa, ante todo, un feliz acontecimiento: la vuelta de Víctor Erice tras diez años de vacío como autor; pues este realizador ya había pasado, por su primer largometraje —*El espíritu de la colmena* (1973)—, con «letras de oro» a la historia del cine español.

Aparentemente minoritario e intelectual, *El Sur* (1983) es un poema que relata una historia íntima y trágica a la vez —con momentos emotivos de primer orden—, la cual viene a ser un símbolo del drama sociopsicológico de cierto estatus de posguerra y un reflejo de la idiosincrasia española. Con una gran creación de tipos —destacan las niñas Sonsoles Aranguren e Iciar Bollain (como antaño hiciera con su «descubri-

miento» Ana Torrent)— y atino en el retrato de las mentalidades populares del país, Erice está muy medido en la concepción de cada escena y apunta situaciones límite con enorme
gusto estético, equilibrando así la tristeza que conllevan los
personajes centrales con la belleza serena de unos escenarios
naturales que traducen con creces los estados anímicos. De
ahí que el crítico hispano José Ángel Cortés hablara de El *Sur*
como de «una obra abierta, fascinante, profundamente nostálgica, salpicada de sorpresas, donde la atmósfera en la que
la historia toma cuerpo es la principal protagonista».[2]

Con un ritmo pausado y una meditada puesta en imágenes —no falta ni sobra un plano, aunque el productor Elías
Querejeta le suspendió el capital, dejando de algún modo ina-
cabada la película—, es obvio que Víctor Erice evoca con precisión toda una época, centrándose en el mundo rural hispano, de clara simbología crítica y ambiental. Valga recordar
que el relato está basado en una novela original de su mujer,
la reconocida escritora Adelaida García Morales. Y todo ello,
dentro de ese estilo inteligente —¡nada revanchista!— y con
la voluntad investigadora de que hace gala este importante
autor. Un cineasta que merece más apoyo y temas de mayor
enjundia o universalidad.

Francamente, con *El Sur*, el maestro Erice ha conseguido un brillante regreso y poner otra vez el cine español a la altura artística internacional. Esperemos no tener que esperar
otros diez años para su próxima realización.

Dos novelas españolas y sus versiones fílmicas

Entre la normativa que se ha establecido para promocionar la cinematografía nacional, existe un acuerdo entre la Dirección General de Cine —Pilar Miró— y el ente público
RTVE, con el fin de realizar películas que se puedan emitir al
mismo tiempo por la pequeña pantalla, con clara subvención

---

2. Véase J.A. Cortés, «La buena racha del cine español», *Aceprensa* (Madrid)
(29-VI-1983). Cfr. asimismo la crítica de Rafael de España, en *Film-Historia. Memoria*, Barcelona, 1985, 10-13.

por parte del monopolio televisivo del Gobierno socialista. Sin embargo, el anterior partido en el poder —Unión de Centro Democrático— ya firmó un convenio de protección de 1.200 millones; dinero del contribuyente hispano, del que ahora acaban de llegar las últimas «muestras» en la pantalla grande, antes de que se proyecten por la televisión del país.Todas ellas, procedentes de novelas célebres.

«Bearn», de Villalonga – Jaime Chávarri

Bajo el título de *Bearn, o la sala de las muñecas*, el psiquiatra mallorquín Llorenç Villalonga (1897-1980) escribió en 1954 la historia de la decadencia física, social y moral de una familia aristocrática mallorquina, en la segunda mitad del siglo XIX, novela que pasaría inadvertida en el momento de su publicación pero que, con el tiempo, ha sido considerada como uno de los mayores logros de la literatura catalana contemporánea.

Traducida en imágenes por Jaime Chávarri, antiguo cineasta marginal, su estética está doblemente influida: por el relato literario original —del que apenas sabe liberarse, pese a su brillantez formal un tanto manierista—, y por una historia análoga de decandencia latina y del mundo aristocrático: *El Gatopardo*, la Lampedusa-Visconti, reminiscencias de este film de 1963 que se patentizan desde el tono interno hasta la misma banda musical, *travelling* incluidos.

Obra, por tanto, ambiciosa a nivel artístico-creador y de gran presupuesto, *Bearn* (1983) escapa de la media habitual de nuestra modesta producción, y puede competir con el cine europeo que circula por las pantallas del momento, a pesar de sus defectos. El mayor defecto radica en el guión fílmico de Lola Salvador (Salvador Maldonado es su seudónimo), debido a la excesiva fidelidad al texto de Villalonga, junto a la deformación de ciertos personajes centrales —la Xima de Ángela Molina, y el capellán-narrador, que incorpora Imanol Arias—, que no están perfilados a la altura de los otros protagonistas, que interpretan Fernando Rey y Amparo Soler Leal, lo cual lastra el desarrollo del relato y agota al espectador.

Aun así, la película está perfectamente ambientada por Gil Parrondo y posee el aire melancólico y un tanto equívoco

de la pieza original. Con algunas irregularidades rítmico-
temporales y ligeras concesiones eróticas que rompen la elegancia de que hace gala toda la obra, la descripción de Chávarri invita a reflexionar al público culto sobre el porqué de la
desaparición de la clase aristocrática, en este caso «ilustrada» y muy próxima a la masonería del pasado siglo.

«Crónica del alba», de Ramón J. Sender – Betancor

La otra novela famosa llevada a la pequeña y gran pantalla es la del también desaparecido Ramón J. Sender, *Crónica
del alba*, cuya primera parte se estrenó con el título de *Valentina* (1982). La segunda parte, presentada con el título *1919*,
tampoco consigue expresarse con medios propiamente fílmicos, a nivel de lenguaje (he aquí la servidumbre del cine al
nuevo convenio de producción con TV), y está esencialmente
apresada por la literatura. En cambio, sí reproduce el espíritu
de la novela de Sender —cuasi autobiográfica—, y una idónea ambientación preside todo el relato, gracias también a
los enormes medios económicos con que ha contado su joven
realizador, Antonio José Betancor.

Con todo, los tipos resultan envarados —como muy «de
libro»— y les falta ese ápice de vibración, esa vida y esa garra
de que carecía, asimismo, la más lograda primera parte: *Valentina* (nombre de la protagonista-musa del personaje central, José Garcés, ahora interpretado por Miguel Molina).

1919, Crónica del alba (1983), pese a ser una obra destinada a la pequeña pantalla y a los escolares del país, incurre
en escenas eróticas que la obra original solo apuntaba, con la
elipsis conveniente; Betancor ha caído en la facilidad obscena de cara a la «comercialidad» del film, pero rebajando el
gusto estético que requería la pieza en cuestión.

Se trata, en definitiva, de una película desigual, que contiene algunas secuencias conseguidas (la cacería, las del pueblo, la revolución en Zaragoza), pero que carece de entusiasmo y deja frío al espectador exigente, el cual asiste a la proyección sin meterse en la trama, distanciado y sin vivir ni
conectar con el drama íntimo del protagonista: en el fondo,
del propio Sender y de cierta sociedad española de esa época.

Victòria!, un tríptico nacionalista, expresión del nuevo cine catalán

Una película autóctona ha vuelto a poner en el candelero el tran traído y llevado tema del *cinema català*, una industria inexistente, pero que lucha por adquirir su propia personalidad —apoyada por el idioma, hoy cooficializado en España— y por obtener el respaldo del público del país.

«*Victòria!*», de Antoni Ribas

Se trata de una superproducción —su costo alcanza la friolera de 450 millones de pesetas—, de 417 minutos de duración, que se presenta en tres partes, con pretensiones de fresco histórico catalán —a modo del *Novecento* de Bertolucci—, pero que se queda en un insólito tríptico nacionalista, fallido, a todas luces, a nivel artístico y posiblemente comercial.

Victòria! (1982-1983), *L'aventura d'un poble* (1.ª parte), es un film grandilocuente y ambicioso, dirigido por Antoni Ribas dentro de la línea de su también celebre *La ciutat cremada* (1976), pero con los mismos defectos —y ampliados— de aquella primera cinta catalana del posfranquismo. Aquí intenta retratar la España de 1917, centrando su acción en Cataluña y la actividad revolucionaria de los anarquistas y de las juntas de defensa militares (los frustrados «junteros»). A destacar el asesoramiento histórico de Josep Termes y Gabriel Cardona —ambos, profesores de la Universidad de Barcelona—, con apuntes muy conseguidos sobre las mentalidades obrera y militar, terreno en el que son especialistas.

Aun así, donde falla estruendosamente la película es en el ritmo —como ocurría en la comentada *La ciutat cremada*— y en su estilo poco cinematográfico —de estampas o cuadros animados ha sido calificada—, a la vez que en las secuencias intimistas. Es en esa acción interna de los protagonistas y en su trama dramático-argumental donde Antoni Ribas y su guionista Miquel Sanz incurren en los errores de siempre: demagogia y obscenidades —no solo en escenas pornográficas, sino en los diálogos—, mal gusto supino y un aparato crítico de cariz dialéctico: la típica lucha de clases o la fácil creación de tipos «buenos» y «malos», junto a la falta de profundidad intelectual que hace endeble el film en su conjunto y prácticamente lo invalida como obra artística.

Victòria!-2 La disbauxa del 17, todavía es peor. Da la impresión de que las mejores secuencias ya se han incluido en la primera parte; pues aquí fallan la narrativa —casi no hay un trabajo de montaje coherente— y la elaboración creadora, mientras las facilidades y violencias son extremas, incurriendo en groserías que desdicen de un mínimo rigor estético, al tiempo que el anticlericalismo es exacerbado y la visión que da de la milicia y la policía resulta grotesca (incluso esta segunda parte tuvo serios problemas de autorización oficial).

Victòria!-3, El seny i la rauxa, es más fallida que las anteriores. Caótica a nivel ideológico, sin que se clarifique demasiado el conflictivo tándem obreros-militares, posee un montaje paralelo poco congruente, que incluso rompe la dramaturgia del relato, a la vez que confunde al espectador con su juego realidad-ficción. El empleo del tiempo y la simbología no son los fuertes de Ribas... Por eso la cinta se hace tediosa (cada parte ha ido perdiendo público, como si este se fuera desengañando), con un epílogo de tono más demagógico que auténticamente nacionalista. Menos obsceno que los anteriores episodios —en eso sí «supera» Ribas al *Novecento* (1976) de Bertolucci—, pero con blasfemias en los diálogos y burdas irreverencias religiosas, el film concluye con una exaltación ácrata-separatista (que no catalana de verdad) sin pena ni gloria. Apoteosis (?) final que cuenta con unas maquetas demasiado evidentes y no convencerá al público mínimamente exigente e intelectual. De ahí que la Generalitat de Cataluña dejará desierto el premio a la mejor película del año.

Un triste servicio

¿Dónde está, Ribas, tu victoria?, cabría inquirir a su realizador. Esta monumental cinta hace un triste servicio a Cataluña —sin pretenderlo—; pues deja a la autonomía y al *cinema català* en un mal lugar, no solo en el resto del país, sino allende las fronteras.

Por último, cabe destacar que *Victoria!* cuenta con un reparto internacional: el «viscontiano» Helmut Berger es el «juntero» Rodríguez Haro, mientras la vedette Norma Duval es la María, al tiempo que Xabier Elorriaga —que protagonizó la referida *La ciutat cremada*— es el líder anarquista Jaume Canals, y Craig Hill, el teniente coronel Burguete, entre un sinfín de actores y figurantes. Se salva de la «quema» la evocación de la Barcelona de ese período histórico.

La cinematografía catalana y sus diversas tendencias. Una política en crisis

Distintas corrientes se pueden constatar en el cine catalán actual, que sintetizaré a continuación, antes de pasar a hablar de su crisis política.

En primer lugar, hay films en legua vernácula —de cariz nacionalista y político— que intentan revisar el pasado histórico de forma crítica y a veces parcial, con cierto aire revanchista que invalida algunas tesis. A modo de excepción, cabe destacar el comentado *Companys, procés a Catalunya* (1979), la equilibrada película de Josep Maria Forn.

Seguidamente, la edición de producciones rentables y populares —comedias, sátiras y denuncias sociales...—, con el fin de crear las bases de la industria cinematográfica catalana. Y ahí está la significativa «serie» de *La quinta del porro* (1980) y sucedáneos, *Barcelona Sud* (Cadena, 1981), *Naftalina* (Callís, 1982), *Com un adéu* (Vila, 1982), etc., aparte de otras cintas tan dignas como *El timbaler del Bruc* (Grau, 1981) y *La revolta dels ocells* (Comerón, 1982). El peligro de aquel tipo de cine es el engaño que puede hacerse —en aras de la clamada industria autóctona— a los espectadores de la comunidad catalana, y que sirva de crítica para los otros españoles, quienes menospreciarán los subproductos y acaso también nuestro cine, con las excepciones de rigor.

Y por otro lado, la promoción de un cine infantil —en catalán o subtitulado—, junto al doblaje de películas extranjeras, a través de la iniciativa privada o la política de la Generalitat. Films enclavados dentro de la campaña «Català al cinema» —emprendida por los Servicios de Cinematografía del

Gobierno autonómico— y algunos procedentes de las multinacionales, que podrían «colonizar» como antaño la todavía modesta producción de Cataluña. En una clarificadora crónica, publicada en el periódico *Mataró* (23-III-1982), ya había señalado el agudo escritor Carles Sabater i Carbonell:

Aparte de las polémicas de si se han de sonorizar o no películas extranjeras, con subvenciones de la Generalitat, o bien si, en cambio, lo que hay que hacer es proteger a la industria de un *cinema català*, creemos que se ha de tener cuidado con la clase de películas que se sonorizan en lengua catalana. Resultaría triste que dineros públicos (que en definitiva salen del bolsillo de los ciudadanos) se emplearan para sonorizar películas de un contenido moral más que dudoso con la excusa de la «normalización lingüística». Eso no nos hace ninguna falta. Y si se trata de la normalización del catalán, en la medida en que se sonoricen en nuestra lengua películas de buena calidad y aptas para todos los públicos, la «normalización», además de contribuir a crear y mantener valores éticos y morales, llegará a más gente.

Francamente, lo que ocurre hoy por hoy —como se han quejado desde el mismo ente autónomo Institut del Cinema Català— es que el Gobierno de la Generalitat carece de una política realista en torno al arte fílmico.

Con todo, esperamos poder revisar estos juicios más adelante, a medida que el cine catalán encuentre su equilibrio y salga de su eterno posibilismo.

Crítica de los productores

A poco de escribir esta crónica, apareció en la prensa barcelonesa una severa crítica de los productores catalanes en torno a la política cinematográfica llevada a cabo en esta autonomía. Corría el mes de narzo de 1984.

En una rueda de prensa, celebrada el día 7 por la noche, la Agrupació Catalana de Productors Independents acusó al Gobierno de la Generalitat de no tener ningún tipo de política cinematográfica. Al acto asistieron, en nombre de los productores, Josep Maria Forn, Carlos Durán, J.A. Pérez Giner, José Luis Galvarriato y Antoni d'Ocón.

[Sin] querer personalizar en ningún momento dichas críticas —dijo Josep Maria Forn, en aquella fecha presidente del Institut de Cinema Català—, puesto que tampoco el Parlament, la Diputación, los ayuntamientos y los partidos políticos han hecho nada por el cine catalán, lo cierto es que el principal responsable es nuestro Gobierno autónomo, quien no ha luchado suficientemente por el *cinema català*.[3]

Esta discriminación por nuestro cine quedó ya patente cuando en marzo de 1980 se creó el Servicio de Teatro y Cine, al frente del cual se puso a un hombre de teatro. Aunque posteriormente se creara la Dirección General de Cinematografía, Música y Teatro, nunca se le ha dado al cine la categoría de dirección general, siendo actualmente un servicio dentro de la citada dirección, al frente del cual se encuentra Miquel Porter i Moix.

Pero esta discriminación se hace todavía más evidente cuando vemos el presupuesto que se ha gastado en él y que, comparándolo con otras partidas como son el teatro o la misma televisión autónoma —TV3—, es absolutamente ridículo. Así, mientras que en teatro la Generalitat ha gastado un presupuesto de 600 millones, y en TV3 se han invertido alrededor de los 14.000 millones, en cine solo se ha gastado la ridícula cifra de 50 millones.

Según Josep Maria Forn, desde que se creó el Servei de Cinema, los productores han intentado reiteradamente realizar una reunión para estudiar la problemática del sector, y todavía hoy no hemos podido abordar el temario que les propusimos.

Segun los productores catalanes, «la actual dispersión de competencias en materia de cinematografía les está perjudicando enormemente», y acusan a la Generalitat de «no tener la suficiente habilidad o combatividad para reclamar sus derechos». Y añadieron:

Estos días hemos visto cómo en nuestras carteleras se estrenaban tres obras de la cinematografía vasca —*Akelarre*, *La muerte de Mikel* y *La conquista de Albania*—, mientras que aquí no existe la suficiente energía para defender nuestros productos y realizar un trabajo serio de promoción del cine catalán.

---

3. Cfr. la crónica titulada «Según los productores, la Generalitat no tiene ninguna política cinematográfica», *La Vanguardia* (9-III-1984), que prácticamente reproduzco.

Carlos Durán —antiguo «animador» de la fallecida Escuela de Barcelona (y actualmente desaparecido)— denunció por su parte la progresiva «degradación de la infraestructura cinematográfica catalana que —dijo— hace que hoy sea más caro rodar en Barcelona que en Madrid». Asimismo, recordó que las Converses de Cinema a Catalunya «sirvieron para sentar unas bases serias sobre las cuales elaborar una política de futuro —creación de un ente autónomo, facilidades crediticias […]», y mostró su asombro por el hecho de que «hoy ni siquiera sean tenidas en cuenta por la Generalitat. Y ello —concluyó— a pesar de que fueron asumidas por el Conseller de Cultura, Max Cahner, y de que participara en ella toda la profesión».

Otro de los aspectos que fue abordado en esa rueda de prensa es el del vídeo, acusándose a la Generalitat de haber empezado a dictar una serie de leyes prescindiendo de la opinión de la industria. En este sentido, Josep Maria Forn se quejó de que se hubiesen organizado unas jornadas sobre vídeo, en el seno de la Expocultura-83, «de un modo totalmente improvisado».

La política de subvenciones fue abordada por Pérez Giner, quien denunció el modo como se había realizado el reparto, manifestando que solo cinco películas de las 15 solicitantes habían recibido avales, «llegando incluso en estos casos —concretó— cuando la producción del film ya se había terminado».

También se dijo que, mientras la Generalitat no había respondido a la impugnación de varios productores por el hecho de que los Premios de Cinematografía del año pasado quedaran desiertos, el Ministerio de Cultura había concedido «especial calidad» a las cintas que habían optado a estos premios como principales candidatas.

Referente a la política de doblajes —«único apartado al que se ha dedicado un esfuerzo importante», añadieron—, se criticó el privilegio obtenido por los films extranjeros, de los que se cubre la publicidad, el tiraje de copias y el doblaje, «mientras el cine de aquí apenas puede costear el doblaje con la ayuda recibida».

«Todos estos hechos —terminó Josep Maria Forn— evidencian la ausencia de cualquier política cinematográfica en Cataluña, así como una falta de diálogo con los distintos sectores cinematográficos.»

Y tras el esperado diálogo con la Generalitat de Cataluña, con el cambio de Gabinete, el Institut del Cinema Català (ICC) entregó al nuevo gobierno Pujol un anteproyecto de la ley para la creación de un ente autónomo de la cinematografía catalana, según el modelo europeo.[4] Luego, el mismo «disidente» Forn sería llamado a la futura Dirección General, para ponerlo en práctica.

El naciente cine del País Vasco

Si ayer hablábamos del cine catalán, hoy toca introducirnos en una cinematografía que empieza a despertar en el panorama español: los films del País Vasco. Ciertamente, esta autonomía del Estado —Euskadi— siempre ha estado de actualidad por tristes razones: el terrorismo de ETA, el cual trasciende las fronteras. De ahí que una de las primeras fuentes de inspiración creadora de esa naciente cinematografía nacional sea la problemática engendrada por tal grupo.

Es más, algunos ex terroristas («arrepentidos») colaboraron en las producciones en unión a diversos partidos políticos: Euskadiko Ezquerra, Herri Batasuna —más directamente relacionado con ETA— y el Partido Nacionalista Vasco (PNV), que actualmente gobierna en Euskadi, tras las recientes elecciones autonómicas.

Sin embargo, aunque aún no han normalizado la producción, los vascos están «pegando más fuerte» en taquilla que los catalanes. He aquí, pues, las obras que han centrado la atención de los aficionados en los últimos meses.

«La muerte de Mikel», de Imanol Uribe

Auspiciado por cierto sector de la crítica del país como el «renacimiento» del cine vasco, *La muerte de Mikel* (1983) es un film político-denunciatorio de la vida cotidiana de Euskadi, a nivel de mentalidades y mundo provinciano de esa zona de España. Uribe (*El proceso de Burgos*, *La fuga de Segovia*)

---

4. Véase Elena Hevia, «Pros y contras del futuro Ente Catalán de Cinematografía», *El Noticiero Universal*, Barcelona (30-IV-1985 y 1/3-V-1985).

cuenta la historia dramática de un militante *abertzale*, desequilibrado sentimentalmente, y que acaba siendo homosexual (mantiene relaciones con un travestí de Bilbao); situación que le ocasiona el rechazo de su partido —lo excluyen de la lista de las elecciones municipales— y, más tarde, ante una oscura denuncia del poder (?) de haber colaborado con ETA, morirá en extrañas circunstancias. Mientras tanto, su antiguo partido intenta reivindicar su ayer criticada figura, reivindicación que alcanza a su desviación personal, en aras a una pretendida libertad sexual. Veamos, si no, lo que dice al respecto el propio realizador: «Personalmente no creo que Mikel sea homosexual; lo que pasa es que en principio todo el mundo es bisexual (?) y después cada uno orienta su sexualidad». Por eso, algún crítico ha calificado a *La muerte de Mikel* como «un alegato sobre la intolerancia de la homosexualidad con un interesante trasfondo político».

No obstante, ese equívoco ensamblaje entre sexo y política —viejo tópico ideológico materialista— está realizado fílmicamente con brillantez formal y un montaje discontinuo que a veces hace algo confuso el hilo del relato original. Con tal fin, Imanol Uribe, especialista y publicista del grupo terrorista ETA, vuelve a demostrar que sabe hacer cine —sobre todo, cine comercial— e incluye concesiones a nivel erótico-pornográfico y en diálogos que bordean la demagogia, harto desagradables y un tanto «epatantes» de cara al espectador.

Destaca, con todo, la interpretación de Imanol Arias, como el protagonista, en pleno apogeo como actor después de la serie televisiva *Anillos de oro*. Todo ello ha proporcionado un gran éxito de público a *La muerte de Mikel*, película producida por un ex etarra —Ángel Amigo—, y subvencionada por el Gobierno vasco con el 25 % a fondo perdido.

«Akelarre», de Pedro Olea

No tan coyuntural como la anterior, el asimismo cineasta vasco Pedro Olea (*El bosque del lobo, Pim, pam, pum... fuego*) acaba de realizar una película que trasciende el fondo histórico para incidir en una analogía crítico-política actual con el pasado de Euskadi. Enclavada en el siglo XVII —si bien los escenarios naturales y la ambientación no resultan muy creíbles—, en plena acusación y depuraciones de la brujería en España, narra una historia de aquelarres: cuando los turbulentos ritos paganos fueron perseguidos por los señores feudales, a veces no tanto por motivos estrictamente religiosos como para obtener recaudaciones de impuestos.

Así, con una anécdota amorosa de argumento, se cuestiona de fondo la represión sufrida por el País Vasco a través de los últimos siglos por vía del centralismo: antes el aparato represor al servicio del Estado podía ser la Inquisición —viene a decir el director y guionista del film—, después fue la dictadura franquista... y ahora, la falta de libertad constitucional para desarrollar el Estatuto de autonomía en la democracia. De ahí que el grito final de la protagonista —que interpreta la catalana Silvia Munt— sea significativo al respecto: viene a ser como la rebeldía de un país.

Akelarre (1983), por tanto, es un film histórico-político. Realizado con la brillantez formal propia de Pedro Olea (junto con su colega Uribe, fueron candidatos al premio del Festival de Berlín-83, y volvieron enfadados al no alcanzar el Oso) y cierto tono artesanal, ha sido acusado de poco rigor por parte de la crítica —incluso de la izquierda—. Contiene, aparte de la fiesta pagana con exhibicionismo erótico, un claro ataque a la Iglesia, oponiendo tradición y costumbres al dogma católico (viejo tópico de fácil efecto demagógico en el público). En cambio, Olea no abusa del mal gusto en las escenas de tortura, debido a la elipsis, pero intenta provocar la reflexión crítica del espectador. Aun así, la película ha fallado en taquilla; al menos, en comparación con la anteriormente comentada.

En *Akelarre*, con todo, se aprecia cierta carencia del tono realista y evocador del siglo XVII y sí está presente cierto aire dialéctico en torno de una latente lucha de clases —entonces estamentos— y de la cuestión nacionalista implícita. Por eso, en resumen, cabe considerar el film de Olea más en la línea comercial y casi de género del actual cine vasco, que en la auténtica película de tesis y genuina de esa cinematografía naciente.[5]

---

5. Sobre la tradición fílmica de Euskadi, véase asimismo el volumen de Santos Zunzunegui, *El cine en el País Vasco*, Bilbao, Diputación Foral de Vizcaya, 1985.

Chávarri, sus *bicicletas*... y la revelación de José Luis Guerín

Jaime Chávarri, uno de los directores más prolíficos del último cine español, y el debutante Guerín, son actualidad en el panorama fílmico a través de dos films ambivalentes: el primero, basado en una pieza teatral de éxito reciente en las tablas hispanas; y el segundo, que constituye un verdadero ensayo fílmico-lingüístico.

«*Las bicicletas son para el verano*», de Fernán-Gómez

Ciertamente, el actor, director cinematográfico y autor escénico Fernando Fernán-Gómez es el auténtico creador de *Las bicicletas son para el verano* (1983), que ha puesto en imágenes el referido Chávarri, sintetizando el libreto del primero (tres horas de duración tiene el texto original) en una cinta de 105 minutos de metraje, cuyo guión se debe a la especialista Lola Salvador (que firma con el seudónimo de Salvador Maldonado: *El crimen de Cuenca* y *Bearn*).

Sin embargo, el film en cuestión no es esa obra maestra que pretenden algunos, sino más bien una película ambiciosa —estética e ideológicamente— que denota las servidumbres del cine de encargo (Jaime Chávarri dice que quiere volver a dirigir guiones propios) y la *qualité* que se exige al cine comercial y exportable de hoy.

Las bicicletas... evoca el Madrid de la Guerra Civil española, la historia interna y de las mentalidades de la clase media en la diezmada capital, con su retrato íntimo de la contienda fratricida, pero narrada desde la óptica del perdedor. Es clave la frase que prácticamente cierra el film: «No ha llegado la paz, sino la victoria», le dice el padre (espléndido Agustín González) a su hijo adolescente (el debutante Gabino Diego), antes de ser detenido.

Con todo, la película de Chávarri «ilustra» con creces la obra teatral de Fernán-Gómez, con su tono grotesco que, a modo de sainete, se acerca a la tragedia de diversas familias madrileñas (viene a ser todo un vecindario), incidiendo en el humor negro y a veces en situaciones de poco gusto —como algunas concesiones, en diálogos y alcoba—, de fácil efecto en el espectador. Aun así, la evocación de la vida cotidiana es aguda, reproduciendo ambientes y escenarios de la época gracias a la mano maestra del director artístico Gil Parrondo y, sobre todo, sobre la base de la interpretación de una serie de actores de primera línea. Tipos que reflejan posturas e ideologías, virtudes y miserias, pero que en momentos no superan cierta teatralidad. Lo mejor acaso está en la atmósfera en torno de los personajes y su evolución anímica a medida que avanzan los días, con el choque del cambio de costumbres que sufrió el país durante esos tres años aciagos y la adaptación al nuevo estatus, según los casos. En este sentido, hay detalles muy logrados en *Las bicicletas son para el verano*: las escenas del hambre —sobre todo, en esa secuencia del «robo» de las lentejas—, y la reunión ante los bombardeos.

«*Los motivos de Berta*», de José Luis Guerín

Poco antes de triunfar en el fórum de Berlín-85, José Luis Guerín presentó su primer largometraje en Barcelona, en una sesión organizada por la Filmoteca de la Generalitat que batió los récords de este organismo especializado: centenares de jóvenes llenaban la sala, sentados incluso en el suelo de los pasillos. La asistencia de la co-protagonista del film, Arielle Dombasle —la actriz de Eric Rohmer, que presentaría al día siguiente su también experimental *Chassé-Croisé* (1981), a cargo esta vez del Institut Français—, centró asimismo la atención de los aficionados y cinéfilos, que aplaudieron esta obra «maldita» del cine español de la democracia: *Los motivos de Berta* (1984). Un largo y apasionante coloquio cerraría la sesión de la «Filmo» barcelonesa.

La película de los años ochenta

José Luis Carroggio Guerín es un catalán de 24 años que puede ser el realizador de los ochenta, y su *opera prima* pasar a la historia de la cinematografía española como en la década anterior lo hizo Víctor Erice con *El espíritu de la colmena* (1973).

Guerín —no confundir con Claudio Guerin-Hill, autor

desparecido— es, por tanto, una revelación como director, y su trayectoria representa de algún modo el acceso de los jóvenes al cinematógrafo. Autodidacta y amante del séptimo arte —parece llevar celuloide en la sangre—, José Luis Guerín es un autor vanguardista, que, con su postura creadora —eminentemente formalista—, está experimentando las enormes posibilidades de la sintaxis clásica del cine. De ahí que beba en las fuentes de Dreyer, Bresson, Ford, Dovjenko y Ozu, entre otros maestros.

Con gran respeto por el espectador, a quien potencia en su libertad a través de su cine, Guerín es un investigador puro que trabaja al margen de las convenciones de la industria. Ahora está realizando un film en París, en el cual colabora Jean Mitry, con presupuestos económicos ridículos. «Se trata —dijo— de una reflexión sobre el arte y el cine, con entrevistas, coloquios, etc.» También está trabajando en un guión sobre Barcelona, su ciudad natal: «Se trataría de un film urbano, partiendo del legado de un realizador del cine mudo que me fascina: Dziga Vertov». Pero pasemos a comentar su insólito film *Los motivos de Berta*.

Obra medida, pensada fotograma a fotograma —con un *story board* excelente—, viene a ser una pieza vanguardista (sin tanto impacto, pero más conseguida globalmente que la comentada de Fernán-Gómez - Chávarri) que desarrolla la narrativa tradicional. Es obvio, pues, que en el film de Guerín hay un estudio atento del estilo de los grandes clásicos —reminiscencias acaso no queridas, pero sí latentes— y, en palabras de su autor, «en los nubarrones de Ford y en los trigales de Dovjenko […]». Con todo, José Luis Guerín —que ha utilizado un blanco y negro muy expresivo— no pierde ese aire de modernidad e investigador que transpira el film.

Los motivos de Berta cuenta la evolución íntima de una niña —en el período de la pubertad— del mundo rural español —castellano, concretamente—, con sus sueños, crisis, incertidumbres y valores. Sin pretensiones intelectuales ni tesis de autor novel, como sucede en toda *opera prima* (aunque Guerín se había ensayado en el corto y mediometraje), su simbología es sencilla, su discurso, sobrio —con apenas diálogos—, y su tono intelectual, más profundo que pedante (en ningún momento su actitud impacienta al espectador), lo cual hace que el público quede «distanciado» y observe la historia al tiempo que se le permite reflexionar abiertamente y sacar sus propias conclusiones de esta pequeña obra maestra del cine español.

Un cineasta maduro

Todo ello nos desvela a un cineasta maduro, con un estilo ya definido (más de dos años de elaboración ha tenido el film), que sabe sacar partido de unos actores que, por su naturalidad, parecen no profesionales, junto a ese aire de misterio que posee el relato y el cual hace pensar que va a pasar algo importante que nunca llega. Por eso, alcanzan gran valor estético los objetos más vulgares y esa cotidianidad captada eficazmente por la cámara de Gerardo Gormezano, en pulcro blanco y negro (aunque la rodara en negativo color). En este sentido, me parece idónea la definición que le dio el crítico José Luis Guarner: «Pretende mucho menos contar una historia que documentar unas sensaciones, unos sentimientos».[6]

Pienso que José Luis Guerín, con su montaje revolucionario y clásico a la vez, nos «redescubre» el cinematógrafo. Incomprendido y maltratado al principio por la industria española, obtuvo premios del Ministerio de Cultura, en el Festival de San Sebastián y la Mostra del Mediterráneo valenciana, así como la Medalla de Plata al Mejor Director 1984 del Centro de Investigaciones Cinematográficas Film-Historia; y ahora acaba de conseguir el éxito internacional (seis sesiones tuvieron que programarse en la Berlinade para que pudiera acceder todo el público a su película). Después, ha venido el estreno «comercial»: una sala de arte y ensayo de Barcelona exhibió *Los motivos de Berta* durante más de un mes, mientras espera su reestreno y la presentación en el resto de capitales españolas.

---

6. J.L. Guarner, «Los motivos de Berta», *La Vanguardia* (21-II-1985). Cfr. también el texto dedicado ya a este joven autor por J.M. García Ferrer y Martí Rom (eds.), *Surcando el jardín dorado*, Barcelona, Cine-Club Associació d'Enginyers Industrials de Catalunya, 1984.

Los santos inocentes, de Camus-Delibes

Cuando el Gobierno socialista promueve, junto a cierto sector de la crítica, una campaña cultural (¿política?) para convencer al público del país y de allende las fronteras —de ahí las continuas Semanas de Cine Español en el extranjero— de que la cinematografía nacional está en su mejor momento, un film importante centra la atención de los entendidos: *Los santos inocentes* (1984).

Una película impresionante

A punto de alcanzar el galardón en el pasado Festival de Cannes, sí fue reconocido por su interpretación, ganando el premio *ex aequo* los dos grandes protagonistas: Francisco Rabal y Alfredo Landa. Se trata de una película impresionante que, en base a la obra homónima de Miguel Delibes, evoca ciertas mentalidades de la España rural; concretamente, la Extremadura de los años sesenta.

Al borde de la obra maestra, la personalidad del prestigioso escritor castellano se evidencia con creces y cobra verdadera entidad artística, Por eso, Camus no logra liberarse del tono literario del texto original, pero sabe «traducirlo» con brillantez, a pesar de que se trata de una coproducción con Televisión Española —como ocurre últimamente con muchas de nuestras películas— y este ente del Estado impone servidumbres, por lo menos de tipo formal, al tener que emitirse la cinta después por la pequeña pantalla.

Mario Camus, con todo, ha sorteado lo mejor que ha podido y sabido tales inconvenientes, y la obra se sigue con un interes casi *in crescendo*, logrando emocionar al espectador intelectual —a la vez que acaso entusiasme al gran público— y provocar la reflexión crítica al tiempo que le mete en la trama argumental, reconociendo incluso la idiosincrasia hispana.

Sobriedad y madurez

Por tanto, las límpidas imágenes de *Los santos inocentes* poseen fuerza, sin fáciles concesiones, lo cual imprime al relato una sobriedad inaudita y acorde con la obra original. Así, la mano rectora de Camus supera los defectos de la también literaria *La Colmena*, de Camilo José Cela, y consigue una narración de gran belleza plástica, apoyada en unos escenarios naturales extremeños espléndidos y en unos tipos perfectamente recreados en la pantalla por un plantel de actores que evidencia la madurez del capítulo interpretativo español: Terele Pávez, Juan Diego, Agustín González, Mary Carrillo, Ágata Lys, Maribel Martín..., aparte de los premiados Rabal y Landa en sus magistrales composiciones de Azarías y Paco *el Bajo*, respectivamente.

Veamos, si no, lo que manifiesta el propio Miguel Delibes:

> Paco Rabal hace un personaje subnormal con enorme propiedad. A mi juicio es un personaje dificilísimo, que solo se entiende con los pájaros y con los niños. La expresión de su mirada, los gestos de sus manos, el ademán de sus brazos cuando corre... se ve que están observados de alguna persona subnormal. No inventa: se adapta al personaje una vez lo ha estudiado detenidamente. Pero junto a esta estupenda actuación está la de Alfredo Landa como Paco *el Bajo*, secretario de caza del señorito Iván, que es realmente una maravilla. La expresión de los ojos de Landa es todo un poema. Lo dice todo con los ojos.

Para poner en imágenes la pieza de Delibes, Camus empleó un montaje eminentemente analítico y algunos incisos temporales, que le dan enorme precisión a este relato dramático y hasta cruel —el autor vallisoletano carga duramente las tintas—, pero con cierto sentido del humor. Son ya cinco las obras del académico Miguel Delibes las que han visto la luz cinematográfica: *El camino*, por Ana Mariscal (1963); las comentadas *Mi idolatrado hijo Sisí*, traducida por Giménez-Rico (el fallido film titulado *Retrato de familia*) y *El príncipe destronado*, por Antonio Mercero (en la pantalla *La guerra de papá*); *Cinco horas con Mario*, solo parcialmente, que antes había llevado a las tablas la misma Josefina Molina (la «feminista» *Función de noche*); sin embargo, ninguna había tenido la calidad y el tino estético de *Los santos inocentes*. Esperamos que sea la definitiva recuperación de Mario Camus para el arte fílmico.[7]

---

7. Cuando publiqué por primera vez esta crítica aún añadí: «Supongo que le lloverán los premios y a lo mejor, con esta película, España alcanza el Óscar de Holly-

Nueva fábula fílmica de Gutiérrez Aragón

Manuel Gutiérrez Aragón, uno de los directores más cotizados del actual cine español, ha sorprendido a los aficionados con otra fábula intimista, que entronca más con su *opera prima Habla, mudita* (1973), a nivel temático y estético, que con su cine político posterior.

Feroz (1983) es un cuento insólito sobre la educación y la psicología humanas, que cobra caracteres cuasi absurdos para moverse entre la fantasía y la realidad. No obstante, ese ensamblaje entre la voluntad de expresión de Manolo Gutiérrez —los elementos éticos, un tanto caóticos aquí también— y la estética empleada no funciona del todo a nivel dialéctico; es decir, en el diálogo entre su obra y el espectador, pues el público no responde favorablemente al film (que apenas pasó de la semana en cartel en Barcelona), y se queda en un juego entre infantil y divertido, que se sigue con interés, pero con el que difícilmente se conecta psicológica e intelectualmente.

Con todo, se aprecia un notable lirismo y equilibrio creador, pese a esa rotura de concepción interna que frustra el resultado global de la cinta, en el que Gutiérrez Aragón integra el paisaje como un personaje más, y los protagonistas quedan asimismo definidos en ese entorno santanderino-montañés que tanto ama el autor, cuyos escenarios naturales brumosos —como ocurría con su *Corazón del bosque* (1978)— sabe captar espléndidamente la cámara de Teo Escamilla, dándole un poco el «sello» Quejereta, productor y coguionista de esta singular película que también dará que hablar.

De ahí que Manuel Gutiérrez Aragón haya manifestado:

> Todas mis películas tienen algo de cuento y *Feroz* es casi implícitamente una fábula. No sé cómo explicar el origen de esta película. Soy muy amante de los cuentos mal llamados infantiles y *Feroz* (protagonizada por un oso-hombre) es tal vez el cuento que yo he querido contarme a mí mismo. Pero también me interesaba plasmar en la pantalla los sarcasmos e ironías de nuestra vida.

---

wood el próximo año»; cfr. *El Litoral* (Santa Fe) (8-VIII-1984). Pero no fue así: la comisión *ad hoc* envió a Hollywood otro film de Garci (*Sesión continua*). Personalmente, estoy convencido de que, si hubiera optado la pieza de Camus-Delibes, se hubiese ganado la segunda estatuilla. Después, se emitió por TVE con enorme éxito, pese a los insólitos dos rombos con que fue calificada.

Sin embargo, en Cannes-84 no triunfó.

Garci, tras el Óscar, se despide del cine

El primer Óscar de Hollywood para el cine español, José Luis Garci (*Volver a empezar*, 1982), anunció su despedida de la pantalla grande como realizador. Insólitamente, al parecer ha sido «víctima» de una campaña de obstáculos oficiales —a modo de «conspiración de silencio», parangonando el film que interpretó Spencer Tracy— por parte del Gobierno socialista y de la prensa próxima al sistema (*El País*, especialmente). También entre el mundo profesional ha influido una enfermedad típica de la condición humana: la envidia, los celos artísticos. Y si a ellos unimos cierto menosprecio por lo nacional (y la falta de «compromiso» ideológico de izquierdas del propio Garci), tendremos la explicación de la triste retirada de este galardonado cineasta español.

«Sesión continua»

Con todo, separando su polémica en la prensa y televisión españolas con la Administración (concretamente, con el director general de TVE, señor Calviño, quien no quiso subvencionar su producción) del juicio crítico que me merece su última película, *Sesión continua* es una cinta decepcionante, que parece manifestar su desencanto por el cine español —junto a su amor por el séptimo arte tradicional— con un tema nostálgico que pretende ser original, dentro de su popular estilo narrativo y sumamente castizo.

Aun así, su *Sesión continua* (1984) apenas tiene garra, posee algunos momentos inspirados, y de los actores solo sobresale Jesús Puente,[8] como sufrido guionista. Pues esa reflexión autóctona-autobiográfica sobre el cinematógrafo y el asimismo sufrido espectador hispano no acaba de convencer al público de hoy, incluidos aquellos que nos podemos reco-

---

8. Este actor, que sustituyó a sus habituales José Sacristán y Alfredo Landa, también protagonizaría el regreso de José Luis Garci (*Asignatura aprobada*). El reali-

nocer un tanto sociopsicológicamente en su, a veces ocurrente, sentido del humor y valoración de los «clásicos».

No obstante, el acopio de groserías y vulgaridades, junto a la superficialidad y a más de una pedantería fílmica, distancian mucho a la obra de José Luis Garci de homenajes análogos, como *La noche americana*. Acaso porque la distancia artístico-intelectual entre François Truffaut y nuestro premiado cineasta —pese a lo que dijera Garci sobre el «chauvinismo» en una sonada entrevista— se advierte claramente en esta postrera creación. Francamente, es casi la misma que va de un maestro del cine a un buen artesano. Sin embargo, esperamos que su «regreso» a la gran pantalla sea más afortunado, ya que José Luis Garci es un autor de valía con el que debe contar la cinematografía española y mundial, y el cual no merece el ostracismo.

El sueño americano: Colomo y Borau

Mientras la cinematografía española se promociona en el extranjero a través de certámenes organizados por el Ministerio de Cultura —de manos del subdirector general, Carmelo Romero—, algunos cineastas hispanos cruzan el Atlántico para subsistir.

Ciertamente, un nuevo «sueño americano» ha aparecido por aquellas latitudes. Realizadores españoles marchan hacia Hollywood y Nueva York con la esperanza de triunfar en la antigua Meca del Cine y abrirse paso en el mercado norteamericano e internacional. Bigas Luna hizo en América *Reborn* («Renacer», 1983), tras un año y medio de odisea hollywoodense; el también catalán Gonzalo Herralde realizó en la capital de los rascacielos su *Vértigo en Manhattan* («Jet Lag», 1980); Ricardo Franco aún está trabajando en *San Judas de la frontera*; mientras que Fernando Colomo y José Luis Borau han estrenado con éxito sus respectivas películas.

---

zador madrileño sería en parte «recuperado» por Pilar Miró, cuando ésta, como directora general de RTVE, encargaría a Garci los comentarios en directo de la entrega de los Óscar en 1987, proyectando incluso antes su *Volver a empezar*. Después, le encargó una serie televisiva.

«La línea del cielo», una fábula de Colomo

El joven Fernando Colomo, conocido por *Tigres de papel* y *¿Qué hace una chica como tú en un sitio como este?* (las cuales tuvieron su continuidad),[9] que forma equipo con el actor-productor Antonio Resines y el crítico-director Fernando Trueba (recuérdese *La mano negra*, 1980), rompió la primera lanza en Nueva York con una insólita película: *La línea del cielo* (1983).

Sin abandonar su estilo de comedia «epatante» —como hiciera su colega Trueba con *Sal gorda*—, Fernando Colomo nos ofrece la otra cara de Nueva York, de la «moneda» USA. Con un fondo desmitificador y amoral, descubre la fealdad de la gran urbe neoyorquina y la enorme dificultad de triunfar en América. Por tanto, el «sueño americano» es puesto en la picota por este autor con bastante corrección, ya que el cineasta corrige los defectos de sus anteriores películas, aunque está lejos de su obra maestra.

Asimismo, el gracejo y la espontaneidad de algunas situaciones, con gran movilidad de la cámara y sin fáciles concesiones, hacen de esta simbólica *La línea del cielo* (*skyline*; o sea, la sombra que forman los rascacielos de Manhattan) uno de los films más interesantes de los rodados por españoles en Estados Unidos.

La anécdota, con todo, es muy simple: las desventuras de un fotógrafo emigrante en la ciudad de Nueva York. Ingenuo y pintoresco —casi tanto como los personajes con que se topa—, Gustavo (Antonio Resines) viene a ser un arquetipo de tantos jóvenes que se van a las Américas y vuelven a los pocos meses decepcionados. Fresco, por tanto, sobre los españoles que viven en Nueva York, que además tiene la virtud de captar y conectar con el público intelectual desde el primer momento. Y todo ello, dentro de un estilo creador improvisado —como el guión de Colomo, gestado sobre la marcha durante un viaje y estancia en esa metrópolis— que da un carácter de ensayo y de documento social a la fábula.

---

9. Me refiero a la comedia urbana *La vida alegre* (1987), film de la «movida» madrileña, que retrata la evolución de algunos de sus personajes ya situados en el *establishment* socialista (véase crítica subsiguiente).

«Río abajo», la aventura de Borau

Como una pesadilla se ha desarrollado el rodaje del aragonés José Luis Borau (*Furtivos*; *La sabina*) en América. Un proyecto que ha durado cuatro años y ha salido adelante por la tozudez de su director-productor (Borau ha invertido todo su capital), y que acaba de saltar a las pantallas españolas.

Río abajo («On the line», 1983-1984) es una crónica durísima sobre el mundo fronterizo EE.UU.-México, donde se muestra sin pelos en la lengua —o en la cámara, si prefieren— y de forma harto descarnada todo un estatus miserable y lleno de intereses. El propio José Luis Borau lo definió así:

> Me interesé precisamente por esta frontera porque separa claramente dos mundos muy diferentes. Uno es la riqueza y el poder y el otro es el tercermundista y la miseria. En este caso, el Río Grande separa estos dos mundos, donde se crea un ambiente peculiar de picardía, prostitución y contrabando.

Y es en esa línea —y no precisamente del cielo, como la comentada cinta de Colomo—, de separación moral y física, donde se sitúa el drama existencial de unos seres marginados, cuyas culturas y mentalidades diversas son superadas por los protagonistas, saltándose la barrera a través del amor y de la muerte. Y ahí está la historia sentimental y pasional de un joven guarda de frontera (Jeff Delger) y una prostituta mexicana (Victoria Abril), desarrollada en el escenario del burdel —primordialmente—, donde se retrata una situación degradante con sordidez y crudeza desmedidas. Francamente, Borau se «pasó» un tanto —así se lo manifesté personalmente la noche del estreno en Barcelona—, con escenas erótico-pornográficas que resultan muy desagradables, pese a su pretendido carácter simbólico. El estreno en Madrid ya fue polémico al respecto. El cineasta aragonés me respondió sorprendido que él solo refleja la realidad, y que esta es mucho peor... Sin embargo, ¿dónde está el gusto estético del arte? La elipsis también se echó de menos en sus anteriores films.

Con todo, debido a los serios problemas de financiación —y casi dos años de rodaje—, la película tiene baches, tanto a nivel narrativo como de aparición y desaparición de los protagonistas (David Carradine y Sam Jaffe). En cambio, el ritmo es el de un film americano de género —posee un toque holly-woodense evidente—, pero difícilmente llegará a convencer a los entendidos. Una crítica barcelonesa escribía:

> Borau ha conseguido su sueño dorado, ha realizado una película realmente norteamericana. Lástima —terminaba Elena Hevia— que durante el rodaje la historia de diluyera o se quedara en la línea fronteriza donde no contenta ni a unos ni a otros.

No obstante, la taquilla le ha respondido con creces.

Tasio, una nueva expresión de la cinematografía vasca

Mientras el *cinema català* está en crisis —este año 1985 aún no ha convocado los premios para su producción autóctona—, el cine del País Vasco sigue en auge, pese a la crisis política que ha sufrido recientemente esta autonomía española.

Tasio (1984), la nueva realización de la cinematografía de Euskadi, es una impresionante película sobre el mundo rural vasconavarro, donde en sobrias y medidas imágenes —no sobra ni falta un plano— se retrata la idiosincrasia de un pueblo hispano. Toda una mentalidad —un tanto primitiva y «pura»— es reflejada en esa *opera prima* de Montxo Armendáriz, a través de actores nativos y prácticamente no profesionales.

Algo esteticista, *Tasio* está dentro de la línea actual del subvencionado cine del País Vasco, pero lejos del extremismo ideológico del que hicieron gala otras producciones recientes. Así, el acercamiento introspectivo a un mundo ancestral —con sus valores, cerrazones y defectos (como se aprecia en alguna expresión)— es el principal objetivo de este film rabiosamente naturalista.

Rodado en la sierra de Urbasa (Navarra), su elevado presupuesto —137 millones de pesetas— ha contado con la ayuda del Gobierno vasco (20 %), y de RTVE (30 %) por sus «derechos de antena». La cámara de José Luis Alcaine ha captado con exactitud las tareas rurales, las viejas tradiciones y el folklore (con música de Ángel Illarmendi, de inspiración popular), logrando una atmósfera de gran intimismo y autenticidad, al tiempo que su autor evita el dramatismo y da libertad al espectador, quien puede reflexionar y emocionarse ante un film que no se sale de los cánones narrativos clásicos.

Montxo Armendáriz es un director con madera, que esperamos ofrezca obras artísticas mayores y sepa liberarse del sello estilístico de Elías Querejeta —su productor—, que se aprecia sobremanera en la factura formal de esta cinta.

La vaquilla, o el testamento de Berlanga

El valenciano Luis G. Berlanga escribió en 1956, en colaboración con Rafael Azcona, una sátira sobre la Guerra Civil española, guión que sería prohibido por la censura del franquismo en varias ocasiones. Sin embargo, el veterano realizador no cejó en su viejo proyecto. Y ahora, con casi treinta años de retraso, acaba de ponerlo en imágenes.

La vaquilla (1984) es una obra ambiciosa, que posee el presupuesto más grande de toda la historia del cine español: 275 millones de pesetas. Y, francamente, uno no sabe en qué han podido gastar tanto dinero, sin contar el enorme lanzamiento publicitario.

Si en su día este film pudo tener su sentido, tan lejos de los hechos que refleja y el tono de su contenido crítico, parece poco justificada su producción. No obstante, Berlanga manifestó en la noche de su estreno:

> Creo que ya ha llegado el momento de que la Guerra Civil española tenga la posibilidad de una creación literaria, pictórica o cinematográfica. Mi intención es explicar una historia que se desarrolla durante un período que hasta ahora estaba dentro de unas vitrinas que creo se han de romper.

Declaraciones que suponen tanto como decir que hasta su *Vaquilla* no se nos ha contado a los españoles el conflicto fratricida que tuvimos que padecer.

Rodado en la localidad de Sos del Rey Católico, lo mejor del film es el retrato que hace de ciertas mentalidades populares de ambos bandos —republicanos y nacionalistas—, pero incurriendo demasiado en la caricatura. Con todo, tiene toques costumbristas agudos y algunos planos-secuencia de ca-

271

tegoría creadora, propios de los mejores tiempos de Berlanga (*Bienvenido Mr. Marshall, Calabuch, El verdugo*). Y lo peor de *La vaquilla*: ese tono chabacano y obsceno que, burla burlando, preside casi todo el relato, lo cual le resta equilibrio y rebaja su nivel artístico, quedándose en una cinta menor y globalmente irregular dentro de la filmografía berlanguiana.

Una buena dirección de actores —Alfredo Landa, José Sacristán— y creación de tipos de la época, apenas salvan la poco creíble trama —que resulta incluso un tanto superficial sobre la división del país—, pese al significativo epílogo que Luis G. Berlanga ha «reescrito» hoy para *La vaquilla*: devorada por los buitres, tras torearla dos «matadores» de ambas zonas, parece simbolizar que en toda Guerra Civil solo hay vencidos; pensamiento que, a decir verdad, no ha convencido a algunos críticos.[10]

De ahí que los apuntes geniales y golpes de humor negro que contiene también la película no sean suficientes para justificar esta postrera realización de Berlanga —llena de autohomenajes a su propia obra y actores desaparecidos—, la cual pretende ser su testamento fílmico como autor, testamento de un cineasta del que, pese a la clamada democracia (siempre acusó a la dictadura de su frustración), cabría decir aquello de «... cualquier tiempo pasado fue mejor».

Fuego eterno, la *opera prima* de José Ángel Rebolledo

Otra vez la cinematografía vasca destaca en el panorama de la producción hispana. Si ayer nos referíamos a *Tasio* como una impresionante película sobre el mundo rural del País Vasco-Navarro, hoy cabe comentar una nueva muestra de esa autonomía española.

Un ensayo fílmico-lingüístico

Su realizador, José Ángel Rebolledo, es bilbaíno y se tituló en la Escuela Oficial de Cinematografía (1973) antes de de-

---

10. En este sentido, véase especialmente la crítica de J.M. López i Llaví, «La guerra civil, va ser cosa de riure?», *Avui* (9-III-1985).

dicarse a la docencia del cine en la Universidad, concretamente, como profesor de Teoría e Historia de la Imagen, en
la Facultad de Ciencias de la Información, de Bilbao. Ahora,
tras colaborar en dos películas de Imanol Uribe (*Proceso de
Burgos* y *La muerte de Mikel*), este mismo director le acaba de
producir su primer largometraje.

Fuego eterno (1984), por tanto, es una *opera prima* que
dará que hablar. Se trata de un film insólito, en la línea de
otras producciones de la cinematografía vasca (*Akelarre*, por
ejemplo), que intenta evocar la idiosincrasia y el folklore de
una tierra, a través de una historia de brujería enclavada en el
siglo XVII.

Con gran calidad estética, cuidando la concepción de
cada escena y estudiando cada encuadre, cada plano, la forma fílmica se integra coherentemente a un fondo un tanto
abierto ideológicamente —en el cual puede participar el espectador, a nivel de creación—, pero no exento de cierta ambigüedad en torno de su contenido último (no se sabe bien si
cae en el anticlericalismo —como sucedía en *Akelarre*, de
Olea— o es clerical, reflejando una mentalidad vasca) y ese
aire de misterio que envuelve la trama argumental.

Unidad, con todo, de significado y significante, que forma un signo de enorme expresividad estética —dentro de la
línea del cultivo del arte por el arte—, cuyo pausado ritmo y
montaje alternante rompen la estructura narrativa tradicional. Porque su estilo está lejos de la sintaxis de Griffith; son
círculos concéntricos, temporal y espacialmente diversos,
que se van formando en torno a la historia central, y se van
acercando y uniendo uno a otro, a medida que el relato camina hacia su desenlace. Final que, asimismo, carece del típico
clímax dramático.

Correcta la interpretación de Ángela Molina e Imanol
Arias, y con una ambientación bastante creíble —no ocurría
así con la referida *Akelarre*—, *Fuego eterno* no pasa de ser un
ensayo estilístico-narrativo de un cineasta que contará en el
cine español de nuestros días. Una cosa, para terminar, se
evidencia con esta nueva película vasca: la superioridad y
madurez con relación al cine catalán actual.

La Guerra Civil a través de dos realizaciones

Con motivo de la conmemoración del cincuentenario de la Guerra Civil española, el cine nacional se ha hecho eco en las pantallas comerciales de ese triste hito histórico. Dos recientes producciones abordan esa temática: *Réquiem por un campesino español* y *Los paraísos perdidos*.

El «Réquiem» de Ramón J. Sender

En estas mismas páginas ya hemos comentado las películas basadas en la famosa novela del desaparecido escritor Ramón J. Sender *Crónica del alba*, en sus versiones fílmicas *Valentina* (1982) y *1919* (1983), dirigidas por Antonio José Betancor.

Ahora le ha tocado el turno al no menos célebre libro *Réquiem por un campesino español*, que escribiera el exiliado autor a modo de recuerdos sobre la tragedia fratricida que vivió en un pueblo aragonés, antes de abandonar el país por razones políticas.

Y ha sido el realizador catalán Francesc Betriu, quien ya dio muestras de buen «ilustrador» literario con *La plaça del Diamant*, de Mercè Rodoreda, el encargado de traducir en imágenes las breves páginas de Sender. Con todo, debido a la colaboración económica de la cadena catalana TV3 en la producción del film, este siempre discutido director (recuérdese *Los fieles sirvientes*, de ideología ácrata próxima a la del autor del libro original) paga tributo al lenguaje e intereses creativos y comerciales de la pequeña pantalla, que emitirá el film a modo de serial televisivo.

Su *Réquiem por un campesino español* (1985) narra un episodio dramático de la Guerra Civil española ambientado en un pueblecito aragonés: el sacerdote del lugar, mosén Millán, se dispone a ofrecer una misa de sufragio por un joven caído —es decir, fusilado por un grupo de falangistas— en los primeros días de la contienda fratricida; mientras tanto va recordando la vida del muchacho, al que quiso de verdad, y el fracaso de su mediación para evitar la tragedia.

Lo mejor del film ha sido la dirección de actores —especialmente el clérigo, que incorpora con precisión Antonio Ferrandis— y la creación de tipos, así como la reproducción del ambiente rural previo a la II República y de los años treinta, con sus valores, miserias, supersticiones y temores, centrado en el mundo del alto Aragón. Lo peor, la falta de inspiración creadora de que ha hecho gala Betriu, al haber servido totalmente a la letra de la novela y no solo al espíritu, aparte de las facilidades y tópicos que en la evocación y retrato de idiosincrasias incurre, denotando la clara postura ideológica del autor y traduciendo con creces la actitud anticlerical de que siempre hizo gala el fallecido escritor hispano, primordialmente conocido por su *Aventura equinoccial de Lope de Aguirre*.

Aun así, en el *Réquiem…* de Betriu hay acaso mucha tarjeta postal del mundo campesino español, cuyas brillantes imágenes impresionarán al gran público (de hecho, a poco la cinta estaba en los escaparates de los videoclubs). Pero su puesta en escena cinematográfica deja un tono de insatisfacción final al espectador exigente. Pienso que Paco Betriu sigue buscando su obra maestra.

«Los paraísos» de Basilio Martín Patino

En cambio, todavía más ambicioso y literario ha sido aquel *enfant terrible* del Nuevo Cine Español que nos diera en 1965 esa cuasiobra maestra que fue *Nueve cartas a Berta*. Veinte años después, Basilio Martín Patino vuelve a sorprender con un largometraje argumental —pues ha cultivado especialmente el documental de reconstrucción histórica— que no ha satisfecho ni a tirios ni a troyanos. Me explicaré mejor.

Buen conocedor de la Guerra Civil, ya que —junto a *Caudillo* y *Canciones para después de una guerra*— es autor de un poco conocido film de montaje titulado *Retablo de la Guerra Civil española* (1980), ahora evoca el espíritu de aquellos que sufrieron el conflicto bélico en el lado de la República, evitando las imágenes dramáticas de los hechos. Patino no ha realizado una película nostálgica —como le acusa cierto sector de la crítica de izquierdas—, sino una introspección sociopsicológica en la huella que el tiempo ha dejado en las personas que combatieron por un ideal, y que hoy ya solo perdura en el recuerdo y no en la praxis cotidiana ni factual (véanse los personajes incorporados por Alfredo Landa y Juan Diego, por ejemplo).

Todo ello nos es relatado a través de la «mirada» de una mujer fascinante, que interpreta la actriz Charo López —de rostro tremendamente fotogénico y expresivo (con esa «alma» griffithiana)—, la cual intenta restaurar en vano el patrimonio bibliográfico y documental de su exiliado y fallecido padre, tras la muerte de su madre. Así, Basilio M. Patino pone en imágenes esos «paraísos perdidos» con brillantez y equilibrio narrativo, aunque, debido a su premioso ritmo, va perdiendo la trama un hálito de interés a medida que avanza el relato, cayendo en alguna ligera concesión y un aire demasiado virtuosista y literario que, junto a la voz en *off* sobre la base del texto de *Hiperion* que traduce la protagonista, lleva al hermetismo intelectual a este insólito regreso de Patino a las pantallas comerciales (?), treinta años después de sus Conversaciones de Salamanca.

No obstante, la música de Carmelo Bernaola y las partituras que se incluyen de Bach y Scarlatti, junto a la inteligente explotación de los paisajes de la Castilla eterna captados por la cámara de ese gran operador que es José Luis Alcaine, hacen de *Los paraísos perdidos* (1985) un film tan esteticista como tremendamente triste sobre un hecho histórico que no se debe repetir, ni en España ni allende las fronteras. En cambio, aunque Patino me comentó personalmente que iba a abandonar tal temática, en su siguiente película —*Madrid*— ha vuelto a insistir sobremanera.

Otra fábula de Armiñán y *Tiempo de silencio*

Numerosas citas comerciales se asoman a las pantallas del país. Comentaremos solo las películas españolas más representativas.

«*La hora bruja*»

Candidata al Óscar en representación de España, no fue nominada entre los cinco mejores films extranjeros por la Academia de Hollywood. Y la verdad es que la nueva fábula de Jaime de Armiñán no se lo merecía.

La hora bruja (1985), ambientada en escenarios naturales gallegos, es otra cinta ambiciosa de Armiñán, tan ambigua y cerrada de costumbre (ocurriría también con su siguiente *Mi general*), que presenta el tono efectista y de brillantez formal que lo caracterizan como autor (recuérdese *El
nido* y *En septiembre*).

Destaca, con todo, su medida creación de tipos —con el
soporte interpretativo de Paco Rabal y Concha Velasco—, y
algunas secuencias harto conseguidas, como la cena en el
onírico restaurante; al tiempo que la pequeña Victoria Abril,
en su enigmático personaje, le da un aire irreal y un tanto in-
coherente, junto con las habituales concesiones eróticas propias de esta actriz en alza...

Obra irregular, por tanto, llena de una simbología que
está más cerca del absurdo creador que de una auténtica intencionalidad, a nivel de significado; a la vez que tampoco
acaba de conectar con el espectador exigente, quien asiste
impasible y frío a un relato crítico-costumbrista (?) que difícilmente le interesará y apenas logra intrigarle. Pero para qué
seguir hablando, si sabemos que Jaime de Armiñán rechaza a
los críticos... ¡Acaso somos nosotros los «brujos»!

Una novela naturalista

Alejado del mundo mágico de Armiñán, Vicente Aranda
(*Fanny Pelopaja* es la anterior película de este cineasta de la antigua Escuela de Barcelona) ha traducido en imágenes fílmicas
la famosa novela de Luis Martín-Santos *Tiempo de Silencio*.

Se trata de cine de *qualité*, que evoca la triste España de
los años cuarenta, dentro del tono naturalista y sórdido de la
pieza original (publicada en 1961), pero incidiendo con creces en las situaciones-límite y en el mal gusto, no escatiman-
do cotas obscenas que están más cerca de la pornografía que
del verdadero arte cinematográfico (cosa ya habitual en el último Aranda).

Así, *Tiempo de silencio* (1985), que se ha presentado en
Cannes dentro de la Oficina Catalana de Cinema —un mercado del film promovido por el Col.legi de Directors de Catalunya—, retrata cierto mundo de la posguerra hispana, gracias a

277

una lograda ambientación y dirección de actores —también propias de la actividad creadora de Vicente Aranda—, pero demasiado lastrada por el origen literario de la narración, al seguir con fidelidad el texto del desaparecido novelista. ¿Cuándo se librará el cine español de la denuncia del pasado histórico y de esa influencia de la literatura? La verdad es que con ello tales producciones obtienen la subvención del Estado, a través del convenio con el ente público RTVE por los derechos de antena a los dos años de exhibición en las pantallas comerciales.

Con esta realización, regresa el cámara Joan Amorós —antaño familiar en las películas de la referida Escola catalana— a los platós barceloneses; mientras el primer actor del cine del País Vasco, el también televisivo Imanol Arias, da réplica a Victoria Abril, junto a un Francisco Rabal y una Charo López que completan, entre otros destacados secundarios, el reparto de un *lumpen* y una burguesía decadente que ahoga un tanto la sensibilidad de espectador; ese gran público que está respondiendo en taquilla al nuevo film «epatante» de Vicente Aranda. ¿Qué nos deparará próximamente el director barcelonés? De momento, ha sustituido en cartel a su colega Almodóvar, quien aún fue más lejos con *Matador*.

Antonio Gades, Carlos Saura y *El amor brujo*: punto final de una trilogía

En vísperas de las elecciones generales en España, se ha presentado en las pantallas una película que nada tiene que ver con la realidad política hispana. Carlos Saura, antaño el director más comprometido del cine español y uno de los críticos del sistema franquista, ha vuelto a formar tándem con el bailarín y coreógrafo Antonio Gades, para cerrar su trilogía.

Binomio creador

Ciertamente, Gades-Saura han realizado juntos tres cintas donde han ensayado la fusión de dos artes: el ballet y el film. Danza y cinematógrafo unidos en un solo lenguaje artís-

278

tico, que a la vez refleja cierta idiosincrasia popular española. Bebiendo en las fuentes literarias de Federico García Lorca dieron a luz *Bodas de sangre* (1981); inspirándose en Mérimée y Bizet crearon *Carmen* (1983); y ahora, sobre la base de la obra de Martínez Sierra y Manuel de Falla, *El amor brujo* (1985). Un film cada dos años.

Así, tras el estreno comercial —después esta película clausuraría el Festival de Cannes-86 (pero fuera de concurso, claro)—, Carlos Saura declaraba al respecto:

> La trilogía ya está concluida. Es posible que tengamos otra idea y que la llevemos a cabo, pero no tendría nada que ver con esta trilogía. Con Antonio Gades he trabajado a gusto y nos hemos entendido bien. No es necesario que vuelva a dirigir en el cine una historia con baile andaluz [...] Hemos aprendido juntos todos, tanto Gades como yo, Teo Escamilla en la fotografía y creo que los demás. Tal y como hemos hecho esta última película no la podíamos haber llevado a cabo si antes no hubieran existido las otras dos [...] Se trataba de buscar algo nuevo tras el bagage acumulado, tras los conocimientos adquiridos.

Ambicioso espectáculo

El amor brujo es, pues, un gran espectáculo, al que cabría calificar como ambicioso; pero fílmicamente no del todo conseguido. Me explicaré.

Con un presupuesto de 200 millones de pesetas —según declaraciones de su productor, Emiliano Piedra (que ya había destacado en el cine mundial al pagarle a Orson Welles su *Campanadas a medianoche*, en 1966)—, Saura construyó un escenario enorme, en cuyo único plató ha rodado enteramente el film. Por tanto, es una película de estudio cinematográfico, con decorados originales donde se desarrolla toda la acción dramática. Utilizando un montaje casi invisible, el plano-secuencia y la grúa, y apoyado por el movimiento coreográfico de los bailes, Saura deja en muchos momentos la cámara estática —a modo de ojo del espectador—, con el objetivo inmóvil mirando a un punto del escenario, para ver desfilar por este a los personajes —como en el episodio célebre de «La danza del fuego»— y comunicar a través de ellos la tragedia que los embarga.

De ahí que, si a nivel técnico-lingüístico el film raya la perfección, no sucede igual con la concepción global y estética del realizador. Pese a su excelente arranque, la narración posee baches, tiene lagunas que le restan garra dramática a la conocida trama, haciéndose reiterativa incluso en el tema central, con la famosa melodía de Falla como *leitmotiv*. Acaso ello se deba primordialmente a la falta de diálogos, que contribuye a crear un cierto letargo psicológico en el espectador, sobre todo si no es aficionado al baile, al flamenco. En este sentido, el ritmo le viene más de la acción que de la propia forma fílmica; pues el montaje empleado está lejos del musical puro —genuinamente nacido de la imagen, sin romper con «números» coreográficos el relato—, que construye la secuencia a partir de diversos planos.

En cambio, Carlos Saura crea un estilo musical más próximo a la escena, al escenario teatral, experimentado una simbiosis ballet-cine de la cual no sale beneficiado precisamente el séptimo arte. Síntesis creadora que sí consiguió en buena parte Francisco Rovira Beleta en su versión de *El amor brujo* (1967), primera adaptación de la pieza original —que contó entonces con un presupuesto de 19 millones de pesetas— y la cual afirma no haber visto nunca Saura. Aquella película fue aplaudida por la crítica y el público coetáneos y nominada para el Óscar de Hollywood.

Aun así, *El amor brujo* de Gades-Saura posee momentos de lirismo y secuencias de gran fuerza expresiva, con hallazgos escenográficos (como el juego de colores en el tendedero) y canciones en *off* a cargo de Rocío Jurado; a la vez que capta no solo el folklore andaluz, sino el mundo y la mentalidad de los gitanos. También se apoya en la interpretación de Antonio Gades —que asimismo protagonizó la referida versión de Rovira Beleta—, de Emma Penella y, especialmente, en las bailaoras Cristina Hoyos y Laura del Sol, quienes se prodigan en una sensualidad captada en exceso por la cámara de Escamilla.

Sin embargo, el público español no acaba de responder en taquilla a la película. Al menos en Barcelona ya ha salido del estreno preferente.

Franco en las pantallas españolas

Tras la victoria de los socialistas en las elecciones generales, se ha estrenado un film político que evoca el pasado histórico español. Presentado en la sesión de clausura de la 28 Semana Internacional de Cine de Barcelona, *Dragon Rapide* ha saltado a las pantallas comerciales precisamente el día 18 de julio, fecha en que se inició nuestra Guerra Civil hace cincuenta años.

Un especialista

Su realizador, Jaime Camino, ya tiene en su haber cuatro películas que tocan el tema de la contienda fratricida: *España, otra vez* (1968), sobre el regreso de un combatiente de las Brigadas Internacionales; *Las largas vacaciones del 36* (1976), en torno de la vida cotidiana de cierta burguesía catalana; *La vieja memoria* (1978), un film de montaje con testimonios y documentales coetáneos (ambos comentados anteriormente), y ahora *Dragon Rapide* (1986), donde se consolida como un especialista en el conflicto bélico hispano. En esta ocasión, también ha contado con la colaboración de Román Gubern como guionista, y el asesoramiento histórico de Ian Gibson. Sin embargo, el resultado no ha sido del todo satisfactorio.

«Dragon Rapide»

Narra los acontecimientos que precedieron al golpe de Estado militar del 18 de julio de 1936, centrándose en su gestación y en la actitud del general Franco como figura clave del levantamiento, el cual abocaría al país a una cruenta Guerra Civil y a la posterior dictadura de cuarenta años.

El título del film, producido con la colaboración de TVE —de ahí que se proyecte en la pequeña pantalla (justificación del plural en el título de este artículo) dentro de dos años—, lo toma del avión que utilizó Franco para ponerse al frente de las tropas sublevadas en Marruecos, el 17 de julio. El célebre general aterrizó en Tetuán a las seis de la mañana del día 19, procedente de Las Palmas, a bordo de un aparato modelo De Havilland DH-89 Dragon Rapide. Hito histórico para la evolución política y futuro de España.

Contado en austeras imágenes, a modo de crónica documental, ofrece un retrato-apunte de un época y de las diversas mentalidades republicanas, especialmente de los militares. No obstante, el guión incide ligeramente en cierto maniqueísmo —está claro aquí quiénes son los «buenos» y los «malos»—, no exento de un tono de demagogia en algunos diálogos, los cuales tienen un fácil efecto en el público.

Bien ambientado, el contexto político y los personajes —como sucedía en *La ciutat cremada* (Ribas, 1976)— no acaba de estar bien explicado para los no especialistas, y la trama dramática resulta por momentos como envarada, poco creíble. Por otro lado, la sobriedad y equilibrio ideológico de que hace gala Jaime Camino —se observa cierta similitud con el sí conseguido *Companys, procés a Catalunya* (Forn, 1979)— quedan asimismo empañados por la secuencia con que abre el film —de carácter pornográfico y gratuita—, como para «epatar» al espectador.

La figura de Franco

Con todo, lo mejor de la película reside en el tratamiento dado al general Franco. La figura de Francisco Franco Bahamonde ha sido concebida con dignidad, no cayendo en la burla partidista; a la vez que incide en la vida familiar del desaparecido jefe de Estado, junto a una también lograda Carmen Polo de Franco, que interpreta la joven revelación Vicky Peña. Veamos lo que dice el actor que incorpora al personaje de Franco, Juan Diego:

> Yo no creo en los milagros, creo en la profesionalidad. Y un actor debe atreverse, si puede y da la talla, con todos los personajes y, sobre todo, con determinados personajes, con una carga histórica, siempre y cuando los autores del texto merezcan confianza […]. La película, por tanto, no es una apología de los conspiradores, pero tampoco un panfleto. Creo que se ha intentado hacer un Franco con objetividad, ceñido a aquellos días.

Ciertamente, *Dragon Rapide* contiene cierta dosis de ambigüedad, especialmente al final, que evitará un nuevo enfrentamiento entre tirios y troyanos cuando se emita por televisión (aunque actualmente ya circula por los videoclubs españoles).

Un *thriller* de Comerón y el debut de Benito Rabal

La *rentrée* cinematográfica se ha iniciado con el nuevo curso. Y entre los éxitos extranjeros, que circulan libremente debido a la entrada de España en la CEE, una serie de títulos han centrado la atención de los espectadores del país. Ciertamente, en las postrimerías del verano se presentó un insólito film catalán y, tras visitar la Mostra de Venecia, la *opera prima* del hijo del actor Francisco Rabal.

«Puzzle», de Luis José Comerón

Un sólido *thriller* hispano, con un guión perfectamente construido, ha saltado a las pantallas comerciales. Luis José Comerón es su autor, un cineasta de Mataró que está demostrando que sabe hacer cine de veras.

Puzzle (1986) es un reflejo de cierta sociedad actual. Con un espléndido clímax, dentro del estilo narrativo de los grandes clásicos norteamericanos y un montaje alternante que alcanza hasta cuatro acciones paralelas (se conoce que Comerón ha estudiado a Griffith), mantiene el suspense durante todo el relato, sin baches rítmicos y logrando la intriga del espectador aficionado, a quien se sorprende ya con un impresionante arranque.

Bien ambientado, sin caer en fáciles concesiones, Comerón está al borde de la obra maestra del género. *Puzzle* es, ante todo, cine «negro» puro, dignificando la mejor tradición del policíaco barcelonés. Así, como buen conocedor del lenguaje cinematográfico, Luis José Comerón saca fruto a un tema que, por cotidiano, no deja de tener su ápice de ficción, de fantasía, aunque retrata una triste realidad del momento. Y juega con las piezas del «puzzle» utilizando los elementos de la sintaxis fílmica. El rodaje, como los maestros clásicos, lo hizo prácticamente en estudios, cuidando los decorados interiores y midiendo cada toma.

Asimismo, es notable la creación de tipos. Desde Patxi Andión hasta Antonio Banderas, pasando por esos espléndidos actores que son Héctor Alterio y Carmen Elías, son dirigidos con soltura por Comerón, haciendo sus personajes creíbles y llenos de humanidad, y provocando la reflexión del espectador sobre una crisis personal que es un problema social del país y de allende las fronteras.

Desde *La larga noche de julio* (1974), su primer *thriller*, este infatigable cineasta catalán ha recorrido un camino ascendente a nivel artístico-creador. Y prácticamente, en solitario.

«El hermano bastardo de Dios», de Rabal

Se trata del primer largometraje de Benito Rabal, que aprendió bien el oficio junto a Mario Camus y otros realizadores españoles. El desagradable título del film, *El hermano bastardo de Dios*, procede de la novela autobiográfica del humorista José Luis Coll.

El hermano bastardo... (1986) es, ante todo, una película excesivamente literaria, con una retórica que aumenta con la narración —en voz en *off*— del propio escritor. En ella, se evoca la España de ayer, durante, antes y después de la Guerra Civil. La acción se sitúa en Cuenca, y a través de los ojos de un niño se plasma un pasado histórico que no debe volver. Es agudo, en este sentido, el estudio que se hace de ciertas mentalidades del mundo rural hispano, con sus tipos, costumbres, miserias y valores.

En cambio, a nivel estético, aunque es notoria la perfección formal, el film peca un tanto de virtuosista, buscando el preciosismo en la composición de algunas escenas. Con todo, la concepción fílmico-narrativa está lejos de ser la de un principiante. Es obvio que Benito Rabal demuestra ya cierta madurez como autor. Hijo de una familia de artistas —muy bien sus padres Paco Rabal y Asunción Balaguer, así como su hijo Paquito, que coprotagonizan la cinta—, el debutante Rabal logra una buena dirección de actores. Prueba de ello es el partido que saca de Mario Pardo y del cada vez más dúctil Juan Diego, aquí como insólito moro.

Aun así, Rabal pierde el tono sobrio con una secuencia de carácter onírico-surrealista, así como en los típicos toques anticlericales y la promiscuidad sexual de los menores, que alcanza cotas verbales y situaciones poco creíbles. Sin embargo, el texto de José Luis Coll, amargo y muy ambicioso a nivel intelectual, acaso es el culpable de los defectos que cabe atribuirle a la película, la cual ha servido de revelación de un nuevo cineasta español, que esperamos escoja temas mejores. Pero, claro, como el ente RTVE pagaba...

Werther, o el regreso de Pilar Miró

La antigua directora general de Cinematografía, tras su criticada gestión administrativa, ha vuelto a dirigir películas. Fríamente acogida también en la Mostra veneciana de 1986, pero con una buena crítica internacional, *Werther* (1986) significa el reencuentro con una siempre discutida realizadora del cine español: Pilar Miró. Pero hagamos un poco de historia.

Funcionaria y feminista

Nacida en Madrid (1940), estudia Derecho y Periodismo y se diploma como guionista en la Escuela Oficial de Cinematografía (1968), centro que intentó rehabilitar durante su mandato. En la EOC fue profesora de Montaje y Guión. Por esas fechas, Pilar Miró ya trabajaba en Televisión Española, llegando a ser la primera realizadora del ente público. Contaba 23 años. Dirigió el programa *Revista para la mujer*, donde ya se apuntan sus ideas feministas, y la telenovela *Lilí*, al tiempo que adaptó para la pequeña pantalla piezas de Dickens, Balzac, Unamuno, O'Neill, Shakespeare, etc. Son años en que combina su trabajo televisivo con la dirección de dos obras escénicas; hasta que se lanza a la realización fílmica, en 1976.

Su total dedicación al cine, con todo, viene precedida por dos guiones importantes escritos en colaboración: *La niña de luto* (1964) y *El juego de la oca* (1965), que llevaría a la pantalla

285

Manuel Summers. Sin embargo, sería la época democrática la que posibilitaría el descubrimiento de la Miró como cineasta: *La petición* (1976), su fallida *opera prima*; *El crimen de Cuenca* (1979), que estuvo prohibida por el Gobierno Suárez hasta 1981; *Gary Cooper, que estás en los cielos* (1980), cinta en parte autobiográfica donde se manifiesta más claramente su feminismo; *Hablamos esta noche* (1982), asimismo producida por la empresa que había creado al efecto, y el presente *Werther*. Mientras, Pilar Miró tendría un hijo, sufrió dos graves operaciones de corazón, realizó las campañas cinematográficas del PSOE y fue elegida personalmente por Felipe González para llevar las riendas del cine español durante la primera etapa del Gobierno socialista. Al frente de esta Dirección General, trata de impulsar la inexistente industria cinematográfica hispana con más o menos éxito, cargo de funcionaria que abandona a finales de 1985, cuando España entra en el Mercado Común.

Adaptación libre de Goethe

El poeta alemán acaso aplaudiría a la Miró por la libre interpretación de los personajes de su célebre obra, la cual provocó numerosos suicidios en aquella época romántica. J.W. Goethe (1749-1832), que también fue funcionario, escribió *Werther* en 1774, utilizando elementos de su propia vida. Novela epistolar, a modo de relato dramatizado de una aventura sentimental, que ha evocado dos siglos más tarde el cine con enorme tacto artístico, situando la acción en la época actual. De ahí que declarara Pilar Miró:

> Los protagonistas conservan el espíritu, los sentimientos y las situaciones del original, pero ellos han cambiado, ya que nuestra sociedad y nuestros problemas son distintos. Mi labor ha consistido en llevar el clásico de Goethe a mi terreno. Lo que intento decir es que los sentimientos son iguales a través de los siglos, en cualquier lugar del mundo.

Con un sólido guión, escrito con la colaboración de Mario Camus, la Miró demuestra su madurez creadora. Perfectamente ambientada, con escenografía del gran Gil Parrondo y Fernando Sáez, y aprovechando los escenarios naturales de

Cantabria, *Werther* capta al espectador cultivado por la fascinación de sus imágenes (la fotografía la firma Hans Burmann) y su contrapunto musical clásico, aparte de la espléndida interpretación de Eusebio Poncela, que transmite con creces su hipersensibilidad, y Mercedes Sampietro, la habitual actriz de Pilar Miró, quien asimismo evidencia la postura existencial de la realizadora.

No obstante, la narración resulta algo fría, no tanto distanciada como triste en extremo («lo que de verdad quiero hacer es una comedia; estoy harta de películas tristes», ha dicho la Miró), y posee una languidez anímica de la cual hace partícipe al público. A través de un ritmo pausado, a veces hasta premioso, y no siempre con el tono adecuado, el espectador se va sumiendo en la tragedia, expuesta con aliento poético y cuidando en parte con la elipsis las situaciones límite (ausencia de concesiones eróticas que ya ha sido alabada por la crítica). *Werther*, en fin, es una obra de indudable calidad estética, pero minoritaria para el espectador de hoy.

Con todo, a poco de estrenar el presente film, el Consejo de Ministros socialista ha nombrado a Pilar Miró para un nuevo cargo público: directora general de Televisión Española, en sustitución del polémico Calviño. ¿Volverá a hacer películas?[11]

La mitad del cielo, una importante obra de Gutiérrez Aragón

Después del traspiés de *Feroz* (1983) y la fallida comedia *La noche más hermosa* (1984), Manuel Gutiérrez Aragón ha sorprendido con un film que posiblemente pasará a la historia del cine español, al menos como uno de los más importantes de la época democrática. De momento, ha obtenido el gran

---

11. Pienso que Pilar Miró hizo lo que pudo por el diezmado cine español. Personalmente, le remití esta crítica y aproveché para desearle éxito en su difícil gestión al frente de TVE. Me contestó agradecida. Siempre le estaré reconocido por la cita que me hizo en Bruselas —que reprodujo la prensa del país— con motivo de la recuperación de una película española de la época de la República. Sin embargo, en 1989, sería «defenestrada» de la Dirección General de Televisión por el mismo partido socialista y la oposición.

premio del Festival de San Sebastián-86 y podría ser nominado para el Óscar de Hollywood a la mejor película extranjera, y acaso ganar la segunda preciada estatuilla para España.

Raíces y madurez

Ciertamente, en *La mitad del cielo* (1986), este valioso realizador vuelve a sus fuentes creadoras, al estilo dramático e imaginativo que caracterizó a sus cintas más notables; *Habla, mudita* (1973) y *El corazón del bosque* (1978), a la vez que insiste en sus constantes habituales: la dificultad en comunicarse, el gusto por los elementos mágicos, la oposición campo-ciudad, fascinación por los espacios rurales de Cantabria... Y es ahí, en sus raíces, con sus recuerdos personales y el estudio de mentalidades, donde Manolo Gutiérrez se mueve mejor, bordeando de nuevo la obra maestra.

Artista concienzudo, ha compuesto un guión minucioso —escrito en colaboración con su productor, Luis Megino—, midiendo cada escena, no dejando ningún plano a la improvisación, donde deja constancia de su madurez como creador fílmico. Pero, eso sí, dentro del sello característico de los films subvencionados por el Ministerio de Cultura y protegidos por Televisión Española, propios de los cineastas «de Madrid» (aunque Gutiérrez Aragón es santanderino), por oposición a los «autonómicos» (léase Cataluña y País Vasco).

Evocación sociopolítica

La mitad del cielo cuenta el itinerario moral y existencial de una joven madre, Rosa (Ángela Molina, enigmática y majestuosa), que sufre el Madrid de la segunda posguerra, con sus miserias sociopolíticas y el anuncio de la decadencia del sistema. Evoca, por tanto, la España de los cincuenta y sesenta, centrándose en cierta vida cotidiana de la capital y a través de un tono entre realista y fantástico (resulta muy significativa la historia de brujería de la abuela —espléndida Margarita Lozano—, que heredará la hija de la protagonista, Olvido). Un microcosmos que ha sido reconstruido prodigiosamente en estudios. Es justo destacar aquí la labor del decorador y figurinista Gerardo Vera.

Con todo, en este sentido, son reveladoras las declaraciones hechas por Manolo Gutiérrez:

El Madrid que sale en *La mitad del cielo* no es un Madrid realista y testimonial. Mi primera visión de Madrid me la proporcionó una criada —allá en mi Norte originario— que me hablaba del lujo de sus casas, de los sacamantecas, del número admirable de sus verbenas, de chulos, ministros y artistas. Mi película es también una historia de fantasmas. Yo creo que todas mis películas son historias de fantasmas, incluso aquellas en las que no se plasman en la imagen.

No obstante, en el film también se apunta un trasfondo crítico que va más allá de la época parcialmente evocada. El personaje de Rosa viene a ser un *grimpant* (trepador), que posee connotaciones actuales. Es el mismo autor quien explica esa segunda lectura:

A veces me pregunto si *La mitad del cielo* es la historia de una ambición. La historia de un ambicioso siempre es dramática y terrible, porque un ambicioso nunca tiene bastante.

Pero aún hay más: Gutiérrez Aragón ha llegado a comentar al respecto:

A medida que la he ido rodando me he dado cuenta de que he descrito la historia de un socialista de los de ahora. Creo que se podría haber titulado así: «Historia de un socialista», o algo parecido.

¿Pondrá obstáculos el Gobierno para enviarla a la Meca del Cine representando al país? Suerte que, a partir de este año, la recién fundada Academia de Artes y Ciencias Cinematográficas de España será la que nominará la candidatura al Óscar.

Credibilidad

Con momentos de gran emotividad y secuencias antológicas —algunas protagonizadas por un Fernando Fernán Gómez superior—, como las del mercado y el restaurante o el baile de los dos funcionarios, Manolo Gutiérrez evidencia sensibilidad y gusto estéticos en la concepción interna del relato; si bien en la segunda mitad pierde el tono —con una sugerencia obscena, por ejemplo— y hasta el equilibrio dramático-narrativo, lo cual incide en la credibilidad final de la película, pues su depurada y sintética primera parte será alargada analíticamente sin encontrar el pulso justo entre el naturalismo y la ficción.

(A modo de apéndice actual, añadiré que esta importante obra de Gutiérrez Aragón no fue enviada a Hollywood —injustamente—, y sería después la «gran perdedora» de los premios Goya-86. Está visto que no se pueden hacer «profecías»…)

De la dictadura a la democracia

El cine español, durante el socialismo, sigue en parte obsesionado por el pasado histórico. Ahora le ha tocado a la dictadura del general Franco y a la España del «cambio». Veamos, pues, el reflejo que ofrecen los dos films presentados en nuestras pantallas comerciales.

«El año de las luces», de Fernando Trueba

Bajo este título, el antiguo crítico cinematográfico de *El País* brinda una crónica intimista de la posguerra hispana, a modo de fábula crítica en torno de los recuerdos del entonces adolescente Manolo Huete, a quien va dedicada la película. *El año de las luces* (1986), con todo, posee un guión original de Rafael Azcona y del propio Trueba.

Con un hálito poético, evoca cierta España de ayer incidiendo en las miserias humanas de una época pretérita, con clara intencionalidad denunciadora del sistema, del *statu quo* de 1940. Se centra en una historia, a veces poco creíble por preparada y singular, en la cual el sexo, la religión y el patriotismo exagerados son los protagonistas de fondo. Tres valores, no obstante, que están por encima del franquismo —no son una herencia del pasado, ya que pertenecen a la condición humana—, pero que los autores del film han deformado tanto o más que el régimen de la dictadura. De ahí que caigan en el tópico, en la represión, el mal gusto y la grosería, pese al sentido del humor que han querido dar al tema.

Así, burla burlando, con la apoyatura en un cuadro de eficientes intérpretes —acaso sea la dirección de actores la mayor, sino única, virtud de Fernando Trueba—, se ofrece una crítica acerba del sistema de Franco, saliendo mal parados tanto la Sección Femenina de la Falange como el clero y aquellos que combatieron al lado de la España nacionalista (miembros del ejército incluidos).

Trueba, asimismo, cae en la tipificación extrema, contándonos prácticamente una historia de «buenos» y «malos», a la vez que caricaturiza lo más serio, y, si no incide en la pornografía —que evita mediante fundidos—, sí se recrea en la obscenidad, haciendo del problema sexual casi el centro del relato. Pero valga recordar que Fernando Trueba no vivió la posguerra de Franco, mientras que el autor de estas líneas sí fue protagonista de ese duro período, y no sufrió esa educación represiva de la que nos hablan los autores de *El año de las luces* hasta la saciedad.

Es más, me parecen una falta de rigor histórico detalles como que el agua rompe el ayuno, y otras bromas gruesas de cara a ganarse por la hilaridad a las nuevas generaciones... La fácil simbología del Siglo de las Luces, a través del personaje «ilustrado» que incorpora Manuel Alexandre, resulta tan ingenua como ese final ternurista y melodramático que cierra el film y que está más cerca del romanticismo que del realismo que el binomio Azcona-Trueba intenta imprimir a la narración.

«El diputado voto del señor Cayo», de Giménez-Rico

El desencanto del «cambio» o de las promesas de la democracia española están perfectamente evocadas por la nueva obra de Miguel Delibes que ha sido llevada a la pantalla: *El diputado voto del señor Cayo* (1986). Tras el éxito de *Los santos inocentes* (Camus, 1984), Antonio Giménez-Rico —que ya había traducido a Delibes fallidamente en *Retrato de familia*— ha puesto ahora en escena equilibradamente otra novela testimonial del gran escritor vallisoletano.

Más lúcido y menos subjetivo que su joven colega Fernando Trueba, Giménez-Rico retrata con creces el clima electoral de 1977 y a los políticos socialistas de aquellas primeras elecciones democráticas, con sede en Burgos; al tiempo que, en blanco y negro, pone en la picota la evolución de aquel PSOE hoy en el poder, a través de los personajes que protagonizaron una historia en el pasado: cuando se disputaron el voto de un tal señor Cayo (espléndido Francisco Rabal, con claras reminiscencias de su célebre Azarías).

Por eso, el contacto de los políticos con la mentalidad rural y el contraste de la España oficial (antes del franquismo, y ahora del socialismo) con la España real, del mundo campesino, hacen dudar al protagonista (muy bien Juan Luis Galiardo, que regresó al cine) de la necesidad y validez de unas opciones ideológicas que han vivido o surgido al margen de los verdaderos intereses del país, de la gente sencilla, plena de sentido común —que es la filosofía de los no filósofos—, y las cuales sirven especialmente a los partidos políticos «aburguesados» en el poder.

Esta toma de conciencia es transmitida al espectador de forma nada reaccionaria —ni contrarrevolucionaria, como se dice ahora—, y sí, en cambio, con la suficiente entidad narrativa y categoría fílmica —cuidado estético que se echa en falta en la película de Trueba— para hacer reflexionar, sin apenas manipularlo, al público intelectual.

Tata mía, o la recuperación de Imperio Argentina

La denominada «Cyd Charisse del cine español» ha regresado a la pantalla grande de manos de José Luis Borau. Ciertamente, Imperio Argentina es una de los pocas *stars* fulgurantes que ha tenido nuestra cinematografía. Una verdadera «estrella» del séptimo arte.

Actriz completa

Magdalena Nile del Río nació en Buenos Aires, el 16 de diciembre de 1910, de padres españoles. Pero su carrera como cantante, bailarina y actriz se desarrolló prácticamente en España. Descubierta por Florián Rey, debutó en la época «muda» con *La hermana San Sulpicio* (1927), para integrarse al equipo de Joinville-le-Pont (París), que realizaba películas hollywoodenses «habladas en español». Sin embargo, con el nacimiento de la industria nacional durante la Segunda República, Imperio Argentina se transformaría en la estrella más importante de habla hispana: desde *Melodía de arrabal* (1933), junto al llorado Carlos Gardel, hasta sus inolvidables *Nobleza baturra* (1935) y *Morena Clara* (1936), también dirigidas por Florián Rey, nuestra primera actriz demostró su ductibilidad y categoría artística. Con todo, en la década de los cuarenta —coincidiendo con la larga posguerra y el aislamiento internacional de España— se eclipsó una *star* completa, que supo retirarse a tiempo.

Tozudez aragonesa

Homenajeada por la crítica en el Festival de San Sebastián de 1962, y con pequeñas apariciones en la pantalla (*Con el viento solano*, de Mario Camus, en 1965), la tozudez de ese director aragonés que es José Luis Borau (*Furtivos, La Sabina, Río abajo*) ha logrado recuperar a esa madura dama del cinematógrafo, la cual es la máxima atracción y el gran valor del film que vamos a comentar.

Tata mía (1986) es una comedia de costumbres, que refleja cierta idiosincrasia española, especialmente aragonesa —testarudez incluida—, la cual tiene su culmen nostálgico en la secuencia donde Imperio Argentina canta una popular jota de *Nobleza baturra*, titulada *Bien se ve*.

En cambio, la historia central se hace poco creíble: la monja que se escapa del convento para refugiarse en su *tata* y acaba de progre, resulta preparada en extremo, al igual que algunos personajes (Xabier Elorriaga). Con todo, la gran interpretación de Imperio Argentina («la sonrisa del cine español», como la calificó también François Truffaut) es secundada por Carmen Maura y Alfredo Landa, en unos tipos-caricatura de esta época de «cambio»:

Alfredo Landa —diría Borau— es el representante máximo de la comedia española de los años sesenta y setenta; y Carmen Maura pertenece a la escuela de Argüelles, de carácter muy urbano e intuitivo.

Con secuencias inspiradas y originales, a nivel de hilaridad y fondo crítico, José Luis Borau cae en la facilidad y en los tópicos: desde toques sentimentales y eróticos de poco gusto, hasta groserías y un anticlericalismo trasnochado. La nostalgia y la deformación de la época franquista, en ciertos estratos de la sociedad española, posee visos de realidad y agudeza intelectual. Con todo, el realizador niega toda intencionalidad simbólica o política:

> No me gustan los símbolos en el cine. Únicamente cuando los personajes son tan maravillosos —dijo en la rueda de prensa que sostuvo en Barcelona para presentar el film— que se convierten en simbólicos a causa de una dinámica natural.

Y tal es el caso a veces de los protagonistas, especialmente del tipo que incorpora el premiado Miguel Rellán.

No obstante, la realización está cuidada. De ahí que la solidez fílmico-estética del significante no guarde total relación con el tono equívoco y aun insólito e irreal del significado. José Luis Borau encontrará algún día el equilibrio creador y nos dará esa obra maestra para la que está profesionalmente preparado. Este crítico, que es de origen aragonés como él, no cejará en su tozudez.

Fernán Gómez y Bigas Luna, premiados

Con gran pompa, imitando a la noche de la vieja Meca del cine, la joven Academia de las Artes y Ciencias Cinematográficas de España concedió sus premios Goya, equivalentes a los Óscar hollywoodenses (o esa, al menos, es su intención). Pocos días antes, la Generalitat de Catalunya entregaba, de manos del presidente Pujol, sus siempre polémicos galardones —pues no se consideran las películas no dobladas al catalán—, con asistencia del «todo» Barcelona.

«*El viaje a ninguna parte*», de Fernán Gómez

El actor y director Fernando Fernán Gómez, también de origen argentino (nació en Buenos Aires, en 1921), fue el triunfador de la noche goyesca: aparte del premio de interpretación por su *Mambrú se fue a la guerra* (1986), se llevó los premios a la mejor película, mejor dirección y mejor guión por *El viaje a ninguna parte* (1986). En cambio, Fernán Gómez no se presentó a recoger los Goya cinematográficos, con gran enfado por parte de los directivos de la Academia española (incluso dijeron días después que le retendrían las esculturas conseguidas).

Ciertamente, *El viaje a ninguna parte* es una película importante, aunque no del todo redonda. Se trata de una evocación del mundo de los cómicos ambulantes de posguerra, que «vagabundeaban» por los rastrojos de la España rural de los años cincuenta.

Fernán Gómez nos ofrece un retrato sociopsicológico agudo, pero tremendamente triste y hasta cruel, sobre los artistas de segunda fila, esos «comediantes de la legua» que iban a ser arrasados por el cinematógrafo —los «peliculeros», también ambulantes— y otra concepción de la vida y el mundo del espectáculo. Ya lo evocaron en su día Bardem (*Cómicos*, 1953), Fellini, y la misma industria hollywoodense.

No obstante, Fernando Fernán Gómez quiere a sus personajes (acaso vienen a ser como los fantasmas de una época histórica que ya pasó), les imprime cierta nostalgia y honda humanidad; pero apenas el cariño a ese mundo de las bambalinas eleva el ánimo del espectador, que asiste prácticamente hundido a esa postrera representación. Parece como si el autor —que había escrito el guión para la radio y ahora ha podido realizarlo con la ayuda de TVE— brindara un testamento, su último adiós (o viaje, a modo de aquel film «maldito» titulado *El extraño viaje*, dirigido en 1963) a un mundo desaparecido, cuyos recuerdos y realidades están más en la mente del protagonista que en la vida cotidiana de ayer.

Con momentos sublimes y otros de un mal gusto supino —concesiones obscenas incluidas—, con cierta crítica al sistema franquista y a la gente desaprensiva de la farándula, este *Viaje a ninguna parte* —bien interpretado asimismo por José Sacristán y un equipo de primer orden— emociona un tanto al espectador y le introduce en un mundo de fantasía que en parte fue realidad en España, en aquellos años de dictadura que no deben volver.

«Angoixa», de Juan José Bigas Luna

Más universal y nada catalán fue el primer premio de la Generalitat, concedido a una película de terror estrenada en Sitges en el mes de diciembre de 1986 para que pudiera entrar a concurso. Con todo —hay que decirlo— se trata de un film de categoría, capaz de parangonarse con la producción mundial. Me explicaré brevemente.

Bigas Luna, como Pedro Almodóvar (*Matador, La ley del deseo*), parece obsesionado por los problemas y las desviaciones sexuales (*Bilbao, Caniche, Lola*). Pero si el representante de cierta «movida» madrileña apenas supera lo epidérmico y la aberración también artística, el realizador barcelonés pretende intelectualizarlo.

En cambio, con *Angoixa* («Angustia», 1986) abandona tal temática para dar a luz una cinta de género que linda con la obra maestra.

Concebida dentro de los esquemas tradicionales del cine de Hollywood, Bigas Luna supera los tópicos y las constantes habituales para meter al espectador en una trama singular —con toques parapsicológicos—, donde pronto nos damos cuenta de que estamos asistiendo, con los protagonistas, a la proyección de una película (*The Mome*) dentro de otra película, y participamos del horror del público que la está presenciando. Asimismo, se da como una tercera contemplación que incide en nuestro ánimo personal; y, aunque al principio parece que se rompe la dramaturgia, poco a poco estamos viviendo en nuestra carne el relato y en la misma sala de proyección se da como una nueva tensión. Lo noté por el clima que se respiraba entre el público y, especialmente, por cierta desconfianza que se creó a la salida cuando bastantes —acaso por la tensión nerviosa sufrida— entramos en los servicios del cine, los cuales habían «coprotagonizado» algunos de los asesinatos del film.

Bien ambientado (en el Mercabarna de la capital catalana se recreó una calle estadounidense) e interpretado, pese a un abuso de artificio, *Angoixa* consigue su propósito acongojante —el clímax es casi continuo—, a la vez que posee secuencias de impacto y notable concepción interna (recuerda incluso al Woody Allen de *La rosa púrpura de El Cairo*, en su integración fantasía-realidad).

Aun así, uno se pregunta: ¿comienza a universalizarse el cine catalán? Pero, ¿es ese el camino para lograr una cinematografía propia? La historia lo dirá.

Tragedias y comedias sobre el «cambio»

Realmente, «algo» ha cambiado en España, pues películas como las que tenemos en cartel no se podían realizar durante el franquismo; tres films hispanos que ofrecen una visión trágica y cómica del mismo «cambio».

«Mi general», de Jaime de Armiñán

Esta vez es la milicia el estamento puesto en la picota, a nivel de generales. Se trata de otra fábula de Armiñán, tan ambigua como de costumbre. Con *Mi general* (1987), intenta reflejar la mentalidad de unos jefes del Ejército español ante la modernización de las Fuerzas Armadas, así como las rencillas internas de unos mandos —del Alto Estado Mayor— en la última etapa de su vida profesional.

En esta insólita película, Jaime de Armiñán emplea un tono romántico, no exento de nostalgia, propio del cine de evocación del pasado histórico. Y también el apunte sentimental, con concesión erótico-pornográfica incluida (aunque el film ha sido calificado de «apto para todos los públicos»).

Con escenas ingeniosas, a nivel de situaciones y diálogos, junto a otras ideológicamente ambiguas, *Mi general* no presenta un claro significado. De ahí que difícilmente molestará excesivamente a tirios y troyanos. Asimismo, el plantel de intérpretes es de primer orden: Fernando Fernán Gómez, José Luis López Vázquez, Héctor Alterio, Fernando Rey, Rafael Alonso... Por tanto, Armiñán ha cuidado la creación de tipos y la ambientación en escenarios naturales (Castelldefels, Girona y la Escuela General Militar), pero no ha dado en la diana con esa nueva fábula sobre la España de la democracia, que además se hace poco creíble —pese a los uniformes— tan cambiada.

«27 horas», de Montxo Armendáriz

Menos ambicioso y más equilibrado ha sido Montxo Armendáriz con su segundo largometraje. En esta ocasión, ha abandonado el ambiente rural de su tierra (*Tasio*), para ofrecernos una crónica urbana sobre el mundo de cierta juventud a la deriva, «enganchada» con la droga.

Situada también en el País Vasco, *27 horas* (1986) es una fría introspección psicológica en una sociedad en crisis, alejada de los intereses independentistas de ETA, que busca una ilusión para vivir. Los protagonistas —todos jóvenes—, inmersos en el paro y en la incomprensión o rechazo de los adultos, se refugian en un mundo sin sentido. Así, la ciudad de San Sebastián, lejos de la brillantez a que nos tiene acostumbrado el turismo, se presenta como la cárcel por la cual deambula este grupo de jóvenes insatisfechos, de baja condición y sin formación, como tantos otros de otras capitales del Estado español.

Con un estilo sobrio, dentro del tono habitual de Montxo Armendáriz —ritmo pausado, pocos diálogos, montaje analítico—, *27 horas* resulta un amargo, pero no por eso poco objetivo, testimonio de una realidad que estamos palpando desde hace años en las grandes ciudades. Bien interpretada por Martxelo Rubio, Jon Donosti y Maribel Verdú, sin excesos de ningún tipo y exaltando especialmente el sentido de la amistad, el aire pesimista del film y cierto «distanciamiento» que sabe imprimirle el realizador obligan al espectador a reflexionar seriamente acerca de una problemática que ha crecido con el «cambio».

«La vida alegre», de Fernando Colomo

La otra cara de la moneda nos la da Fernando Colomo, con su festivo film *La vida alegre* (1987). Comedia urbana

—representante de la «movida» madrileña—, que viene a ser la continuación de su *opera prima*, la ya comentada *Tigres de papel*.

Así, si en aquella película de la transición Colomo dio un testimonio de cierta juventud española ante la naciente democracia, en esta nos habla de la evolución prácticamente de los mismos personajes —aunque sean otros actores los intérpretes— en la actual coyuntura socialista.

La vida alegre critica, por tanto, el *establishment* y la política administrativa española —que viene a decir que nada ha cambiado (son los mismos perros con distintos collares)—, ya que la condición humana es la misma, pese al partido al que pertenezca cada cual.

Con todo, Colomo cae en el cinismo. Y la facilidad, la sal gruesa y las obscenidades —más especialmente en diálogos que en imágenes— son los ingredientes de este film dirigido al gran público pensante, que parece reírse del vecino y de su misma sombra. De ahí el éxito comercial de la cinta. Asimismo, la interpretación es «epatante» y muy espontánea, como improvisando diálogos y acciones.

Con algunos *gags* antológicos (el zapato comprometedor en el coche, por ejemplo), Fernando Colomo aguanta el *divertimento* aparentemente frívolo haciendo reflexionar al espectador sobre cierta vida cotidiana madrileña de hoy. Pero en su comedia incide un tanto en lo *kitsch* —a veces, mal café— y en ese retrato de una «generación perdida» hispana. O «mesetaria», mejor.

El aprobado retorno de José Luis Garci

Aunque, decepcionado del cine español, amenazó con abandonarlo, Garci ama mucho el séptimo arte para retirarse de la realización fílmica. De ahí que, a los tres años de dirigir *Sesión continua* —y sin dejar totalmente sus programas radiofónicos—, volviera a dar «vueltas a la manivela»: las voces de «¡motor!» y «¡silencio, se rueda!» eran demasiado atrayentes para este cineasta madrileño, que no podía tirarlo todo por la borda... Y menos por una «chulada».

Sacado del ostracismo prácticamente por la entonces directora general de RTVE Pilar Miró, que emitió su *Volver a empezar* en la noche de los Óscar de 1987, José Luis Garci ha saltado ahora a las pantallas comerciales con un film algo fallido y de escasa aceptación popular. Incluso tuvo críticas francamente adversas (entre tales, destaca especialmente la de Pedro Calleja en *Fotogramas*, casi de juzgado de guardia).

Aquí, retomando el título de su comentada *opera prima* como director —*Asignatura pendiente*—, intenta «aprobar» la asignatura de la vida contándonos otra historia llena de nostalgia, protagonizada por un escritor en crisis. Enclavada la acción en el Gijón de su «oscarizada» película, también abusa de los escenarios naturales asturianos, pero profundiza más en el escenario interior de los protagonistas, contrastando su actual «héroe» (Jesús Puente, otra vez) con las mentalidades diversas de su ex-compañera y el hijo «pasota» de la mujer.

Con unos diálogos no siempre medidos y, en momentos, en extremo desagradables, pero con un guión cuidado a nivel de composición de las escenas, de concepción de las secuencias, el espectador se ve metido en la nueva aventura garciana, con cierto tono de «desencanto» —posiblemente pretendido por su autor, aunque no a nivel artístico— y un sentido del humor que va de la originalidad al toque de cinismo, pese a su final abierto y acaso esperanzador. Sin embargo, *Asignatura aprobada* (1987) no llega a entusiasmar al público, que apenas aplaude este retorno «suspendido» de José Luis Garci. Suerte que, como en la escuela, tiene la convocatoria de septiembre...

No obstante, tras escribir esta crónica, la Academia de Artes y Ciencias Cinematográficas de España dio el «aprobado» a nuestro realizador, seleccionando su cinta para representar al país en la homónima Academia de Hollywood. Así, el film de José Luis Garci llegó a la nominación final. Pero si ganó el Óscar en 1983 con un notable —*Volver a empezar*—, era difícil ganar en 1988 con un aprobado justito —como se decía antaño en los colegios de la época de Franco— y ante la categoría de obras como la que resultó ganadora del Óscar a la mejor película extranjera: la danesa *El festín de Babette* (Axel, 1987). Menos mal que allá aún quedan entendidos.

Madrid y Barcelona, en la pantalla

Las dos principales capitales españolas han sido prácticamente las protagonistas de los films ambivalentes y harto minoritarios. Lejos de la imagen oficialista —Juegos Olímpicos incluidos— a que nos tienen acostumbrados la prensa y la televisión del país.

«Madrid», de Basilio M. Patino

Conmemorando el 50.º aniversario del estallido de la Guerra Civil española, Basilio Martín Patino ha vuelto al tema del que ya es especialista. Su *Madrid* (1987) es, pues, un homenaje a una ciudad, pero muy *sui generis*. De ahí que no haya gustado a las autoridades locales asistentes al pre-estreno.

He pretendido —explica Patino— expresar mis dudas sobre la forma de entender el cine, saltar las barreras entre la ficción y el documental, a la vez que hacer un homenaje al pueblo de Madrid, que ha tenido siempre al Poder instalado en su ciudad, pero que ha vivido al margen de él y, como ocurrió el 2 de mayo de 1808 o en la Guerra Civil, su forma de ser y de vivir nada tiene que ver con que allí se encuentre el Gobierno.

Y con motivo de la presentación del film en el Festival de Cine de Barcelona, añadió.

Reconozco que he hecho fatal las relaciones públicas de la película. Quizá el título de *Madrid* ha confundido al público cuando se estrenó —en el mes de marzo, únicamente en Madrid, Salamanca y Valladolid, y no llegó a estar un mes en cartel—. Quizá también se confundieron los miembros de la Administración —ministros y miembros de la Administración local y autonómica que la vieron—, pues a lo mejor ellos esperaban otro tipo de película más apologética. No he querido hacer un NO-DO con *Madrid*.[12]

Obra, por tanto, más investigadora —a nivel de narración fílmica— que dirigida al mercado artístico-comercial, Patino sigue

---

12. Cfr. Diego Muñoz y Félix Flores, «Patino vino a Barcelona para ver *Madrid*», *La Vanguardia* (19-VI-1987).

trabajando fascinado en la moviola y hace una reflexión temporal a través de las posibilidades del montaje, del vídeo —posee una empresa especializada, La Linterna Mágica, con José Luis García Sánchez—, y su efecto psicológico en la memoria. Aquí, cuenta la actividad de un realizador incomprendido —acaso como él—, que quiere ofrecer (por encargo, y que no gusta a la productora de televisión germana que se lo hace) un programa sobre el «Madrid, sufrido y heroico» de nuestra contienda bélica. El contacto entre la memoria cinematográfica, la ideología del realizador (que incorpora el actor Rüdiger Vogler, conocido rostro alemán en películas de Wim Wenders) y la vida, así como la teoría intelectual —el oscuro discurso de interpretación izquierdista de la Guerra Civil es muy significativo— no concuerdan en unas imágenes inteligibles para el público de hoy.

Y un tanto de lo mismo ocurre con su puesta en escena, difícil de digerir, pese a ser concienzuda la labor creadora del famoso autor de *Nueve cartas a Berta* y líder de las no menos célebres Conversaciones de Salamanca. El mismo Patino nos lo dice:

> Para mí esta película es como una partida de ajedrez con el espectador y experimento con todo: la música, la palabra, el documental y la ficción. En resumen, creo que es una película arriesgada, llena de experimentos, como es ver el entierro de Tierno Galván con la música de «La verbena de la Paloma» o la defensa de Madrid acompañada por los compases de «La revoltosa». El cine tiene que investigar y yo quiero hacerlo.[13]

Investigación que, obviamente, repercutiría con creces en la taquilla.

«Bar-cel-ona», de Ferran Llagostera

Lejos del carácter experimental de Basilio Martín Patino, el debutante Ferran Llagostera ha sorprendido a los aficionados con un film ciudadano: *Bar-cel-ona* (1986), cuyos guiones no se refieren al nombre de la Ciudad Condal, aunque esta —como apuntábamos más arriba— sea el marco protagonista.

---

13. En carta que me dirigió, a propósito de la tesis de licenciatura de Jordi Sebastián sobre «Franco a través del cine», me dijo que no pensaba seguir haciendo películas con temática de la Guerra Civil española, sino volver al cine de ficción (8-I-1986).

El catalán Llagostera, tras hacerse bien el oficio como ayudante de dirección y profesor de la Escola de Mitjans Àudio-Visuals (EMAV), de Barcelona, homenajea a la capital, fotografiada por las cámaras de Olmo y Pladevall, y ofrece un retrato agudo —si bien aparentemente intrascendente— de cierta juventud a la deriva que protagoniza la vida cotidiana de la futura sede de las Olimpíadas.

Basado en la novela de Pep Albanell, *El barcelonauta*, Llagostera pone en imágenes el itinerario moral y existencial de un joven en paro (correcto Ramón Madaula) que quiere huir a Ibiza. El deambular por las calles de la capital catalana —captando una problemática que no acostumbra ser protagonista de las películas: la «cara fea» de la ciudad (en contraste con la «cara neta» que propugna el Ayuntamiento socialista, en su campaña de limpieza)— sirve a los autores para brindar un retrato sociopsicológico de la Barcelona actual.

Dirigida especialmente al público joven —al menos es el que ha demostrado más interés por este film (cuyo logotipo ha sido diseñado por Mariscal)—, *Bar-cel-ona* posee las suficientes dosis de sinceridad y espontaneidad —grupo musical Elèctrica Dharma incluido— para arrastrar al espectador de hoy. Realizado con bastante brillantez formal y limitados medios, el tono romántico de fondo queda empañado por ese aire de amoralidad que se respira a lo largo de todo el relato y por diversos exhibicionismos gratuitos —como sucede en el comentado film de Patino, donde el «voyeurismo» erótico entra en contradicción con la virtud de la elipsis que parece propugnar— de fácil efecto y los cuales no aportan nada nuevo al film, pero que son característicos del mundo que describe Ferran Llagostera sin pelos en la lengua.

Doble homenaje a García Lorca y Berlanga, otra vez

Conmemorando otro 50.º aniversario —el del asesinato de Federico García Lorca, en la Granada de 1936—, se han estrenado sendas películas-homenaje al inmortal poeta. A la vez que Berlanga, padre e hijo, han saltado a las pantallas españolas.

«La casa de Bernarda Alba», de Mario Camus

Con más ambición que logro artístico, el hoy veterano Camus ha realizado una sobria —aunque en algunos momentos sombría— puesta en escena de la pieza homónima de García Lorca; una ilustración literaria que intenta universalizar un tanto la obra original. Así, Mario Camus, experto en adaptaciones cinematográficas, no consigue un film tan redondo como *Los santos inocentes*, pues su fidelidad al texto lorquiano y los espacios cerrados en que se mueve la acción no le dan un carácter genuinamente fílmico.

Calificada como *western* andaluz, *La casa de Bernarda Alba* (1987) es —en palabras del propio cineasta—:

> [...] un drama rural de mujeres por excelencia en el que los hombres tienen una especial significación ya que, aunque no se les llega a ver, son los auténticos protagonistas de la historia.

Bien interpretada por seis primeras actrices —Irene Gutiérrez Caba, como madre; Ana Belén, Enriqueta Carballeira, Vicky Peña, Aurora Pastor y Mercedes Lezcano, como hijas; y Florinda Chico, como sirvienta—, cuyo trabajo no está exento del desgarro de la obra teatral, refleja con creces el sistema educacional y cierta mentalidad andaluza de antaño.

Con todo, el tono de tragedia griega apenas resulta conseguido; pues la intemporalidad y el correcto castellano de las protagonistas parece contradecir el aire verista de la trama. Pero Camus se pronuncia así:

> El cine puede mostrar cosas y matices que se pierden en el teatro y que, a la vez, potencian la historia que imaginó el poeta sin las dificultades que llevan consigo las limitaciones del escenario [...] Entiendo que si trabajo sobre la obra de un determinado escritor es porque, al menos en parte, me identifico con su espíritu y es, precisamente, su espíritu lo que debe quedar finalmente en la pantalla.[14]

---

14. Declaraciones a *Fotogramas & Vídeo*, 1.729 (1987), p. 51.

Aun así, el espectador contempla la película —que abre y cierra un telón— un tanto distanciado, y observa ese folklore tenebrista —como fue calificado también el film— con más curiosidad que emoción; aunque *La casa de Bernarda Alba*, según Camus, posee secuencias inspiradas y un clímax continuado —ayudado por la guitarra y el cante jondo— que capta el interés del público intelectual y de los amantes de la obra de García Lorca. Su ambientación, por tanto, está cuidada, así como la creación de tipos, dentro del naturalismo característico de su autor y del mismo estilo cinematográfico de Mario Camus.

«*Lorca: muerte de un poeta*», de Juan Antonio Bardem

Con más logro estético que ambición, el más veterano Bardem ha regresado a las pantallas con una obra singular. Pensada y realizada como serie televisiva, *Lorca: muerte de un poeta* (1987) es una biografía fílmica notable.

Se trata de una ilustración sobre la época y la figura de Federico García Lorca, que evoca nuestra historia reciente y las personalidades que convivieron con el poeta (los personajes de Dalí, Buñuel y el ambiente de la Residencia de Estudiantes, por ejemplo, son espléndidos).

Asimismo, cabe destacar el equilibrio ideológico en este espinoso tema, si bien se aprecia la clara simpatía de Juan Antonio Bardem por la izquierda, a la que pertenece como antiguo luchador antifranquista, pero dentro de un tono y rigor —pese a la mitificación del protagonista, incorporado con precisión por Nickolas Grace— que lo hacen agradable de ver y seguir por capítulos.

Con una duración total de seis horas y media, más de doscientos actores y rodada en escenarios de las ciudades de Granada, Madrid, Valladolid, Sevilla, Santander, Cadaqués y Baeza, junto a Nueva York y Buenos Aires, Bardem venía trabajando en este proyecto desde hace muchos años.

Curiosamente —manifestó el realizador— el otro día encontré un viejo cuaderno en el que escribía una especie de diario. En una de sus páginas decía que aquel era ya el momento de empezar a trabajar en el guión de una película sobre Lorca, cuyo título ya tenía decidido que fuera *Muerte de un poeta*. Pues bien, el encabezamiento de estas páginas

305

era la fecha en que yo escribía esas consideraciones: París, 13 de noviembre de 1979.[15]

Bardem contó, como colaboradores en ese guión, con el historiador británico Ian Gibson y con el mismo Mario Camus, así como con las televisiones española y soviética de coproductoras; el último capítulo —que viene a ser casi un largometraje independiente— puede «leerse» como una película en sí misma, para su exhibición en las salas cinematográficas. Juan Antonio Bardem, finalmente, ha sabido conjugar el lenguaje fílmico con el televisivo, demostrando que con temas con enjundia, este viejo cineasta aún puede estar a la altura artística requerida.[16]

«Moros y cristianos», de Luis G. Berlanga

Sin embargo, no podemos decir lo mismo de su coetáneo Berlanga, quien otra vez nos ha ofrecido una obra menor. Y es una lástima, pues en estos años democráticos el también veterano cineasta prácticamente nos está haciendo olvidar sus films mayores[17] de la época franquista. A lo mejor —o peor— habrá que aplicarle —como hiciera con Franco el disidente del régimen Rafael Calvo Serer— aquello de «Retirarse a tiempo» —lo que le costaría el exilio al desaparecido político—.

---

15. J.M. Baget Herms, «Lorca, muerte de un poeta, un estreno de lujo en TVE», La Vanguardia (22-XI-1987).

16. Con motivo de la entrega del premio del Centro de Investigaciones Film-Historia al mejor director de 1987, visité a Bardem en la sede de su firma UNINCI, célebre por las reuniones clandestinas del partido y por co-producir Viridiana. Allí me contó el proyecto que, para diversas televisiones estaba desarrollando: El joven Picasso; así como distintas anécdotas de su anterior realización al servicio del PC búlgaro: Advertencia (1982), y cómo este antiguo miembro del Comité Central español se presentó a Gorbachev ofreciéndose para seguir en la brecha, ahora con la perestroika. A Juan Antonio Bardem, aunque está oficialmente jubilado, lo encontré en plena forma física y creadora.

17. Precisamente, Berlanga tiene tres películas de esa época clasificadas entre las 10 mejores del cine español: El verdugo, Bienvenido Míster Marshall y Plácido; mientras Bardem sólo tiene una —Calle Mayor—; Víctor Erice, dos —El espíritu de la colmena y El Sur—; y el resto una: Buñuel (Viridiana), Saura (La caza), Fernán Gómez (El extraño viaje) y Llobet-Gracia (Vida en sombras). Esta «lista» fue realizada por la crítica del país en 1989, con motivo de un ciclo organizado por la Universidad Internacional Menéndez y Pelayo, en Alcalá de Henares. Nótese que solamente un film de la democracia fue considerado merecedor de figurar entre la decena: El Sur.

Moros y cristianos (1987), calificado por el propio Luis G. Berlanga Martí como película de «humor y risa», es una sátira costumbrista, con el toque «negro» del co-guionista Rafael Azcona, que pone en la picota ciertas mentalidades provincianas y oportunistas del país: desde los pequeños fabricantes de turrones hasta los políticos de la *new wave*, pasando por los publicitarios *ad hoc*.

Contada a modo de farsa sainetesca —incluso utilizando el largo plano secuencia, como es habitual en Berlanga— y tremendamente discursiva, los chistes son casi continuos (con todo, *gags* más verbales que visuales). De ahí que se note que los protagonistas lo han pasado «en grande», como divirtiéndose e improvisando durante la realización del film. El rodaje ha tenido lugar en Madrid y Jijona, con la colaboración prácticamente por entero de esa localidad valenciana, mundialmente conocida por sus turrones.

En cambio, pese a ciertos golpes y situaciones geniales, Berlanga carga las tintas en el tono e incurre en efectos de fácil hilaridad y poco gusto, lo cual quita rigor y seriedad al conjunto de la obra, restándole calidad artística.

Bien interpretada por un amplio reparto, cuando el espectador abandona la sala solo le queda el recuerdo de una broma, con más pies que cabeza. Francamente, Luis G. Berlanga no pasará a la historia con este su quinto film de la democracia.

Como tampoco pasará a la historia del cine español el debut de su hijo, José Luis Berlanga, con *Barrios altos* (1987), cinta de consumo y no exenta de obscenidades y pretensiones intelectuales, aunque es pronto para juzgar el trabajo del futuro realizador hispano, heredero no tanto del estilo de su padre como del apellido Berlanga.

Los nuevos premios de la Academia española y de la Generalitat

Aunque, en los últimos tiempos, España ha descendido en premios en Festivales Internacionales, es obvio que los organismos oficiales siguen premiando al cine español, y no solo con las subvenciones... Comentaremos, por tanto, los nuevos galardones de la Academia de Artes y Ciencias Cinematográficas (Madrid) y de la Generalitat de Cataluña (Barcelona).

«*El bosque animado*», de José Luis Cuerda

Desde su debut en 1982, con *Pares y nones* —un film menor que no hemos comentado en las páginas anteriores—, no sabíamos nada de José Luis Cuerda. Incluso, cuando visionamos aquella película, pensamos que a lo mejor no volvería a las pantallas (pues este realizador no es en edad demasiado joven). Con todo, ahora nos llega su segundo lagometraje: *El bosque animado* (1987).

Pese a lo bien que está funcionando en la taquilla, esta nueva película de Cuerda (tras esos cinco años de vacío) no me ha entusiasmado; es más, personalmente, la considero un tanto decepcionante. La novela homónima de Wenceslao Fernández Flórez —cuyo sagaz texto fue escrito en 1943— ha sido llevada a la pantalla con sentido del humor, pero sin la genialidad artístico-narrativa de su autor, el inmortal gallego (nacido en La Coruña, en 1903).

Así, la galería de personajes que ofrece José Luis Cuerda —con rostros famosos y otros de «lanzamiento»—, y que quieren ser una muestra del mundo rural de Galicia, con sus virtudes, miserias y valores, está más cerca del costumbrismo que de la crítica social. De ahí que, cuando nuestro cineasta quiere incidir en este último aspecto, le salga el estilo propio del guionista Rafael Azcona; mientras que, cuando quiere comprender a los personajes, se decante por el cuento fantástico y se haga poco creíble la historia.

Realizada con brillantez formal, *El bosque animado* no está exenta de concesiones de poco gusto, que empañan la novela original, al tiempo que no llega a profundizar en la problemática expuesta en el maremágnun de situaciones y personajes. Pienso que Cuerda ha de medirse más y encontrar su estilo como creador.

No obstante, los miembros de la Academia española no tuvieron la misma opinión, meses después de esta crónica le concedieron casi todos los Goya del año, y cierto sector de público y crítica aplaudió el film. Lo que yo no sé es si don Wenceslao, si levantara la cabeza, también aplaudiría con el mismo fervor.

«*Daniya, el jardí de l'harem*», de Carles Mira

Entre las diversas películas comerciales catalanas, destaca la presente realización histórico-legendaria de Carles Mira (*Que nos quiten lo bailao...*), cuyo título español es *Daniya, el jardín del harén* (1987).

Sin abandonar su particular estilo creador —aunque aquí está más comedido en su habituales excesos—, el cineasta valenciano acomete la aventura del caballero Bernat, cuñado del conde de Barcelona Ramon Berenguer I (1035-1076), quien parece descubrir la vida a través de su contacto con el reino árabe de Dénia (Daniya) y la esclava musulmana Lailà (Laura del Sol).

Bastante bien ambientada, no tanto en la consecución de tipos como del clima, Carles Mira apunta una velada crítica social del mundo hispano del alto medievo —dentro del sentido del humor corrosivo que ya le caracteriza—, y cierto tono nacionalista *catalano-valencià*, que seguramente influiría en el premio de la Generalitat, que recibió en 1988, como mejor película de esta autonomía.[18]

Daniya, el jardí de l'harem, con sus defectos y todo, está muy por encima de la media del cine de los Países Catalanes a los que representa. De ahí que, antes de la concesión de tal galardón, el crítico Josep Maria López i Llaví escribiera:

> Si la memoria no me falla, por primera vez, o como mínimo por primera vez en muchos años, un film catalán no me hace sufrir a la hora de escribir. Porque ya no se trata de justificar déficits ni de defender carencias por necesidad de tener, en condiciones y en momentos cinematográficos difíciles, un cinema nacional propio que, siquiera que industrialmente sí, culturalmente nunca hemos llegado a conseguirlo. Ahora estamos delante de un film del todo presentable dentro y afuera.[19]

---

18. Película redescubierta con motivo del ciclo sobre los Premios de Cinematografía de la Generalitat (1982-1988), que programó la Filmoteca de Catalunya del 30 de enero al 5 de febrero de 1989.

19. Cfr. *Avui* (28-II-1988). Y añade: «Seria del tot lamentable que el públic del país no el descobrís: de tant clamar "Que ve el llop!!" és fàcil que a l'hora de la veritat poca gent faci cas. Però aquest cop, va de debò».

La Rusa, política y desencanto

En repetidas ocasiones, los diversos Gobiernos de la España democrática han intentado negociar con el grupo terrorista ETA. Más siempre, hasta el actual fracaso socialista (me refiero a las negociaciones de Argel, a principios de 1989), las conversaciones han resultado fallidas. Y los atentados en el País Vasco y en otras latitudes españolas —pese a la oposición de los partidos y del mismo Gobierno galo— continúan.

Curiosamente, una película cuasi caligráfica, basada en una novela del director de *El País*, Juan Luis Cebrián, refleja de algún modo esa cuestión. Se trata de *La Rusa* (1987), de Mario Camus.

Crítica a la transición española

Con cierto tono literario —Cebrián es el coguionista también—, propio de algunas adaptaciones de Camus (*La colmena, La casa de Bernarda Alba*), pero puesta en imágenes con precisión fílmico-estética, *La Rusa* cuenta con la apoyatura de una espléndida interpretación de dos actores extranjeros (¿por qué?): Didier Flamand y Angeli van Os. Veamos lo que dice el propio Juan Luis Cebrián:

> Con *La Rusa* quise narrar una historia de amor entre un hombre maduro de la clase media nacido en la disidencia templada al franquismo y una joven militante de izquierdas proveniente de otra generación. Y aprovechar ambos personajes, sus dudas y su entorno, para hacer una serie de reflexiones sobre el poder que considero vigentes. Pero no quería que el lector se acomodara fácilmente en la historia política y amorosa y por aburrimiento o desinterés no acabara la novela. Ciertos aspectos de la transición fueron un torbellino político, de la misma forma que toda historia de amor es un torbellino sentimental. Los personajes de mi novela son rehenes del poder tanto en sus actuaciones como en sus sentimientos. Con este entramado no caben conciliaciones.[20]

Ciertamente, *La Rusa* es una de las críticas más tremendas y soterradas a la que se ha sometido la transición española. Con un aire triste y sentimental, Juan Luis Cebrián hace

---

20. Domènec Font, «Jaque a *La Rusa*. Entrevista con Juan Luis Cebrián», *Fotogramas & Vídeo* (octubre 1987).

una velada reflexión sobre el poder, el paso del tiempo y la muerte. De ahí que diga a continuación:

La película está conceptualmente muy bien construida y te deja acongojado. El cine tiene unas dificultades específicas que parecen ajenas a la literatura como es la credibilidad de los personajes. Desde un primer momento nos interesó, tanto a Mario Camus como a mí, que la historia política, policíaca y sentimental fueran creíbles, que los personajes —sobre todo esa caterva de secundarios claves en la película en la medida que responden a una tipología: el ministro, el militar, el etarra— no sonaran acartonados. Y eso creo que se ha conseguido plenamente.

No obstante, no se libra de cierta frialdad.

Pretensión y autobiografía

Obra, por tanto, angustiosa y angustiante, que combina la evolución política con los sentimientos extremos de los protagonistas, resulta asimismo un tanto pretenciosa intelectualmente. Con gran despliegue de medios (rodaje en varias capitales europeas) y ayuda de la Administración, *La Rusa* es además una crónica *sui generis* —vía *El País*— de los primeros años de la democracia y de los políticos que terminaron con el franquismo, así como de la resistencia del antiguo régimen en torno al cambio de sistema, no exenta de cierto tono autobiográfico de su autor (incluso el protagonista se parece a Cebrián).

Dejemos, finalmente, que hable de nuevo el hoy ex director del referido diario:

La película es absolutamente fiel al libro, pero borra cualquier lazo final que haya tenido con los personajes que, por otro lado, dejaron de pertenecerme al publicarse el libro. Creo que la similitud física, sobre la que tanto se ha especulado, carece de interés. Oscar Wilde decía que todo lo que no es autobiografía es plagio. [...] Lo que hay de autobiográfico en un libro es siempre lo que no se ve. Luis Goytisolo me decía que la lectura de *La Rusa* le sugería una obsesión por el paso del tiempo y la muerte. Y esto, que no es evidente en la novela, sí puede considerarse biográfico.

Cebrián «dixit»

Aun así, no quisiera terminar la presente crítica sin añadir el juicio que, en la misma entrevista, Juan Luis Cebrián vertió sobre el cine español y su actual desencanto:

En cierto sentido, el cine español no ha pasado del estraperlo. Es estrictamente necesario trasnacionalizar la cultura española, huir de la marginalidad y los esencialismos patrios. Yo no quiero ser una curiosidad antropológica en el extranjero. Que los españoles seamos parte del museo folklórico de Occidente me parece un espanto. La España real, la que hemos vivido y en la que nos podemos reconocer está en *La Rusa*, no en la España negra y el cine de boina que estamos ofreciendo. Con esta tendencia a jugar siempre a la baja se está perdiendo la idea de espectáculo y abandonando al público que si antes iba al cine de forma natural, ahora hay que llamarle a toque de cornetín como hacían los cómicos de la lengua.[21]

Pero el cornetín de *El País* esta vez no sonó con éxito en la taquilla.

Literatura y cine: *Divinas palabras*, según Valle-Inclán, y *Laura*

Las relaciones cine-literatura han sido siempre polémicas y apasionantes. Además, en España tenemos buenos especialistas.[22] Dos películas procedentes de textos escritos —teatro y novela— han vuelto a poner de actualidad tan controvertido tema.

«Divinas palabras», de García Sánchez

Presentada con escaso éxito en la Mostra de Venecia, esta versión de la famosa obra escénica de Valle-Inclán ha intentado conservar el espíritu de la pieza original.

---

21. Cfr. citada entrevista, p. 93.
22. Véase los libros de Rafael Utrera, *Modernismo y 98 frente a cinematógrafo* (Sevilla, Universidad, 1981), *Escritores y cinema en España: un acercamiento histórico* (Madrid, JC, 1985) y *Literatura cinematográfica/Cinematografía literaria* (Sevilla, Alfar, 1987); y Juan de Mata y Moncho Aguirre, *Cine y literatura. La adaptación literaria en el cine español* (Valencia, Generalitat, 1986).

Divinas palabras fue escrita en 1920; y, según su director:

[...] es una historia clara y directa sobre la gente oprimida. Es un drama sobre los hombres —añade— que, al mismo tiempo, posee un sentido del humor muy acentuado. Queríamos hacer —sintetiza José Luis García Sánchez— un film popular y asequible, pero sin alejarnos del espíritu del autor.

Con todo, su evocación de cierto mundo ancestral gallego se aparta del esperpento para aproximarnos más al realismo histórico-cinematográfico. Así, ese naturalismo un tanto simbólico deja sin aliento al espectador, sobre todo al incidir en la miseria humana y en las pasiones de forma harto fehaciente, sin que se capte del todo bien la evolución psicológica de los personajes-arquetipo (de ahí la crítica adversa en el Festival de Cine de Venecia, en 1987), que se asienta en la interpretación estelar de Ana Belén y Paco Rabal y en la ambientación de Gerardo Vera.

Divinas palabras (1987) presenta una España deformada, llena de superstición y folklórica, a modo de hiriente simbiosis entre paganismo, cristianismo y la omnipresencia de la miseria moral encarnada en el esperpento de don Ramón María del Valle-Inclán,[23] que tiene su culmen en la «epatante» secuencia final, con el exhibicionismo complaciente de la Belén, y tres números musicales fuera de contexto. Sin embargo, la protagonista se «defiende» así:

Tengo la sensación de que hemos sido fieles a Valle-Inclán, hemos hecho cine y no teatro filmado. La Mari Gaila que yo interpreto es fiel a la que creó el escritor. Incluso las tres canciones que canto están apuntadas en la obra de teatro. En cuanto a la escena en que Mari Gaila se desnuda, lo único que puedo decir es que la fidelidad que tenemos a Valle-Inclán nos ha hecho mantener esa escena, porque es vital para comprender la reacción del pueblo. Ya sé que al ser Víctor [se refiere a su esposo, el cantante Víctor Manuel] y yo productores, en parte, de la película, se podría haber suprimido o rodado de otra manera o... Pero el director, García Sánchez, la quería rodar como se ha hecho y no hay

---

23. Cfr. Esteve Riambau, «*Divinas palabras* reivindica al cine un clàssic de la literatura», en *Avui* (18-X-1987).

nada más que decir. Yo soy una actriz y no he querido hacer uso de ningún tipo de favoritismo durante el rodaje.[24]

Con un presupuesto de unos 230 millones de pesetas y un reparto de lujo —cuenta también con Imanol Arias, Juan Echanove, Esperanza Roy y la veterana Aurora Bautista—, la película resulta artísticamente irregular, intelectualmente pretenciosa (se incide también en la obscenidad fácil y en el anticlericalismo) y un tanto revulsiva para el espectador; un gran público que, pese a las críticas, le dio el espaldarazo en la taquilla.

«Laura», de Gonzalo Herralde

En la misma época de los años veinte, Miquel Llor escribió esta obra literaria: la novela *Laura a la Ciutat dels Sants*, llevada ahora a la pantalla en doble versión —catalana y castellana— por Herralde, y cuyo estreno se adelantó en Madrid porque, según declaró su productor:

[...] en Barcelona no tenemos cine disponible [...] [pero] tampoco se puede decir que sea una película específicamente catalana, pues de los cuatro protagonistas, tres —Ángela Molina, Juan Diego y Terele Pávez— suelen trabajar en Madrid.[25]

Se trata, por tanto, de una adaptación fílmica asimismo discutida, que evoca cierta vida provinciana española del primer cuarto del siglo XX, con una ambientación no exenta de brillantez formal. Sobre las diferencias entre la película y la novela de Miquel Llor, Gonzalo Herralde manifestó:

Es fiel en cuanto al fondo, al proceso moral y de educación con respecto al entorno. No lo es, en cambio, en cuanto a la carga política y religiosa que tenía la novela. Esto lo hemos suprimido para mostrar no tanto un mundo provinciano catalán como un mundo provinciano en general. Hemos quitado algo del localismo que estaba en la novela para llegar a un público más amplio.

---

24. Declaraciones a *La Vanguardia* (16-IX-1987). Las anteriormente citadas de José Luis García Sánchez son de la misma fecha y prensa.

25. Declaraciones de Enrique Viciano a *La Vanguardia*. Las siguientes de Gonzalo Herralde también fueron con motivo del estreno en la capital de España. El presupuesto del film ascendió a 130 millones de pesetas, obteniendo 46 del Ministerio de Cultura, 15 de la Generalitat y 20 de la Televisió de Catalunya por derechos de antena.

Así, el tono romántico está empañado por las numerosas concesiones erótico-pornográficas que no estaban en la obra de Llor, a la vez que incide en una dura crítica a la sociedad de Vic (localidad catalana donde tiene lugar la historia, y donde asimismo estalló la polémica).

Profusamente subvencionada (se rodó originalmente en castellano, para doblarla después al catalán, y así se exhibirá por TV3), *Laura* (1987) contiene hallazgos aislados y algunas secuencias conseguidas, junto a otras tópicas o comunes y un intento de poetizar una tragedia rural que sabe a muy «preparada». Mientras que la Molina, doblada aquí por Montse Miralles, no acaba de dar «vida» a su romántico personaje.

Versión fílmico-televisiva de las memorias del Lute

Una película basada en los libros de memorias escritos por Eleuterio Sánchez *el Lute* se ha presentado en dos partes en nuestras pantallas comerciales, antes de que vea la luz por televisión. Estamos, pues, ante una nueva traslación cinematográfica de un texto literario. La comentaremos por separado, mejor.

«El Lute: camina o revienta»

Con el mismo título de su *best-seller*, Vicente Aranda ha puesto en imágenes la biografía del Lute, provocando una demanda judicial de la primera mujer de Eleuterio Sánchez, la Chelo (incorporada por la actriz Victoria Abril, aquí más comedida que en la referida *Barrios altos*), al sentir dañada su imagen. Sin embargo, antes de que los jueces se pronunciaran a favor del realizador y guionistas, Aranda se manifestó así sobre *El Lute*:

> [Fue] la creación de los poderes y elementos represivos de una época determinada. Fue el pueblo quien le dio el sentido de último bandido romántico [...] Una vida es menos traicionable que un libro. Hay que ser más respetuoso con ella, especialmente cuando el protagonista está todavía vivo. Pero como la película es una operación de síntesis, hay que tener en cuenta que en las síntesis se miente siempre.

315

El Lute: camina o revienta (1987) está contada con el gusto por la morbosidad y el formalismo propios en Vicente Aranda, mitificando al célebre quinqui, que es encarnado por Imanol Arias, hoy «astro» del cine español de la democracia. Arias también se pronunció así:

El Lute [es] un verdadero mito vivo. A mí, de pequeño, por las noches, mi abuela me hablaba de él, de sus huidas, de su historia. Si estuviera viva y supiera que ahora el Lute soy yo, sería su gran ilusión.

Con una buena evocación de un período de la España de Franco —esta primera parte cuenta sus andanzas desde los 20 a los 24 años, cuando comete el robo de la joyería hasta su primera fuga y captura en 1966—, así como del mundo de los gitanos, se hace una dura pero velada crítica al sistema político, especialmente a la Guardia Civil, en la línea áspera y desagradable de *El crimen de Cuenca*; lo cual hace mella en el ánimo del espectador.

No obstante, con motivo de la presentación del primer largometraje en el Festival de San Sebastián, Vicente Aranda se explicó así en la conferencia de prensa posterior al pase del film:

He tratado de respetar el documentalismo porque Eleuterio Sánchez no escribió una novela sino varios guiones de memorias. He sido exquisito con respecto a ello. Nuestro ánimo fue que Eleuterio estaba sentado en un sillón contándonos cosas y nosotros (los que hacemos la película) éramos sus psiquiatras. Es por eso que esta película no es una adaptación, sino una interpretación.

Y añadió el director:

La razón de hacer esta película es porque me lo propusieron y me interesó, sobre todo me interesó contar una situación en la que un hombre es perseguido y acosado y le convierten en un mito sin él querer serlo. El único pecado que ha cometido el Lute es haber nacido.[26]

---

26. Diego Muñoz, «*El Lute*, de Aranda, caminó por el festival», *La Vanguardia* (20-IX-1987). Las otras declaraciones proceden de *Fotogramas*.

«*El Lute II: Mañana seré libre*»

Narrada más a modo de *thriller* que de film histórico-testimonial, esta segunda parte está menos conseguida que la primera, pero mantiene interesado al espectador, provocándole una reflexión crítica sobre el inframundo de la delincuencia durante el franquismo.

Con un final un tanto precipitado, así como numerosas concesiones eróticas y violentas —ya propias del cine de. Aranda (recuérdese *Fanny Pelopaja*, por ejemplo)—, se trata de una de las denuncias más contundentes contra el régimen de Franco: que este robagallinas driblara a la Guardia Civil, con un despliegue de hasta 3.000 números en Granada, evidencia la «cara negra» de un sistema político que dedicaba parte de su tiempo y fuerzas en suprimir a un pobre diablo y en perseguir a su familia.

El Lute II: Mañana seré libre (1988) es, asimismo, un canto a la solidaridad de estos —la familia y compañeros de fatigas de Eleuterio Sánchez—, víctimas acaso del ídolo que para ellos también era el Lute, al tiempo que Vicente Aranda ofrece aquí una cruda y tópica introspección en el mundo de los gitanos españoles.

Con todo, la película tiene cierta calidad estética y puede servir de crónica de unos años de crisis política y existencial, aunque los autores quieran hacer responsable a la sociedad del debacle humano y moral de este delincuente menor, a quien, en esta segunda parte se evita mitificar, no intentando hacer de él una bandera de la libertad. Se omite, finalmente, la conocida reeducación de Eleuterio Sánchez, que hoy es abogado.

Presentada en el Festival de Cannes, a concurso, después de tres años sin selección oficial española, viene a ser la antítesis del film de Roberto Bodegas *Matar al Nani* (1988), que es el más duro ataque desde la pantalla a la represión policial de la época democrática, coincidiendo con el escandaloso proceso transmitido por TVE en torno a otro quinqui, pero en este caso urbano y con las fuerzas del orden público como protagonistas.

317

El Dorado, ambiciosa recreación de la aventura de Lope de Aguirre

Primera superproducción de Carlos Saura, que ha contado con el presupuesto más alto del cine español —1.050 millones de pesetas— y la participación de diversos países y firmas productoras.

La colonización desmitificada

Se trata, por tanto, de una ambiciosa película-río, de un film histórico —dentro de la iniciada Conmemoración del V Centenario del Descubrimiento de América— sobre un negro pasaje de la conquista española, que intenta subrepticiamente desmitificar la versión de la colonización que nos enseñaron ayer en las escuelas.

La aventura de Lope de Aguirre, en busca de El Dorado a mediados del siglo XVI, había sido ya puesta en escena por la mano maestra de Werner Herzog, con un tono intelectual y estéticamente logrado: *Aguirre, la cólera de Dios* (1972). Pero Saura tenía proyectado, desde hace tiempo, hacer un *remake* del tema:

> He trabajado seis o siete años en el tema. La idea surgió en México, cuando estaba rodando *Antonieta*, que fue mi primer contacto con el mundo de América Latina. Aquella experiencia me resultó fantástica y enriquecedora, y desde entonces pensé en realizar otro proyecto en este continente. Leí la novela de Sender *La aventura equinoccial de Lope de Aguirre* y empecé a centrarme en el proyecto. Leí todo lo que encontré a mano, y comencé a escribir el guión. Pero las dificultades se acumulaban a la hora de ponerlo en marcha, hasta el punto de que a los 55 años que tengo ahora, pensé que nunca podría materializar este viejo sueño.[27]

Las comparaciones son odiosas

En cambio, Carlos Saura, pese a que las comparaciones sean odiosas —pero aquí es obligada—, ha realizado una

---

27. Joaquín Ibarz, «Lope de Aguirre desafía a Carlos Saura», *La Vanguardia* (15-II-1987), dossier del *Dominical*.

puesta en imágenes grandilocuente, con muchos figurantes y una cuidada ambientación y creación de tipos, pero más superficial. Donde Herzog hacía reflexionar y ensimismar al espectador —si no participar en la aventura equinoccial (parangonando a Ramón J. Sender)—, Saura le hace observar y apenas participar en la narración.

Así, su historia resulta tan humana como fría, perdiendo la magia y el carácter imaginativo del cineasta alemán. Versión más hispana, si se quiere, pero menos creativa; ya que las imágenes de Werner Herzog hablaban por sí solas, y las de Carlos Saura —aunque también alcanzan belleza plástica— expresan solo el fondo de una historia singular. Además, si bien se aproxima al rigor de la crónica de Lope de Aguirre, este no es el único protagonista, centrando demasiado la acción, no tanto en los otros conquistadores, como en el personaje de doña Inés, mestiza deseada —concubina de los más ambiciosos y pasionales— que les acompañó en la búsqueda de El Dorado. Es ahí, así como en las relaciones interpersonales de los cabecillas de la expedición, donde Saura es más endeble, brinda concesiones a la galería e incide en la brutalidad de unos hombres que vienen a representar la otra cara —la salvaje y miserable, a nivel de valores— de la España imperial, o de la posterior Madre Patria.

Bien interpretado en general, el personaje de Aguirre (Omero Antonutti) tiene menos atractivo que el de Herzog (Klaus Kinski) y no está del todo definido, a pesar de sus pretensiones de búsqueda de la libertad (?), faltándole ese aire misterioso y mágico —también en los encuentros con los nativos— de *Aguirre, la cólera de Dios*. Sin embargo, Saura se defendió así:

A Aguirre se le ha presentado siempre de manera muy esquematizada. La verdad es que se desconoce cuáles eran sus reacciones íntimas. Se le presenta como un loco o visionario, pero yo no creo que fuera un demente que ejercía una crueldad inútil; era un hombre violento pero tenía gran lucidez en muchas de las cosas que hacía. Resulta muy difícil sacarle de su espacio histórico. Su actuación se entiende mejor a través de un proceso de transformación. La expedición por el Amazonas refleja, a mi propio entender —termina el cineasta aragonés—, la evolución que el personaje va experimentando con el paso del tiempo.

Sin embargo, *El Dorado* (1987) fue presentada en Cannes y calificada de «académica y shakesperiana», y acogida por la crítica internacional con respeto e interés; pero no provocó entusiasmo. Como tampoco lo provocó, en España, en ese gran público que celebrará en 1992 el histórico acontecimiento.

El fenómeno Almodóvar: *Mujeres al borde...* del segundo Óscar para el cine español

Ciertamente, la cinematografía española estuvo a punto de alcanzar en 1989 el segundo Óscar de su historia. Pero los miembros de la Academia de Hollywood, al igual que el año pasado, se pronunciaron a favor de otro importante film danés —*Pelle el conquistador* (August, 1988)—, dejando defraudados a la prensa y a los seguidores de Pedro Almodóvar, quienes se habían hecho la ilusión de ganar la preciada estatuilla con una comedia tradicional: *Mujeres al borde de un ataque de nervios*. Este hecho nos permitirá tratar del cine de este discutido realizador y de la película en cuestión.

Un manchego internacional

Este antiguo empleado de la telefónica nació en Ciudad Real, en 1950, y cultivó el cine marginal en la década de los setenta, con títulos como *Sexo va, sexo viene, La caída de Sodoma* y *Salomé*, que ya evidenciaban sus gustos y tendencias, al tiempo que trabajó como actor teatral, dio conciertos de cutre-rock («yo era una mezcla de Divine y Fassbinder», declaró), y antes fue hippy.

Calificado como «provocador nato y con fama de temible guerrillero contracultural, dotado de un vitriólico sentido del humor y excelente vendedor de sí mismo»,[28] Pedro Almodóvar se lanzó al amparo de la «movida» madrileña, alejándose pronto del tremendismo y anti-cine de los primeros tiempos, para saltar del *underground* (*Pepi, Luci, Bom y otras chicas del montón*, primer largometraje realizado en cooperativa, en

    28. Cfr. Lluís Bonet Mojica, «Los directores son los mitos (1970-1986)», en VV.AA., *100 películas míticas*, Barcelona, Biblioteca de *La Vanguardia*, 1986, p. 208.

1980) al film comercial: *Laberinto de pasiones* (1982), *Entre tinieblas* (1983), *¿Qué he hecho yo para merecer esto?* (1984), *Matador* (1985) y *La ley del deseo* (1986), que confirman sus obsesiones y estilo creador. «Lo que más me interesa —ha dicho— de la realidad es, además de vivirla, desarrollar todas sus sugerencias. Y eso lo hago tanto en el cine como en mi vida.» Nunca, por tanto, un autor estuvo tan cerca de su obra como el hoy internacional Almodóvar.

Aceptado, pues, en grupos marginales extranjeros y en ciertos *pop* españoles —sus cintas se están exportando y rinden con creces en la taquilla—, la internacionalización de este cineasta manchego tuvo lugar con *Mujeres al borde de un ataque de nervios* (1987), especialmente cuando obtuvo en la Mostra de Venecia el premio al mejor guión, y su libreto fue comprado por la industria cinematográfica americana, a fin de hacer un *remake* hollywoodense del film (con Diane Keaton como «sustituta» de Carmen Maura). Asímismo, sus *Mujeres...* ganaría el galardón a la mejor película joven del Premio Europa de Cine, cuya primera edición tuvo lugar en Berlín, en 1988. Y, a partir de ahí, sería calificado por Guillermo Cabrera Infante como *Almodólar*, debido a las proposiciones que le han hecho para trabajar en EE.UU.

Enfrentado primero con la Academia de Artes y Ciencias Cinematográficas de España, organismo al que comparó con «el antiguo sindicato vertical», esta envió a Hollywood su citada película, quedando nominado entre los mejores films de habla no inglesa del pasado año, aunque antes había tachado de reaccionarios a los Óscars.

Pero, ¿es Pedro Almodóvar un cineasta tan genial como algunos pretenden?, ¿y la única incorporación verdaderamente original al cine español de los años ochenta? Dejemos que sea el crítico Ángel Comas quien conteste tales cuestiones:

Tras un envoltorio de aparente frivolidad en sus películas y de engañosa superficialidad en su proyección pública, Pedro Almodóvar se ha convertido en uno de los críticos más feroces de mitos, tópicos e idearios inamovibles de la sociedad española. Se le discute su capacidad de director de cine. Se argumenta que a los actores no les dirige sino que les deja moverse como quieren delante de las cámaras. Se pone en duda su «know how» para contar una historia por medio de imáge-

321

nes. Pero poco a poco, ha conseguido pasar de ser un realizador de mucho continente escandaloso pero de escaso e insulso contenido a conectar con la sensibilidad del gran público. Toda la obra fílmica de Pedro Almodóvar ha sido editada en vídeo y ella permite contemplar la evolución de un hombre que realmente ha aprendido a hacer cine en la mejor escuela que existe: haciéndolo.[29]

Comedia brillante

Mujeres al borde de un ataque de nervios es una comedia brillante «made in Almodóvar», que se puede enclavar entre el tradicional género hollywoodense —melodrama incluido— y el bolero típicamente hispano. Es, como él mismo ha reconocido, un trasplante a la española de la tradición más clásica de la comedia americana de los cincuenta.

Así, con motivo de la presentación del film en Barcelona, Pedro Almodóvar manifestó, en una sonada rueda de prensa:

> Después de una película como *La ley del deseo*, que me dejó exhausto, sentía la necesidad ineludible de hacer una comedia ligera, de rodar una película más optimista, donde los taxistas son encantadores, las porteras no son chismosas y casi todo el mundo parece bueno. Todo ello para estilizar aun más, la parte central de estas mujeres que están al borde del ataque de nervios por culpa de los hombres.

Y añadía:

> Es casi una obra teatral que tiene mucho que ver con la alta comedia, el género que mejor admite elementos extraordinarios. Ironizo sobre el bienestar en el que viven estas mujeres, sus relaciones con los hombres. Muestro una sociedad amable y humanizada, para que el espectador se identifique con esas pobres chicas. Me divierte más trabajar con actrices, porque también veo a la mujer como sujeto dramático de mayor interés. En cuanto al personaje de Julieta Serrano, debo decir que las malas siempre sufren más que nadie, porque la capacidad de maldad empieza en uno mismo.[30]

---

29. Ángel Comas, «La movida de Almodóvar", en su leída sección de vídeo del *Dominical* de *La Vanguardia*.

30. Lluís Bonet Mojica, «Tengo una necesidad histérica de hacer películas», *La Vanguardia* (24-III-1988).

Con un aire desenfadado, pleno de ironía crítica, y el estilo «cutre» —¿por qué no *kitsch?*— que aún le caracteriza, Almodóvar ofrece aquí un retrato sociopsicológico —como hiciera ayer con *¿Qué he hecho yo para merecer esto?*— sobre cierta sociedad española actual, centrado en un tipo de personajes femeninos reales. En cambio, su puesta en escena —cuidada en cuanto a ambientación (colorido del decorado y vestuario, primordialmente)— resulta irreal o, al menos, poco creíble en su hilo argumental, debido a una serie de coincidencias narrativas que dan al film un tono cuasi surrealista, si no de broma hilarante, y no tanto de comedia de enredo norteamericana.

Es obvio que Pedro Almodóvar ha cultivado los más transitados senderos del melodrama, con sus viejas convenciones, sus artificios y pautas folletinescas. Y esas *Mujeres...* siempre amenazan con actitudes extremas que nunca se llegan a concretar, por imponderables varios, por replanteamientos de sus propios arrebatos, por falta de convicciones verdaderas... «La mujer sabe que necesita del amor para seguir respirando y está dispuesta a defenderlo como sea —supo advertir Almodóvar—. Porque en esa eterna guerra todas las armas están permitidas».[31]

El mal gusto —casi siempre a propósito— también está presente en esta película blanca (?) de Pedro Almodóvar (autorizada oficialmente para todos los públicos), donde está más comedido que en otras realizaciones. El simbolismo es más festivo, y el anti-cine que le singulariza (es decir, su hetedodoxia con respecto a los cánones habituales en el cine español) se queda en la conjunción de situaciones disparatadas y en el reciclaje de tópicos y clichés, siguiendo su personal estética y —¿por qué no decirlo también?— carácter comercial.

Sin embargo, no todo el mundo piensa igual: lo que para unos es un defecto para otros parece una virtud. Veamos, si no, lo que escribió el crítico José Luis Guarner al respecto:

En esta *woman's picture* estilizada como una película de Minnelli o de Sirk [...] consigue Almodóvar varias cosas que no son frecuentes, ni en nuestro cine, ni en otros. Que las situaciones más disparatadas se

---

31. Cfr. Roberto Lapalma, «Almodóvar, con humor y ritmo de bolero...», *El Litoral* (Santa Fe) (26-III-1989).

acepten como la cosa más natural del mundo. Que los acontecimientos más previsibles cobren de pronto un derrotero excéntrico, que descoloca las expectativas del espectador. Que las escenas más manidas a primera vista se hagan de pronto originales gracias a una frase aguda, un gesto inesperado, un toque ingenioso.

Y concluye:

El ingenio y la sutileza con que usa una secuencia famosa de *Johnny Guitar* para comentar oblicuamente el drama de una mujer en crisis, indican ya lo que últimamente ha decidido ser: un director de cine.[32]

Mientras que su colega M.ª Asunción Balonga, desde una perspectiva femenina, agrega otra cita cinéfila:

A mí me recuerda muchísimo en su planteamiento argumental a *Cómo casarse con un millonario*. El ambiente del apartamento absurdamente luminoso para reflejar el cielo de Madrid, las plantas de la terraza de un verdor cuasi sintético, la cocina que parece una página de «Homes & Gardens» y sobre todo «las chicas» modernas, pero ingenuas, liberadas pero enamoradizas, siempre pendientes de que las quieran, las cuiden y les hagan caso. Irreales o incompletas, en definitiva. Carmen Maura es como Doris Day en moreno y posmoderno. Interpretándose no así misma, pero sí a ese personaje que siempre recuerda al remoto «Nena, tú vales mucho», que le inventó Fernando Tola y ella ha ido desarrollando y matizando, sabiamente, hasta crear una *mélange* indistinguible, entre su personalidad y sus papeles.

Y continúa:

La película, pues, no aporta ni inventa nada. Es un film inteligentemente conducido, brillantemente planteado y concebido como un mero divertimiento en el típico trasfondo amoral del «vive como quieras» de una parte de la sociedad española. Esperpéntico, satírico, corrosivo, a veces, pretende deliberadamente alejarse de los anteriores productos almodovarianos [...] Se dirá que Almodóvar busca la caricatura y de ahí la exageración de los tipos que presenta, pero la espiral de vis cómica raya la demencia. Se sale del cine contagiado, con la vaga sensación de que de quien de verdad se está riendo Almodóvar, con nuestro concurso y aplauso papanatas, es de nosotros, del público, de nosotras, de nuestra indefensión y puntos débiles. Y esa vaga sospecha de machismo y desprecio, envuelto en papel de celofán... me pone ligeramente «al borde del ataque de nervios».

32. José Luis Guarner, crítica en *Fotogramas & Vídeo*, 1.741 (mayo 1988).

Y este crítico, ni quita ni pone rey. Solamente constatar que la Academia española hizo las «paces» con Pedro Almodóvar, concediendo a su película cinco premios Goya, pese a que éste también había calificado a estos galardones como reaccionarios. Será una «broma» más de este cineasta de moda que, en *Mujeres al borde de un ataque de nervios*, se «venga» de sus diez años al servicio de la Compañía Telefónica cuando Pepa (Carmen Maura) arranca una y otra vez los cables del teléfono e incluso arroja por la ventana un contestador automático.

La «movida» madrileña en el Sur

Diversas películas de la famosa «movida» han saltado a los cines comerciales, junto a otra obra de Gutiérrez Aragón. Pero todas sitúan la acción en Andalucía, o más al Sur.

«Pasodoble», de García Sánchez

Tras su versión de *Divinas palabras*, este cineasta libertario y antiguo miembro del PC vuelve al esperpento fílmico-hispano (*Las truchas, La corte del Faraón*) con una película que no pasará a la historia del cine español: *Pasodoble* (1988).

Se trata de un film contracultural, que cuenta una historia insólita y un tanto increíble, de la que se sirve José Luis García Sánchez para satirizar cierta sociedad e idiosincrasia popular hispana. Sus personajes-arquetipo le sirven, asimismo, para no dejar títere con cabeza (realmente de títeres cabe calificar al prestigioso plantel de actores), en un atropellado relato de *gags* y chistes subidos de tono, donde la grosería y la obscenidad más supina —en la línea del coguionista Rafael Azcona— están presentes a lo largo de toda la narración.

Película de feria, a modo de gran guiñol sainetesco, más ambiciosa intelectualmente que efectiva, *Pasodoble* desdice del buen hacer de aquellas primeras cintas de García Sánchez que alabé (*El Love feroz, Colorín, colorado*), pero le sitúa entre los directores más prolíficos del cine de la democracia, pues en este momento ya está rodando un nuevo film.

«Malaventura», de Gutiérrez Aragón

Si García Sánchez enclava su cinta en Córdoba, la nueva película de Manuel Gutiérrez Aragón se desarrolla en Sevilla.

Malaventura (1988) es otra insólita obra de este reconocido cineasta, realizada dentro del clima de misterio que le caracteriza como autor de honda y compleja personalidad, aunque en la línea del *thriller* hispano-sentimental, con sus toques mágicos.

Aquí cuenta la historia de un desamor entre un señorito andaluz, existencialmente a la deriva, y una joven sevillana, hija de un juez (el realizador José Luis Borau). Rodada en plenas calles de la capital andaluza, la protagonista de esta «malaventura» es la propia Sevilla, perfectamente fotografiada por José Luis Alcaine, si bien incide más en la parte del submundo o la actual «movida» festiva que en el folklore habitual.

Con cierta garra narrativa, pese a algún bache aislado, Gutiérrez Aragón mantiene al espectador atrapado en la intriga, que resuelve sorprendentemente, entre el sueño y la ficción, dejando, con todo, un tanto desconcertado al público, si no defraudado al final.

Asimismo, con toques muy logrados —a nivel de captación sentimental, de ambientes y tipos—, junto a otros algo ingenuos y hasta poco creíbles (que incluye la relación sexual entrambos, ella incluso llorando), los defectos de este nuevo ensayo de género de Manolo Gutiérrez acaso superan las virtudes de un film que no acaba de satisfacer a la crítica ni a los aficionados más exigentes.

Y si nos vamos más al Sur, encontraremos otras películas del mayor representante de la «movida» madrileña, Fernando Colomo, en Marruecos —*Bajarse al moro* (1988)— y en el Caribe —*Miss Caribe* (también de 1988)—; o en Nueva Orleans, por el debutante Rafael Monleón —*Baton Rouge* (1988)—, todas subvencionadas por el Gobierno central.

El complot dels anells y Luces y sombras, sendas muestras del cine catalán

Mientras la primera película abrió la campaña electoral del partido nacionalista Esquerra Republicana de Catalunya, durante las elecciones autonómicas de 1988, la segunda realización fue presentada en el Festival de Venecia del mismo año representando al país. Dos muestras del cine catalán que comentaremos a continuación.

Los Juegos Olímpicos, en peligro

El complot dels anells (1988) es el primer film de política-ficción del cine catalán cuya acción se sitúa en Barcelona durante las Olimpíadas de 1992.

Francesc Bellmunt abandona su estilo «cutre» a la catalana, para rodar, en cinemascope y con un protagonista extranjero (Stephen Brenan), una ambiciosa película anarco-nacionalista de dudoso valor artístico y discutida hasta la saciedad. Es posible que su postura moleste a tirios y troyanos —a excepción de los componentes de la «contestataria» Oficina Catalana de Cinema (OCC)— y no contribuya tampoco a dar una imagen real de Cataluña al resto del país, sobre todo en lo que se refiere al futuro político —pactos incluidos— y al independentismo por el que parece abogar (¿acaso a favor de Terra Lliure?); cosa que perjudica la figura de la autonomía catalana con respecto a España, así como la figura del catalán con respecto al castellano, etc. Me gustaría saber qué piensa el español medio de este *Complot de los anillos*, de Bellmunt.

Film, por tanto, polémico —como los de este singular autor—, que, por suerte, se verá como una hipótesis sobre la Cataluña del 2000, o un mero cuento de hadas separatista propiciado por una sociedad en la que se puede decir todo sin que ya nadie se escandalice, ni *passa res* (parangonando el programa televisivo de La Trinca). Y hasta ahí ha llegado Francesc Bellmunt.

Sin embargo, su *thriller* resulta dramático, le falta el sentido del humor de sus colegas libertarios, y su trascendentalismo, si no se hace risible, sí, al menos, es poco creíble (pese a su fácil simbolismo: Pujol - Marta Ferrusola, por ejemplo).

327

Esperemos, finalmente, que *El complot dels anells* no motive los extremismos y no sea encausado en 1992 como inductor del terrorismo en la Barcelona olímpica. Sería el peor servicio que habría hecho a su tierra el catalán Bellmunt.

«Las meninas», a la pantalla

Luces y sombras (1988) es también una película ambiciosa y un tanto autobiográfica sobre un director de cine que quiere penetrar en el mundo de *Las meninas*, de Velázquez.

Se trata, pues, de una obra desigual —como si estuvieran dos películas unidas en una—, ya que el ensamblaje del mundo infantil y la corte de Felipe IV es perfecto, así como resulta muy sugerente y en momentos enormemente inspirada la evocación del Siglo de Oro español; mientras no sucede lo mismo con la historia actual, que adolece de los defectos habituales del cine de Jaime Camino: pretenciosidad intelectual, confusión y ambigüedad, obscenidades y concesiones eróticas con aire esteticista..., que rompen el equilibrio y la armonía de la parte histórica.

Es una lástima ese «pudo haber sido y no fue», ya que el propósito y la puesta en escena es —era sobre el papel— original. Pero si esos malabarismos puede hacerlos un Fellini, nuestro realizador catalán dista mucho de tal empresa. De ahí que la crítica haya sido severa con una película que tiene más sombras que luces, y la cual no pasará a la historia como el cuadro imperecedero, cuyo ambiente fantástico y contradictorio, enigmático, en una palabra, sí ha sabido lograr.

Veamos, con todo, lo que escribió el crítico el *El País*:

Luces y sombras tiene estructura aparatosa, pues consta de al menos seis estratos argumentales y visuales: el cuadro visto desde fuera, su interior visto por el niño que «penetra» en él, ese niño evocado por sí mismo adulto, los personajes históricos de Velázquez recreados por ese adulto contemporáneo como personaje de una película, el rodaje de la película y, finalmente, la vida privada del cineasta. Entre estos estratos superpuestos en *Luces y sombras* no hay rastro de interconexión orgánica, de organización recíproca en forma de relato, de composición o de metáfora. Simplemente, se suceden o interfieren unos a otros, guiados por tan evidente arbitrariedad, que jamás alcanzan a manifestarse como complementarios, como partes necesarias de un todo igualmente necesario.

Por ello —continúa más adelante Ángel Fernández-Santos—, en un filme sobre un monumento de armonía reina el desconcierto; en un filme sobre el conocimiento reina la confusión; en un filme sobre la pluridimensionalidad de una imagen reina la linealidad; en un filme sobre un misterio reina la obviedad; en un filme que quiere penetrar en los movimientos secretos que gobiernan las relaciones entre lo real y lo imaginario no hay deslizamiento imaginario alguno, ni traslación real alguna: solo estampitas estáticas, cromos inmóviles. Los únicos instantes en que *Luces y sombras* arroja luz sobre las sombras eternas que malmaneja son aquellos en que hay en la pantalla un destello dramático documental, como son el intenso y lúgubre monólogo de un gran actor, Fermí Reixach —que interpreta a Felipe IV—, o el diálogo entre otro gran actor, José Luis Gómez —que encarna a Velázquez—, y un bufón, en el gabinete del pintor, mientras este hace sus cuentas y de ellas deducimos la situación de servidumbre en que aquel hombre genial había de desplegar su genio.[33]

Pobremente interpretada por Ángela Molina y el extranjero Jack Shepherd, cabe destacar la reflexión que hace Jaime Camino sobre la obra de arte, resumida en el último plano del film: la toma de la claqueta, donde precisamente comienza la película que ya no vemos.

Soldadito español y otros films «mesetarios»

Este término —*mesetario*— se acuñó en los años sesenta para referirse al cine que se hacía en Madrid, en contraposición con el producido en Barcelona. Era la vieja pugna futbolística entre el Real Madrid y el Barça llevada al terreno fílmico.

Bromas aparte —pues la disidencia entre las dos grandes capitales españolas viene de más lejos, y también en el campo cinematográfico—, vamos a constatar ahora diversos estrenos venidos de aquellas latitudes.

La milicia en la picota

Francamente, en los tiempos en que mandaba el ejército en España —o el general Franco, mejor— no hubiera sido po-

---

33. Ángel Fernández-Santos, «Ni sombras ni luces», *El País* (21-IX-1988).

sible realizar un film como el presente de Antonio Giménez-Rico.

Soldadito español (1988) es la más dura crítica que se ha hecho del servicio militar en este país, sin escaparse de todos los tópicos. Permítaseme contar, aunque sea solamente esta vez (no es propio del crítico describir todo el argumento, «chafando» así la película al posible espectador), su trama: Paco Calleja (Juan Luis Galiardo) es un modesto músico, al que su matrimonio con Luisa (María Garralón), de una de las familias de la ciudad con mayor espíritu militar, obliga a ingresar como brigada en la banda del Regimiento de su localidad. Pero Paco tiene la secreta aspiración de dirigir algún día la banda militar. No obstante, cuando su hijo de 18 años, Luis (el debutante Francisco Bas), primo, nieto, sobrino y bisnieto de militares, tiene que cumplir dicho servicio, no solo no quiere seguir la tradición familiar, sino que se niega a ir a la «mili». Pronto estalla la conmoción y la familia se moviliza. Mientras Luis intenta hacerse testigo de Jehová, objetor de conciencia, y deja en estado a su novia (Maribel Verdú, que se confirma en el «estrellato»), el padre teme que un hijo suyo desertor o prófugo pueda impedirle su anhelado ascenso en el escalafón. Al final, Luis va a la «mili» a la fuerza, y, hundido, sufre un «accidente» que le cuesta la vida. Paco, ya como director de la banda, tocará ante los restos de su hijo el célebre *Soldadito español*.

Se trata, por tanto, de una aguda sátira —la publicidad la calificó, y con razón, de feroz— sobre una familia de militares (no sobre las FF.AA., entiéndase bien), que ofrece un inteligente retrato sobre cierta clase media española, especialmente provinciana. Con todo, su puesta en imágenes pierde el equilibrio en muchos momentos, cayendo en la facilidad y la grosería, para restar puntos artísticos al relato original, que tiene golpes de auténtico gracejo.

Aun así, los militares y el concepto de patria quedan muy malparados, y el film —cuyo guión evidencia la mano «negra» de Azcona— hará un triste servicio a los jóvenes españoles que tienen pendiente la «mili». Uno, que la hizo en los tiempos de Franco, no lo pasó tan mal.

Más películas madrileñas

Con todo, otros films «mesetarios» menores han saltado a las pantallas comerciales por estas fechas: *Amanece, que no es poco* (1988), del sobrevalorado José Luis Cuerda (*El bosque animado*), al que no hay que confundir con el parecido título de *Amanece como puedas* (también de 1988), del valenciano Antoni P. Canet; *El vuelo de la paloma* (1989), la nueva película de J.L. García Sánchez, «comedia coral» escrita asimismo por Rafael Azcona; y *Loco veneno* (1989), segundo largometraje de Miguel Hermoso (*Truhanes*), que describe de forma sainetesca la vida de una *yuppy* madrileña. Cintas que no han acabado de funcionar en la taquilla, saliendo antes de cartel en Barcelona.

El vent de l'illa y *Remando al viento*, dos películas románticas

El romanticismo está de moda. Prácticamente coincidiendo con diversas exposiciones y ciclos monográficos sobre el tema, se han presentado en España diversos films que reflejan el espíritu romántico. Aparte del extraño *Diario de invierno* (1988), de Francisco Regueiro —y fallido film antirreligioso como *Padre nuestro*—, cabe destacar estas dos cintas hispanas.

La «opera prima» de Gormezano

Conocí a Gerardo Gormezano con motivo del pase privado que me ofreció José Luis Guerín de *Los motivos de Berta* (1984). Ambos —Gormezano era el director de fotografía— me mostraron emocionados aquella *opera prima*. Y ante mi entusiamo por esta «pequeña obra maestra del cine español», la satisfacción de estos jóvenes cineastas fue, si cabe, mayor. Después, cuando se estrenó la película de Guerín, se le reconoció como el cineasta de los ochenta. Y ahora, tras la presentación de Gerardo Gormezano como autor fílmico, cabe extender a este cineasta tal calificación. Estamos, pues, ante un nombre importante, que esperamos pase también a la historia del cine español, acaso como modelo de la renovación estética de una década.

331

Con *El vent de l'illa* (1987), Gormezano ha demostrado su buen saber cinematográfico —y hacer fílmico—, dando a luz una obra artística plena de madurez y también de intuición creadora, poética. A tal fin, cuenta la insólita historia de un ingeniero militar inglés, John Amstrong (incorporado por el larguirucho Simon Casel), que levantó un mapa cartográfico de la isla de Menorca allá por 1738 y cuyas vivencias quedaron constatadas en el libro *The History of the Island of Menorca*. De ahí que el film esté hablado en inglés y menorquín, con subtítulos en catalán.

Crónica, por tanto, de la dominación de Menorca por la Corona británica, que Gerardo Gormezano ha imaginado un tanto libremente. Pues en el estudio de la isla, a nivel geográfico y antropológico, hace hincapié en el itinerario moral y existencial del protagonista, captando por una idiosincrasia singular —se enamora de una nativa, la hija de la familia Salord (que encarna Ona Planas); mientras que de él se enamora una pintora inglesa, tuberculosa (muy expresiva Mara Truscana)—, sin atender demasiado a la problemática de fondo de la época prerromántica: esa primera mitad del siglo XVIII, de la que apunta aquí ciertos problemas políticos y de intereses hispano-británicos.

Cine, pues, de reconstrucción histórica —al menos en el estudio de mentalidades— y romántico hasta la médula, pese a su austeridad ambiental, y libre de excesos melodramáticos. Pleno de virtudes estético-narrativas, *El vent de l'illa* está concebido como un ejercicio estilístico y pictórico de la mejor tradición europea (recuérdese el cuadro de Chardin en la taberna, o esa secuencia final, que fue calificada por José Luis Guarner —a pesar de algún intento de silbidos en la presentación oficial del film— como «una de las más hermosas rodadas en este país»).

Cada encuadre, cada plano, por tanto, aparecen perfectamente medidos, y forman como un cuadro en el conjunto del relato. Así, su narración, pulcra y contemplativa, limpiamente fotografiada —sacando el máximo partido de la luz balear—, provoca emociones, goce estético en el espectador, quien acaso siente en su interior el viento de la isla y lo que este conlleva o sugiere, los sentimientos de los protagonistas.

Es obvio que, como su referido colega José Luis Guerín, Gormezano ama y conoce bien a los clásicos. Su tratamiento intimista y en parte bressoniano, pero con personalidad propia, hace de este cineasta valenciano un «cabeza de fila» de la renovación temática y artística que estamos esperando del cine español de la democracia.

El regreso de Gonzalo Suárez

De histórica y esencialmente romántica cabe calificar a la última obra de Gonzalo Suárez, una de las películas más ambiciosas de nuestro cine: *Rowing with the Wind* (1988).

Rodada originalmente en inglés y con un costo de 300 millones de pesetas —aunque el Ministerio de Cultura solo reconoció 283 y le concedió una subvención de 80 millones (más 40 que le dio TVE por los derechos de antena)—, el antiguo cineasta de la Escuela de Barcelona ha vuelto a las pantallas de «arte y ensayo» tras su difícil *Epílogo* (1983).

Veinte años después de que este autor ovetense —formado como actor teatral y novelista— realizara *El extraño caso del Dr. Fausto*, acomete otro tema relacionado con el Romanticismo, el cual, insólitamente, ha sido tratado al mismo tiempo por otros cineastas dispares: Ken Russell (*Gothic*) e Ivan Passer, quien recogió el proyecto del desaparecido John Huston sobre la creativa relación entre los poetas Byron y Shelley, junto a Claire, que le dio un hijo al primero, y el secretario y médico Polidori, que sería la primera víctima de aquella célebre noche de terror.

Me interesaba Mary Shelley —declararía Suárez— por haber creado un monstruo —mejor, un personaje, una criatura— que sobrevivirá incluso a las insignes obras de Lord Byron. Cuando escribió *Frankenstein* tenía 20 años. Era una mujer muy sensible, con una vida interior muy intensa y que captaba todo cuanto sucedía a su alrededor incluso con ciertos poderes de premonición terroríficos. Muchas de las cosas que imagina tienen su ambivalencia en la realidad, anticipándola a modo de sueño premonitorio. La ciencia empieza a hacer realidad ahora lo que la imaginación de Mary Shelley había concebido: crear vida con pedazos de carne, dar vida a un cadáver. Era un poco bruja, pero sin extravagancias. Más bien una conciencia continua de lo que sucedía. En la película se refleja cómo va amargándose, deteriorándose, sin que se le vea envejecer, al tiempo que se degradan sus relaciones personales con Lord Byron.[34]

Filmada en catorce semanas, en escenarios naturales suizos, Venecia y localizaciones del Polo Norte —donde el equipo estuvo una semana rodando solo durante las dos horas diarias de luz—, Gonzalo Suárez nos ha brindado —como Gormezano— otro ejercicio estilístico, ayudado por la belleza formal de las imágenes captadas por su hermano Carlos, cuya exquisitez supera la media del actual cine español.

La evocación de aquella época romántica, junto a la idónea banda musical de Alejandro Massó, es notable (con secuencias tan conseguidas como la llegada a Venecia, en su captación estética); mientras que el film adolece de cierta frialdad y falta de emoción, que repercutirá en el espectador, quien acaso conectará con la historia «desde fuera» o se distanciará de los personajes —hasta de sus pasiones y obsesiones— y del mismo drama del relato. Si a eso le unimos la escasa fluidez narrativa de su guión —cosa habitual en el cine de ese eminente escritor que es Suárez— y el excesivo tono literario e intelectualizante, aparte del énfasis que pone en los excesos de los protagonistas —pues no logra la austeridad y medida de Gormezano—, tendremos en *Remando al viento* una obra más fascinadora y brillante que artísticamente lograda o magistral.

Es obvio, para terminar, que se trata de una nueva «película de hierro» —tras aquel proyecto de «Diez» que se haría realidad— y que a lo mejor Gonzalo Suárez transforma en «oro». Si no, el descalabro económico de su productora Ditirambo Films será mayúsculo. Y tardaremos otros cinco años en verle en las pantallas... con o sin subtítulos.

Una vez concluida esta crónica,[35] *Remando al viento* no solo se mantuvo bastante en cartel —especialmente, su versión original inglesa—, sino que, meses más tarde, recibiría

---

34. Cfr. «*Remando al viento*... Y la mujer creó al monstruo», *Fotogramas & Vídeo*, 1.744 (septiembre 1988).

35. Ambas críticas las publiqué en la revista *Universitas*, 2-3 (1989), 78-79; monográfico dedicado al Romanticismo.

seis premios Goya de la Academia de Artes y Ciencias Cinematográficas de España, a principios de 1989.

Carlos III y *Esquilache*, una lectura interesada

Coincidiendo con el bicentenario de la muerte de Carlos III, junto a diversas exposiciones de categoría, se ha presentado una película histórica que recoge con minuciosidad un episodio célebre del reinado de este monarca ilustrado: el motín de Esquilache.

Pero antes de pasar a comentar el film, recordemos este hecho: Madrid, 23 de marzo de 1766, Domingo de Ramos. El marqués de Esquilache acaba de publicar un decreto que ordena cortar las capas y reducir el ala de los sombreros de los madrileños y de los ciudadanos de las principales capitales del reino. Se provoca un levantamiento popular ante el afán renovador del primer ministro que ve al país necesitado de ideas modernas, así como de higiene y de calles adoquinadas. Los amotinados gritan «vivas» al rey y «mueras» al mal gobierno y al ministro. Ante la crisis de subsistencia de aquellos días, la insurrección se extiende a otras ciudades españolas. Hay muertes. Carlos III, «el mejor alcalde de Madrid», dolido por la incomprendida política de Esquilache, se ve obligado a cesarle; éste, nombrado poco después embajador en Venecia, fallece el 15 de septiembre de 1785. Sin embargo, la Ilustración se ha consolidado.

La película de Josefina Molina

Realizada con precisión por Josefina Molina (famosa por su serie televisiva *Teresa de Jesús*), dentro del *look* propio del actual cine español subvencionado por el Ministerio de Cultura y el Ente Público RTVE, *Esquilache* (1988) evoca la segunda mitad del siglo XVIII con más sobriedad que brillantez.

Debido, al parecer, a una falta de presupuesto, la obra reconstruye ese período aprovechando los escenarios naturales y palacios de la época, en su interior, pero evitando toda espectacularidad —los exteriores y las escenas del motín son bastante pobres— y concentrando toda la acción en el proceso íntimo del propio marqués de Esquilache, a modo de *flash-back* anímico-existencial y político-moral. Veamos, si no, lo que dijo Josefina Molina:

> *Esquilache* es la historia de un hombre, Leopoldo de Gregorio, marqués de Esquilache y ministro de Carlos III, que, en 48 horas, pierde todo el poder que detentaba sin saber exactamente el porqué; a una edad tardía, se da cuenta de que su trayectoria política no ha sido muy limpia y entiende que es el momento de apostar por el ideal, por la utopía, pero ya es demasiado tarde y su proyecto de futuro para España se viene abajo por algo que no podía imaginar. Hay que tener en cuenta que era italiano y que se encuentra con un pueblo cuyo carácter era muy diferente al suyo; quiso poner un poco de lógica y piedad en un país que era ilógico y destructivo pero su política fue duramente contestada por el pueblo español.[36]

El retrato que hace, pues, de la España de la Ilustración es más intelectual y reflexivo —apunta a un estudio de mentalidades— que «ilustrativo» y ambiental, a nivel general. De ahí que toda la trama se apoye en los intérpretes, algo envarados pero eficaces, que encarnan a los personajes históricos del film: espléndidos Fernando Fernán Gómez y Adolfo Marsillach, como Esquilache y Carlos III, así como Concha Velasco y Amparo Rivelles, como marquesa de Esquilache e Isabel de Farnesio, respectivamente; entre otros: José Luis López Vázquez, Ángela Molina, Ángel de Andrés... y Alberto Closas, quien representa a la nobleza tradicional anti-reformista.

Libre interpretación

Asimismo, en *Esquilache* se aprecia una clara intencionalidad por actualizar el tema de fondo. Libremente inspirada en una pieza teatral de Antonio Buero Vallejo, *Un soñador para un pueblo*, Josefina Molina ofrece una parábola sobre la actual situación política del país; pues la actitud de los Borbones, la postura del primer ministro y las intrigas de la corte, *mutatis mutandi*, pueden tener una segunda lectura hoy, Gobierno socialista y democracia española incluidos.

De ahí que la realizadora declarara al respecto lo siguiente:

---

36. P.P., «Las películas españolas en Berlín: *Esquilache*», *Fotogramas & Vídeo*, 1.749 (febrero 1989), 100-101. Las siguientes declaraciones son del mismo número.

Esquilache es una película de análisis político, una reflexión sobre nuestro país que es válida tanto en el pasado como en el presente, ya que los pueblos que olvidan su historia están condenados a repetirla, y del pasado de un pueblo se pueden extraer características colectivas que perviven en el tiempo. Aunque situados en el siglo XVIII, creo que los comportamientos y los personajes de la película remitirán al espectador a nuestra coyuntura actual.

Ahora queda la libre interpretación del espectador, de acuerdo con los intereses ideológicos de cada cual.

El nuevo traspiés de Carlos Saura

El más conocido cineasta español allende las fronteras —después de Buñuel y antes aún que Almodóvar— está, al parecer, enfadado. Las dos últimas películas del ya veterano Saura no han sido bien recibidas por la crítica, pues, tras el fracaso de *El Dorado*, ahora acaba de dar un nuevo traspiés creador y comercial. *La noche oscura* (1988) ha pasado casi desapercibida por las carteleras del país.

Insistir en los errores

Es más, con motivo del estreno de este film, Carlos Saura manifestaba a un periodista especializado:

Mira, yo trato de no ver ninguna película mía, no me interesa demasiado [...]. No me gusta verlas y firmaría por no verlas nunca más, una vez que se han terminado. Y no tengo de ninguna de ellas un recuerdo extraordinario si no es un recuerdo sentimental, pero por razones personales, no cinematográficas. Tampoco es que piense que mis películas son extraordinarias: están llenas de errores, como todas las cosas. Errores necesarios porque en esa época determinada yo no sabía hacerlo mejor, por falta de medios o porque yo quería hacer aquello y ya está. Soy muy fatalista respecto a mi obra.

Y añadía sobre sus últimas cintas:

Cuando haces una película y pones tantos esfuerzos, y más en el caso mío que me considero plenamente autor de lo que hago, si te llaman tonto o te dicen que «eres malo», duele mucho porque no puedes apoyarte en unas muletas echando las culpas a otros. La crítica desde hace diez años está desorientada y ha desorientado al espectador porque no informa, enjuicia con ligereza y destruye. Con *El Dorado* la crítica ha sido injusta y creo que algún día la película estará en su sitio. Ahora se va a pasar por televisión y la gente la podrá enjuiciar con más calma. Yo no creo que *El Dorado* sea perfecta, pero ha habido una campaña de desprestigio contra la película en la que lo único que importaba era cuánto había costado y de dónde había sacado el productor el dinero [...] Soy una persona muy extraña, un poco aragonés. Uno de los lemas que utilizo en mi vida es el que leí en una novela de Cortázar en la que un personaje maltratado por los críticos decía: «insiste en tus errores, que es tu verdadera personalidad» [...]. Con *La noche oscura* he decidido insistir en mis errores, porque creo que uno tiene que comprometerse consigo mismo en el sentido de hacer solo aquello que quiere hacer.[37]

Un episodio singular

Así, si ayer fue el personaje de Lope de Aguirre (véase el comentario anterior) el llevado a la pantalla, hoy es Juan de Yepes —más conocido como san Juan de la Cruz— el protagonista de su nuevo film histórico.

Saura acomete en *La noche oscura* la personalidad de fray Juan de Yepes (1542-1591), ilustre teólogo y poeta místico del Siglo de Oro español, que fundó con Santa Teresa la orden de carmelitas descalzos y fue canonizado en 1726, siendo después nombrado doctor de la Iglesia. Sin embargo, el famoso realizador aragonés se ha centrado en un episodio singular de la vida de san Juan de la Cruz: el período que va del 3 de diciembre de 1577 al 15 de agosto de 1578; los nueve meses que pasó encarcelado, por un mandato de las autoridades de la orden —que en aquellas fechas se oponía a la reforma emprendida por el fraile carmelita—, en un monasterio de Toledo. De allí logró escapar el día de la fiesta de la Asunción de la Virgen, consiguiendo una nueva fundación en Andalucía, hasta que llegó a ser vicario provincial. Pero, pese a las duras condiciones de su

37. Diego Muñoz, «Carlos Saura. La apuesta por un cine complicado» (entrevista), *Dominical* de *La Vanguardia* (19-III-1989).

cautiverio, Juan de la Cruz pidió tinta y cálamo para escribir «unas coplillas que le rondaban por la cabeza», que más adelante se revelarían como los inmortales versos de *Cántico espiritual* y *Noche oscura del alma*.[38] Con todo, Carlos Saura no ha sabido captar ni transmitir la imagen del santo, aunque su «intención ha sido —como reza la publicidad— explorar el pensamiento del místico e intentar perfilar la fascinante personalidad de esta figura extraordinaria del Siglo de Oro español».

Visión freudiana

Presentada sin éxito en el Festival de Berlín de 1989, *La noche oscura* es una libre interpretación de la homónima obra del poeta castellano, que dio lugar a dos tratados: *Subida al Monte Carmelo* y *Noche oscura del alma*, y en ambos se comentan solamente las dos primeras estrofas —canciones, dice el autor— de las ocho de que consta el poema. Escrito en liras de estilo garcilasiano —que alcanza la más alta belleza expresiva—, habla de la unión de la Esposa (el alma) con el Amado (Dios), como también ocurre en su *Cántico espiritual*, inspirado en el *Cantar de los cantares*. He aquí sus estrofas número 1, 5 y 8, como muestra:[39]

> *En una noche oscura,*
> *con ansias, en amores inflamada,*
> *¡oh dichosa ventura!,*
> *salí sin ser notada*
> *estando ya mi casa sosegada.*

> *¡Oh noche que guiaste!*
> *¡Oh noche amable más que el alborada!*
> *¡Oh noche que juntaste*
> *Amado con amada,*
> *amada en el Amado transformada!*

38. Concepción Barba, «San Juan de la Cruz», en *Enciclopedia de la Cultura Española*, III, Madrid, Editora Nacional, 1963, 781-782.

39. Véase san Juan de la Cruz, *Obras completas*, introducción y notas de Vicente Rodríguez y Federico Ruiz Salvador, Madrid, EDE, 1988, pp. 437-438. Este capital texto, que debería haber consultado con rigor Carlos Saura, contiene una bibliografía temática exhaustiva (pp. 1.112-1.141).

Quedéme y olvidéme
el rostro recliné sobre el Amado,
cesó todo y dejéme,
dejando mi cuidado
entre las azucenas olvidado.

Con toques surrealistas y de erotismo refinado —que pasa de la iconografía religiosa *naïf* a la obscenidad complaciente—, Saura ofrece una visión freudiana de esta poesía mística, tergiversando su dimensión ascético-teológica y hasta humanística, para, a través de su poema y el episodio que le envolvió, levantar una obra intelectualmente ambiciosa y pretendidamente artística, la cual ha tenido poca aceptación y apenas ha interesado al espectador actual (por otra parte, poco conocedor de los versos de san Juan de la Cruz).

Asimismo, al haber sido puesta en imágenes desde el escepticismo más atroz, pienso que molestará al público creyente y a los amantes de la poesía del místico español. Secuencias, en este sentido, como la muerte del anciano carmelita, desesperado ante el más allá, son una especie de canto al ateísmo más cruel y acongojante; a la vez que la simbología religiosa está, en algún pasaje, en una línea irreverente que linda —como en su maestro Buñuel— con la blasfemia. Al respecto, dijo Carlos Saura al mismo periodista:

> Soy ateo de toda la vida, aunque respetuoso con las religiones siempre que no presionen sobre mi dignidad ni sobre la gente que quiero. No me interesa la parte religiosa de *La noche oscura*, me interesa la peripecia creativa y humana del momento extraordinario de la creación de un libro. No he pretendido hacer una película con sentido religioso ni mucho menos sobre san Juan de la Cruz dentro de los cánones cristianos ortodoxos. Creo que *La noche oscura* es respetuosa, pero rebasa los límites concretos de una religión determinada. No creo que me haya salido una película a la usanza de lo que podía interesarle a la Iglesia católica. No lo sé, ni me preocupa saberlo.[40]

Aun así, puede resultar clarificador el comentario en voz alta que oí de un espectador al concluir el film: «¡Pobre san Juan de la Cruz...!».

---

40. Cfr. Entrevista cit., p. 73. Dentro de esa misma época histórica y análoga actitud, Miguel Picazo realizó la también fallida *Extramuros* (1985), película antirreligiosa basada en una novela del fallecido Jesús Fernández Santos.

Por último, cabe constatar cierta tergiversación de la misma historia en la espectacular huida del santo,[41] así como la interpretación convencional de los principales protagonistas. Juan Diego, el hoy polifacético actor, encarna a un atormentado Juan de la Cruz que apenas da la dimensión espiritual.

Esperamos la recuperación de Saura con su próximo film ambientado en la Guerra Civil y que piensa titular *¡Esa luz!* y que vea «la luz» tras «su noche oscura».

¿Resurge la Escuela de Barcelona? Actual estatus del cine en Cataluña

Aunque sobre el papel parece que la cinematografía catalana está en auge,[42] los últimos films de esta nacionalidad del Estado español no acaban de funcionar; es más, apenas se estrenan en el resto de España, a la vez que tienen muchas dificultades para encontrar un local disponible en Barcelona.

Si repasamos la cartelera de Cataluña de estos meses, veremos —bueno, ya no las podemos visionar, porque estuvieron pocos días en los cines de estreno— algunas cintas de relativo interés.

«*És quan dormo que hi veig clar*»

Esta película de Jordi Cadena está alejada del estilo comercial de su realizador *(La señora*, 1987). Su carácter experimental —rodada incluso en blanco y negro— hizo que sorprendiera al público del II Festival Internacional de Barcelona, en julio de 1988, pero que, asimismo, no pudiera ver la

---

41. Sobre esta cuestión, hay fuentes que dan la fecha del 17 de agosto de 1578 —y no la fiesta de la Asunción— como el día de la fuga: «[...] dándose por muerto después de ocho meses, decidió fugarse, descolgándose de noche por la ventana con una soguilla que había labrado deshilachando a escondidas una mantilla de uso» (Efrén J.M. Montalva y Jenaro Taléns, «San Juan de la Cruz. Biografía, Doctrina espiritual y Obra literaria», en *Gran Enciclopedia Rialp*, XIII, Madrid, 1971, 563-568). Mientras otro texto señala: «[...] falsea, por puro efectismo, detalles comprobados (ejemplo: le hace huir desnudo, siendo así que "llevaba las manos desolladas de descolgarse y con sangre el hábito desgarrado")», en *Cine 89*, 38 (marzo 1989), p. 8.

42. Véase al respecto el texto de la Oficina Catalana de Cinema, *Cinema Català 89*, Barcelona, Departament de Cultura de la Generalitat-OCC, 1989, así como los catálogos en inglés *Catalan Films* editados por el Servei de Cinematografia.

luz en una sala de arte y ensayo hasta nueve meses después, y sin demasiada respuesta de espectadores (pues los cinéfilos y especialistas la habíamos visto durante su presentación en el certamen de la Ciudad Condal).

Al dormir lo veo claro (1988) es un insólito homenaje al poeta catalán J.V. Foix, cuya narrativa nos ha recordado a la fallecida Escola de Barcelona; si bien —como escribió el crítico de *El País* Octavi Martí (hoy casi retirado para dedicarse a la realización cinematográfica)— «la película privilegia la vertiente erótica de la obra foixiana». Y concreta más adelante:

> *És quan dormo que hi veig clar* retoma el espíritu experimentalista de la Escuela de Barcelona, pero también, y más genéricamente, el de una voluntad de vanguardismo que produjo grandes películas hasta que la imagen cinematográfica declinó una parte de su poder en favor de la palabra y expulsó de la narración los únicos códigos simbólicos que eran específicos del cine.[43]

De «Entreacte»... a la crisis

Otro tanto de lo mismo cabría decir, salvando las distancias estético-estilísticas, de la *opera prima* de Manuel Cussó-Ferrer *Entreacte* (1988), sobre la poesía escénica y visual de Joan Brossa. Aquí su experimentación va más lejos —también en su vertiente erótica— y el vanguardismo (pese a titularlo como el célebre film de René Clair) hace pensar en un resurgimiento de la Escuela de Barcelona antes mencionada. Sin embargo, como ocurría con la mayoría de films de aquel movimiento barcelonés (que no enteramente catalán), tampoco el público actual ha respondido favorablemente: se estrenó en una sala especializada y aguantó muy pocos días en cartel (incluso no había primera sesión de tarde). Más aceptación, con todo, tuvo el segundo largometraje del también singular Agustí Villaronga, *El niño de la Luna* (1989), cuyo autor es mallorquín.

De ahí que no parezca exagerado afirmar —tras los estre-

---

43. Cfr. «Otro cine», *El País* (7-IV-1989).

nos que han pasado en gran parte desapercibidos: *Material urbà* (Jordi Bayona, 1987), *Un negre amb un saxo* (Bellmunt, 1988), *Puta misèria* (Ventura Pons, 1989) y *L'amor és estrany* (Balagué, 1989; el autor de la también erótica *Adela*); estos cineastas tienen, su culmen en la cinta aún no exhibida en la capital olímpica *Repressió* (Josep Lluís Valls, 1987)— que estamos en una crisis del cine catalán, a pesar de que no quieran reconocerlo tirios ni troyanos.

Política sin películas

Con un artículo así titulado, se refería a esta crisis el ex crítico de *El País* Octavi Martí, nada sospechoso de anti catalanismo. Publicado con motivo de la entrega de los tradicionales premios de la Generalitat —que fueron «contestados» este año 1989 por el Col·legi de Directors de Cinema—, reproduciré sus principales párrafos:

La política cinematográfica de la Generalitat era, hasta la noche del pasado viernes (se refiere al 27 de enero de 1989), un auténtico misterio. Desde que Josep Maria Forn anunció su intención de dimitir, dos meses antes de las últimas autonómicas, han transcurrido casi 10 sin que la Administración fuera más allá de declaraciones de carácter muy genérico. Y los filmes que dormían en el cajón de los distribuidores fueron desempolvados para cumplir un trámite el último día del año y poder acudir, aunque fuese fantasmalmente, a la cita del convento de Santa Mónica (hoy galería de arte, cabe aclarar) y a la subasta de los cinco millones. Pero no contaban con que alguien les iba a arrebatar también ese único día de gloria al que aspiran. Porque ahora, después del discurso de Xavier Bru de Sala clausurando el acto de entrega de premios, ya sabemos que sí existe una política cinematográfica y alguien dispuesto a dirigirla.

A *Sinatra* le dieron tres premios [se refiere a la asimismo fallida película de Betriu], pero el director general puso ante los ojos de los asistentes la utopía y zanahoria de los 1.000 millones, una cifra redonda y oportunamente milenaria, y se dispuso a encabezar su reivindicación ante el poder central. La gente del Col·legi de Directors y de la Oficina Catalana de Cinema, tradicionalmente enfrentada a la Generalitat, veía cómo allí, ante el pleno de la profesión, les arrebataban una bandera que ellos venían ondeando casi en exclusiva: *Volem els milions del Fons de Protecció!*

Y la cosa no acabó aquí. Después de encender el neón de los 1.000 millones, pagando solo 250 —el resto aún está en Madrid, y por mucho que el

343

Estatut hable de competencias exclusivas en materia cultural, ni Miguel Marías ni Jorge Semprún han dado el menor síntoma de renunciar a administrarlo—, Bru de Sala habló de unos créditos *blandos* destinados a financiar la preparación de proyectos y que serían concedidos a través del Institut Català de Finances, y resucitó también el cine forastero doblado al catalán, solo que ahora los dineros con los que sufragar la iniciativa saldrán de Normalització Lingüística y no del Servei de Cinematografia.

Con todas estas propuestas, que son interesantes, razonables y quién sabe si factibles, Bru de Sala se ha puesto al frente de un sector hasta el momento dividido en casi tantas capillas como profesionales en activo incluye el censo. Además logró que nadie se acordara de las películas, de que solo cinco de las 14 que competían por los millones que se lleva la mejor habían conocido un estreno comercial. El resto espera aún pasar el examen del público, y algunas de entre ellas, nunca llegarán a pasarlo. O al menos esa es la experiencia de años anteriores...

Pero si todas estas iniciativas o líneas de actuación prueban un interés por resolver o hacer explotar —a veces es casi lo mismo— los problemas de la producción cinematográfica —exhibidores y distribuidores son un mundo aparte—, no está muy claro que el nuevo director general confíe en lograrlo con los actuales directores, productores y, muy especialmente, guionistas. La Institució de les Lletres Catalanes y los *escritores* —el oficio solo se considera como tal si sirve para producir novelas, poemas o teatro; es decir, literatura a la que baste el papel para existir— van a ser tentados, a través de unas becas, para que desciendan de su olimpo cultural y se enfanguen un poco entre la gente de cine, aportando temas y modos, algo que redima los guiones catalanes de su indigencia artístico-cultural.

Este buscar dónde está la causa de la actual mala imagen del cine catalán —en un momento dado se creyó que todo podía resolverse con temas patrióticos; luego, a base de dinero; más tarde se ha confiado en la cantidad, y ahora se espera mucho de la aportación de los *escritores*— nos devuelve a las primeras líneas de este artículo: el año que viene, la entrega de premios necesita de películas estrenadas de verdad, que hayan despertado cierta polémica o curiosidad, que revelen la existencia de talentos reales y no de «profesionales de la profesión».[44]

Sin embargo, si leemos el recién publicado informe del Departament de Cultura de la Generalitat de Catalunya,[45] uno no saca la misma conclusión.

---

44. Octavi Martí, «Cinematografía y Generalitat: Política sin películas», *El País* (2-II-1989).

La crisis del cine vasco

Si el *cinema català* está en crisis, otro tanto cabe decir del producido por Euskadi: esa cinematografía vasca que antaño se ponía como ejemplo cuando se quería criticar la mala marcha del cine en Cataluña.

Un descenso de producción, y la falta de público y salas para estrenar, caracteriza hoy el cine del País Vasco, cuyos últimos films solo han visto la luz en Madrid —supongo que también se han estrenado en algunas capitales autóctonas— y están esperando su estreno en Barcelona; mientras, otras películas siguen en la estantería de la distribuidora.

La otra cara del Quinto Centenario

En la línea creadora de la notable *La conquista de Albania* (1983), de Alfonso Ungría, otra historia de Navarra se ha puesto en imágenes en la tierra vizcaína —coproducida por Euskal Telebista y Bizkaia P.C.—. Se trata de *Viento de cólera* (1988), de Pedro de la Sota, cuya acción se enclava en la Navarra de la época de la conquista de América y cuenta la dura historia de un desertor: un capitán que huye a Flandes después de dejar siete de los mejores años de su vida en el Nuevo Mundo. Bien interpretado por Juan Echanove y con una espléndida fotografía del valle de Baztán, a cargo de Julio Madurga, la *opera prima* de De la Sota fue calificada en su día de *western* asumidamente moroso y psicólogico, madura en su realización pero difícil para el gran público, sobre todo a nivel comercial.

Asimismo, pendiente de estreno queda otra película de carácter histórico: *Crónica de la guerra carlista* (1988), de José María Tuduri, que reconstituye los episodios de 1872-1876, evocando las vicisitudes del primer batallón de Guipúzcoa del

---

Asimismo, dos meses más tarde el mismo periódico publicó una declaraciones del ministro Semprún, que manifestaba «que las negociaciones sobre el traspaso de la parte correspondiente del Fondo de Protección Cinematográfico a la Generalitat siguen un curso claramente positivo cuyas vías vienen ya contempladas en el propio proyecto de decreto» (*El País*, 6-IV-89).

45. Véase Centre d'Estudis de Planificació, *La indústria del cinema a Catalunya. Estructura, evolució i elements per a la seva planificació*, Barcelona, Departament de Cultura de la Generalitat, 1989.

ejército regular. De momento, ha visto la luz en la 5.ª Semana de Cine Español de Murcia.

Segunda realización de Rebolledo

Tan difícil o más que la obra de Pedro de la Sota resulta el segundo film de José Ángel Rebolledo, ese profesor y cineasta que nos sorprendió con otra evocación histórico-lírica titulada *Fuego eterno* (véase la crítica), en 1985. Con *Lluvia de otoño* (1988) no cambiamos la buena opinión que teníamos de este colega de Universidad. Es más, Rebolledo pule su estilo y camina más seguro por esa vía de investigación estético-lingüística que comenzó en su primera realización. Ahora bien, ese examen de conciencia de un escritor a la mitad de su vida —de clara inspiración unamuniana— no siempre conectará con el espectador, poco acostumbrado a este tipo de cine y lenguaje.

De ahí que también queden pendientes por estrenar otros films minoritarios de esta cinematografía autonómica: *Eskorpión* (1988), de Ernesto Tellería, *Por la borda* (1987), de Ángel Lertxundi, o *El amor de ahora* (1988), de Ernesto del Río, asimismo coproducidas con la colaboración de la televisión y del Gobierno del País Vasco.

ETA en la pantalla

Si el último film citado trata del regreso a Euskadi y difícil reinserción de dos antiguos etarras, la sí estrenada *Ander eta Yul* (1988) trata más directamente del grupo terrorista vasco. La película de Ana Díez intenta una aproximación al universo de ETA, a través del drama personal de una serie de personajes marginales. La directora, Ana Díez (nacida en Tudela, en 1955) no es del todo una debutante: formada cinematográficamente en México, trabajó anteriormente con Montxo Armendáriz, los citados Ungría y Lertxundi, Elorriaga y Zorrilla. Pero su presente realización adolece de los defectos de toda *opera prima*, con un discreto guión, aunque deja ver sus posibilidades como autora.

Por último, queda pendiente el estreno comercial de otro film sobre ETA: *Proceso a ETA* (1988), de Manuel Maciá, director nacido en Barcelona que no pudo acabar su primer largometraje (*Nereira*). Aquí ofrece una introspección sobre el militante etarra que puede molestar a tirios y troyanos, si algún día ve la luz fuera del marco de la referida Semana de Cine Español murciana.

¿Existe la cinematografía vasca?

Finalmente, vale la pena constatar las declaraciones del cineasta vasco Pedro Olea realizadas en ese mismo certamen especializado. Preguntado sobre si estaba con los que dicen que no existe tal cinematografía autóctona, respondió:

> Naturalmente. No hay tal. El cine vasco ha sido el juguete del Gobierno del País Vasco y, como tal juguete, funcionó durante un tiempo. Ese tema está ahora muy mal y en muy malas manos. No existe, hoy por hoy, una política de cine en el Gobierno vasco. Por una parte, el señor consejero de Cultura dice que hay que ayudar con subvención cualquier proyecto que tenga razonablemente cubierta la producción básica; y, mientras, la persona que lleva directamente ese apartado forma un jurado muy poco riguroso y bastante discutible (seguramente, amigos suyos) al que impone la consigna de que los guiones estudiados únicamente deben ser dignos de consideración, a modo de subvención, si dan una buena imagen de Euskadi. Pero eso es un concurso —sigue manifestando Olea— y yo me niego a presentar guiones a un concurso. Han conseguido que Imanol Uribe no ruede más por allí. Y yo tampoco. Así que aquellos directores que, por ser menos conocidos o lo que sea, no tienen la oportunidad de trabajar fuera, no tienen nada que hacer. El cine vasco está a punto de ser asesinado[...] Las subvenciones tampoco es que sean una cosa del otro mundo: antes daban 20 millones, ahora pueden llegar a los 40. Por cierto, que estuvieron a punto de dar 40 millones a un miembro del propio jurado, que había presentado un guión. Un colega y yo nos opusimos y hubo un gran revuelo. Luego, hubo un bloque de 300 millones para distribuirlos en tres películas elegidas a dedo. Y, otra vez, algunos firmamos una carta exigiendo que se hiciera por concurso público: y, otra vez, revuelo.[46]

Y con este panorama sombrío se cerró prácticamente la temporada cinematográfica 1988-1989, esperando un mejor

---

46. D.M., «Pedro Olea: "El Cine Vasco, asesinado"», *V Semana de Cine Español de Murcia*, 8 (11-III-1989), 10.

futuro para el cine del País Vasco. De momento, en el reciente Festival de San Sebastián, el donostiarra Antonio Eceiza fue premiado por su película *Días de humo* (1989), todavía pendiente de estreno comercial.

Si te dicen que caí, sórdida crónica de posguerra, y *El mar y el tiempo*

Asimismo, tras el éxito taquillero de *El baile del pato* (Iborra, 1989), y mientras esperan local disponible *Las cosas del querer*, *El río que nos lleva* y un corto etcétera, se presentaron en las pantallas españolas la versión cinematográfica de una novela de Joan Marsé y la última película de Fernando Fernán Gómez, pocos días después de su competición oficial en el Festival de San Sebastián.

La Barcelona de los años cuarenta

Si te dicen que caí (1989), de Vicente Aranda, es un singular retrato sobre la Ciudad Condal de la inmediata posguerra —más concretamente, del barrio de Gracia— desde la perspectiva crítica de los «perdedores» de nuestra Guerra Civil. Cuenta la trágica historia de un joven trapero, Java (Jorge Sanz), líder de una pequeña banda de adolescentes y hermano de Marcos (Antonio Banderas), un anarquista refugiado, así como de las varias mujeres que pasaron por sus vidas (Victoria Abril interpreta a tres personajes), alrededor de un obseso y rico paralítico, Conrado Galán (Javier Gurruchaga), que pertenece a los «vencedores». Todo ello, dentro de un clima misérrimo que refleja los duros años del hambre y el estraperlo, al tiempo que la represión franquista (especialmente, vía Falange Española).

A tal fin, para evocar la Barcelona de los cuarenta —aunque hay unas incursiones de los inicios del período bélico y de la época actual— se han reconstruido ciertos ambientes y escenarios descritos en la novela, con localizaciones en el barrio del Poble Nou que aún conservan las características de aquellos difíciles años. Para ello, el productor Enrique Viciano (que ahora prepara la adaptación del importante libro de Joan Sales *Incierta gloria*) ha contado con la ayuda del Ministerio de Cultura y el soporte de la Televisió de Catalunya, que suponemos emitirá el film por entregas (o entero, en su versión doblada).

Aranda, siguiendo el mismo estilo descarnado de *Tiempo de silencio* —también basado en otra novela célebre (véase crítica)— intenta una introspección sociopsicológica en un submundo barcelonés que apenas deja respiro al espectador, a la vez que llega a agobiarle y prácticamente le impide la reflexión. Su crónica es demasiado sórdida y carece del hálito feísta y del testimonio político-denunciatorio que poseía en parte el texto original. Su falta de gusto estético e incidencia en actitudes denigrantes se aprecia claramente en esa gran cantidad de escenas de contenido sexual, donde las obscenidades y concesiones eróticas— ya propias de las páginas de la novela— alcanzan cotas de pornografía y sadomasoquismo que desdicen con creces de un verdadero artista; pese a que el Gobierno socialista le haya concedido a Vicente Aranda el Premio Nacional de Cine del presente año. La elipsis es sustituida aquí por la complacencia, restando fuerza crítica a las situaciones límites o extremas. Al respecto, durante la primera sesión del estreno en versión catalana, observé como tres espectadores abandonaban molestos la sala.

Fallido guión

Pero ¿dónde se le ha ido la mano al realizador? La crítica, que visionó días antes *Si te dicen que caí* en San Sebastián, concidió casi unánimemente en que el film tenía un guión excesivamente complejo e incluso por momentos mal estructurado, que dificultaba el seguimiento de la trama. Veamos, si no, lo que escribe el titular de *El País*, Ángel Fernández-Santos:

No se entiende porqué el productor, Enrique Viciano, ha permitido a su director rodar un guión ante el que este último no ha sabido mantener la lejanía necesaria para darse cuenta de sus desaciertos. Es evidente que este guión, desequilibrado y confuso, que para ser del todo inteligible requiere la lectura previa de la novela de Juan Marsé en que se basa, debiera haber pasado por las manos de otro escritor que hubiera puesto claridad y orden de sucesión en unos sucesos que en la pantalla se atropellan unos a otros sin que el espectador tenga tiempo de percibir qué ocurre realmente en ellos y, sobre todo —que es lo esencial en el buen cine—, detrás de ellos.

La densa y complicada historia que construye —sigue el referido colega— en su novela Marsé se vuelve en la pantalla no densa, sino espesa; no compleja, sino embarullada; no profunda, sino dificultosa. Aranda intenta componer —de manera suicida a nuestro juicio— un guión solo con puntos altos, que pasa de una escena de cumbre a otra escena de cumbre sin que medien otras zonas de respiro y de descanso para la atención del espectador, con unas cuantas conversaciones meramente explicativas que no explican nada y que fatigan más aún la atención ya sobrecargada y enrevesan más un relato de por sí enrevesado. [...] No consigue crear un verdadero punto de vista en la torrentosa acción del filme. No traza en ella unas fronteras claras ni unos accesos nítidos entre los diversos tiempos conjugados en el filme, ni —lo que resulta incomprensible en un dominador de espacios dramáticos como es Aranda, lo que suele dar gran libertad a los intérpretes en sus películas— entre los diferentes escenarios.

Y termina así:

> Demasiado metido dentro del relato, Aranda no podía ver con claridad, de la misma manera que a quien los árboles le impiden ver el bosque, los caminos hacia la unidad de este. Y, queriéndolo hacer denso, se le ha dispersado; queriéndolo aprisionar en exceso, se le ha ido de las manos.[47]

Por eso, el jurado internacional del referido Festival de San Sebastián no le concedió la Concha de Oro del certamen, ni ningún premio oficial. Sí, en cambio, otorgaron el Premio Especial del Jurado a *El mar y el tiempo*, escrita y dirigida por Fernando Fernán Gómez.

Fernán Gómez, otra vez

Sin embargo, la nueva película de Fernán Gómez está basada en su propia novela, que ya había visto la luz por capítulos en TVE (realizada por Mara Recatero). Pero si ayer fue Jaime Chávarri quien dirigió su pieza escénica homónima *Las*

---

47. A. Fernández-Santos, «Incomprensibles errores de Vicente Aranda en el guión de *Si te dicen que caí*», *El País* (18-IX-1989).

bicicletas son para el verano (1983), que relata cierta vida cotidiana de Madrid durante la contienda bélica (véase crítica), ahora ha sido el productor y cantante Víctor Manuel quien ha «resucitado» para el cine *El mar y el tiempo*, que ha querido dirigir e interpretar el mismo Fernando Fernán Gómez.

Protestado y premiado en el flojo certamen donostiarra de este año, *El mar y el tiempo* (1989) es una cinta tan sencilla como ambiciosa, a nivel ideológico. Se trata de un relato evocador del cambio acusado por cierta sociedad española de los años sesenta, en plena revolución de Mayo, visto desde la perspectiva melodramática de un exiliado. Acusada asimismo de nostálgica y de ridiculizar una época por la ironía y escepticismo que se aprecia de fondo, Fernán Gómez se defendió así durante su presentación en Barcelona:

> No he querido retratar la añoranza de otro tiempo, sencillamente quiero mostrar la historia tal cual es [...] Si se ve de esta manera es que no he sabido decir correctamente lo que quería, porque no tenía ninguna intención de hacer una ridiculización. Por otra parte, respeto enormemente a aquella generación, entre la cual ahora, paradójicamente, están mis mejores amigos.[48]

Con todo, su tragicomedia —tal como la calificó— sobre los últimos años del franquismo, y su testimonio desencantado acerca de la juventud que «hizo» la revolución del 68, no acaba de convencer, por más que intente justificarse hoy con intenciones y despropósitos intelectuales. Su amarga visión de aquellos años cruciales, no exenta de tópicos y con algún «golpe de humor» de hilaridad fácil, evidencia que, a nivel de costumbres, España estaba cambiando. Por eso, la más lúcida crítica acaso proceda de la vieja esclerótica (espléndida Rafaela Aparicio); mientras quien no había «evolucionado» era el antiguo anarquista (muy bien José Soriano), que se vuelve a su «Buenos Aires querido» un tanto decepcionado del país.

Lo que no puede evitar Fernán Gómez es su origen «gaucho» y el tono literario y autobiográfico, otra vez.

---

48. Declaraciones recogidas por el diario *Avui* (27-IX-1989).

Sangre y arena, 25.º aniversario de José Frade y primeras críticas a la nueva Ley del Cine

Por último, prácticamente se cerró el mes de septiembre con el estreno en Madrid y Barcelona de un ambicioso film comercial hispano: *Sangre y arena* (1989), basado en la famosa novela de Vicente Blasco Ibáñez y producido por el asimismo distribuidor José Frade, que conmemora con él su 25.º aniversario como productor, y representa su película número 100.

Blasco Ibáñez, en la pantalla

Este prolífico escritor valenciano ha sido uno de los novelistas más traducidos en imágenes, aquí y allende las fronteras (cfr. la filmografía completa que ofrece el especialista Rafael Utrera, en *Escritores y cinema en España: un acercamiento histórico, op cit.*, pp. 130-131). Nada menos que 28 películas, si contamos parodias y adaptaciones televisivas. Entre todas ellas, destacan *Los cuatro jinetes del Apocalipsis*, *Mare Nostrum*, *La barraca*, *Cañas y barro*, *Entre naranjos* y la presente *Sangre y arena*, con más de una versión. Concretamente, la primera puesta en imágenes de *Sangre y arena* la llevó a cabo el mismo Blasco Ibáñez en 1916, para la productora catalana Barcinógrafo.

No obstante, la siguiente versión de su célebre novela vino de la mano de la naciente Meca del Cine: Hollywood compró los derechos de *Sangre y arena* y dio a luz en 1922 la mundialmente famosa película interpretada por Rodolfo Valentino y dirigida por Fred Niblo, para la Paramount. Años más tarde, otro galán de la pantalla norteamericana protagonizaría un *remake* célebre para la Fox: el también prematuramente desaparecido Tyrone Power, quien popularizó de nuevo *Sangre y arena* (1941), a las órdenes de otro clásico realizador, Rouben Mamoulian, con Rita Hayworth como *partenaire*.

Asimismo, el folklórico tema inspiró tres parodias: *Mud and Sand* (1922), de Hal Roach, y con Stan Laurel, *Bull and Sand* (1924), del maestro Mack Senneth, en la época muda; y *Ni sangre ni arena* (1941), de Alejandro Galindo y con el sin par Mario Moreno *Cantinflas*, en la sonora. En 1938 había fallecido don Vicente, en el exilio.

Por eso, no nos puede extrañar que ahora el cine español intente «resucitar» una obra tan popular y la lance comercialmente a todo el mundo. José Frade llevaba catorce años esperando poder producir esta enésima versión, y tardó cuatro meses en rodarla. «Era una película difícil y laboriosa —informa a la agencia Efe—, pero muy hermosa, con escenas intensas de amor, venganzas y traición, y con el mundo taurino por medio».[49] Esta versión española de *Sangre y arena* está interpretada por actores americanos —Christopher Rydell y Sharon Stone— y realizada con sonido directo en inglés, con el fin de facilitar su explotación en el extranjero. Según Frade, ya está vendida en Estados Unidos, Japón y Australia. Dirigida por Javier Elorrieta, se trata —dice José Frade— de «una producción muy cuidada, hecha con el corazón». Con un coste de 308 millones de pesetas —lo que supone la mayor cantidad de dinero arriesgada por un productor español—, solo obtuvo 65 millones de subvención del Ministerio de Cultura (es decir, el 20 % del presupuesto).

Sexo, toros y... «españolada»

Tristeza me ha producido la visión del film de Frade - Elorrieta, pues el guión de Rafael Azcona y Ricardo Franco ha destrozado la famosa novela de Blasco Ibáñez. Es más, me ha recordado a las «españoladas» de la Dictadura de Primo de Rivera o de la peor época del régimen de Franco. ¡Dónde vamos con esta película al extranjero! A dar una imagen trasnochada de España —pues el texto se ha situado en los años actuales—, de reclamo para turistas, de que sigan pensando en nosotros como en un país de toreros. Realizada sin garra por Javier Elorrieta, este «engendro» —con perdón— de José Frade no olvida ningún tópico ni lugar común. Y las «intensas escenas de amor» a que se refiere son meras concesiones de sexo bruto y violencia erótica para vender más el

---

49. La extensa información de la agencia Efe, fechada en Madrid, fue publicada por *La Vanguardia* bajo el título: «Celebra sus 25 años como productor y estrena su película número cien, *Sangre y arena*. José Frade: "El Decreto Semprún no va a potenciar el cine porque mantiene la subvención anticipada"» (21-IX-89). Por tanto, las declaraciones subsiguientes proceden también de este artículo (p.48).

film (en otros tiempos, este tipo de pornografía de lujo se rodaba para las dobles versiones que se exportaban allende las fronteras; ahora —aunque se queje— las paga también el Ministerio de Cultura con las subvenciones).

Sin profundidad psicológica alguna ni apunte de análisis o crítica social, el relato melodramático discurre entre las alcobas y plazas de toros (los aficionados taurinos asimismo quedarán defraudados; es mejor que vean una buena corrida), y poco más. Sinceramente, pienso que si Blasco Ibáñez pudiera levantar la cabeza, lloraría.

«Panda de ignorantes»

Sin embargo, con motivo del estreno, José Frade ha arremetido contra la Administración socialista, al tiempo que se manifiesta en desacuerdo con sus compañeros del sector. Productor solitario que no cree en la «crisis del cine», dice haberse dado de baja de las agrupaciones profesionales «cuando nació el decreto Miró y comprobé el egoísmo reinante en esta industria». De ahí que Frade celebre sus bodas de plata en la profesión con cierto escepticismo, sobre todo respecto a los cambios que el ministro Semprún ha empezado a introducir en el mundo del cine. Opina, por ejemplo, que la nueva ley «no va a potenciar el cine español, porque mantiene un elemento perturbador como es la subvención anticipada, que se presta a la manipulación».

Califica a la comisión de valoración técnica como «una panda de ignorantes de la calidad cinematográfica» que tendría que desaparecer, «porque para juzgar al arte no se necesitan expertos», añade. De las nueve películas (*Suéltate el pelo*, *La hoz y el Martínez*...) para las que José Frade solicitó subvención anticipada, solo la logró para *Marbella*, de Miguel Hermoso (el 30 % del coste) —y eso después de recurrir contra la negativa—, y posteriormente para *Sangre y arena*. El productor, que hace dos años anunció su cese en el negocio, arremete contra cualquier «subvención subjetivizada» y considera que las «únicas subvenciones necesarias para el cine han de ser "a posteriori", en función de la asistencia de espectadores que tenga la película, porque la calidad no puede protegerse, y los gustos del público son los únicos criterios válidos para determinarla».

Entre otras quejas a la actual situación del cine en España, Frade menciona la de que «los presupuestos se han desfasado» y que «actores, guionistas y todo el que tiene ya un nombre te intenta cobrar lo que no vale, con el argumento de que gracias a ellos obtendrás la subvención del Ministerio». En su 25.º aniversario, se siente orgulloso de haber arriesgado mucho «recuperándome solo con el dinero público», y de su trayectoria profesional, que define como «la especialización de la no especialización». Y afirma: «Yo he contratado todo pelo y pelaje, sin discriminaciones de derechas o izquierdas, y he realizado en cine todo tipo de géneros». Presume, asimismo, de «saber hacer cualquier película, sea para festivales como *Las largas vacaciones del 36, Tormento, Pim, pam, pum... ¡fuego!, La guerra de papá* o *Un hombre llamado "Flor de Otoño"*, sean westerns, musicales, de guerra o comedias. Estoy encantado —dice— de trabajar con Jaime Camino, Juan Antonio Bardem, Pedro Olea o Antonio Mercero, igual que con Tito Fernández o con Mariano Ozores».

Utopía europea

Entre sus secretos, José Frade señala por encima de todo «la capacidad de trabajo combinada con talento» y algunos detalles como el de «no perder nunca el control sobre una película. Me he cansado de explicar que un productor debe distribuir su obra si quiere conocer bien el propio mercado, pero no me hacen caso. Creo, sin embargo, que es la forma de crear una industria, de ir haciéndote con tu patrimonio cinematográfico y de sacarle el rendimiento debido».

Y sobre el futuro del cine español, Frade señala que «hay que esperar a que la nueva generación de creadores jóvenes entre a fondo en las entretelas de la industria», afirmando que «si el hacer cine ha perdido cualquier romanticismo, ahora contamos con más posibilidades que nunca». Considera, finalmente, que la única oportunidad de subsistir se encuentra «en la utopía de una industria europea», las coproducciones entre los países, «y que sea la CE quien conceda las subvenciones a las películas».

355

A los pocos días de esta primera crítica a la nueva Ley del Cine, el BOE publicaría por fin el Real Decreto de Ayudas a la Cinematografía, texto que regirá (?) los destinos del cine español de los noventa.

Y *Las cosas del querer*. Punto final de una época

Finalmente, también se presentó en las dos grandes capitales españolas una de las películas más singulares de este período, *Las cosas del querer* (1989), con la que ponemos punto final a una época.

Musical histórico

El antiguo *underground* Jaime Chávarri, hoy integrado en el cine comercial con éxitos internacionales como *Bearn, o la sala de las muñecas* (1983), es el artífice de este insólito film. Escrito en colaboración de Luis Irazábal y Fernando Colomo, su evocación de nuestro pasado histórico a través de las melodías que marcaron los años más significados de la España de Franco no está demasiado lejos del documental de reconstrucción histórica *Canciones para después de una guerra* (1971), de Basilio Martín Patino. La diferencia fundamental es que la realización de Chávarri es enteramente de ficción, y tiene un sabor de homenaje y no tanto de crítica sociopolítica.

De musical histórico, pues, cabe calificar a *Las cosas del querer*, ya que combina los «números» y las canciones con la historia: desde las postrimerías de la Guerra Civil a la década de los cuarenta, pero con un hilo argumental dramatizado.

Con todo, a Jaime Chávarri le ha faltado inspiración. Lejos de películas análogas —aunque las comparaciones sean odiosas— como *Le bal* (*La sala de baile*, 1983), de Ettore Scola, donde también se rememora toda una época a través de bailes y melodías populares, este cineasta madrileño ha optado por narrarnos las desventuras artísticas y sentimentales de un trío de famosos: Pepita (Ángela Molina), bailarina y cantaora andaluza; Mario (Manuel Bandera), su compañero folklórico; y

Juan (Ángel de Andrés, Jr.), el pianista perdidamente enamorado de la primera, a los cuales une una fuerte amistad.

Homenaje latente

Así, la acción se sitúa en la capital de España y en otros escenarios teatrales del país. Y sirve a sus autores para ofrecer un retrato anímico de cierto estatus de posguerra, no exento de sentido del humor y aire nostálgico. La miseria humana y existencial de un período se apunta por momentos, a la vez que se evidencia con creces la debacle moral de esos difíciles años del régimen, cuando aún no se habían curado las heridas de la contienda fratricida.

Por eso, parece quererse ocultar la crisis con el teatro de variedades —y de vanidades y bajezas—, con bailables y canciones populares. De ahí que se rinda un homenaje latente a algunas figuras de nuestro folklore, como Concha Piquer, Lola Flores, el propio Antonio Molina (el célebre cantaor flamenco, padre de la «saga» de los Molina) y, especialmente, a los compositores Quintero, León y Quiroga. Además, con el drama de Mario, que es homosexual —«mariquita», se decía por aquella época—, parece evocarse a más de una figura que asimismo fue expulsada o tuvo que emigrar del país por tales motivos (a pesar del letrero final de «cualquier parecido...»).

Veamos, no obstante, lo que dice el director: «No hemos querido hacer solo una especie de *El último cuplé*, hemos tratado de ir más allá en la descripción del ambiente de la copla andaluza en aquella época, explicar la historia negra de los artistas de aquel tiempo, que hasta ahora no se nos había contado». Jaime Chávarri reconoce, por otra parte, que en la película «se han recogido muchas anécdotas reales de los cantantes de la época», pero afirma también que «no se ha pretendido, ni mucho menos, contar la historia de alguno de ellos en concreto».[50]

En el capítulo interpretativo destaca Manuel Bandera, en los «números» musicales, y María Barranco, llena de recur-

---

50. Cfr. Marino Rodríguez, «La copla andaluza regresa a las pantallas con el musical *Las cosas del querer*», *La Vanguardia* (5-X-1989).

sos; mientras Ángela Molina combina su notable registro dramático con el habitual exhibicionismo erótico, y no sabe disimular el propio *play-back* de las canciones.

Las cosas del querer, en definitiva, es una obra menor, «de quiero y no puedo» —pese a su ambición intelectual (cosa también habitual en el cine de Chávarri)—, que evidencia, una vez más, el modesto nivel artístico del último cine español de la democracia.

Tercer balance crítico

Tras ocho años de Gobierno del PSOE, el panorama del cine de la democracia apenas ha cambiado.

Con la poca perspectiva crítica que ofrece la historia más reciente —que es crónica—, las dos primeras legislaturas socialistas presentan el siguiente balance.

En primer lugar, el nuevo gabinete González recogió el fruto del período constitucional —no todo fue la negativa «herencia del pasado» de UCD —llevándose el primer y único Óscar de Hollywood para el cine español (*Volver a empezar*, realizada en la etapa anterior). Sin embargo, José Luis Garci entró, pese al premio, en conflicto con el sistema, y apenas fue favorecido con las subvenciones del Ministerio (léase ICAA) al no pertenecer al grupo de amigos... En cambio, el marginal Pedro Almodóvar —la revelación de la época socialista— no pudo alcanzar el preciado galardón.

Asimismo, cineastas del prestigio de Berlanga y Saura han estado poco inspirados en este período, mientras el verdadero realizador de izquierdas solo ha sobresalido en televisión (Juan Antonio Bardem y su *Lorca: muerte de un poeta*). Aun así, entre los menos veteranos hemos aplaudido el regreso de Víctor Erice (*El Sur*), junto a Mario Camus (*Los santos inocentes*) y Gutiérrez Aragón (*La mitad del cielo*), que hubieran podido alcanzar el Óscar de Hollywood si hubiesen sido enviados a representar a nuestro país. Con todo, se ha creado un organismo análogo para premiarnos entre nosotros: la Academia de Artes y Ciencias Cinematográficas de España, que en estos primeros años ha «reconocido» la tarea de Fernando Fernán Gómez, José Luis Cuerda, Gonzalo Suárez y Almodóvar.

Por otra parte, las cinematografías catalana y vasca tuvieron —sobre todo la segunda— un momento de auge. Pero, como ha quedado apuntado, fue solo momentáneo ese resurgir de las dos nacionalidades históricas del Estado español, y ahora están en crisis.

A nivel de significado, se han seguido tocando temas políticos e históricos, con ánimo de crítica social e ideológica no muy distantes de los films «comprometidos» de los períodos anteriores. Mientras que, a nivel de significante, la madurez expresiva de algunos creadores se ha unido al poco gusto estético de otros, que han seguido aprovechando los reclamos comerciales al uso, a pesar de que el público empieza «a pasar» —ayudado por el bajo nivel de la TV— un poco de todo: como también hemos podido apreciar por la taquilla. En este sentido, cabe constatar que el cine español de estos últimos años está alcanzado cotas erótico-pornográficas (léase especialmente las adaptaciones literarias de Vicente Aranda o la reciente versión de *Sangre y arena*, por no ir más lejos) superiores a la media de las producciones extranjeras. Es más, una película como *La señora* (1987), de Jordi Cadena (emitida hace días por TV3), fue «cortada» por el Gobierno coreano para su estreno en Seúl. En fin, que estamos dando «la nota» vergonzante allende las fronteras, precisamente desde un país donde antes «no-pasaba-nada» y ahora «se-pasan»...

Finalmente, los socialistas —burla burlando, vía Colomo, el citado Gutiérrez Aragón... y hasta, si me apuran, Josefina Molina (*Esquilache*)— también se han llevado su parte de crítica, sobre todo en torno a un «cambio» más presente en los programas electorales que en las pantallas españolas y en la vida social. No obstante, acaso tendrán otra legislatura en las manos —tras ganar ayer a la oposición de centroderecha en las elecciones europeas— para hacer realidad lo que anuncian en su adelantada campaña de 1989, cuando este libro vea posteriormente la luz.

Barcelona, septiembre de 1989.

*Fichero de películas
(1983-1989)*

El aire de un crimen

P.: Isasi P.C. (1988). *D.*: Antonio Isasi. *A.*: basada en la novela de Juan Benet. *G.*: Gabriel Castro, Antonio Isasi-Isasmendi y Jorge R. Álamo. *F.*: Joan Gelpí. *M.*: Paco Aguarod y Luis Fatas. *Dec.*: Ramiro Gómez y Josep M.ª Espada. *Mon.*: Amat Carreras. *Int.*: Francisco Rabal, Maribel Verdú, J.M. Mazo, Fernando Rey, Pep Corominas, Ovidi Montllor, Arnau Vilardebó, M. José Moreno, Alfred Luchetti, Miguel Rellán y Ramoncín. Color - 110 min. *E.*: 28-10-1988. *Días:* 309. *Espect.*: 60.739. *Recaud.*: 22.239.606.

Akelarre

P.: Amboto P.C. - Eusko Jaurlaritza (1984). *D.*: Pedro Olea. *A.* y *G.*: Pedro Olea y Gonzalo Goikoetexea. *F.*: José Luis Alcaine. *M.*: Carmelo Bernaola. *Dec.*: Félix Murcia. *Mon.*: José Salcedo. *Int.*: Silvia Munt, José Luis López Vázquez, Mary Carrillo, Walter Vidarte, Patxi Bisquet, Iñaki Miramón, Javier Loyola, Félix Rotaeta, Sergio Mendizábal, Mikel Garmendia, Patxi Ugalde, Conchita de Leza y Daniel Trepiana. Color - 107 min. *E.*: 8-3-1984. *Días:* 1.680. *Espect.*: 376.848. *Recaud.*: 90.548.845.

Al-Andalus (El camino del sol)

P.: Aries TV 92, S.A. - Productora Andaluza de Programas (1988). *D.*: Jaime Oriol y Antonio Tarruella. *A.* y *G.*: Guido Castillo y Jaime Oriol. *F.*: Raúl Pérez Cubero. *M.*: Ricardo Miralles. *Mon.*: Julio Peña. *Int.*: Luis Suárez, Fabiola Toledo, Luis Escobar, Cristina Higueras, Fernando Conde, Eduardo Bea, Fernando Hilbeck, José María Cafarell, Michael Sandow, Guido Castillo, Aldo Sanbrell, Tomás Pico, Jack Taylor y Ralph Brown. Color - 90 min. *E.*: 10-2-1989. *Días:* 252. *Espect.*: 29.732. *Recaud.*: 10.938.990.

Amanece, que no es poco

P.: Cía. de Aventuras Comerciales - Globe Films, S.A. (1988). *D.*: José Luis Cuerda. *A.* y *G.*: José Luis Cuerda. *F.*: Porfirio Enríquez. *M.*:

José Nieto. *Mon.*: Juan Ignacio Sanmateo y Reyes Abades. *Int.*: Antonio Resines, Luis Ciges, José Sazatornil Saza, Cassen, Pastora Vega, Ovidi Montllor, Chus Lampreave, Manuel Alexandre, María Isbert, Miguel Rellán, Guillermo Montesinos, Rafael Alonso, Queta Claver, Antonio Gamero, Carmen de Lirio, Aurora Bautista, Fedra Lorente, Quique San Francisco, Violeta Cela y Gabino Diego. Color - 107 min *E.*: 16-1-1989. *Días:* 717. *Espect.*: 165.434. *Recaud.*: 609.660.401.

El amor brujo
P.: Emiliano Piedra P.C. (1986). *D.*: Carlos Saura. *A.*: basado en la obra de Manuel de Falla y Gregorio Martínez Sierra. *G.*: Carlos Saura y Antonio Gades. *F.*: Teo Escamilla. *M.*: Manuel de Falla. Orquesta Nacional de España, dirigida por Jesús López Cobos. Canta: Rocío Jurado. *Dec.*: Gerardo Vera. *Coreografía:* Antonio Gades. *Mon.*: Pedro del Rey. *Int.*: Antonio Gades, Cristina Hoyos, Laura del Sol, Juan Antonio Jiménez, Emma Penella, La Polaca, Enrique Ortega, Diego Pantoja, Antonio Solera, Manuel Rodríguez y Juan Manuel Roldán. Color - 100 min. *E.*: 23-3-86. *Días:* 542. *Espect.*: 1.708. *Recaud.*: 30.567.963.

Ander eta Yul
P.: Igeldo Zine Produkzioak - ETB - TVE, S.A. (1988). *D.*: Ana Díez. *A.* y *G.*: Ana Díez, Ángel Amigo y Ángel Fernández Santos. *F.*: Gonzalo F. Berridi. *M.*: Amaya Zubiría-Pascal. *Mon.*: Ivan Aledo. *Int.*: Miguel Munarriz, Isidoro Fernández, Carmen Pardo, Joseba Apaolaolaza, Ramón Aguirre y Aitzpea Goenaga. Color - 90 min. *E.*: 13-1-1989. *Días:* 70. *Espect.*: 7.572. *Recaud.*: 2.933.119.

Angoixa
P.: Luna Films - Samba P.C. (1986). *D.*: Bigas Luna. *A.*y *G.*: Bigas Luna. *F.*: Josep M.ª Civit. *M.*: José María Pagan. *Dec.*: Felipe de Paco y Consol Tura. *Mon.*: Tom Sabin. Efectos: Paco Terés. *Int.*: Zelda Rubinstein, Michael Lerner, Talia Paul, Angel Jové, Clara Pastor e Isabel García Lorca. Color - 100 min. *E.*: 25-3-1987. *Días:* 1.145. *Espect.*: 152.077. *Recaud.*: 47.828.417.

El año de las luces
P.: Andrés Vicente Gómez. (1986). *D.*: Fernando Trueba. *A.*: basado en los recuerdos de Manolo Huete. *G.*: Rafael Azcona y Fernando Trueba. *F.*: Juan Amorós. *M.*: Francisco Guerrero y Ángel Muñoz Alonso. *Dec.*: Josep Rosell. *Mon.*: Carmen Frías. *Int.*: Jorge Sanz, Verónica Forqué, Santiago Ramos, Manuel Alexandre, Violeta Cela, Maribel Verdú, Chus Lampreave, Rafaela Aparicio, Luces Martín y José Sazatornil. Color - 98 min. *E.*: 5-12-1986. *Días:* 3.730. *Espect.*: 745.981. *Recaud.*: 220.372.239.

Asalto al Banco Central

P.: Sebastián García - Lapeira P.C. (1983). *D.*: Santiago Lapeira. *A.*: según la novela de Alberto Speratti. *G.*: Santiago Lapeira y J.L. Jimeno. *F.*: Francisco Rivas. *M.*: Ricardo Ravet. *Mon.*: Emilio Ortiz. *Int.*: José Sacristán, Isabel Mestres, Alfredo Luchetti, Arnau Vilardebó, Víctor Israel, Joan Borrás, Fernando Guillén, Josep Minguell, Artur Costa, Francesc Orella y Blai Llopis. Color - 92 min. *E.*: 25-2-83. *Días:* 949. *Espect.*: 88.351. *Recaud.*: 18.129.394.

Asignatura aprobada

P.: Nickelodeon Dos (1987). *D.*: José Luis Garci. *A.* y *G.*: José Luis Garci y Horacio Valcárcel. *F.*: Manuel Rojas. *M.*: Jesús Gluck. *Dec.*: Luis Vázquez. *Mon.*: Miguel González Sinde. *Int.*: Jesús Puente, Victoria Vera, Teresa Gimpera, Eduardo Hoyo, Pastor Serrador, Manuel Lorenzo, Pablo Hoyo, Santiago Amón, Juan Cueto, Pedro Infanzón, Joaquín Carballino y Pedro Lazaga. Color - 94 min. *E.*: 23-4-1987. Días 1.449. *Espect.*: 191.848. *Recaud.*: 58.916.139.

El baile del pato

P.: El Catalejo P.C. (1989). *D.*: Manuel Iborra. *A.* y *G.*: Manuel Iborra. *F.*: Carles Gusi. *M.*: Santi Arisa. *Dec.*: Miguel Chicharro. *Mon.*: Miguel Ángel Santamaría. *Int.*: Antonio Resines, Verónica Forqué, María Barranco, Quique San Francisco, Carles Velat, Marta Fernández-Muro, Ramón Goyanes y Clara Sanchis. Color - 80 min. *E.*: 18-8-89. *Días:* 1.210 *Espect.*: 259.469. *Recaud.*: 101.225.018.

Bajarse al moro

P.: Ion Producciones - Lola Films, S.A. - TVE, S.A. (1989). *D.*: Fernando Colomo. *A.*: según la obra de José Luis Alonso de Santos. *G.*: José Luis Alonso de Santos, Joaquín Oristrell y Fernando Colomo. *F.*: Javier Salmones. *M.*: Pata Negra. *Mon.*: Miguel Ángel Santamaría. *Int.*: Verónica Forqué, Antonio Banderas, Juan Echanove, Aitana Sánchez-Gijón, Chus Lampreave y Miguel Rellán. Color - 88 min. *E.*: 11-4-1989. *Días:* 246. *Espect.*: 58.618. *Recaud.*: 22.125.124.

Bar-cel-ona (Pasaje a Ibiza)

P.: Centre Promotor d'Imatge, S.A. (1986). *D.*: Ferran Llagostera. *A.*: según la novela de Josep Albanell *El Barcelonauta*. *G.*: Ferran Llagostera y Josep Albanell. *F.*: Arturo Olmo y Tomás Pladevall. *M.*: Cía. Eléctrica Dharma. *Dec.*: Antón y Ramón Eguiguren. *Mon.*: Margarita Bernet. *Int.*: Ramon Madaula, Begoña Martí, Alfred Luchetti, Ovidi Montllor, Biel Moll, Fernando Guillén, Carlos Lucena, Joaquin Cardona, Rosa M. Vives, Eufemia Román y Jaume Fortuny. Color - 90 min. *E.*: 30-6-1987. *Días:* 200. *Espect.*: 23.231. *Recaud.*: 7.516.538.

Barrios altos

P.: Jet Films - Incine (1987). *D.*: José Luis García Berlanga, *A.*: basado en una idea de Eduardo Calvo, Joan Potau, Francisco Siurana y Agustín Díaz. *G.*: Salvador Maldonado. *F.*: José María Civit. *M.*: Bernardo Bonézzi. *Dec.*: Gloria Martín. *Mon.*: Luis Manuel del Valle. *Int.*: Victoria Abril, Juanjo Puigcorbé, Lorenzo Santamaría, Carmen Conesa, Mario Gas, Pepe Rubianes, Abel Folk, Albert Vidal, Pablo Tébar, Jesús Genís, Mingo Ràfols, Albert Tobías, Juan Fairén, Luciano Federico y Julia Carrasco. Color - 87 min. *E.*: 6-10-1987. *Días:* 1.253. *Espect.*: 214.029. Recaud: 73.175.074.

Baton Rouge

P.: Modigil, S.A. (1988). *D.*: Rafael Monleón. *A.*: Agustín Díaz Yanes. *G.*: Agustín Díaz y Rafael Monleón. *F.*: Ángel Luis Fernández. *M.*: Bernardo Bonezzi. *Dec.*: Javier Fernández. *Mon.*: José Salcedo. *Int.*: Victoria Abril, Carmen Maura, Antonio Banderas, Noel Molina, Ángel de Andrés López, Laura Cepeda, Aldo Grilo, Rafael Díaz, Pedro Díez del Corral y Paco Guijar. Color - 105 min *E.*: 10-10-1988. *Días:* 585. *Espect.*: 127.511. *Recaud.*: 47.801.526.

Bearn

P.: Jet Films - Kaktus, P.C. (1983). *D.*: Jaime Chávarri. *A.*: según la novela de Llorenç Villalonga *Bearn, o la sala de las muñecas*. *G.*: Salvador Maldonado. *F.*: Hans Burmann. *M.*: Francisco Guerrero. *Dec.*: Gil Parrondo. *Mon.*: José Luís Matesanz. *Int.*: Fernando Rey, Ángela Molina, Amparo Soler Leal, Imanol Arias, Alfredo Mayo, Juana Ginzo, Concha Bardem, William Layton, Eduardo Mac Gregor y Mateu Grau. Color - 123 min. *E.*: 14-4-83. *Días:* 2.269. *Espect.*: 470.803. *Recaud.*: 116.990.714.

Berlín Blues

P.: Emiliano Piedra P.C. (1988). *D.*: Ricardo Franco. *A.* y *G.*: Ricardo Franco. *F.*: Teo Escamilla. *M.*: Lalo Schifrin. *Dec.*: Gerardo Vera. *Mon.*: Teresa Font. *Int.*: Julia Migenes-Johnson, Keith Baxter, José Coronado, Javier Gurruchaga, Gerardo Vera y Jesús López Cobos. Color - 105 min. *E.*: 25-8-1988. *Días:* 10. *Espect.*: 2.602. *Recaud.*: 1.129.800.

La Biblia en pasta

P.: Impala (1984). *D.*: Manuel Summers. *A.* y *G.*: Manuel Summers, Guillermo y Francisco Summers. *F.*: Manuel Rojas. *M.*: Carlos Vizziedo. *Dec.*: Francisco Prosper. *Dibujos animados*: Pablo Núñez. *Mon.*: José Luis Peláez. Int: Caledón Parra, Annette Meils, José Rivera *Caracolillo*, Fulgencio Segueiro, Luis de la Fuente, Manuel Agustina, Juan Muñoz *Alegrías*, Alberto de Gregorio, Emilio Fornet, Trina Casaldi, José María Tasso, Manuel Rodríguez y Amparo Maroto. Color - 90 min *E.*: 21-12-84. Días.: 3.427. *Espect.*: 871.381. *Recaud.*: 215.811.003.

Las bicicletas son para el verano

P.: Incine - Jet Films (1983). *D.*: Jaime Chávarri. *A.*: según la obra teatral de Fernando Fernán Gómez. *G.*: Salvador Maldonado. *F.*: Miguel Ángel Trujillo. *M.*: Francisco Guerrero. *Dec.*: Gil Parrondo. *Mon.*: José Luis Matesanz. *Int.*: Agustín González, Amparo Soler Leal, Gabino Diego, Victoria Abril, Marisa Paredes, Alicia Hermida, Jorge de Juan, Imanol Arias, Guillermo Marín, Miguel Rellán, Emilio Gutiérrez Caba, Patricia Adriani y Aurora Redondo. Color - 103 min. *E.*: 26-1-84. *Días:* 3.919. *Espect.*: 1.174.969. *Recaud.*: 309.176.891.

El bosque animado

P.: Classic Films Producción - TVE, S.A. (1987). *D.*: Jose Luis Cuerda. *A.*: adaptación de la novela homónima de Wenceslao Fernández Florez. *G.*: Rafael Azcona. *F.*: Xabier Aguirresarobe. *M.*: José Nieto. *Dec.*: Félix Murcia. *Mon.*: Juan Ignacio San Mateo. *Int.*: Alfredo Landa. Fernando Valverde, Alejandra Grepi, Encarna Paso, Miguel Rellán, Luma Gómez, María Isbert, Paca Gabaldón, Luis Ciges, Antonio Gamero, Manuel Alexandre, Francisco Vidal, Alicia Sánchez, Amparo Baró, Alicia Hermida, Laura Cisneros, Fernando Rey y José Esteban Jr. Color - 108 min. *E.*: 2-10-1987. *Días:* 2.566. *Espect.*: 607.683. *Recaud.*: 194.857.943.

El caballero del dragón

P.: La Salamandra P.C. (1985). *D.*: Fernando Colomo. *A.* y *G.*: Fernando Colomo, Andreu Martín y Miguel Ángel Nieto, *F.*: José Luis Alcaine. *Efectos visuales*: Oscar Núñez y Chuck Comisky. *M.*: José Nieto. *Dec.*: Félix Murcia. Efectos especiales: Reyes Abades. *Mon.*: Miguel Ángel Santamaría. *Int.*: Klaus Kinski, Harvey Keitel, Fernando Rey, María Lamor, Miguel Bosé, Julieta Serrano, José Vivó, José María Pou, Carlos Tristancho y Santiago Álvarez. Color - 91 min. *E.*: 20-12-85. *Días:* 1.084. *Espect.*: 178.843. *Recaud.*: 53.815.922.

Carmen

P.: Emiliano Piedra P.C. (1983). *D.*: Carlos Saura. *A.*: según la obra de Merimée-Bizet. *G.*: Carlos Saura y Antonio Gades. *F.*: Teo Escamilla. *M.*: Georges Bizet y Paco de Lucía. *Dec.*: Félix Murcia. Coreografía: Antonio Gades. *Mon.*: Pedro del Rey. *Int.*: Antonio Gades. Laura del Sol, Paco de Lucía, Cristina Hoyos, Juan Antonio Jiménez, José Yepes, Pepa Flores *Marisol* y el ballet de Antonio Gades. Color - 102 min. *E.*: 6-5-83. *Días:* 2.455. *Espect.*: 423.197. *Recaud.*: 103.014.016.

La casa de Bernarda Alba

P.: Paraíso (1987). *D.*: Mario Camus. *A.*: según la obra homónima de Federico García Lorca. *G.*: Mario Camus y Antonio Larreta. *F.*: Fernando Arribas. *M.*: Ángel Álvarez. *Cantaora*: Fernanda de Utrera y grupos musicales Salazar del Compás y Almírez. *Dec.*: Rafael Palmero.

Mon.: José María Biurrun. *Int.*: Irene Gutiérrez Caba, Florinda Chico, Enriqueta Carballeira, Ana Belén, Victoria Peña, Aurora Pastor, Álvaro Quiroga, Mercedes Lezcano, Pilar Puchol, Rosario García-Ortega, Ana María Ventura, Paula Borrell y Carmen Martínez. Color - 103 min. *E.*: 3-4-1987. *Días:* 1.633. *Espect.*: 233.863. *Recaud.*: 71.268.044.

El caso Almería
P.: Multivideo, S.A. (1983). *D.*: Pedro Costa. *A.*: un caso de sucesos. *G.*: Manuel Marinero, Nereida B. Arnau y Pedro Costa. *F.*: José Luis Alcaine. *M.*: Ricard Miralles. *Dec.*: M. Riba. *Mon.*: Pablo G. del Amo. *Sonido.*: Jim Willis. *Int.*: Agustín González, Fernando Guillén, Manuel Alexandre, Margarita Calahorra, Antonio Banderas, Juan Echanove, Pedro Díez del Corral, Muntsa Alcañiz e Iñaki Miramón. Color - 114 min. *E.*; 26-1-84. *Días:* 4.208. *Espect.*: 952.180. *Recaud.*: 202.339.579.

El complot dels anells
P.: Fair Play Productions - Lauren Films (1988). *D.*: Francesc Bellmunt. *A.*: Assumpció Maresma. *G.*: Francesc Bellmunt y Ferran Torrent. *F.*: Javier G. Salmones. *M.*: Manuel Camp y Joan Vives. *Dec.*: Tomás Morato, Francesc Prosper, Llorenç Miquel y Lluís Llistosella. *Mon.*: Jordi Espresate. *Int.*: Steplen Brennan, Ariadna Gil, Mònica Huguet, Antonio Moreno, Josep Maria Pou, Ricard Massip, Mar Martínez, Francesc Navarro, Paco Cano, Joan Aranda y Joan Taradòs. Color - 90 min. *E.*: 22-4-1989. *Días:* 249. *Espect.*: 61.733. *Recaud.*: 23.605.805.

La conquista de Albania
P.: Frontera Films Irún, S.A. (1983). *D.*: Alfonso Ungría. *A.*: según la crónica de Rubió i Lluch. *G.*: Alfonso Ungría, Arantxa Urretavizcaya y Ángel Amigo. *F.*: Alfredo F. Mayo. *M.*: Alberto Iglesias. *Dec.*: Wolfgang Burmann. *Mon.*: Julio Peña. *Int.*: Xabier Elorriaga, Klara Badiola, Miguel Arribas, Chema Muñoz, Alicia Sánchez, Enaut Urrestarazu, William Layton, Paco Sanz, José María Tasso, Jesús Sastre y Ramón Barea. Color - 122 min. *E.*: 6-9-83. *Días:* 1.022. *Espect.*: 125.855. *Recaud.*: 28.462.852.

La corte del Faraón
P.: Lince Films, S.A. - TVE (1985). *D.*: José Luis García Sánchez. *A.*: basado en la opereta de Guillermo Perrín y Antonio Palacios. *G.*: Rafael Azcona y José Luis García Sánchez. *M.*: Vicente Lleó. *Dec.*: Andrea D'Odorico. *Mon.*: Pablo G. del Amo. *Int.*: Ana Belén, Fernando Fernán Gómez, Antonio Banderas, Josema Yuste, Agustín González, Quique Camoiras, Juan Diego, Guillermo Montesinos, Antonio Gamero, María Luisa Ponte, José Luis López Vázquez y Luis Ciges. Color - 96 min. *E.*: 26-9-85. *Días:* 2.912. *Espect.*: 87.160. *Recaud.*: 239.902.173.

Las cosas del querer

P.: Lince Films - TVE, S.A. - Productora Andaluza de Programas (1989). *D.*: Jaime Chávarri. *A.*: Antonio Larreta y Luis Irazábal. *G.*: Luis Irazábal, Fernando Colomo y Jaime Chávarri. *F.*: Hans Burmann. *M.*: Gregorio García Segura. *Dec.*: Luisa Martí. *Coreografía*: Eduardo Montero. *Mon.*: Pedro del Rey. *Int.*: Ángela Molina, Ángel de Andrés López, Manuel Bandera, María Barranco, Amparo Baró, Mari Carmen Ramírez, Diana Peñalver, Santiago Ramos y Miguel Molina. Color - 103 min. *E.*: 3-X-1989. *Días:* 1.194. *Espect.*: 246.649. *Recaud.*: 100.012.042.

Crimen en familia

P.: Multivideo S.A. (1985). *D.*: Santiago San Miguel. *A.*: un caso de sucesos. *G.*: Gonzalo Goicoechea, Perla Vonasek y Santiago San Miguel. *F.*: José G. Galisteo. *M.*: Ricard Miralles. *Dec.*: Eduardo Hidalgo. *Mon.*: José Salcedo. *Int.*: Charo López, Agustín González, Cristina Marsillach, Francisco Casares, Sandra Toral, Conchita de Leza, Francisco Merino, Javier García, Juan Jesús Valverde, Antonio Gamero y Marta Boada. Color - 98 min. *E.*: 14-2-85. *Días:* 2.449. Espect. 379.890. *Recaud.*: 89.744.788.

Daniya, el jardín del harén

P.: Imatco, S.A. (1987). *D.*: Carles Mira. *A.* y *G.*: Carles Mira. *F.*: Tomàs Pladevall. *M.*: Enric Murillo. *Dec.*: Isidre Prunés y Montserrat Amenós. *Mon.*: Emili Rodríguez. *Int.*: Laura del Sol, Ramon Madaula, Marie-Christine Barrault, Fermí Reixach, Joan Monleón, Paco Casares, Montserrat Salvador, Paco Guijar, Rafael Díaz, Imelda Biajakuc, Conchita Oko, Francesca Piñón, Carles Fontseré, Bertí Tobias y Noel J. Sansom. Color - 97 min. *E.*: 29-10-1987. *Días:* 157. *Espect.*: 17.119. *Recaud.*: 6.461.525.

Dinero negro

P.: Filmsclot (1983). *D.*: Carlos Benpar. *A.*: según la novela de Jaume Fuster *De mica en mica s'omple la pica*. *G.*: Carlos Benpar. *F.*: Roberto Giménez y Francesc Riba. *M.*: Joan Pineda. *Dec.*: José María Grau. *Mon.*: Emilio Ortiz. *Int.*: Pedro Gian, Francisco Piquer, Alfredo Luchetti, Marta Padován, Conrado San Martín, Mir Ferry, Verónica Miriel, Luis G. Berlanga y Martine Audó. Color - 115 min. *E.*: 28-6-84. *Días:* 489. *Espect.*: 38.055. *Recaud.*: 9.079.232.

La diputada

P.: 5 Films (1988). *D.*: Javier Aguirre. *A.*: según la novela de Germán Álvarez Blanco. *G.*: Alberto S. Insúa y Germán Álvarez Blanco. *F.*: Domingo Solano. *M.*: Antón Larrauri. *Mon.*: Emilio Ortiz. *Int.*: Victo-

guell, Manuel Zarzo, José Vivó, Raquel Evans, Alfred Luchetti y Félix Defauce. Color - 96 min. *E.*: 25-3-1988. *Días:* 245. *Espect.*: 17.899. Recaud..: 6.354.400.

El disputado voto del señor Cayo
P.: P.C. Penélope S.A. (1986). *D.*: Antonio Giménez-Rico. *A.*: según la novela de Miguel Delibes. *G.*: Antonio Giménez-Rico y Manuel Matji. *F.*: Alejandro Ulloa. *Dec.*: Rafael Palmero. *Mon.*: Miguel González Sinde. *Int.*: Francisco Rabal, Juan Luis Galiardo, Iñaki Miramón, Lydia Bosch, Eusebio Lázaro, Mari Paz Molinero, Gabriel Renom, Juan Jesús Valverde y Abel Vitón. Color - 98 min. *E.*: 31-10-86. *Días:* 2.000. *Espect.*: 348.708. *Recaud.*: 102.015.199.

Divinas palabras
P.: Lola Films - Ion Producciones - Lux Films (1987). *D.*: José Luis García Sánchez. *A.*: según la obra homónima de Ramón M.ª del Valle-Inclán. *G.*: José Luis García Sánchez, Enrique Llovet y Diego Santillán, *F.*: Fernando Arribas. *M.*: Milladoiro. *De.*: Gerardo Vera. *Mon.*: Pablo G. del Amo. *Int.*: Ana Belén, Francisco Rabal, Imanol Arias, Aurora Bautista, Tito García, Antonio Gamero, María Elena Flores, Dorotea Bárcena, Luis Ciges, Eduardo Puceiro, Nicolás Dueñas, Concha Goyanes, Rosa Álvarez, Juan Echanove, Esperanza Roy, Rebeca Tébar, Francisco Merino, Ofelia Angélica y Ernesto Chao. Color - 105 min. *E.*: 15-9-1987. *Días:* 1.765. *Espect.*: 527.602. *Recaud.*: 164.104.232.

Dragon Rapide
P.: Tibidabo Films - TVE (1986). *D.*: Jaime Camino. *A.* y *G.*: Jaime Camino y Román Gubern, inspirados en hechos reales. *Asesor histórico*: Ian Gibson. *F.*: Juan Amorós. *M.*: Xavier Montsalvatge. *Dec.*: Félix Murcia. *Mon.*: Teresa Alcocer. *Int.*: Juan Diego, Vicky Peña, Rafael Alonso, Miguel Molina, Manuel de Blas, Laura García Lorca, José Luis Pellicena, Pedro del Río y Santiago Ramos. Color - 103 min. *E.*: 10-7-1986. *Días:* 2.717. *Espect.*: 521.547. *Recaud.*: 153.418.533.

El Dorado
P.: Andrés Vicente Gómez - Chrysalide Film - Quinto Centenario (1987). *D.*: Carlos Saura. *A.*: libremente inspirado en las crónicas de Lope de Aguirre. *G.*: Carlos Saura. *F.*: Teo Escamilla. *M.*: Alejandro Massó. *Dec.*: Terry Pritchard. *Mon.*: Pedro del Rey. *Int.*: Omero Antonutti, Gabriela Roel, Lambert Wilson, Eusebio Poncela, Inés Sastre, José Sancho, Patxi Bisquet, Francisco Algora, Fedor Atkine, Abel Vitón, Francisco Merino y Mariano Gonzalez. Color - 144 min. *E.*: 21-4-88. *Días:* 2.052. *Espect.*: 495.874. *Recaud.*: 169.378.061.

Epílogo

P.: Ditirambo Films (1983). *D.*: Gonzalo Suárez. *A.*: Gonzalo Suárez. *G.*: Gonzalo Suárez, Miguel Ángel Barbero y Juan Potau. *F.*: Carlos Suárez. *M.*: Juan José García Caffi. *Dec.*: Wolfgang Burmann. *Mon.*: Eduardo Biurrun. *Int.*: José Sacristán, Francisco Rabal, Charo López, Sandra Toral, Manuel Zarzo, Cyra Toledo, José Arranz, Chus Lampreave, Sonia Martínez y Manuel Calvo. Color - 91 min. *E.*: 20-1-84. *Días*: 1.560. *Espect.*: 313.372. *Recaud.*: 80.856.150.

És quan dormo que hi veig clar (Homenaje a J.V. Foix)

P.: Septimània Films (1988). *D.*: Jordi Cadena. *A.*: inspirada en los versos de Josep Vicenç Foix. *G.*: Carles Hac Mor, Jordi Cadena, Albert Mauri y Manel Valls. *F.*: Xavier Gil. *M.*: Carles Santos. *Dec.*: Balter Gallart. *Mon.*: Oriol Vilaseca. *Int.*: Carlos Pazos, Nuria Cano, Ona Planas, Hermann Bonnin, Joan Brossa, Antoni Tàpies, Pere Ferrer, Carles Duran, José M.ª Nunes, Jesús Garay, Antoni Ribas, Gerard Gormezano, Ferran Llagostera, Josep Anton Salgot y Carles Hac Mor. Blanco y negro - 88 min. *E.*: 28-3-1989. *Días*: 7. *Espec*: 867. *Recaud*: 238.425.

Espérame en el cielo

P.: J.M. Calleja - B.M.G. - TVE, S.A. (1987). *D.*: Antonio Mercero. *A.*: Antonio Mercero. *G.*: Antonio Mercero, Horacio Valcárcel y Roman Gubern. *F.*: Manuel Rojas. *M.*: Carmelo Bernaola. *Dec.*: Tony Cortés. *Mon.*: Rosa G. Salgado. *Int.*: Pepe Soriano, Chus Lampreave, José Sazatornil *Saza*, Manuel Codeso, Amparo Valle, José Luis Barceló, Francisco Cambres, Francisco Javier, Josefina Calatayud, Pedro Civera, Miguel de Grandy, Pedro del Río, Chari Moreno, Lorenzo Ramírez, Gabriel Latorre, Carmen Liaño, Pablo Hoyo, Antonio Ross y Antonio Chamorro. Color - 110 min. *E.*: 28-1-1988. *Días:* 1.827. *Espect.*: 357.469. *Recaud.*: 119.857.849.

Esquilache

P.: José Sámano - Sabre Films, S.A. (1988). *D.*: Josefina Molina. *A.*: inspirado en la obra teatral de Antonio Buero Vallejo *Un soñador para un pueblo*. *G.*: Joaquín Oristrell, Josefina Molina y José Sámano. *F.*: Juan Amorós. *M.*: José Nieto. *Dec.*: Ramiro Gómez y Javier Artiñano. *Mon.*: Pablo G. del Amo. *Int.*: Fernando Fernán Gómez, Ángela Molina, Amparo Rivelles, Adolfo Marsillach, Alberto Closas, José Luis López Vázquez, Angel de Andrés y Fernando Valverde. Color - 105 min. *E.*: 26-1-1989. *Días:* 992. *Espect.*: 238.778. *Recaud.*: 87.799.058.

La estanquera de Vallecas

P.: EGA Medios Audiovisuales - TVE, S.A. (1986). *D.*: Eloy de la Iglesia. *A.*: según la obra de Alonso de Santos. *G.*: Eloy de la Iglesia, Gonzalo Goicoechea y Alonso de Santos. *F.*: Manuel Rojas. *M.*: Patxi

Andión y Joaquín Sabina. *Dec.*: Julio Esteban. *Mon.*: Julio Peña. *Int.*: Emma Penella, José Luis Gómez, Maribel Verdú, José Luis Manzano, Fernando Guillén, Jesús Puente, Antonio Gamero, Simón Andreu, Antonio Iranzo, Tina Sainz, Azucena Hernández, José Luis Fernández *Pirri*, Juana Ginzo, Pedro de Frutos, Chari Moreno y Mabel Ordóñez. Color - 104 min *E.*: 9-4-1987. *Días:* 1.499. *Espect.*: 187.714. *Recaud.*: 50.505.946.

El extranjer-ho! de la calle Cruz del Sur

P.: Eduardo Campoy P.C. - Lauren Films (1986). *D.*: Jorge Grau. *A.* y *G.*: Jorge Grau. *F.*: Tote Trenas y Domingo Solano. *M.*: Santi Arisa. *Dec.*: Félix Murcia. *Mon.*: Rori. *Int.*: José Sacristán, Serena Vergano, Emma Cohen, Teresa Gimpera, José María Blanco, Gabino Diego, Erick Testu, Eulalia Ramón, Taida Urruzola, Elisenda Ribas, Alfredo Mañas, Lydia Bosch, José María Cañete, Eugenio Domingo, Luis Ferrín y Laura Culat. Color - 100 min. *E.*: 14-8-1987. *Días:* 330. *Espect.*: 36.650. *Recaud.*: 11.303.701.

Feroz

P.: Elías Querejeta P.C. (1984). *D.*: Manuel Gutiérrez Aragón. *A.* y *G.*: Manuel Gutiérrez Aragón y Elías Querejeta. *F.*: Teo Escamilla. *M.*: *Cantigas de Santa María*, de Alfonso X el Sabio, y *La cucaracha*. Interpretadas por el Coro Infantil Villa de Madrid, dirigido por José María Barguin. *Dec.*: Gerardo Vera. *Efectos especiales*: Ramón de Diego y José Antonio Sánchez. *Mon.*: Pablo G. del Amo. *Int.*: Fernando Fernán Gómez, Frederic de Pasquale, Julio César Sanz, Javier García, Ana Lizarralde, José Rodríguez, Margarita Calahorra, Pedro del Río, María José Parra, Agustín Arranz y Marta Suárez. Color - 112 min. *E.*: 5-4-84. *Días:* 819. *Espect.*: 78.396. *Recaud.*: 21.700.165.

Fuego eterno

P.: Aite Films - José Esteban Alenda - Azkubia Films (1985). *D.*: José Ángel Rebolledo. *A.*: José Angel Rebolledo, inspirado en una canción vasca del siglo XVII. *G.*: José Angel Rebolledo. *F.*: Xabier Aguirresarobe. *M.*: Alberto Iglesias. *Dec.*: Gerardo Vera. *Efectos especiales*: Reyes Abades. *Mon.*: María Elena Sáinz de Rozas. *Int.*: Ángela Molina, Imanol Arias, François-Eric Gendron, Ovidi Montllor, Myriram de Maeztu, Montserrat Salvador, Juana Ginzo, Amaia Lasa, Juan Llaneras, Jaume Sorribas, Ramón Barea y Manuel de Blas. Color - 95 min. *E.*: 13-5-85. *Días:* 747. *Espect.*: 106.074. *Recaud.*: 29.483.352.

La guerra de los locos

P.: Xaloc Films (1986). *D.*: Manuel Matji. *A.*: Isaac Montero. *G.*: Manuel Matji. *F.*: Federico Ribes. *M.*: José Nieto. *Dec.*: Gumersindo Andrés. *Mon.*: Nieves Martín. *Int.*: Alvaro de Luna, José Manuel Cervino, Juan Luis Galiardo, Pep Munné, Pedro Díez del Corral, Maite Blasco, Emilio Gutiérrez Caba, Alicia Sánchez, Francisco Algora, Emilio Laín, Patxi Catalá, Juan Potau, Antonio Drove, Cesáreo Estébanez, Achero Mañas, Ana Marzoa, José Vivó y Luis Marín. Color - 104 min. *E.*: 30-4-87. *Días:* 544. *Espect.*: 45.095. *Recaud.*: 13.680.356.

El hermano bastardo de Dios

P.: Almadraba Prod. - TVE (1986). *D.*: Benito Rabal. *A.*: según la novela de José Luis Coll. *G.*: Agustín Cerezales, Benito Rabal, J.L. Coll y Mario Camus. *F.*: Paco Femeia. *M.*: Juan Pablo Muñoz Zielinski. *Dec.*: Félix Murcia. *Mon.*: José María Biurrun. *Int.*: Francisco Rabal, Asunción Balaguer, Mario Pardo, Marina Martínez, Agustín González, María Luisa Ponte, José Vivó, Juan Diego, Miguel Rellán, Terele Pávez, Manolo Zarzo, Antonio Gamero y Paquita Rabal. Color - 95 min. *E.*: 22-9-1986. *Días:* 774. *Espect.*: 85.139. *Recaud.*: 24.018.588.

La hora bruja

P.: Serva Films, S.A. - TVE (1985). *D.*: Jaime de Armiñán. *A.* y *G.*: Jaime de Armiñán y Ramón de Diego. *F.*: Teo Escamilla. *M.*: Alejandro Massó, interpretada por la Orquesta Banda de Gulans (Pontevedra). *Dec.*: Antonio Cortés. *Mon.*: José Luis Matesanz. *Int.*: Francisco Rabal, Concha Velasco, Victoria Abril, Sancho Gracia, Asunción Balaguer, Juan Echanove, David Martínez, Pilar Rodríguez y Ernesto Chao. Color - 111 min. *E.*: 4-11-85. *Días:* 1.073. *Espect.*: 181.712. *Recaud.*: 50.599.661.

Jarrapellejos

P.: Penélope P.C. (1987). *D.*: Antonio Giménez-Rico. *A.*: según la novela de Felipe Trigo. *G.*: Antonio Giménez-Rico y Manuel Gutiérrez Aragón. *F.*: José Luis Alcaine. *M.*: Carmelo Bernaola. *Dec.*: Rafael Palmero. *Mon.*: Miguel González Sinde. *Int.*: Antonio Ferrandis, Juan Diego, Lydia Bosch, Amparo Larrañaga, Joaquín Hinojosa, Miguel Rellán, Juan Jesús Valverde, Concha Leza, Lola Mateo, Aitana Sánchez-Gijón, Carlos Tristancho, José Coronado, Florinda Chico, Carlos Lucena, José María Cafarell, Gabriel Llopart, José Vivó, Abel Vitón, Lola Grajera, Marina Carresi y Flora María Álvaro. Color - 107 min. *E.*: 19-2-1988. *Días:* 1.080. *Espect.*: 180.696. *Recaud.*: 58.461.230.

El juego más divertido

P.: Kaplan P.C. - TVE, S.A. (1987). *D.*: Emilio Martínez-Lázaro. *A.* y *G.*: Emilio Martínez-Lázaro y Luis Ariño. *F.*: Juan Amorós. *M.*: Ángel Muñoz Alonso. *Dec.*: Juan Botella. *Mon.*: Nieves Martín. *Int.*: Victoria Abril, Antonio Resines, Maribel Verdú, Antonio Valero, Santiago Ramos, Miguel Rellán, Nacho Novo, Ricard Borrás, El Gran Wyoming,

Manuel de Blas, Diana Peñalver, Juan de Pablos, Manuel Zarzo y José Luis Fernández *Pirri*. Color - 92 min. *E.*: 22-1-1988. *Días:* 1.319. *Espect.*: 208.721. *Recaud.*: 68.229.823.

Laura

P.: IPC, S.A. - Lauren Films - TV3 (1987). *D.*: Gonzalo Herralde. *A.*: adaptación libre de la novela de Miquel Llor *Laura a la ciutat dels sants.* *G.*: Gustavo Hernández, Enrique Viciano y Gonzalo Herralde. *F.*: Xabier Aguirresarobe. *M.*: Jordi Cervelló. *Dec.*: Marcelo Grande. *Mon.*:·Ernest Blasi. *Int.*: Juan Diego, Ángela Molina, Sergi Mateu, Terele Pávez, Maruchi Fresno, Alfred Luchetti, Albert Vidal, Carles Lucena, Artur Costa, Marcel Muntaner, Gisela Echavarría, Teresa Lozano, Toni Agustí, Jordi Dueso, Nadala Batista, Muntsa Alcañiz, Joaquim Cardona y Fermí Reixach. Color - 103 min. *E.*: 14-9-1987. *Días:* 916. *Espect.*: 156.655. *Recaud.*: 52.936.477.

La línea del cielo

P.: La Salamandra P.C. (1983). *D.*: Fernando Colomo. *A.* y *G.*: Fernando Colomo. *F.*: Ángel Luis Fernández. *M.*: Manzanita. *Mon.*: Miguel Ángel Santamaría. *Int.*: Antonio Resines, Beatriz Pérez-Porro, Jaime Nos, Irene Stillman, Roy Hoffman, Patricia Cisarana, Whit Stillman y Peter Halley. Color - 90 min. *E.*: 26-1-84. *Días:* 1.015. *Espect.*: 166.681. *Recaud.*: 42.813.704.

Loco veneno

P.: Andrea Films (1989). *D.*: Miguel Hermoso. *A.* y *G.*: Félix Cábez y Miguel Hermoso. *F.*: Fernando Arribas. *M.*: Alejandro Massó y Caco Senante. *Dec.*: Ana Alvargonzález. *Mon.*: Blanca Guillem. *Int.*: Maru Valdivieso, Pablo Carbonell, Antonio Resines, Emilio Gutiérrez Caba, Miguel Rellán, Antonio Gamero, Luis Prendes, Víctor Valverde, Encarna Paso, Sara Muthwill y Víctor Cuica. Color - 99 min. *E.*: 11-V-1989. *Días:* 476. *Espect.*: 47.366. *Recaud.*: 16.278.430.

Luces y sombras

P.: Tibidabo Films (1988). *D.*: Jaime Camino. *A.* y *G.*: Jaime Camino y José Sanchis Sinistierra. *F.*: Josep Maria Civit. *M.*: Xabier Montsalvatge. *Dec.*: Eduardo Arranz Bravo. *Mon.*: Emilio Rodríguez. *Int.*: Jack Shepherd, Ángela Molina, José Luis Gómez, Fermí Reixach, Martín Galindo, María Mercader, Vicky Peña, Anna Coward, Víctor Rubio, Iñaki Aierra, Noel J. Sansom y Elisenda Nogué. Color - 105 min. *E.*: 9-9-1988. *Días:* 204. *Espect.*: 18.833. *Recaud.*: 6.747.746.

El Lute

1.ª parte: *Camina o revienta*; 2.ª parte: *Mañana seré libre*. *P.*: José M.ª Cunillés - Isabel Mulá - Multivídeo, S.A. (1987-1988). *D.*: Vicente

Aranda. *A.*: según la autobiografía de Eleuterio Sánchez *el Lute*. *G.*: Joaquín Jordá, Vicente Aranda y Eleuterio Sánchez. *F.*: José Luis Alcaine. *M.*: José Nieto. *Dec.*: Josep Rosell. *Mon.*: Teresa Font. *Int.*: Imanol Arias, Victoria Abril, Antonio Valero, Carlos Tristancho, Diana Peñalver, Raúl Freire, Margarita Calahorra, Manuel de Blas / Ángel Pardo, Jorge Sanz, Pastora Vega, Blanca Apilanez, Silvia Rodríguez, Montserrat Tey, Antonio Iranzo, Nuria Hosta y Pedro Díez del Corral. Color - 101 / 120 min. *E.*: 18-2-88 / 5-5-88. *Días:* 3.911 / 1.940. *Espect.*: 1.305.448 / 312.037. *Recaud.*: 401.193.138 / 97.153.158.

Lluvia de otoño

P.: Ariane Films - TVE, S.A. (1988). *D.*: José Angel Rebolledo. *A.* y *P.*: José Angel Rebolledo y Lourdes Iglesias. *F.*: Francisco Femenia. *M.*: Alberto Iglesias. *Dec.*: Luis Vallés. *Mon.*: Pablo G. del Amo. *Int.*: Kiel Martín, Mercedes Sampietro, Jane Badler, Mapi Galán, François-Eric Gendron, Jack Taylor, Francisco Casares, William Layton, Ramón Aguirre, Esther Esparza y Eduardo McGregor. Color - 92 min. *E.*: 3-3-89. *Días:* 277. *Espect.*: 27.488. *Recaud.*: 8.184.122.

Madrid

P.: Linterna Mágica S.A. - RTV Madrid (1987). *D.*: Basilio Martín Patino. *A.* y *G.*: Basilio M. Patino. *F.*: Augusto G. Fernández Balbuena. *M.*: Carmelo Bernaola. *Dec.*: Polo y Bombín. *Mon.*: Pablo Martín Pascual y Juan Ignacio San Mateo. *Int.*: Rüdiger Vogler, Verónica Forqué, Ricardo Cantalapiedra, Luis Ciges, Antonio Gamero, María Luisa Ponte, Félix Defauce, Ana Duato, Luis Barbero, Paco Valladares, Manolo Huete, Borja Cantó, Gregorio Nieto y Ricardo Solfa. Color - 114 min. *E.*: 18-3-1987. *Días:* 448. *Espect.*: 56.621. *Recaud.*: 17.730.723.

Malaventura

P.: Luis Megino P.C. - Productora Andaluza de Programas - TVE, S.A. (1988). *D.*: Manuel Gutiérrez Aragón. *A.* y *G.*: Manuel Gutiérrez Aragón y Luis Megino. *F.*: José Luis Alcaine. *M.*: Juan Peña *el Lebrijano*, Tam Tam Go y Orquesta Andalusí de Tánger. *Dec.*: Antonio Cortés. *Mon.*: José Salcedo. *Int.*: Miguel Molina, Iciar Bollain, Richard Lintern, José Luis Borau, Daniel Martín, Francisco Merino, Cristina Higueras y Manuel de Blas. Color - 90 min. *E.*: 6-10-1988. *Días:* 329. *Espect.*: 41.342. *Recaud.*: 15.549.503.

El mar y el tiempo

P.: Ion Films - TVE, S.A. (1989). *D.*: Fernando Fernán Gómez. *A.* y *G.*: Fernando Fernán Gómez, basado en su novela homónima. *F.*: José Luis Alcaine. *M.*: Mariano Díaz. *Dec.*: Julio Esteban. *Mon.*: Pablo G. del Amo. *Int.*: Rafaela Aparicio, José Soriano, Fernando Fernán Gómez, Aitana Sánchez-Gijón, Cristina Marsillach, Ramón Madaula, Iñaki Miramón, Eulalia Ramón, Gabino Diego, Fernando Guillén Cuervo, Emma Cohen, Manuel Alexandre y María Asquerino. Color - 102 min. *E.*: 29-9-89. *Días:* 451. *Espect.*: 55.363. *Recaud.*: 22.296.963.

Matar al Nani

P.: Blau Films - Aspa, P.C. - TVE, S.A. (1988). *D.*: Roberto Bodegas. *A.*: basado en la vida de Santiago Corella *el Nani*. *G.*: Vicente Escrivá y Gregorio Roldán. *F.*: Fernando Arribas. *M.*: Antón García Abril. *Mon.*: Guillermo S. Maldonado. *Int.*: Frederic Deban, José Pedro Carrión, Eulalia Ramón, Chema de Miguel, Fermí Reixach, Albert Vidal, Damián Velasco, Miguel Angel Salomón, Antonio Dechent, Yolanda Farr, José Soriano, Ricardo Lucia, Manuel Fandón, Fernando Sotuela, Verónica Luján y Teófilo Calle. Color - 117 min. *E.*: 22-4-88. *Días:* 974. *Espect.*: 110.826. *Recaud.*: 34.950.275.

Memorias del general Escobar

P.: José Luis Madrid de la Viña (1984). *D.*: José Luis Madrid. *A.* y *G.*: Pedro Masip y J.L. Madrid , según las vivencias del general Escobar. *F.*: Antonio Saiz. *M.*: Cam Española. *Dec.*: Manuel López Rey. *Mon.*: Maite Mateos. *Int.*: Antonio Ferrandis, Elisa Ramírez, Luis Prendes, José Antonio Ceinos, Jesús Puente, Fernando Guillén, José María Cafarell, Antonio Iranzo, Francisco Piquer, África Prat y Juan Oller. Color - 84 min. *E.*: 1-9-84. *Días:* 568. *Espect.*: 57.466. *Recaud.*: 13.507.606.

Mi general

P.: Figaro Film - TVE, S.A. (1987). *D.*: Jaime de Armiñán. *A.*: Fernando Fernán Gómez y Manuel Pilares. *G.*: Jaime de Armiñán, Fernando Fernán Gómez y Manuel Pilares. *F.*: Teo Escamilla. *M.*: Jordi Doncos. *Dec.*: Félix Murcia. *Mon.*: José Luis Matesanz. *Int.*: Fernando Rey, Héctor Alterio, Fernando Fernán Gómez, José Luis López Vázquez, Juanjo Puigcorbé, Rafael Alonso, Álvaro de Luna, Mónica Randall, Joaquín Kremel, Alfred Luchetti, Joan Borrás, Manuel Torremocha, Amparo Baró, Mercedes Alonso, Carmen Plate, José María Moratalla, Jaume Sorribas, Montserrat Julió, José Peñalver y Abel Folk. Color - 110 min. *E.*: 7-5-1987. *Días:* 1.254. *Espect.*: 186.241. *Recaud.*: 55.427.144.

1919, Crónica del alba

P.: Ofelia Films, S.A. - Kaktus P.C. - TVE (1983). *D.*: Antonio José Betancor. *A.*: basado en la novela de Ramón J. Sender. *G.*: Lautaro Murúa, Antonio J. Betancor, Carlos Escobedo y Javier Moro. *F.*: Juan Antonio Ruiz Anchía. *M.*: Riz Ortalani. *Dec.*: Félix Murcia. *Mon.*: Eduardo Biurrun. *Int.*: Miguel Molina, Cristina Marsillach, Walter Vidarte, Saturno Cerra, Conchita y Marisa de Leza, Alfredo Luchetti, Fernando Sancho, José A. Correa y Concha Hidalgo. Color - 90 min. *E.*: 22-8-83. *Días:* 1.709. *Espect.*: 397.626. *Recaud.*: 93.845.473.

Miss Caribe

P.: Andrés Vicente Gómez - Ion Producción - Tesauro, S.A. (1988). *D.*: Fernando Colomo. *A.* y *G.*: Fernando Colomo, Carmen Rico-Godoy y Fernando Trueba. *F.*: Javier G. Salmones. *M.*: Alejandro Massó. *Dec.*: Kelomenes Stamatiades. *Mon.*: Miguel Ángel Santamaría. *Int.*: Ana Belén, Santiago Ramos, Chus Lampreave, Juan Echanove, Soledad Mallol, Mirtha Echarte, Elena Martín, Rodolfo de Alexandre, Robert Gwaltney y Buffy Dee. Color - 90 min. *E.*: 22-11-88. *Días:* 611. *Espect.*: 95.715. *Recaud.*: 334.575.593.

La mitad del cielo

P.: Luis Megino P.C. (1986). *D.*: Manuel Gutiérrez Aragón. *A.* y *G.*: Manuel Gutiérrez Aragón y Luis Megino. *F.*: José Luis Alcaine. *M.*: Milladoiro. *Dec.*: Gerardo Vera. *Mon.*: José Salcedo. *Int.*: Ángela Molina, Fernando Fernán Gómez, Margarita Lozano, Antonio-Vicente Valero, Nacho Martínez, Santiago Ramos, Carolina Silva, Francisco Merino, Mónica Molina, Enriqueta Carballeira y Mercedes Lezcano. Color - 124 min. *E.*: 9-10-1986. *Días:* 2.929. *Espect.*: 681.393. Recuad.: 207.242.943.

Moros y cristianos

P.: Estela Film - Anola - Anem Films (1987). *D.*: Luis G. Berlanga. *A.* y *G.*: Rafael Azcona y Luis G. Berlanga. *F.*: Domingo Solano. *M.*: Ibiricu y Francisco Esteve. *Dec.*: Verónica Toledo. *Mon.*: José Luis Matesanz. *Int.*: Fernando Fernán Gómez, Verónica Forqué, Agustín González, Chus Lampreave, José Luis López Vázquez, Andrés Pajares, María Luisa Ponte, Luis Escobar, Antonio Resines, Rosa María Sardá, Pedro Ruiz, Diana Peñalver, Joan Monleón, Luis Ciges, José Luis Roelas, Pedro Romero, Florentino Soria, Emilio Laguna, Chari Moreno, Juan Tamarit, Elena Santoja, José Luis Coll, Antonio Senillosa y Félix Defauce. Color - 116 min. *E.*: 28-10-1987. *Días:* 2.097. *Espect.*: 533.513. *Recaud.*: 183.811.013.

Los motivos de Berta

P.: P.C. Guerín (1984). *D.*: José Luis Guerín. *A.* y *G.*: José Luis Guerín. *F.*: Gerardo Gormezano. *M.*: Schubert, interpretado por Jean-Louis Valero y Arielle Dombasle. *Dec.*: Andrés Sánchez Sanz y Fernando Cobo. *Mon.*: José Luis Guerín. *Int.*: Silvia Gracía, Arielle Dombasle, Iñaki Aierra, Rafael Díaz, Carmen Ávila, Raúl Freire, Juan Diego Botto, Cristina Bodelón, Luis Murcia y Sergio Oliver. Blanco y Negro - 117 min. *E.*: 5-3-84. *Días:* 42. *Espect.*: 4.807. *Recaud.*: 1.408.750.

La muerte de Mikel

P.: Aiete Films - José Esteban Alenda - Cobra, S.A. (1983). *D.*: Imanol Uribe. *A.* y *G.*: José Ángel Rebolledo e Imanol Uribe. *F.*: Xabier

Aguirresarobe. *M.*: Alberto Iglesias. *Dec.*: Eugenio Urdambide. *Mon.*: José Luis Peláez. *Int.*: Imanol Arias, Montserrat Salvador, Amaia Lasa, Fama, Ramón Barea, Juan María Seguès, Xabier Elorriaga, Alicia Sánchez y Daniel Dicenta. Color - 88 min. *E.*: 1-2-84. *Días:* 4.377. *Espect.*: 1.157.656. *Recaud.*: 281.020.933.

Mujeres al borde de un ataque de nervios
P.: El Deseo, S.A. - Lauren Films (1988). *D.*: Pedro Almodóvar. *A.* y *G.*: Pedro Almodóvar. *F.*: José Luis Alcaine. *M.*: Bernardo Bonezzi. *Dec.*: Félix Murcia. *Mon.*: José Salcedo. *Int.*: Carmen Maura, Antonio Banderas, Julieta Serrano, Fernando Guillén, Rossy de Palma, María Barranco, Kitty Manver, Guillermo Montesinos, Loles León, Chus Lampreave, Yayo Calvo, Ángel de Andrés López, Juan Lombardero, José Antonio Navarro, Ana Leza e Imanol Uribe. Color - 90 min. *E.*: 25-3-1988. *Días:* 2.570. *Espect.*: 1.070.801. *Recaud.*: 384.250.613.

Un negre amb un saxo
P.: Fair Play Productions (1988). *D.*: Francesc Bellmunt. *A.*: según la novela de Ferran Torrent. *G.*: Francesc Bellmunt. *F.*: Javier G. Salmones. *M.*: Manuel Camp. *Dec.*: Josep Rosell y Ferran Sánchez. *Mon.*: Jordi Espresate. *Int.*: Patxi Bisquet, Guillermo Montesinos, Rosana Pastor, Anna Duato, Ovidi Montllor, Marina Saura, Lluís Hostalot, Hermann Bonnín, Paco Canno, William Parker, Anna Barrachina, Teresa Lozano, Pep Molina, Rosita Amores, Vic Gil y Margot. Color - 105 min. *E.*: 22-2-1989. *Días:* 297. *Espect.*: 53.191. *Recaud.*: 20.020.969.

El niño de la Luna
P. Ganesh Producciones Cinematográficas (1989). *D.*: Agustí Villaronga. *A.* y *C.*: Agustí Villaronga. *F.*: Jaume Peracaula. *M.*: Grupo Dead can Dance. *Mon.*: Raúl Román. *Int.*: Enrique Saldaña, Maribel Martín, Lisa Gerrard, Lucía Bosé, Mary Carrillo, David Sust, Günter Meissner, Hedi Ben Amar, Jack Birket y Lydia Azzopardi. Color - 120 min. *E.*: 12-5-1989. *Días:* 458. *Espect.*: 54.164. *Recaud.*: 20.422.544.

La noche más hermosa
P.: Luis Megino P.C. - TVE (1984). *D.*: Manuel Gutiérrez Aragón. *A.* y *C.*: Manuel Gutiérrez Aragón y Luis Megino. *F.*: Carlos Suárez. *Efectos visuales*: Joan Mariné. *M.*: Julián Ruiz Garrido y Joaquín Montoya. *Dec.*: Gerardo Vera. *Mon.*: José Salcedo. *Int.*: José Sacristán, Victoria Abril, Bibi Andersen, Óscar Ladoire, Fernando Fernán Gómez, José María Pou, Francisco Català, Pep Munné, Antonio Chamorro, Eduardo MacGregor, Maite Blasco y Pablo del Hoyo. Color - 90 min. *E.*: 24-9-1984. *Días:* 1.662. *Espect.*: 402.804. *Recaud.*: 105.839.402.

La noche oscura

P.: Andrés Vicente Gómez - Trade Development Films (1988). D.: Carlos Saura. A.: libremente inspirado en los versos de san Juan de la Cruz. G.: Carlos Saura. F.: Teo Escamilla. M.: selección de J.S. Bach. Dec.: Gerardo Vera. Mon.: Pedro del Rey. Int.: Juan Diego, Julie Delpy, Fernando Guillén, Manuel de Blas, Francisco Casares, Fermí Reixach, Adolfo Thous y Abel Vitón. Color - 93 min. E.: 23-2-1989. Días: 241. Espect.: 24.849. Recaud.: 9.151.225.

Los paraísos perdidos

P.: La Linterna Mágica, S.A. - TVE (1985). D.: Basilio Martín Patino. A. y G.: Basilio Martín Patino. F.: José Luis Alcaine. M.: Carmelo Bernaola. Dec.: Eduardo Torre de la Fuente. Mon.: Pablo G. del Amo. Int.: Charo López, Alfredo Landa, Francisco Rabal, Juan Diego, Miguel Narros, Ana Torrent, Amancio Prada, Juan Cueto, Enrique Baquedano, María Dolores Vila, Azucena de la Fuente, Paco Hernández, José Colmenero, Isabel Pallarés y Jorge Bosso. Color - 110 min. E.: 17-10-85. Días: 828. Espect.: 128.483. Recaud.: 37.010.899.

Pasión de hombre

P.: Golden Sun, S.A. (1988). D.: José Antonio de la Loma. A. y G.: José Antonio de la Loma. F.: Tote Trenas. M.: Vladimir Horvnzhy. Dec.: Juan Ferrer. Mon.: José Antonio de la Loma, Jr. Int.: Anthony Quinn, Maud Adams, Ramon Sheen, Victoria Vera, Ray Walston, Elizabeth Ashley, R.J. Williams, José María Cafarell, Pepe Martín y Josep Minguell. Color - 90 min. E.: 26-5-1989. Días: 2. Espect.: 435. Recaud.: 150.850.

Pasodoble

P.: Tesauro, S.A. (1988). D.: José Luis García Sánchez. A. y G.: Rafael Azcona, Manuel Gómez Pereira y José Luis García Sánchez. F.: Fernando Arribas. M.: Carmelo Bernaola. Dec.: Rafael Palmero. Mon.: Pablo G. del Amo. Int.: Fernando Rey, Juan Diego, Calorine Grimm, Antonio Resines, Cassen, Antoñita Colomé, Kitty Manver, Antonio Gamero, Luis Ciges, Eva León, Miguel Rellán, Juan Luis Galiardo, Mari Carmen Ramírez, Pedro Reyes y María Galiana. Color - 93 min. E.: 9-6-1988. Días: 684. Espect.: 119.837. Recaud.: 41.703.766.

El pico

P.: Ópalo Films, S.A. (1983). D.: Eloy de la Iglesia. A. y G.: Gonzalo Goicoechea y Eloy de la Iglesia. F.: Hans Burmann. M.: Luis Iriondo. Dec.: Josep Rosell. Mon.: José Salcedo. Int.: José Luis Manzano, José Manuel Cervino, Luis Iriondo, Quique San Francisco, Lali Espinet, Queta Ariel, Marta Molins, Alfredo Luchetti, Pedro Nieva, Ovidi Montllor y Javier García. Color - 110 min. E.: 4-9-83. Días: 4.575. Espect.: 983.612. Recaud.: 220.093.819.

Puzzle

P.: ARC Interprod S.A. (1986). *D.*: Luis José Comerón. *A.* y *G.*: Luis José Comerón. *F.*: Hans Burmann. *M.*: Jordi Doncos. *Dec.*: José M. Espada. *Mon.*: Emilio Rodríguez. *Int.*: Patxi Andión, Carmen Elías, Héctor Alterio, Antonio Banderas, Joan Miralles, Josep Minguell, Rafael Anglada y Montserrat Julió. Color - 91 min. *E.*: 18-8-1986. *Días*: 814. *Espec.*: 52.001. *Recaud.*: 14.322.856.

¿Qué he hecho yo para merecer esto?

P.: Kaktus P.C. - Tesauro, S.A. (1984). *D.*: Pedro Almodóvar. *A.* y *G.*: Pedro Almodóvar. *F.*: Angel Luis Fernández. *M.*: Bernardo Bonezzi. *Dec.*: Pin Morales y Román Arango. *Mon.*: José Salcedo. *Int.*: Carmen Maura, Verónica Forqué, Chus Lampreave, Kitty Manver, Luis Hostalot, Juan Martínez, Amparo Soler Leal, Emilio Gutiérrez Caba, Cecilia Roth, Pedro Almodóvar y María del Carmen Rives. Color - 101 min. *E.*: 25-10-84. *Días*: 2.154. *Espect.*: 391.513. *Recaud.*: 109.706.459.

Redondela

P.: Pedro Costa P.C. (1987). *D.*: Pedro Costa. *A.*: basado en un hecho real. *G.*: Pedro Costa y Manuel Marinero. *F.*: Juan Amorós. *M.*: Jesús Gluck. *Dec.*: Eduardo Hidalgo. *Mon.*: Pablo G. del Amo. *Int.*: Patrick Newell, Carlos Velat, Fernando Guillén, Carlos Larrañaga, Agustín González, Blanca Sendino, Ricardo Lucia, Juan Jesús Valverde, Aitana Sánchez-Gijón, Fernando Merino, Conrado San Martín, Manuel de Blas, Paca Gabaldón, Elena María Tejeiro, Damián Velasco y Ana Burrel. Color-122 min. *E.*: 9-2-1987. *Días*: 340. *Espect.*: 39.166. *Recaud.*: 11.839.262.

Remando al viento

P.: Ditirambo Films - Viking - Andrés Vicente Gómez - TVE, S.A. (1988). *D.*: Gonzalo Suárez. *A.*: episodios biográficos de Byron y Shelley. *G.*: Gonzalo Suárez. *F.*: Carlos Suárez. *M.*: Alejandro Massó. *Dec.*: Wolfgang Burmann. *Mon.*: José Salcedo. *Int.*: Hugh Grant, Lizzy McInnerny, Valentine Pelka, Elizabeth Hurley, José Luis Gómez, José Carlos Rivas, Virginia Mataix, Bibi Andersen, Renan Vibert, Terry Taplin, Kate McKenzie y Jolyon Baker. Color - 96 min. *E.*: 21-8-1988. *Días*: 841. *Espect.*: 159.461. *Recaud.*: 61.421.625.

Réquiem por un campesino español

P.: Venus Prod. - Nemo - Ikiru Films - TV3 (1985). *D.*: Francesc Betriu. *A.*: según la novela de Ramón J. Sender. *G.*: Raúl Artigot, Gustau Hernández y Francesc Betriu. *F.*: Raúl Artigot. *M.*: Antón García Abril. *Dec.*: Julio Esteban. *Mon.*: Guillermo S. Maldonado. *Int.*: Antonio Ferrandis, Fernando Fernán Gómez, Antonio Banderas, Terele Pávez, Simón Andreu, Emilio Gutiérrez Caba, Francisco Algora, Eduardo Calvo, María Luisa San José, Antonio Iranzo, Conrado San Martín, Manolo Zarzo y Yelena Samarina. Color - 95 min. *E.*: 17-9-85. *Días*: 1.427. *Espect.*: 346.475. *Recaud.*: 98.624.053.

Represión (Tempesta d'estiu)

P.: Josep Lluís Valls P.C. & Asociados (1987). *D.*: Josep Lluís Valls. *A.*: Josep Lluís Valls. *G.*: Luis Ondarra, M.ª Ampar Albiol y Josep Lluís Valls. *F.*: Juli Bragado. *M.*: Angel Santamaría. *Dec.*: Vicenç Albiol. *Mon.*: Eduard Laumandreu. *Int.*: Josep Pla, Montse Bayó, Víctor Israel, Josep Maria Blanco, Mara Vador, Maria Rosa Carbó, Josep Maria Domènech, David Artiga, Tània Celaya, Pere Ponce, Anna Guerrero y Joan Carles Oliveras. Color - 85 min. *E.*: Tarrasa. *Días*: 10. *Espect.*: 245. *Recaud.*: 68.188.

Río abajo

P.: El Imán - Amber Film (1984). *D.*: José Luis Borau. *A.*: basado en *One morning for pleasure*, de José L. Borau y Barbara P. Solomon. *G.*: José Luis Borau. *F.*: Teo Escamilla, Steven Posey, Joan Gelai y Mikhail Suslov. *M.*: Michael Shanklin, Tamila Jensen, Armando Manzanero y Manuel Muñoz. *Dec.*: Philip Thomas. *Mon.*: Curtiss Clayton y Cari Coughlin. *Int.*: David Carradine, Scott Wilson, Victoria Abril, Jeff Delger, Paul Richardson, Sam Jaffe, David Estuardo, Christopher Saylors, Susana Cepeda, Ben Jones, Celso Martínez y Roberto Arredondo. Color - 100 min. *E.*: 8-11-84. *Días*: 2-118. *Espect.*: 371.381. *Recaud.*: 95.197.248.

El río de oro

P.: Tesauro, S.A. - Incine - Federal Films - Marea (1986). *D.*: Jaime Chávarri. *A.*: Jaime Chávarri. *G.*: Jaime Chávarri, Nelson Modlin y Adi Lipp. *F.*: Carlos Suárez. *M.*: Francisco Guerrero. *Dec.*: Adi Gisler. *Mon.*: Pablo G. del Amo. *Int.*: Ángela Molina, Bruno Ganz, Francesca Annis, Stefan Gubser, Nacho Rodríguez, Juan Diego Botto y Carolina Norris. Color - 115 min. *E.*: 27-2-86. *Días*: 334. *Espect.*: 41.302. *Recaud.*: 12.517.108.

El río que nos lleva

P.: Producciones Dulcinea - TVE, S.A. (1989). *D.*: Antonio del Real. *A.*: según la novela homónima de José Luis Sampedro. *G.*: Antonio Larreta, José Luis Sampedro y Antonio del Real. *F.*: Federico Ribes. *M.*: Lluís Llach y Carles Cases. *Dec.*: José María Tapiador. *Mon.*: Miguel González Sinde. *Int.*: Tony Peck, Alfredo Landa, Eulalia Ramón, Fernando Fernán Gómez, Santiago Ramos, Juanjo Artero, Mario Pardo, Ovidi Montllor, Antonio Gamero, Mikel Insúa, Concha Cueto y Ricardo Beiro. Color - 110 min. *E.*: 29-9-89. *Días*: 465. *Espect.*: 94.730. *Recaud.*: 36.026.125.

Romanza final (Gayarre)

P.: P.C. Orfeo - Televista (1985). *D.*: José María Forqué. *A.* y *G.*: Hermógenes Sainz y José María Forqué. *F.*: Alejandro Ulloa. *M.*: Antón García Abril y otros. *Dec.*: Wolfgang Burmann. *Mon.*: Mercedes Alonso. *Int.*: José Carreras, Sydney Rome, Antonio Ferrandis, Walter Vidarte, Montserrat Caballé, Félix Defauce, Mario Pardo, Susana Campos, Lola Muñoz, Alberto Closas Jr. y Alexia delli Colli. Color - 107 min. *E.*: 29-4-1986. *Días*: 566. *Espect.*: 61.868. *Recaud.*: 17.370.593.

La Rusa

P.: Pedro Masó P.C. - TVE, S.A. (1987). *D.*: Mario Camus. *A.*: basado en la novela homónima de Juan Luis Cebrián. *G.*: Mario Camus y Juan Luis Cebrián. *F.*: Hans Burmann. *M.*: Antón García Abril. *Dec.*: Rafael Palmero. *Mon.*: José María Biurrun. *Int.*: Didier Flamand, Angeli van Os, Muntsa Alcañiz, Eusebio Lázaro, Fernando Guillén, Luis Hostolat, José Pedro Carrión, Jacques François, Juan Cea, Jesús Ruyman, Georges Dal, Francisco Casares, Itziar Alvarez, Felipe Vélez, José Ormaexte y Patrick Paroux. Color - 123 min. *E.*: 11-9-1987. *Días*: 745. *Espect.*: 125.694. *Recaud.*: 42.223.115.

Sangre y arena

P.: José Frade P.C. (1989). *D.*: Javier Elorrieta. *A.*: basado en la famosa novela de Vicente Blasco Ibáñez. *G.*: Rafael Azcona y Ricardo Franco. *F.*: Antonio Ríos. *M.*: Jesús Gluck. *Dec.*: Luis Argüello. *Mon.*: José Antonio Rojo. *Int.*: Christopher Rydell, Sharon Stone, Ana Torrent, Guillermo Montesinos, Albert Vidal, Simón Andreu, Margarita Calahorra, Antonio González Flores y José Luis de Vilallonga. Color - 120 min. *E.*: 22-9-1989. *Días*: 885. *Espect.*: 148.906. *Recaud.*: 57.331.175.

Los santos inocentes

P.: Ganesh P.C - TVE (1984). *D.*: Mario Camus. *A.*. según la novela de Miguel Delibes. *G.*: Antonio Larreta, Manuel Matji y Mario Camus. *F.*: Hans Burmann. *M.*: Antón García Abril. *Dec.*: Rafael Palmero. *Mon.*: José María Biurrun. *Int.*: Alfredo Landa, Francisco Rabal, Terele Pávez, Juan Diego, Agustín González, Mary Carrillo, Maribel Martín, Agata Lys, Juan Sánchez, Belén Ballesteros, Susana Sánchez, José Guardiola y Manuel Zarzo. Color - 107 min. *E.*: 4-4-84. *Días*: 5.345. *Espect.*: 2.023.812. *Recaud.*: 522.391.889.

Sé infiel y no mires con quién

P.: Cía. Iberoamericana de TV, S.A. (1985). *D.*: Fernando Trueba. *A.*: basado en un vodevil de Ray Conney y John Chapman. *G.*: Fernando Trueba. *F.*: Juan Amorós. *M.*: Angel Muñoz Alonso. *Dec.*: Josep Rosell. *Mon.*: Carmen Frías. *Int.*: Ana Belén, Carmen Maura, Antonio Resines, Santiago Ramos, Verónica Forqué, Guillermo Montesinos, Chus Lampreave, Miguel Rellán, Carlos Velat y Pedro Reyes. Color - 88 min. *E.*: 5-12-85. *Días*: 3.316. *Espect.*: 1.014.639. *Recaud.*: 308.205.211.

Sesión continua

P.: Nickel Odeón, S.A. (1984). *D.*: José Luis Garci. *A.* y *G.*: José Luis Garci y Horacio Valcárcel. *F.*: Manuel Rojas. *M.*: Jesús Gluck. *Dec.*: Julio Esteban. *Mon.*: Miguel González Sinde. *Int.*: Adolfo Marsillach, Jesús Puente, José Bódalo, María Casanova, Encarna Paso, Víctor Valverde, Pablo Hoyos, Yolanda Ríos, Rafael Hernández y Diana Salcedo. Color - 115 min. *E.*: 1-9-84. *Días*: 1.238. *Espect.*: 189.329. *Recaud.*: 52.281.373.

Si te dicen que caí

P.: Ideas y Producciones Cinematográficas, S.A. - TV3 (1989). *D.*: Vicente Aranda. *A.*: basado en la novela homónima de Joan Marsé. *G.*: Vicente Aranda. *F.*: Juan Amorós. *M.*: José Nieto. *Dec.*: Josep Rosell. *Mon.*: Teresa Font. *Int.*: Victoria Abril, Jorge Sanz, Antonio Banderas, Javier Gurruchaga, Guillermo Montesinos, Lluís Homar, Ferran Rañé, Joan Miralles, Carlos Tristancho y Juan Diego Botto. Color - 120 min. *E.*: 18-9-89. *Días*: 1.147. *Espect.*. 227.726. *Recaud.*: 88.002.730.

Sinatra

P.: Ideas y Producciones Cinematográficas, S.A. (1988). *D.*: Francesc Betriu. *A.*: basado en la novela de Raúl Núñez. *G.*: Francesc Betriu y Raúl Núñez. *F.*: Carlos Suárez. *M.*: Joaquín Sabina. *Dec.*: Julio Esteban. *Mon.*: Teresa Alcocer. *Int.*: Alfredo Landa, Ana Obregón, Maribel Verdú, Mercedes Sampietro, Luis Ciges, Manuel Alexandre, Queta Claver, Julia Martínez, Carlos Lucena y Joaquín Sabina. Color - 91 min. *E.*: 13-5-88. *Días*: 521. *Espect.*: 100.526. *Recaud.*: 37.994.925.

Soldadito español

P.: Penélope P.C. - TVE, S.A. (1988). *D.*: Antonio Giménez-Rico. *A.* y *G.*: Rafael Azcona y Antonio Giménez-Rico. *F.*: Federico Ribes. *M.*: Carmelo Bernaola. *Mon.*: Miguel González Sinde. *Int.*: Francisco Bas, Maribel Verdú, Juan Luis Galiardo, María Garralón, Luis Escobar, Miguel Rellán, José Luis López Vázquez, María Luisa San José, Félix Rotaeta, Amparo Baró y Marisa Porcel. Color - 103 min. *E.*: 7-10-1988. *Días*: 696. *Espect.*: 107.098. *Recaud.*: 38.372.395.

Soldados de plomo

P.: Prezal - Estela Films, S.A. - Anem (1983). *D.*: José Sacristán. *A.*: según un relato de Eduardo de Mendoza. *G.*: José Sacristán. *F.*: Juan Antonio Ruiz Anchía. *M.*: Josep Mas. *Dec.*: Félix Murcia. *Mon.*: José Luis Matesanz. *Int.*: José Sacristán, Fernando Fernán Gómez, Silvia

Munt, Assumpta Serna, Fernando Vivanco, Amparo Rivelles, Ramiro Benito, José Segura y César Varona. Color - 94 min. *E.*: 30-9-83. *Días*: 1.563. *Espect.*: 303.111. *Recaud.*: 76.044.121.

Stico

P.: Serva Films, S.A. (1984). *D.*: Jaime de Armiñán. *A.* y *G.*: Jaime de Armiñán y Fernando Fernán Gómez. *F.*: Teo Escamilla. *M.*: Alejandro Massó. *Dec.*: Antonio Cortés. *Mon.*: José Luis Matesanz. *Int.*: Fernando Fernán Gómez, Agustín González, Carmen Elías, Amparo Baró, Mercedes Lazcano, Manuel Zarzo, Beatriz Elorrieta, Manuel Torremocha, Toa Torán, Manuel Galiana, Bárbara y Vanessa Escamilla. Color - 109 min. *E.*: 4-3-85. *Días*: 1.026. *Espect.*: 183.528. *Recaud.*: 51.822.670.

Sufre, mamón

P.: «G» P.C. - Francisco Lara Polop - Summers Producción (1987). *D.*: Manuel Summers. *A.* y *G.*: Francisco Tomás y Manuel Summers. *F.*: Tote Trenas. *M.*: David Summers y Hombres G. *Dec.*: Gumersindo Andrés. *Mon.*: M.ª Elena Sainz de Rozas. *Int.*: David Summers, Javier Molina, Daniel Mezquita, Rafael Gutiérrez, Pedro Caballero, Carlos Lucas, Marta Madruga, Gerardo Ortega, Curro Summers, Antonio Gamero, Luis Escobar, Tomás Zori, Fernando Salas y José Luis Velasco. Color - 102 min. *E.*: 15-6-87. *Días*: 3.810. *Espect.*: 961.100. *Recaud.*: 263.896.714.

El Sur

P.: Elías Querejeta P.C. - Chloé Productions (1983). *D.*: Víctor Erice. *A.*: basado en un relato de Adelaida García Morales. *G.*: Víctor Erice, Angel Fernández Santos y J.L. López Linares. *F.*: José Luis Alcaine. *M.*: Ravel, Schubert, Quintero y Granados. *Dec.*: Antonio Belizón. *Mon.*: Pablo G. del Amo. *Int.*: Omero Antonutti, Sonsoles Aranguren, Iciar Bolláin, Lola Cardona, Rafaela Aparicio, Germaine Montero, Aurora Climent, Francisco Merino, María Caro y José Vivó. Color - 94 min. *E.*: 1-5-83. *Días*: 1.979. *Espect.*: 432.937. *Recaud.*: 109.934.554.

Tasio

P.: Elías Querejeta P.C. (1984). *D.*: Montxo Armendáriz. *A.* y *G.*: Montxo Armendáriz y Marisa Ibarra. *F.*: José Luis Alcaine. *M.*: Angel Illarramendi. *Dec.*: Gerardo Vera. *Mon.*: Pablo G. del Amo. *Int.*: Patxi Bisquet, Amaia Lasa, Nacho Martínez, José María Asin, Paeo Sagarzazu, Isidro José Solano, Francisco Hernández y Garikoitz Mendigutxia. Color - 96 min. *E.*: 1-9-84. *Días*: 2.457. *Espect.*: 631.475. *Recaud.*: 160.860.353.

Tata mía

P.: El Imán, S.A. - Isasi P.C. (1986). *D.*: José Luis Borau. *A.* y *G.*: José Luis Borau. *F.*: Teo Escamilla. *M.*: Jacobo Durán-Loriga. *Dec.*:

Rafael Richart. *Mon.*: Emilio Rodríguez. *Int.*: Imperio Argentina, Carmen Maura, Alfredo Landa, Xabier Elorriaga, Miguel Rellán, Marisa Paredes, Julieta Serrano, Enriqueta Carballeira, Emma Suárez, Paloma Gómez, Alicia Gómez y Saturno Cerra. Color - 112 min. *E.*: 18-12-1986. *Días*: 1.004. *Espect..* 218.663. *Recaud.*: 68.114.656.

Tiempo de silencio

P.: Lola Films - Morgana, S.A. - TVE (1986). *D.*: Vicente Aranda. *A.*: según la novela de Luis Martín Santos. *G.*: Vicente Aranda y Antonio Rabinat. *F.*: Juan Amorós. *M.*: temas *En er mundo*, *Los campanilleros* y *Los nardos*. *Dec.*: Josep Rosell. *Mon.*: Teresa Font. *Int.*: Imanol Arias, Victoria Abril, Juan Echanove, Charo López, Francisco Rabal, Joaquín Hinojosa, Francisco Algora, Queta Claver, Margarita Calahorra, Félix Rotaeta, Eduardo MacGregor, Juan José Otegui y María Isbert. Color - 111 min. *E.*: 13-3-86. *Días*: 1.509. Espect.. 358.556. *Recaud.*: 109.821.229.

Truhanes

P.: P.E. Films, S.A. (1983). *D.*: Miguel Hermoso. *A.*: Manolo Marinero, Luis Ariño, Mario Camus, Miguel Hermoso y J.L. García Sánchez. *G.*: Miguel Hermoso. *F.*: Fernando Arribas. *M.*: José Nieto. *Dec.*: Antonio de Miguel. *Mon.*: Blanca Guillem. *Int.*: Francisco Rabal, Arturo Fernández, Isabel Mestres, Vicky Lagos, Rafael Díaz, Antonio Gamero, Alberto Fernández, Fernando Bilbao y Lola Flores. Color - 104 min. *E.*: 17-10-83. *Días*: 2.227. *Espect.*: 344.482. Recaud.. 82.658.578.

El túnel

P.: Santiago Cinematográfica, S.A. (1987). *D.*: Antonio Drove. *A.*: basado en la novel homónima de Ernesto Sábato. *G.*: Carlos Alberto Cornejo, José Agustín Mahieu y Antonio Drove-Shaw. *F.*: Gilberto Azevedo. *M.*: Augusto Algueró. *Dec.*: Francisco Prosper. *Mon.*: Pilar Soto. *Int.*: Jane Seymour, Peter Weller, Fernando Rey, Manuel de Blas, Marga Herrera, Yelena Samarina, Jaime Toja, José Luis Baringo, Tomás Sáez, Douglas McNicol y Victoria Zinni. Color - 110 min. *E.*: 25-5-88. *Días*: 387. *Espect.*: 48.631. *Recaud.*: 16.976.138.

La vaquilla

P.: Incine - Jet Films (1985). *D.*: Luis G. Berlanga. *A.* y *G.*: Luis G. Berlanga y Rafael Azcona. *F.*: Carlos Suárez. *M.*: Miguel Asins Arbó. *Dec.*: Enrique Alarcón. *Mon.*: José Luis Matesanz. *Int.*: Alfredo Landa, José Sacristán, Guillermo Montesinos, Santiago Ramos, Amparo Soler Leal, Agustín González, Violeta Cela, Rafael Hernández, Ana Gracia, Adolfo Marsillach, Valentín Paredes, Juanjo Puigcorbé, Amelia de la Torre, Fernando Sancho, Carlos Trinchano, Antonio Gamero, Eduardo

Calvo, María Luisa Ponte, Pedro Beltrán y Luis Ciges. Color - 122 min. *E.*: 8-3-85. *Días*: 5.400. *Espect*.: 1.836.764. *Recaud*.: 514.073.638.

27 horas

P.: Elías Querejeta P.C. (1986). *D.*: Montxo Armendáriz. *A.* y *G.*: Montxo Armendáriz y Elías Querejeta. *F.*: Xabier Aguirresarobe. *M.*: Imanol Larzábal, Angel Illarmendi y Luis Mendo. D*E.*: Iñigo Altolaguirre. *Int.*: Jon Donosti, Maribel Verdú, Martxelo Rubio, Antonio Banderas, Michel Duperrer y Josu Balbuena. Color - 81 min. *E.*: 23-9-86. *Días*: 1.350. Espect.. 276.644. Recaud.. 83.773.984.

El vent de l'illa

P.: Septimània Films - Gerardo Gormezano P.C. (1987). *D.*: Gerardo Gormezano. *A.*: basado en las memorias de John Armstrong. *G.*. Gerardo Gormezano. *F.*: Xavier Gil. *M.*. Alessandro Marcello y temas de Telemann y Schumann. *Dec.*: Balter Gallart. *Mon.*: José Cano. *Int.*: Simon Cassel, Mara Truscana, Ona Planas, El Increíble Orlando, Anthony Pilley, Josep Costa, Màxim Pérez, Ñaco Nadal, Jaume Catures, Dominique Liaño, Laura Pons, Jim Eaton, Joan Villalonga, Josep Coll-Vilellas, Vicenç Andreu, Carme Coll y Jaume Mir Ferry. Color - 95 min. *E.*: 15-3-1988. *Días*: 131. *Espect.*: 18.451. *Recaud.*: 6.881.813.

El viaje a ninguna parte

P.: Ganesh P.C. (1986). *D.*: Fernando Fernán Gómez. *A.* y *G.*: Fernando Fernán Gómez. *F.*: José Luis Alcaine. *M.*: Pedro Iturralde. *Dec.*: Julio Esteban. *Mon.*: Pablo G. del Amo. *Int.*: José Sacristán, Fernando Fernán Gómez, Laura del Sol, Juan Diego, Nuria Gallardo, Gabino Diego y María Luisa Ponte. Color - 132 min. *E.*: 15-10-86. *Días*: 1.911. *Espect.*: 308.387. *Recaud.*: 95.005.353.

Victòria!

1.ª parte: *L'aventura d'un poble*. 2.ª parte: *La disbauxa del 17*. 3.ª parte: *El seny i la rauxa*. *P.*: Tabaré, S.A. (1983-1984). D.: Antoni Ribas. *A.* y *G.*: Miquel Sanz y Antoni Ribas. *Asesores históricos*: Josep Termes y Gabriel Cardona. *M.*: Manuel Valls Gorina y Antoni Ros Marbá. *Dec.*: Jordi Berenguer. *Mon.*: Ramón Quadreny, Teresa Alcocer, Margarida Bernet y Emilio Ortiz. *Int.*: Helmut Berger, Xabier Elorriaga, Norma Duval, Craig Hill, Pau Garsaball, Alfred Luchetti, Artur Costa, Francisco Rabal, Marta Sadurní, Teresa Gimpera, Carme Elías, Eva Cobo e Isidre Novelles. Color - 140 / 130 / 149 min. *E.*: 30-1-84 / 16-3-84 / 6-8-84. *Días*: 1.481 / 823 / 407 *Espect.*: 327.866 / 104.291 / 41.742. *Recaud.*: 86.704.411 / 27.793.253 / 11.064.746.

La vida alegre

P.: El Catalejo, P.C. - TVE, S.A. (1987). *D.*: Fernando Colomo. *A.* y *G.*: Fernando Colomo. *F.*: Javier G. Salmones. *M.*: Suburbano. *Dec.*:

Manuel Jaén. *Mon.*: Miguel Angel Santamaría. *Int.*: Verónica Forqué, Antonio Resines, Ana Obregón, Massiel, Miguel Rellán, Guillermo Montesinos, Rafaela Aparicio, Chus Lampreave, Alicia Sánchez, Gloria Muñoz, José Antoni Navarro, Javier Gurruchaga, Itziar Álvarez, El Gran Wyoming, Paloma Catalán y M.ª Elena Flores. Color - 98 min. *E.*: 14-4-1987. *Días*: 3.266. *Espect.*: 787.065. *Recaud.*: 249.743.067.

Viento de cólera
P.: Bizcaia, P.C. - Euskal Telebista (1988). *D.*: Pedro de la Sota. *A.* y *G.*: Pedro de la Sota. *F.*: Julio Madurga. *M.*: Juan Pablo Muñoz Zielinski. *Dec.*: Simón Suárez. *Int.*: Juan Echanove, Emma Penella, Pedro Mari Sánchez, Aitana Sánchez-Gijón, Nelson Villagra, Paco Merino, Eufemia Román, Amaya Merino y Félix Arcarazo. Color - 90 min. *E.*: 3-4-89. *Días*: 51. *Espect.*: 4.355. *Recaud.*: 1.803.500.

El vuelo de la paloma
P.: Ion Producciones - Ames - Lola Films -TVE, S.A. (1988). *D.*: José Luis García Sánchez. *A.* y *G.*: Rafael Azcona y José L. García Sánchez. *F.*: Fernando Arribas. *M.*: Mariano Díaz. *Dec.*: Luis Vallés. *Mon.*: Pablo G. del Amo. *Int.*: Ana Belén, José Sacristán, Juan Luis Galiardo, Miguel Rellán, Juan Echanove, Antonio Resines, Luis Ciges, José M.ª Cañete, Manuel Huete, Amparo Valle, Vicente Díaz y Juanjo Otegui. Color - 100 min. *E.*: 12-2-89. *Días*: 662. *Espect.*: 135.991. *Recaud.*: 51.790.754.

Werther
P.: Pilar Miró P.C. - TVE (1986). *D.*: Pilar Miró. *A.*: sobre una libre interpretación de la obra de Goethe. *G.*: Pilar Miró y Mario Camus. *F.*: Hans Burmann. *M.*: Jules Massenet, Carreras y Davis. *Dec.*: Gil Parrondo y Fernando Sáez. *Mon.*: José Luis Matesanz. *Int.*: Mercedes Sampietro, Eusebio Poncela, Feodor Atkine, Mayrata O'Wisiedo, Luis Hostalot, Emilio Gutiérrez Caba e Ignacio del Amo. Color - 113 min. *E.*: 19-9-86. *Días*: 1.073. *Espect.*: 171.722. Recaud.: 54.998.048.

Los zancos
P.: Emiliano Piedra P.C. (1984). *D.*: Carlos Saura. *A.*: Carlos Saura. *G.*: Carlos Saura y Fernando Fernán Gómez. *F.*: Teo Escamilla. *M.*: Schubert y grupos Santa y de Música Judeo-Española, de Madrid. *Dec.*: Antonio Cortés. *Mon.*: Pablo G. del Amo. *Int.*: Fernando Fernán Gómez, Laura del Sol, Antonio Banderas, Francisco Rabal, Enrique Pérez, Adriana Ozores, Amparo Soto, José Yepes, Guillermo Montesinos, Jesús Sastre, Elisa Molina y Rafael López. Color - 97 min. *E.*: 1-10-84. *Días*: 353. *Espect.*: 40.572. *Recaud.*: 11.104.152.

Ángela Molina y Ana Belén, protagonistas de *Demonios en el jardín*,
de Manuel Gutiérrez Aragón

Una significativa escena de *La mitad del cielo*

Isabelle Adjani, la *Antonieta* de Carlos Saura

José Luis Garci, el único Óscar del cine español,
por *Volver a empezar* (1982)

Una antológica escena de *El Sur*. Víctor Erice, diez años después
de *El espíritu de la colmena*, ofrece su segunda obra maestra

Las bicicletas son para el verano, de Fernán Gómez y Jaime Chávarri

Los motivos de Berta, obra maestra del debutante José Luis Guerín

Escenas de *Puzzle* y *És quan dormo que hi veig clar*, dos muestras
ambivalentes del cine catalán actual

Imanol Arias, protagonista de *La muerte de Mikel*

La conquista de Albania, una muestra representativa del cine
del País Vasco

Una escena de *Estoy en crisis*, de Fernando Colomo

Imperio Argentina (*Tata mía*), recuperada por José Luis Borau

Agustín González y José Luis López Vázquez, caracterizados
para *La colmena*, de Cela y Mario Camus

Mario Camus, el director de *Los santos inocentes*.
Francisco Rabal, por su gran creación de Azarías,
sería premiado en Cannes

Fernando Fernán Gómez, que se llevó los premios Goya-86,
en su anterior creación de *Stico*

José Sacristán, hoy también director, con Fernán Gómez y Laura del Sol,
en la galardonada *El viaje a ninguna parte*

Conclusión

Se me sugiere que cierre el libro con una conclusión. No lo acostumbro hacer en mis publicaciones. La razón es obvia: prefiero que el lector saque de mis páginas sus propias conclusiones personales.

Con todo, ya que me lo pide el director de esta colección, el historiador del arte doctor José Fernández Arenas, profesor y amigo, no puedo negarme a su sugerencia profesional. Es más, estoy de acuerdo con su razonamiento: como otros autores sacan sus propias conclusiones, ¿por qué no vas a ofrecer tú las tuyas? Si alguien no está de acuerdo, tampoco tú a lo mejor estás de acuerdo con lo expuesto por otros colegas. Además —añado personalmente—, siempre le quedan al lector nuevas opciones: o saltarse la presente conclusión, o contrastar su opinión personal con la mía propia. No pretendo, por tanto, estar en la verdad; sino decir lo que honradamente pienso del cine español de la democracia. Y expresar esa opinión —como cualquiera puede hacerlo en signo contrario— con plena libertad.

La muerte del general Franco significó el único cambio político que ha tenido la cinematografía española. Obviamente, salíamos de un régimen dictatorial y entrábamos, no sin temores, en una democracia. Pero la transición se realizó sin violencias; los españoles tenían ansias de libertades y —no se puede olvidar esa realidad histórica— aquellos que «condujeron» el paso de un sistema a otro eran hombres procedentes del franquismo, no demócratas de toda la vida. La izquierda quedó, hasta la llegada al poder del socialismo, en la oposición. Y ha seguido en la oposición —o lo que queda de ella— con el Gobierno socialdemócrata del partido que lidera Felipe González.

El cine español, por tanto, tenía que ser un reflejo de lo que pasaba en el país. Si todo film, incluso el más comercial, retrata de algún modo la sociedad en que está realizado —como manifestación artística que es—, las películas de la democracia han testimoniado, mejor o peor, las diversas mentalidades de España, desde 1975 hasta hoy. De ahí que el historiador del futuro tendrá que visionar algunas de las cintas más significativas —al igual que consultará la prensa de la época, etc.— a la hora de escribir la historia de este período. El cine será —es— una fuente más de la ciencia histórica.[1]

Si tuviera que definir el cine de los primeros años de democracia —prácticamente hasta la caída de UCD y el relevo socialista—, me decantaría por un término: *revanchismo*, como ya apuntamos en los balances críticos correspondientes.

Una vez salidos de lo que la historiadora Virginia Higginbotham denomina *estética franquista* —o «aesthetic of repression»—,[2] los largos años de censura del sistema —más ideológica que moral— habían conformado un tipo de lenguaje metafórico y estilo oblicuo y hasta ambiguo, que costó ir superando en las realizaciones de la democracia.

---

1. En este sentido, el especialista Martin A. Jackson afirmaría: «El cine ha de ser considerado como uno de los depositarios del pensamiento del siglo XX, en la medida que refleja ampliamente la mentalidad de los hombres y mujeres que hacen los films. Lo mismo que la pintura, la literatura y las artes plásticas contemporáneas, el cine ayuda a comprender el espíritu de nuestro tiempo» (cfr. «El historiador y el cine», en *La historia y el cine*, eds. J. Romaguera y E. Riambau, Barcelona, Fontamara, 1985, p. 14). Véase asimismo los libros de Marc Ferro, *Cine e historia*, Barcelona, Gustavo Gili, 1980; Angel Luis Hueso, *El cine y la historia del siglo XX*, Santiago de Compostela, Universidad de Santiago, 1983; y Pierre Sorlin, *Sociología del cine*, México, FCE, 1988; entre otros.

2. Virginia Higginbotham, *Spanish Film under Franco*, Austin, University of Texas Press, 1988.

Por eso, los cineastas hispanos —léase directores y guionistas, primordialmente— se dedicaron a «sacarse la espina» del pasado histórico, arremetiendo contra una forma de vida española —*Spanish way of life*, permítaseme— de la que hacían responsable al gobierno de Franco. Es más: todo —lo bueno y lo malo, lo esencial y accidental, lo perenne y cambiante...— se metía en un mismo saco, el cual se vapuleaba en extremo sin matices de nigún tipo.

Una temática, con todo, centró más la atención de los creadores españoles: el trauma de la Guerra Civil, que tuvo por vez primera una lectura distinta a la que nos tenía acostumbrados la historia oficial del antiguo régimen. De ahí las polémicas desatadas y la expectación —y también cansancio— que provocaron estos films, donde los que antes nos habían dicho que eran los «malos» ahora aparecían como «buenos»... La verdad es que los hubo en ambos bandos.[3]

Asimismo, durante esos siete primeros años de democracia, resurgieron las nacionalidades históricas del Estado español. Con la España de las autonomías impulsada por Adolfo Suárez, Cataluña y Euskadi —principalmente— cobraron cierto auge también en materia cinematográfica, pese a los traspasos culturales pendientes. Y tanto el Gobierno de la Generalitat como la Consejería del País Vasco apoyaron en lo que pudieron a los cineastas y producciones autóctonos. Otra cosa será que las películas realizadas sean óptimas y den una imagen auténtica de ambas sociedades; pues a veces, como ha quedado reflejado en páginas anteriores, pueden haber hecho un triste servicio al país de cara al extranjero o al resto de España.

Por otra parte, si tuviera que definir ahora la larga época socialista, otro término se me presenta como clarificador:

---

3. Al respecto, escribió el historiador José Luis Comellas: «[...] Lo que realmente se disputó en la guerra española fue, por tanto, mucho más que una forma política o un programa de partido: fue un concepto de España. De ahí el radicalismo de la contienda, los odios, las matanzas y también el admirable heroísmo de los hombres y de las mujeres de uno y otro bando. Lo que de allí iba a salir no era fácilmente previsible, sobre todo en los primeros momentos; pero algo podría asegurarse: que la España de posguerra iba a ser —mejor o peor— completamente distinta a la España precedente» (cfr. *Historia de España moderna y contemporánea, 1474-1965*, Madrid, Rialp, 1967, p. 612). Véase también la obra básica de Hugh Thomas, *La guerra civil española*, Barcelona, Grijalbo, 1976, 2 vols.

desencanto; como asimismo apuntaba —aunque no de modo tan explícito— en el «Tercer balance crítico» y el «Epílogo abierto».

La razón también es obvia: el PSOE no ha cambiado España. Y el cine español de la democracia ha seguido igual, sin infraestructura.

Impulsada la producción con la célebre Ley Miró, en detrimento de los otros dos sectores de la industria cinematográfica —distribución y exhibición—, el sistema proteccionista llegó al tope sin que nuestro cine experimentara un progreso; y sí, en cambio, un descenso en la taquilla y en los niveles de aceptación —y prestigio, especialmente— popular. Con todo, la misma industria —léase productores y actores, y directores y guionistas, otra vez— creó la Academia de Artes y Ciencias Cinematográficas de España, calificada ayer por Almodóvar como «sindicato vertical».

El centralismo del Gobierno, por tanto, se haría notar en las autonomías, cuyo cine entraría en crisis, mientras se estabilizaba la producción subvencionada en el resto del Estado español. Y el «amiguismo» —denunciado por el propio ministro Semprún— también se hacía patente en este sector.

Aun así, cuando el sistema socialista fue puesto en tela de juicio por la oposición —conservadores y centristas—, el nuevo gabinete dio a luz otro decreto de protección a la industria cinematográfica,[4] cuyo texto-rodillo tendría que aceptar el susodicho sector, dando más relevancia a la inversión privada, y recortando —y me parece de perlas— la ayuda oficial.[5]

---

4. Rechazada por el Comité Unitario del cine, poco antes del verano de 1989, fue aprobada por el Consejo de Ministros a finales de agosto del mismo año. Antes, el citado Comité Unitario Interprofesional de la Cinematografía y lo Audiovisual, había manifestado que valoraba «negativamente la puesta en marcha del procedimiento administrativo dirigido a la implantación de un nuevo decreto de ayudas a la cinematografía». Y añadían dos portavoces autorizados: «Nosotros no podemos impedir que el Ministerio de Cultura legisle lo que quiera, pero vamos a seguir adelante con nuestra estrategia que pasa, en primer lugar, por terminar de elaborar el "Libro Blanco del Cine Español". Esperamos terminarlo en una semana y lo presentaremos a los medios de comunicación» (cfr. *La Vanguardia*, 14-VI-1989); *Libro Blanco* que sería presentado a la prensa el 3 de julio de 1989. (Véase «Epílogo abierto».)

5. Así se lo manifesté en una carta al mismo Miguel Marías, a lo que el director general del ICAA, entre otras cuestiones, me contestó: «Gracias en primer lugar por la insólita felicitación referente al Proyecto de Decreto» (Madrid, 12-IV-1989).

Finalmente, durante estos siete segundos años de democracia, se «vendió» más la imagen del cine español en el extranjero; no tanto en torno a la comercialización de films del período como a la exhibición de tales en festivales promovidos por el Ministerio de Cultura español. Con todo, nuestra pobre cinematografía se llevó un Óscar de Hollywood y estuvo a punto de alcanzar un segundo galardón (con varias nominaciones en la selección final a la mejor película extranjera).

No me atrevería a decir, para terminar, si el cine español de la democracia es mejor o peor que el producido durante el largo período franquista, pues el contexto y las circunstancias han cambiado, a nivel político. España ha sido aceptada por vez primera en el concierto de las naciones que rigen la historia de la humanidad. Lo que no está claro es si nuestro cine tiene la misma categoría artística que el producido por las industrias desarrolladas.

APÉNDICES

A)

Decreto Semprún

REAL DECRETO 1282/1989, de 28 de agosto, de Ayudas a la Cinematografía.

El cine como manifestación cultural y reflejo de la realidad del país, merece y necesita ser fomentado y asistido por la sociedad en su conjunto, y en consecuencia, por la Administración del Estado.

En los últimos años, la cinematografía europea se ha visto sometida a un profundo proceso de transformación en los procedimientos de producción y difusión, que ha afectado de forma directa a la cinematografía española, y que se verá acentuado en el inmediato futuro por razones tanto de desarrollo tecnológico como de ampliación e internacionalización de los mercados.

Por ello, y a la vista de la experiencia acumulada por la aplicación del Real Decreto 3304/1983, de 28 de diciembre, la presente disposición establece un sistema de ayudas públicas a la cinematografía que, en ejercicio de la competencia que corresponde al Estado de fomentar la cultura como deber y atribución esencial, según el artículo 149.2 de nuestra Constitución, tienen como finalidad última fomentar la realización de películas representativas de la cultura española en cualquiera de sus manifestaciones y formas de expresión.

Se pretende alcanzar este objetivo promoviendo un desarrollo del sector de la producción y distribución cinematográfica permanente, competitivo y de calidad, y favoreciendo la exhibición de las películas en salas públicas.

En el sector de la producción, el esquema de ayudas públicas directas, además de reconocer determinadas condiciones más favorables para la emisión de películas a las Sociedades de Televisión que inviertan significativamente en la producción de las mismas, se centra en el objetivo esencial de favorecer el desarrollo de empresarios independientes y de fomentar la inversión privada en la realización de películas, con la finalidad de reducir el intervencionismo estatal y fortalecer la estructura financiera del sector, aspectos instrumentales necesarios para alcanzar el objetivo último, a que anteriormente se ha hecho referencia, de contribuir al desarrollo de la cinematografía como manifestación de la cultura española.

Asimismo, y en coherencia con la finalidad última antes señalada, la presente disposición incorpora la creación de guiones y las actividades de distribución y exhibición como materias susceptibles de especial protección, junto con otras medidas de carácter complementario, que, en conjunto, conforman un sistema tendente a fomentar la protección y difusión de aquellas películas que deben considerarse como repesentativas de la cultura española y, por lo mismo, merezcan el apoyo del Estado.

Por otra parte, y con carácter general, en la presente disposición se asumen los principios de igualdad y publicidad, proporcionalidad y objetividad como elementos de referencia básicos para la determinación a nivel nacional de las películas o actividades susceptibles de resultar beneficiarias de las ayudas, así como para la fijación de los límites cuantitativos que en cada caso procedan.

En su virtud, previa consulta a las Asociaciones profesionales afectadas por la materia, con aprobación del Ministro para las Administraciones Públicas, de acuerdo con el Consejo de Estado, a propuesta del Ministro de Cultura y previa deliberación del Consejo de Ministros en su reunión del día 25 de agosto de 1989,

DISPONGO:

TÍTULO PRIMERO

Definiciones

Artículo 1.º A efectos de lo dispuesto por la presente disposición, se entenderá por:

1. Película: Toda obra cinematográfica, cualquiera que sea su soporte material, destinada a su explotación comercial en salas de exhibición.

2. Largometraje: La película que tenga una duración de sesenta minutos o superior.

3. Cortometraje: La película que tenga una duración inferior a sesenta minutos.

4. Autores: El director realizador, los autores del argumento, de la adaptación, del guión o de los diálogos; y los autores de las composiciones musicales creadas especialmente para la película.

5. Película comunitaria: Aquella que posea certificado de nacionalidad expedido por uno de los Estados miembros de la Comunidad Europea.

6. Película española: La realizada por un productor español o comunitario establecido en España, siempre que concurran las condiciones siguientes:

a) Que los autores de la película, así como en su caso, los de la obra preexistente adaptada sean españoles o nacionales de Estados miembros de la Comunidad Europea.

b) Que las personas integrantes de los equipos técnicos y artísticos que participen en su elaboración, tales como los actores principales, los directores de producción, de fotografía, de sonido, de montaje, de decorados y de vestuarios sean, al menos, en un 90 por 100, españoles o nacionales de Estados miembros de la Comunidad Europea.

c) Que la película se realice en su versión original en castellano o en cualquiera de las demás lenguas españolas.

d) Que el rodaje de la película se realice en su mayor parte en territorio español.

e) Que el rodaje en estudio, así como el montaje y tirado de copias, se realice en locales situados en territorio español.

Asimismo, tendrán la consideración de películas españolas las realizadas en régimen de coproducción con Empresas extranjeras, de acuerdo con las condiciones exigidas a tal efecto por la regulación específica sobre la materia o por los correspondientes convenios internacionales.

7. Productor: El empresario privado que tenga la iniciativa y asuma la responsabilidad económica de la realización de la película y sea titular de los derechos de proyección o exhibición pública de la misma, sin perjuicio en todo caso de los derechos que puedan reservarse los autores.

8. Distribuidor: El empresario privado que comercializa películas para su exhibición en salas.

9. Exhibidor: El empresario privado titular de salas de exhibición cinematográfica.

10. Salas de exhibición: Los locales de proyección de películas abiertos al público mediante el pago de un precio de entrada fijado, ex-

clusivamente, como contraprestación por el derecho de asistencia a la proyección de películas determinadas.

11. Instituto: El Organismo autónomo Instituto de la Cinematografía y de las Artes Audiovisuales.

TÍTULO II

Crédito cinematográfico

Art. 2.º El Instituto establecerá con cargo a las cantidades que habiliten sus presupuestos anuales convenios de cooperación con Entidades de crédito para facilitar la financiación de las actividades de los productores, distribuidores y exhibidores, así como para el desarrollo de la infraestructura o innovación tecnológica de la industria cinematográfica.

TÍTULO III

Ayudas a la producción

CAPÍTULO PRIMERO

Criterios de aplicación

Art. 3.º 1. El Instituto, dentro de sus disponibilidades presupuestarias, podrá conceder a los productores de películas españolas las ayudas establecidas en el presente título de acuerdo con las condiciones fijadas en el mismo.

2. En ningún caso podrán beneficiarse de las ayudas previstas en el apartado anterior las siguientes películas:

a) Las que tengan un contenido esencialmente publicitario, las de propaganda política y los noticiarios cinematográficos.

b) Las realizadas con material de archivo en un porcentaje superior al 50 por 100 de su duración y las que, en la misma proporción, se limiten a reproducir con material ya filmado espectáculo, entrevistas, encuestas y reportajes, salvo que, excepcionalmente, atendiendo a sus valores culturales o artísticos, y previo informe del Comité Asesor de Ayudas a la Cinematografía, el Director general del Instituto las exima de esta exclusión.

c) Las que solo puedan ser exhibidas en las salas «X», o realicen apología del tratamieno denigratorio de la mujer o, en general, de la persona.

d) Las que por sentencia firme fuesen declaradas en algún extremo constitutivas de delito a partir del momento en que aquella declaración se produzca.

e) Las financiadas íntegramente por administraciones públicas.

Art 4.º Los perceptores de ayudas a la producción vendrán obligados a:

a) Comunicar al Instituto la fecha de iniciación y de finalización del rodaje de la película, en un plazo no inferior a quince días antes ni superior a quince días después de los respectivos hechos.

b) Acreditar el coste de la película, mediante la aportación de los datos o documentos justificativos que a tal efecto estime necesarios el Instituto con especificación, en su caso, de las subvenciones o aportaciones de otras administraciones, Entidades o Empresas públicas.

c) Entregar una copia de la película objeto de subvención en perfectas condiciones a la Filmoteca Española para el cumplimiento de sus fines.

d) Conceder la autorización fehaciente y previa para el uso de la película por el Instituto en sus actividades de promoción de la cinematografía española en el exterior.

e) Asumir el compromiso previo de no conceder autorizaciones para la emisión o transmisión de la película por televisión con anterioridad al transcurso de dos años desde su estreno en una sala de exhibición o, si no hubiera sido estrenada, hasta el transcurso de dos años desde la fecha de su calificación por el Instituto para su exhibición pública.

El plazo citado podrá ser de un año cuando la Empresa de televisión a la que se conceda la autorización haya participado en la producción de la película con una aportación superior al 30 por 100 del coste de realización de la misma.

f) El compromiso previo del productor de no conceder autorizaciones para la distribución de la película por venta o alquiler o para su comunicación pública mediante su difusión en soporte videográfico con anterioridad al transcurso de un año desde los plazos determinados en el apartado anterior.

Art. 5.º Se entenderá por coste de una película el coste de su realización más el derivado de los conceptos siguientes:

a) La remuneración del productor ejecutivo, sea o no titular de la Empresa, hasta un máximo del 5 por 100 del coste de realización de la película.

b) Los gastos de obtención de una banda de seguridad consistente en un internegativo o en un color reversible intermedio.

c) El importe de los gastos generales, que no podrán superar el 5 por 100 del coste de realización de la película.

d) Los intereses pasivos y gastos de negociación de créditos para financiación de la película hasta un máximo del 10 por 100 del coste de realización de la misma.

e) El importe de las copias obtenidas para la exhibición de la película y para la entrega obligatoria a la Filmoteca Española.

f) Los gastos de publicidad y promoción de la película hasta un máximo del 30 por 100 del coste de realización de la misma.

Art. 6.º A efectos de determinar el límite de las ayudas se entenderá por inversión del productor la cantidad aportada por el mismo con recursos propios, con recursos ajenos de carácter reintegrable, o en concepto de anticipo a cuenta de los derechos de explotación de la película.

En ningún caso podrán computarse a estos efectos las subvenciones percibidas ni las aportaciones realizadas en concepto de coproductor o de productor asociado por cualquier Administración, Entidad o Empresa pública, Sociedad que gestione directa o indirectamente el servicio público de televisión o por Empresas mayoritariamente participadas por ellas.

CAPÍTULO II

Ayudas para la producción de largometrajes

SECCIÓN PRIMERA

Ayudas generales para la amortización

Art. 7.º 1. Los productores de largometrajes percibirán, en concepto de subvención, una cantidad equivalente al 15 por 100 de los ingresos brutos de taquilla que obtengan durante los dos primeros años de su exhibición en España.

2. Asimismo, los productores de largometrajes que hayan realizado la película sin obtener ninguna ayuda sobre proyecto del Instituto o de otras Administraciones públicas podrán percibir, además de la prevista en el apartado anterior, una subvención complementaria equivalente al 25 por 100 de los ingresos brutos mencionados en dicho apartado.

3. Cuando se proyecten programas dobles, las subvenciones previstas en los apartados anteriores se calcularán sobre el 50 por 100 de dicho rendimiento de taquilla.

Art. 8.º El importe de las subvenciones previstas en el artículo anterior no podrá superar la inversión del productor, ni el 50 por 100 del coste de la película beneficiaria.

Asimismo, el importe de las ayudas a la amortización no superará para cada película beneficiaria la cantidad de 100 millones de pesetas cuando el productor haya percibido una subvención pública sobre proyecto, ni la de 200 millones en los demás supuestos.

Ayudas sobre proyecto

Art. 9.º El Instituto podrá conceder a los productores subvenciones sobre proyecto para la realización de largometrajes dentro de las previsiones presupuestarias y previa convocatoria pública.

Art. 10. Las convocatorias de estas ayudas se realizarán por Orden ministerial, que establecerá la cantidad máxima que pueda concederse en cada una de ellas.

Asimismo, en dicha convocatoria se determinará el número de ayudas destinadas a proyectos que incorporen a nuevos realizadores, con precisión de los requisitos específicos que procedan para acceder a las mismas.

Art. 11. 1. Las subvenciones sobre proyecto se otorgarán por la Dirección General del Instituto, a solicitud del productor interesado y previo informe no vinculante del Comité Asesor de Ayudas a la Cinematografía que a tal efecto se constituya.

2. El Comité en la formulación de sus informes tendrá en consideración:

a) La calidad y valor artístico del proyecto.

b) El presupuesto y su adecuación para la realización del proyecto.

c) El plan de financiación de la película.

d) La solvencia del productor y, en su caso, el cumplimiento por el mismo en anteriores ocasiones de las obligaciones derivadas de la obtención de subvenciones, así como su grado de actividad en los últimos cinco años.

Art. 12. 1. Las subvenciones sobre proyecto no podrán superar la inversión del productor, ni la cantidad de 50 millones de pesetas por película beneficiaria.

2. Con carácter excepcional y previa autorización individualizada del Ministro de Cultura, el límite establecido en el apartado anterior podrá alcanzar la cantidad de 200 millones de pesetas por película para financiar sobre proyecto la producción de largometrajes de coste extraordinario, realizados preferentemente en régimen de coproducción.

3. Las subvenciones sobre proyecto son intransmisibles.

Art. 13. 1. Los productores beneficiarios deberán aportar al Instituto cuantos datos o documentos se estimen oportunos a efectos de valorar los elementos establecidos en el anterior artículo 11, o para acreditar la correcta inversión de la subvención otorgada quedando, en todo caso, obligados a devolver el importe total o parcial de la subvención percibida de no haberse realizado la inversión para los fines previstos.

A tal efecto, el Instituto podrá exigir del productor beneficiario la realización a su cargo de una auditoría.

2. Los cambios de los autores o de los actores principales de la película, las alteraciones esenciales del guión, o cualquier otra modificación sustancial del proyecto o del presupuesto de la película presentados por el productor beneficiario de la subvención, deberán obtener la autorización previa y expresa del Director general del Instituto.

La introducción de cualquiera de estas modificaciones sin obtener la preceptiva autorización facultará al Director general del Instituto para exigir del productor beneficiario la devolución total o parcial, según proceda, de la subvención percibida.

SECCIÓN TERCERA

Ayudas complementarias a películas de especial calidad

Art 14. 1. El Instituto, a propuesta del Jurado que designe el Director general, podrá otorgar anualmente hasta diez ayudas de 15 millones de pesetas cada una de ellas, a los productores de las películas seleccionadas por su especial calidad.

2. Estas subvenciones, que serán complementarias de las otras establecidas en el presente título, únicamente podrán recaer sobre películas de largometraje estrenadas comercialmente en España en el año anterior.

SECCIÓN CUARTA

Ayudas para la conservación de películas

Art.15. Con la finalidad de promover la conservación del Patrimonio Cultural Cinematográfico, los productores que se comprometan fehacientemente a no exportar el negativo de su película podrán percibir del Instituto una ayuda de hasta el 50 por 100 del coste acreditado documentalmente de la realización del interpositivo y del internegativo de la misma. Para percibir estas ayudas será necesario la presentación del certificado de depósito del interpositivo en la Filmoteca Española.

CAPÍTULO III

Ayudas para la producción de cortometrajes

Art. 16. Los productores de cortometrajes podrán percibir del Instituto subvenciones sobre proyecto, que serán determinadas en función del coste y valor artístico de la película, previa convocatoria pública e informe no vinculante del Comité Asesor de Ayudas a la Cinematografía, que tendrán como límite el importe máximo que anualmente se determine. Asimismo, podrán percibir una ayuda sobre película realizada, que será determinada en función del coste y del valor artístico de la película.

Art. 17. El Comité Asesor de Ayudas a la Cinematografía, en la formulación de sus informes, tendrá en consideración:

a) Las características y finalidad del proyecto.

b) La calidad y valor artístico del guión.

c) El presupuesto o coste de la película y el plan de financiación.

d) El plan de explotación.

Art. 18. La suma de ambas ayudas a cortometrajes no podrá superar el 50 por 100 del coste de la película, ni la inversión del productor, con el límite máximo, en todo caso, de 10 millones de pesetas por película beneficiaria.

TÍTULO IV

Ayudas a la promoción de la cinematografía

CAPÍTULO PRIMERO

Ayudas selectivas a la distribución

Art. 19. El Instituto podrá subvencionar el tiraje de copias, el subtitulado y los gastos de publicidad necesarios para la distribución en salas públicas de exhibición establecidas en España de películas comunitarias excluidas, en todo caso, las determinadas en el artículo 3.º 2 de esta disposición.

Art 20. Las ayudas se otorgarán a solicitud del distribuidor, previa convocatoria pública e informe no vinculante del correspondiente Comité Asesor que, a tal efecto, tendrá en consideración:

a) La calidad de las películas contratadas para su distribución.

b) El ámbito territorial de la distribución de cada película para su exhibición en salas públicas, que deberá extenderse, al menos, a 25 provincias y a 10 Comunidades Autónomas.

c) El coste del plan de distribución y los gastos para los que se solicita la ayuda.

d) El historial del distribuidor y, en particular, su anterior participación y experiencia en la distribución de películas de especial calidad o valor artístico.

Art. 21. El importe de las subvenciones para la distribución no podrá superar el 50 por 100 de los costes de tiraje de copias, subtitulado y publicidad, hasta un máximo de 10 millones de pesetas por película beneficiaria.

Art 22. Las ayudas reguladas por el presente capítulo, únicamente podrán percibirse una vez ejecutado el plan de distribución de las películas en España, que habrá de realizarse en el plazo de dos años desde su aprobación, previa justificación del gasto subvencionable y del cumplimiento de las condiciones exigidas.

CAPÍTULO II

Ayudas selectivas a la exhibición

Art. 23. 1. Los exhibidores titulares de salas establecidas en España que cumplan los requisitos que se determinen por Orden podrán percibir en concepto de subvención una cantidad de hasta el 5 por 100 de los ingresos brutos de taquilla que obtengan por la proyección de películas comunitarias beneficiarias de las ayudas revistas en el artículo 19, desde su estreno y durante los dos primeros años de su explotación comercial.

2. En los programas dobles la ayuda se computará al 50 por 100 por cada película, siempre que en dicha programación únicamente se exhiban películas de las características señaladas en el apartado anterior.

Art. 24. 1. Asimismo, se podrán conceder ayudas para el mantenimiento de salas de exhibición en zonas rurales o de baja rentabilidad.

2. Dichas ayudas se otorgarán anualmente previa convocatoria pública en la que se determinarán los requisitos y condiciones para acceder a las mismas.

Art. 25. Anualmente se determinará por Orden la cantidad total destinada a las ayudas reguladas en el presente capítulo.

TÍTULO V

Otras medidas de fomento de la cinematografía

CAPÍTULO PRIMERO

Ayudas a la creación de guiones

Art. 26. El Instituto otorgará anualmente ayudas a la creación de guiones para películas de largometraje realizadas en castellano o en cualquiera de las demás lenguas españolas.

Art. 27. Los solicitantes presentarán los correspondientes proyectos de guión de largometraje, que serán seleccionados, previa convocatoria pública, por el Jurado que a tal efecto se constituya.

Art 28. En las bases de la convocatoria se determinará el número y la cuantía de cada una de las ayudas, así como el plazo de entrega del guión, que no podrá ser superior a nueve meses desde la concesión de aquellas.

Art. 29. La entrega de las ayudas se efectuará en un 50 por 100 de su importe en el momento de la notificación de su concesión al beneficiario y el 50 por 100 restante a la recepción del guión, previo informe favorable del Jurado sobre el suficiente nivel de calidad de aquel.

Art. 30. La concesión de ayudas a la creación de guiones se entenderá sin perjuicio de los derechos de propiedad intelectual sobre los mismos, que corresponderán en exclusiva a su autor.

CAPÍTULO II

Ayudas para la organización y participación en Festivales y Certámenes

Art. 31. El Instituto otorgará, previa convocatoria pública, ayudas para la organización y desarrollo de festivales o certámenes cinematográficos de reconocido prestigio que se celebren en España.

Art. 32. Asimismo, el Instituto podrá conceder ayudas a los productores de películas españolas para los gastos de participación y promoción de la respectiva película en las manifestaciones indicadas en el artículo anterior que se celebren en España o en el extranjero.

DISPOSICIONES ADICIONALES

Primera.-1. Sin perjuicio de las competencias atribuidas al Ministerio de Economía y Hacienda en lo relativo a la importación de películas, para realizar la distribución de películas extranjeras no comunitarias en versión doblada a cualquier lengua oficial de España será necesario tener la correspondiente autorización del Ministerio de Cultura o del órgano correspondiente de la Comunidad Autónoma competente.

En todo caso, el distribuidor deberá notificar al Instituto las autorizaciones que le hayan sido otorgadas por las administraciones de las Comunidades Autónomas competentes.

2. Sin perjuicio de las competencias que, en su caso, ostenten las Comunidades Autónomas, corresponderá al Instituto verificar y, en su caso, expedir los certificados acreditativos del cumplimiento de los requisitos determinados por el artículo 3.º, 2, b), de la Ley 30/1980, de 10 de enero, en la redacción dada por el Real Decreto Legislativo

1257/1986, de 13 de junio, por los ingresos brutos generados en el territorio español.

A tal efecto, corresponde al Ministerio de Cultura establecer el modelo oficial de declaración a cumplimentar por los exhibidores y el procedimiento adecuado para el control de los ingresos brutos obtenidos.

3. La licencias de doblaje anuladas en los casos previstos por el artículo 3.º, 2, a), de la Ley 3/1980, de 10 de enero, o por tratarse de películas determinadas en el artículo 4.º, de la misma, que hubieran sido utilizadas, deberán ser compensadas con otras licencias de doblaje que se obtengan de acuerdo con lo establecido por las disposiciones de aplicación.

4. Las licencias de doblaje son intransmisibles y podrán ser aplicadas únicamente por el titular de los derechos de distribución de la película española generadora de la licencia mientras pemanezca vigente el contrato de distribución de la misma.

Segunda.-1. Corresponderá al Director general del Instituto otorgar el Certificado de Nacionalidad española a las películas que reúnan las condiciones establecidas en el artículo 1.º, 6 de esta disposición.

2. El Ministro de Cultura, excepcionalmente y por razones de interés cultural o artístico, podrá autorizar que se otorgue el Certificado de Nacionalidad española a películas que reúnan las condiciones determinadas en, al menos, tres de los apartados del artículo 1.º, 6 del presente Real Decreto.

Tercera.- La explotación de una película extranjera no comunitaria en España no podrá ser superior a cinco años, contados a partir de la fecha de su calificación.

No obstante, transcurridos dos años desde la expiración del plazo anterior, podrá solicitarse una nueva autorización para su explotación con sujeción al procedimiento establecido para la calificación de películas, y previa presentación de las nuevas copias que reglamentariamente se determinen.

Cuarta.- Las cantidades destinadas por las Entidades o Sociedades que gestionen directa o indirectamente el Servicio Público de televisión o por Empresas mayoritariamente participadas por ellas para la adquisición sobre proyecto de derechos de explotación de películas, se computarán como inversiones para la producción de las mismas por la correspondiente Sociedad de televisión, a efectos de lo establecido en la legislación específica sobre televisión.

Quinta.- Para percibir cualquiera de las ayudas previstas en la presente disposición, será requisito indispensable que el beneficiario esté inscrito en el Registro de Empresas Cinematográficas del Instituto.

DISPOSICIONES TRANSITORIAS

Primera.- Hasta el 1 de enero de 1993, para poder acceder a las ayudas previstas para la producción de películas, será necesario que, además de los requisitos determinados en el artículo 1.º, 6, de este Real Decreto, el 80 por 100 de los trabajadores asalariados que participen en la producción de la película beneficiaria sean de nacionalidad española.

No obstante, cuando el rodaje de la película se efectúe en parte en el extranjero, dicho porcentaje podrá reducirse a un 30 por 100 en la parte rodada fuera de España.

En las películas realizadas en régimen de coproducción, los porcentajes indicados en el párrafo anterior se regirán por lo establecido en la normativa o convenios internacionales específicos sobre la materia.

Segunda.- Los productores de películas españolas que hayan obtenido del Instituto subvenciones anticipadas sobre proyecto, o que hayan sido calificadas para su exhibición pública con anterioridad a la entrada en vigor del presente Real Decreto, percibirán las subvenciones que procedan de acuerdo con las condiciones y procedimiento determinados por el Real Decreto 3304/1983, de 28 de diciembre.

Tercera.- Las subvenciones anticipadas sobre proyecto generadas al amparo de lo previsto por el apartado 2 del artículo 8.º del Real Decreto 3304/1983, de 28 de diciembre, se regirán de acuerdo con lo dispuesto por la sección segunda, capítulo II, título III de la presente disposición. El importe de estas subvenciones sobre proyecto no podrá superar la cantidad de 100 millones de pesetas por película beneficiaria.

Los productores de las películas que obtengan dichas subvenciones anticipadas sobre proyecto no tendrán derecho a percibir la ayuda complementaria para la amortización establecida por el artículo 7.º, 2, de la presente disposición.

DISPOSICIÓN DEROGATORIA

Queda derogado el Real Decreto 3304/1983, de 28 de diciembre sobre Protección a la Cinematografía Española, así como cuantas otras disposiciones de igual o inferior rango se opongan a lo dispuesto por el presente Real Decreto.

DISPOSICIONES FINALES

Primera.- Lo establecido por el presente Real Decreto se entenderá en todo caso, sin perjuicio de lo determinado por los Acuerdos y Tratados Internacionales de los que España forme parte.

Segunda.- Queda suprimida la Subcomisión de Valoración Técnica de la Comisión de Calificación de Películas Cinematográficas, reguladas por el Real Decreto 1067/1983, de 27 de abril.

Se faculta al Ministro de Cultura para que por Orden regule la composición, competencias y régimen de funcionamiento del Comité Asesor de Ayudas a la Cinematografía.

Tercera.- Se faculta al Ministro de Cultura para que por Orden modifique anualmente los límites cuantitativos de las ayudas determinadas en este Real Decreto para adaptarlos a las disponibilidades presupuestarias del Instituto y a la evolución del coste de las películas, así como para que dicte cuantas disposiciones resulten necesarias para el desarrollo del mismo.

Cuarta.- El presente Real Decreto entrará en vigor el día siguiente al de su publicación en el «Boletín Oficial del Estado»

Dado en Palma de Mallorca a 28 de agosto de 1989.

JUAN CARLOS R.

El Ministro de Cultura,
JORGE SEMPRÚN Y MAURA

[*BOE*, 259 (28 oct. 1989)]

B)

Cuadros estadísticos

CUADRO 1. *Producción de películas españolas de largometraje y en coproducción entre 1975 y 1987[a]*

| Años | Integramente españolas | En coproducción | | | | Total |
		Mayoritarias	Equilibradas	Minoritarias	Totales	
1975	89	8	5	8	21	110
1976	89	6	1	11	18	107
1977	98	9	4	14	27	125
1978	74	11	5	14	30	104
1979	56	11	6	14	31	87
1980	82	16	8	12	36	118
1981	92	16	8	21	45	137
1982	118	6	10	12	28	146
1983	81	3	3	12	18	99
1984	63	2	4	6	12	75
1985	68	3	4	5	12	80
1986	49	2	4	5	11	60
1987	62	2	3	2	7	69

a. Se considera como producción de un año determinado aquellas películas que fueron autorizadas para su exhibición durante el mismo.

Fuente: ICAA.

411

CUADRO 2. *Películas extranjeras largas rodadas en España, total o parcialmente, durante los años 1975 a 1986*

Año	Alemanas	Búlgaras	Canadienses	Danesas	Egipcias	Francesas	Hong-Kong	Inglesas	Italianas	Estados Unidos	Noruegas	Anglo-norteamericanas	Franco-belgas	Franco-italianas	Franco-suizas	Japonesas	Indias	Italo-francesas	Suecas	Suizas	Tailandesas	Venezolanas	Total
1975	1	—	—	1	1	—	—	1	—	2	—	2	—	—	—	—	—	—	—	—	—	—	8
1976	—	—	—	—	—	—	—	2	—	1	—	2	—	—	—	—	—	—	—	—	—	—	5
1977	1	—	—	1	—	2	—	2	4	1	1	—	—	—	—	—	—	—	—	—	—	—	12
1978	—	—	—	—	—	2	—	1	—	5	—	1	—	—	—	—	—	—	—	1	—	—	10
1979	1	—	—	—	—	—	—	1	—	2	—	—	—	—	1	1	1	1	1	1	—	—	10
1980	1	1	1	—	1	—	—	1	1	2	—	1	—	—	—	—	—	—	—	—	1	1	11
1981	—	—	—	—	—	2	—	3	—	1	—	—	—	—	—	—	—	—	—	—	—	—	6
1982	—	—	—	—	—	2	1	2	—	1	—	—	—	—	—	—	—	—	—	—	—	—	6
1983	1	—	—	—	—	—	—	2	3	2	—	—	—	1	—	—	—	—	—	—	—	—	9
1984	—	—	—	—	—	2	—	2	—	2	—	—	1	—	—	—	—	—	—	—	—	—	7
1985	—	—	—	—	—	1	—	2	1	1	—	—	1	—	—	—	—	—	—	—	—	—	6
1986	—	—	—	—	—	1	—	3	1	—	—	—	—	—	—	—	—	—	1	—	—	—	6

Fuente: *Cinematografía. Datos estadísticos 1987*, Madrid, Subdirección General de Estadística, 1989.

CUADRO 3. *Cuadro comparativo de las recaudaciones y espectadores habidos en los años que se indican*

	Recaudaciones				Espectadores		
Año	Películas españolas	Películas extranjeras	Total	Películas españolas	Películas extranjeras	Total	
1967	1.668.114.427	4.478.403.005	6.146.517.432	118.504.679	274.582.189	393.080.686
1968	1.848.464.271	4.390.175.770	6.238.640.041	123.311.599	253.326.344	376.637.943
1969	1.794.999.803	4.614.590.042	6.409.589.845	117.393.164	247.247.418	364.640.582
1970	1.960.330.250	4.630.094.174	6.590.424.424	110.278.160	220.580.931	330.859.091
1971	2.148.691.375	5.213.359.088	7.362.050.463	97.169.972	198.120.814	295.298.706
1972	2.400.859.700	5.885.227.958	8.286.087.658	95.077.332	200.084.675	295.162.007
1973	2.541.787.600	6.430.672.262	8.972.459.862	85.773.849	192.506.615	278.280.464
1974	2.921.138.669	7.297.258.845	10.218.397.514	81.026.614	181.905.642	262.932.258
1975	3.272.901.918	9.244.587.512	12.972.489.130	78.814.732	176.970.899	255.785.631
1976	4.171.986.318	10.091.688.061	14.262.784.379	76.563.816	172.751.337	249.315.153
1977	4.742.921.600	11.191.954.592	15.934.876.192	65.718.122	146.192.494	211.910.616
1978	4.519.731.281	16.304.927.277	20.824.658.558	51.592.939	168.517.138	220.110.077
1979	3.650.870.441	18.767.376.558	22.418.246.999	35.647.447	164.837.768	200.485.325
1980	4.553.862.000	18.007.091.000	22.560.354.007	36.050.069	139.485.893	175.995.962
1981	5.672.162.000	20.440.672.000	26.112.834.000	38.791.685	134.867.979	173.659.664
1982	6.221.767.239	21.036.639.618	27.258.406.857	36.188.642	119.767.267	155.955.909
1983	5.845.232.328	22.794.915.283	28.640.238.611	30.137.163	110.946.968	141.084.131
1984	5.567.168.763	20.959.527.531	26.526.696.294	26.267.555	92.325.140	118.592.695
1985	4.108.719.718	21.187.548.910	25.296.268.628	17.792.036	83.325.384	101.117.420
1986	3.026.614.316	21.328.514.164	24.355.128.480	11.638.504	75.698.337	87.336.841
1987	3.657.788.833	21.871.932.677	25.529.721.510	12.637.109	73.083.456	85.720.565

Fuente: CPD. Ministerio de cultura, datos elaborados a partir de los facilitados por la SGAE.

CUADRO 4. *Relación de las cincuenta películas españolas de mayor recaudación en España desde su estreno hasta el 31-12-1987*

Orden	Título	Recaudación 31-12-87	Año 1987 Recaudación	Año 1987 Espectadores
1	Vaquilla, La	524.567.699	3.704.355	19.897
2	Santos Inocentes, Los	523.745.360	68.200	351
3	Crimen de Cuenca, El	461.361.595	34.000	170
4	Guerra de papá, La	360.934.059	6.000	40
5	El Lute: camina o revienta	354.747.575	354.747.545	1.117.973
6	Sé infiel y no mires con quien	340.311.966	7.737.098	33.789
7	Colmena, La	339.757.049	20.500	164
8	Bicicletas son para el verano, Las	311.651.445	1.256.352	5.759
9	Cristóbal Colón, de oficio descubridor	286.598.778	980.680	5.092
10	Muerte de Mikel, La	282.441.335	619.075	3.165
11	Muerte tenía un precio, La	274.356.888	159.350	1.260
12	To er mundo e güeno	271.246.250	104.888	569
13	Escopeta nacional, La	269.825.912	–	–
14	Furtivos	262.001.797	–	–
15	Corte de Faraón, La	253.745.468	3.551.926	15.622
16	Sufre, mamón	250.297.337	250.297.237	905.364
17	Perro, El	242.938.478	–	–
18	Vida alegre, La	236.458.904	236.458.904	741.894
19	Asignatura pendiente	228.694.136	480.325	1.845
20	Hijo del cura, El	227.790.788	1.209.327	5.613

21	Todos al suelo	227.130.215	649.326	3.469
22	Biblia en pasta, La	222.571.217	740.269	3.959
23	Pico, El	221.361.128	768.171	4.006
24	Demonios en el jardín	220.994.815	630.888	2.465
25	Adolescentes, Las	209.638.555	–	–
26	Año de las luces, El	205.853.604	158.381.579	544.034
27	Agítese antes de usarla	205.225.415	750.519	4.286
28	Caso Almería, El	204.727.124	1.248.990	5.763
29	Quinta del porro, La	203.734.596	538.835	2.575
30	Ley del deseo, La	201.931.187	201.931.187	638.646
31	Patrimonio nacional	200.479.978	51.200	256
32	Qué gozada de divorcio	200.173.118	493.727	3.058
33	Opera prima	197.654.157	2.394.937	7.739
34	Lozana andaluza, La	197.339.258	–	–
35	Bingueros, Los	196.385.615	49.425	396
36	Viaje al centro de la Tierra	192.428.081	–	–
37	Chulos, Los	191.617.885	645.726	3.326
38	Guerra de los niños, La	190.625.134	223.301	1.499
39	Volver a empezar (Begin the Beguine)	190.218.452	1.469.550	6.838
40	Y al tercer año, resucitó	189.965.918	49.075	206
41	Mitad del cielo, La	188.230.728	38.677.980	133.010
42	Trastienda, La	185.145.450	215.076	1.230
43	Liantes, Los	184.317.375	184.363	1.200
44	Aventuras de Enrique y Ana, Las	180.697.209	260.334	1.104
45	No desearás al vecino del quinto	177.438.984	–	–

Orden	Título	Recaudación 31-12-87	Año 1987	
			Recaudación	Espectadores
46	Y, si no, nos enfadamos	171.995.953	2.406.355	12.798
47	Valentina (Crónica del alba, I)	170.673.425	17.250	230
48	Deprisa, deprisa	167.430.519	132.075	882
49	Perros callejeros	167.410.759	27.200	136
50	Yo hice a Roqui III	164.138.040	270.650	1.549

Fuente: CPD, Ministerio de Cultura, datos elaborados a partir de los facilitados por la SGAE.

CUADRO 5. *Relación de las cincuenta películas españolas de mayor recaudación en España en 1987*

Orden	Título	Año 1987		Recaudación 31-12-87
		Recaudación	Espectadores	
1	El Lute: camina o revienta	354.747.575	1.117.973	354.747.575
2	Sufre mamón	250.297.337	905.364	250.297.337
3	Vida alegre, La	236.458.904	741.894	236.458.904
4	Ley del deseo, La	201.931.187	638.646	201.931.187
5	Año de las luces, El	158.381.579	544.034	205.853.604

6	Divinas palabras	154.639.725	491.579	154.639.725
7	Moros y cristianos	146.587.613	404.972	146.587.613
8	El bosque animado	133.511.771	406.494	133.511.771
9	Escote, El	81.799.425	260.572	81.799.425
10	Biba la banda	78.699.610	258.975	78.699.610
11	Barrios altos	65.158.246	183.976	65.158.246
12	Casa de Bernarda Alba, La	63.915.886	204.688	63.915.886
13	Policía	61.313.847	214.412	61.313.847
14	Pecador impecable, El	55.740.642	182.096	55.740.642
15	Mi general	53.613.265	178.155	53.613.265
16	La señora (La senyora)	53.490.403	148.133	53.490.403
17	Tata mía	53.281.006	171.296	65.036.631
18	Estanquera de Vallecas, La	48.247.836	177.509	48.247.836
19	Laura a la Ciutat dels Sants	47.409.627	137.819	47.409.627
20	Angustia	42.724.566	134.107	42.724.566
21	Mitad del cielo, La	38.677.980	133.010	188.230.728
22	Asignatura aprobada	38.272.355	119.137	38.272.355
23	La Rusa	38.173.871	110.604	38.173.871
24	Invitados, Los	36.116.003	134.091	36.116.003
25	Viaje a ninguna parte, El	35.524.810	131.791	90.428.340
26	Disputado voto del señor Cayo, El	34.252.199	126.232	92.225.900
27	Cara de acelga	30.893.384	104.149	30.893.384
28	Tras el cristal	21.874.517	69.504	21.874.517
29	Calé	20.573.152	71.980	20.573.152
30	Hay que deshacer la casa	20.109.473	69.183	26.222.511
31	Pasos largos (El último bandido andaluz)	19.932.775	80.490	38.618.603

417

		Año 1987		
Orden	Título	Recaudación	Espectadores	Recaudación 31-12-87
31	Pasos largos (El último bandido andaluz)	19.932.775	80.490	38.618.603
32	Luna de lobos	18.547.997	62.923	18.547.997
33	Jaula, La (La gabia)	17.526.673	64.011	34.115.157
34	Veintisiete horas	17.421.609	64.722	78.711.441
35	Supercamorristas, Los	15.804.527	67.493	49.575.516
36	Madrid	15.442.426	47.825	15.442.426
37	Miel del diablo, La	14.578.264	54.702	20.164.241
38	Delirios de amor	13.964.692	49.351	21.428.167
39	Adiós, pequeña	13.375.670	60.227	69.366.887
40	Estos locos cuatreros	13.078.530	53.432	35.630.239
41	Descanse en piezas	12.990.485	45.791	12.990.485
42	Chica de la piscina, La	12.772.922	49.460	12.772.922
43	Rubia del bar, La (La rosa del bar)	12.131.133	43.880	21.824.762
44	Redondela	11.839.262	39.166	11.839.262
45	Luna de agosto	11.796.790	45.461	16.523.052
46	Verano de infierno, Un	11.728.994	45.733	22.087.917
47	Werther	11.629.097	43.334	48.028.620
48	A los cuatro vientos	10.680.855	36.063	10.680.855
49	Bandera negra	10.466.562	42.387	42.334.202
50	Fuego cruzado	10.325.933	41.530	16.570.880

Fuente: CPD. Ministerio de Cultura, datos elaborados a partir de los facilitados por la SGAE.

CUADRO 6. *Relación de las cincuenta películas españolas de mayor número de espectadores en España desde su estreno hasta el 31-12-1987*

Orden	Título	Espectadores 31-12-87	Año 1987 Espectadores	Año 1987 Recaudación
1	Muerte tenía un precio, La	5.517.983	1.260	159.350
2	No desearás al vecino del quinto	4.371.215	–	–
3	Ciudad no es para mí, La	4.296.281	–	–
4	Pero... en qué país vivimos	4.053.377	–	–
5	Mi canción es para ti	4.035.909	–	–
6	Beso en el puerto, Un	4.010.917	–	–
7	Furtivos	3.581.667	–	–
8	Guerra de papá, La	3.522.902	40	6.000
9	Juicio de faldas	3.492.048	–	–
10	Adiós, cigüeña, adiós	3.457.033	64	9.600
11	Por un puñado de dólares	3.262.229	–	–
12	Nuevo en esta plaza	3.067.863	–	–
13	Padre Manolo, El	3.031.006	–	–
14	Adolescentes, Las	2.917.121	–	–
15	Cuanto tú no estás	2.863.471	–	–
16	Relaciones casi públicas	2.860.334	–	–
17	Celestina, La	2.845.300	–	–
18	Las que tienen que servir	2.801.393	–	–
19	Residencia, La	2.777.874	–	–
20	Estambul 65	2.711.683	–	–

419

Orden	Título	Espectadores 31-12-87	Año 1987	
			Espectadores	Recaudación
21	Vegas 500 millones, Las	2.706.116	—	—
22	Encrucijada para una monja	2.673.726	—	—
23	Experiencia prematrimonial	2.653.791	—	—
24	Trastienda, La	2.639.728	1.230	215.076
25	No somos de piedra	2.637.006	—	—
26	Crimen de Cuenca, El	2.620.911	170	34.000
27	Chicos con las chicas, Los	2.615.337	—	—
28	Buenos días, condesita	2.603.729	—	—
29	Acompáñame	2.521.895	—	—
30	Perro, El	2.507.050	—	—
31	Cuatro bodas de Marisol, Las	2.506.832	—	—
32	Halcón y la presa, El	2.421.239	—	—
33	Leandras, Las	2.412.993	—	—
34	Primer cuartel, El	2.387.163	—	—
35	Solos los dos	2.382.843	—	—
36	En un lugar de la Manga	2.346.581	—	—
37	Libro de Buen Amor, El	2.335.503	—	—
38	Lozana andaluza, La	2.330.643	—	—
39	Currito de la Cruz	2.324.861	—	—
40	Asignatura pendiente	2.304.410	1.845	480.325
41	Que tocan el piano, Los	2.302.814	—	—
42	Guardamarinas, Los	2.292.325	26	2.600
43	Dinamita está servida, La	2.276.681	—	—

43	Dinamita está servida, La	2.276.681	—
44	Hombre que mató a Billy el Niño, El	2.268.147	—
45	Búsqueme a esa chica	2.262.913	—
46	Turismo es un gran invento, El	2.259.725	—
47	Operación Cabaretera	2.247.164	—
48	Cabriola	2.240.689	—
49	Casa de las palomas, La	2.240.296	—
50	Tulipán negro, El	2.178.978	—

Fuente: CPD. Ministerio de Cultura, datos elaborados a partir de los facilitados por la SGAE.

CUADRO 7. *Relación de las cincuenta películas españolas de mayor número de espectadores en España en 1987*

| Orden | Título | Año 1987 | | Espectadores al 31-12-87 |
		Espectadores	Recaudación	
1	El Lute: camina o revienta	1.117.973	354.747.575	1.117.973
2	Sufre, mamón	905.364	250.297.337	905.364
3	Vida alegre, La	741.894	236.458.904	741.894
4	Ley del deseo, La	638.646	201.931.187	638.646
5	Año de las luces, El	544.034	158.381.579	690.358
6	Divinas palabras	491.579	154.639.725	491.579

Orden	Título	Año 1987		Espectadores al 31-12-87
		Espectadores	Recaudación	
7	El bosque animado	406.494	133.511.771	406.494
8	Moros y cristianos	404.972	146.587.613	404.972
9	Escote, El	260.572	81.799.425	260.572
10	Biba la banda	258.975	78.699.610	258.975
11	Policía	214.412	61.313.847	214.412
12	Casa de Bernarda Alba, La	204.688	63.915.886	204.688
13	Barrios altos	183.976	65.158.246	183.976
14	Pecador impecable, El	182.096	55.740.642	182.096
15	Mi general	178.155	53.613.265	178.155
16	Estanquera de Vallecas, La	177.509	48.247.836	177.509
17	Tata mía	171.296	53.281.006	205.528
18	La señora (La senyora)	148.333	53.490.403	148.333
19	Laura a la Ciutat dels Sants	137.819	47.409.627	137.819
20	Angustia	134.107	42.724.566	134.107
21	Invitados, Los	134.091	36.116.003	134.091
22	Mitad del cielo, La	133.010	38.677.980	610.692
23	Viaje a ninguna parte, El	131.791	35.524.810	290.127
24	Disputado voto del señor Cayo, El	126.232	34.252.199	311.643
25	Asignatura aprobada	119.137	38.272.355	119.137
26	La rusa	110.604	38.173.871	110.604
27	Cara de acelga	104.149	30.893.384	104.149
28	Pasos largos (El último bandido andaluz)	80.490	19.932.775	146.794

29	Calé	71.980	20.573.152	71.980
30	Tras el cristal	69.504	21.874.517	69.504
31	Hay que deshacer la casa	69.183	20.109.473	89.183
32	Supercamorristas, Los	67.493	15.804.527	192.272
33	Veintisiete horas	64.722	17.421.609	256.684
34	Jaula, La (La gabia)	64.011	17.526.673	121.028
35	Luna de lobos	62.923	18.547.997	62.923
36	Adiós, pequeña	60.227	13.375.670	242.094
37	Miel del diablo, La	54.702	14.578.264	72.984
38	Estos locos cuatreros	53.432	13.078.530	143.132
39	Chica de la piscina, La	49.460	12.772.922	49.460
40	Delirios de amor	49.351	13.964.692	71.693
41	Madrid	47.825	15.442.426	47.825
42	Descanse en piezas	45.791	12.990.485	45.791
43	Verano de infierno, Un	45.735	11.728.994	85.331
44	Luna de agosto	45.401	11.796.790	60.719
45	Rubia del bar, La (La rosa del bar)	43.880	12.131.133	71.459
46	Werther	43.334	11.629.097	145.553
47	Bandera negra	42.387	10.466.562	138.805
48	Fuego cruzado	41.530	10.325.933	68.770
49	No, hija: no	41.214	9.164.613	41.214
50	Redondela	39.166	11.839.262	39.166

Fuente: CPD. Ministerio de Cultura, datos elaborados a partir de los facilitados por la SGAE.

CUADRO 8. *Protección económica dispensada a la producción nacional durante los años 1976 a 1987*

Años	Por rendimientos de taquilla Largometraje	Por película de especial calidad y especial menores (largos y cortos)	Por cortometrajes	Por anticipos reintegrables sobre proyecto	Totales	Números índices
1976	546.414.923	27.300.000	16.200.000	—	589.914.923	100
1977	382.076.843	18.000.000	20.000.000	—	420.076.843	71
1978	906.578.753	145.818.652	36.500.000	—	1.088.897.415	184
1979	1.132.703.115	89.910.843	15.400.000	—	1.238.013.958	210
1980	943.478.995	117.157.809	55.988.341	—	1.116.225.145	189
1981	1.090.651.728	120.000.000	57.600.000	—	1.268.251.728	215
1982	980.723.261	126.200.000	68.824.837	—	1.175.748.098	199
1983	1.182.368.289	119.840.000	136.268.238	—	1.438.476.527	244
1984	1.456.867.572	175.565.977	30.850.000	809.983.087[a]	2.473.266.636	419
1985	1.065.196.098	327.181.021	71.380.000	1.121.400.000[b]	2.585.157.119	438
1986	460.196.563	—	67.960.000	1.646.100.074[c]	2.174.256.637	369
1987	474.282.494	—	69.810.000	1.605.500.000[d]	2.149.592.494	364

[a] Se incluyen expedientes tramitados menos realizaciones y anticipos por excedentes.
[b] Datos provisionales. Dotación anual para 1985.
[c] Subvenciones del art. 541 R.D. 3304/1983: 1.594.209.435 ptas.; sub. del art. 8-2.°: 51.890.639 ptas.
[d] A esta cantidad se debe sumar 103.577.087 ptas. de las subvenciones concedidas al amparo del art. 8.2 R.D. 3304/1983.

CUADRO 9. *Otra protección económica dispensada a entidades cinematográficas en los años 1976 a 1987*

Años	Pequeñas empresas de exhibición	Uniespaña	Subvenciones extraordinarias a industrias cinematográf.	Fomento del cine español en extranjero[a]	Premios totales realizadores	Totales	Números índices
1976	15.000.000	5.000.000	5.000.000	6.250.000	—	31.250.000	100
1977	30.000.000	5.000.000	—	3.000.000	—	38.000.000	122
1978	22.550.000	—	1.000.000	31.416.311	—	54.966.311	176
1979	37.500.000	—	1.000.000	18.841.863	—	57.341.864	183
1980	45.000.000	—	—	5.170.046	—	50.170.046	160
1981	50.000.000	—	6.750.000	13.082.001	15.000.000	84.832.001	271
1982	75.000.000	—	15.700.000	4.861.482	15.000.000	110.561.482	354
1983	100.000.000	—	54.043.563	27.280.766	35.000.000	201.977.456	646
1984	100.000.000	—	71.300.000	22.898.785	8.950.000	203.148.785	650
1985	150.000.000	—	—	—	—	150.000.000	480
1986	449.075.744	—	—	63.741.263[b]	—	512.817.007	1.641
1987	50.000.000	—	—	15.707.506	—	65.707.506	210

a Los años 1976 a 1979 recogen la protección concedida por manifestaciones cinematográficas y actividades culturales.
b Incluidas subvenciones a Festival de San Sebastián (20.000.000) y Valladolid (15.000.000).
Fuente: ICAA.

425

CUADRO 10. *Películas con subvención anticipada*

Núm. de exped.	Título	Productora	Director	Presup. reconocido	Porcentaje	Subvención concedida
115-86N	El aire de un crimen	Isasi P.C., S.A.	A. Isasi-Isasmendi	154.000.000	40 %	61.600.000
124-86N	Remando al viento	Ditrirambo Films, S.A.	Gonzalo Suárez	283.485.000	28,22 %	80.000.000
125-86N	El Dorado	Cía. Iberoamericana de TV, S.A.	Carlos Saura	780.000.000	12,82 %	100.000.000
126-86N	Al alba (El año que murió Franco)	Cía Iberoamericana de TV, S.A.	Jaime Chávarri	Art. 8.2 96.000.000	11,68 % 30 %	91.220.353 28.800.000
135-86N	La señora	Virginia Films, S.A.	Jordi Cadena	50.000.000	30 %	15.000.000
142-86N	Peraustrinia, 2004	Fermín Marimón Marimón	Ángel García	150.000.000	50 %	75.000.000
145-86N	Guarapo	Teodoro Francisco Ríos Marredo (Ríos Produc.)	Teodoro y Santiago Ríos	81.000.000	30 %	24.300.000
158-86N	Vulpeja, S.A.	Lotus Films International Marchent	Rafael Romero	120.000.000	30 %	36.000.000
167-86N	Marga	Rafael Ángel Alcázar González	Rafael Alcázar	88.000.000	30 %	26.400.000
168-86N	Al acecho	Malta films, S.A.	Gerardo Herrero	105.000.000	40 %	42.000.000
195-86N	Daniya	Imatco, S.A.	Carles Mira Franco	163.000.000	40 %	42.000.000
200-86N	La imbécil	Productores cinematográf. TA, S.C.L. 90 % y Laurenfilm, S.A. 10 %	Ignacio P. Ferré	46.000.000	50 %	23.000.000
214-86N	Merlín	Caspe Films, S.A.	Adolfo Arrieta	48.000.000	31,25 %	15.000.000
226-86N	Amanece por casualidad	Salem Produc., S.L.	Antoni P. Canet	90.000.000	33,33 %	30.000.000

Código	Título	Productora	Director	Presupuesto	%	Subvención
218-86N	El hombre de neón	Juan Alberto Abril Pons G.P.C., S.A. 60 %	Albert Abril	70.000.000	35,71 %	25.000.000
224-86N	Sufre, mamón	Manuel Summers Rivero 30 %, Francisco Lara Polop 10 %	Manuel Summers	104.000.000	50 %	52.000.000
8-85NC	Apache kid (Bianco apache)	Multivídeo, S.A., en Cop. con Italia	Vicente Dawn	45.424.113 Art. 8.2	39,92 %	18.135.667
236-86N	El complot de los anillos	Fair-Play Produc., S.A. 51 % y Laurenfilm, S.A. 49 %	Francesc Bellmunt	165.000.000	40 %	66.000.000
261-86N	La Rusa	Pedro Masó P.C., S.A.	Mario Camus García	200.000.000	40 %	80.000.000
269-86N	Material urbà	Jordi Bayona Url	Jordi Bayona	58.000.000	50 %	29.000.000
127-86N	Adela	Carlos Balagué Mazón (Diafragma) 70 % y Juan Vivo Margall (Catalonia Films) 30 %	Carlos Balagué	38.707.299 Art. 33	33,58 %	13.000.000
27-87N	Esa cosa con plumas	León Films, S.A.	Oscar Ladoire	130.000.000	30,76 %	40.000.000
2-87N	Brumal	Brumal, P.C., S.A.	Cristina Andreu	85.000.000	41,17 %	35.000.000
34-87N	Espérame en el cielo	B.M.G. Films, S.A.	Antonio Mercero	139.000.000	35,97 %	50.000.000
53-87N	Moros y cristianos	Estrella Films, S.A. 50 % Anem Films, S.A. 25 % Anola, Films, S.A. 25 %	L.G. Berlanga	200.000.000	45 %	90.000.000
275-86N	Invernadero	Quasar, S.A.	Antonio Chavarrías	55.000.000	36,36 %	20.000.000
11-87N	El pecador impecable	Amparo Suárez-Bárcena P.C., S.L.	Augusto M. Torres	90.000.000	44,44 %	40.000.000

Núm. de exped.	Título	Productora	Director	Presup. reconocido	Porcentaje	Subvención concedida
37-87N	Barrios altos	Incine Cía. Ind. Cinematog., S.A. y Jet Films, S.A.	José L. G. Berlanga	120.000.000 Art. 8.2	25 %	30.000.000
58-87N	Jarrapellejos	Producciones Cinematog. Penélope, S.A.	Antonio Giménez Rico	160.000.000	31,25 %	50.000.000
83-87N	Divinas palabras	Ion Producciones, S.A.	J.L. García Sánchez	168.000.000	44,64 %	75.000.000
162-86N	Barcelona conection	Ópalo Films, S.A.	M. Iglesias Bons	80.000.000	32,50 %	26.000.000
58-87N	Baton rouge	Modigl, S.A.	Rafael Moleón	90.000.000	38,88 %	35.000.000
88-87N	Al dormir lo veo claro (És quan dormo que hi veig clar)	Albert Sagalés Vall (Septimania Films)	Jordi Cadena	60.000.000	33,33 %	20.000.000
89-87N	La dama de la ventana	Carlos Balagué Mazón (diafragma y Juan Vivó Maragall 70 y 30 %, resp.)	Carlos Balagué Mazón	56.000.000	23,21 %	13.000.000
66-87N	Un día de verano	Javier Reyes Cabello y Luis M.ª Albors Pérez (al 50 %)	Javier Reyes Cabello	122.000.000	20,49 %	25.000.000
96-87N	Matar al Nani	Blau Films, S.A.	Roberto Bodegas	130.000.000	34,61 %	45.000.000
47-87N	Oficio de muchachos	Joaquín Domínguez Resgo (Tritón, P.C.)	Carlos Romero	70.000.000	35,71 %	25.000.000

Fuente: *Cine y Más*, 11 (1988). p. 11.

Bibliografía

Para terminar incluyo, sin valoración alguna de los mismos, una relación de los textos especializados que parcial o totalmente se han dedicado al presente período:

ALBERICH, Ferran, *4 años de cine español (1987-1990)*, Madrid, Imagfic, 1991.

BALLÓ, Jordi, y otros, *Cinema Català 1975-1986*, Barcelona, Columna, 1990.

BAYÓN, Miguel, *La cosecha de los 80 (El «boom» de los nuevos realizadores españoles)*, Murcia, Filmoteca Regional, 1990.

BESAS, Peter, *Behind the Spanish Lens. Spanish Cinema under Fascism and Democracy*, Denver (Colorado), Arden Press, 1985.

BLANCO LUCAS, Adolfo, *Filmografía bibliográfica de directores españoles (1975-1985), con especial atención a la adaptación al cine de obras literarias*, Madrid, Universidad Complutense, 1986 (tesis de licenciatura).

CAPARRÓS LERA, J.M., *El cine político visto después del franquismo*, Barcelona, Dopesa, 1978.

—, *Travelling por el cine contemporáneo*, Madrid, Rialp, 1981.

CENTRE D'ESTUDIS DE PLANIFICACIÓ, *La indústria del cinema a Catalunya. Estructura, evolució i elements per a la seva planificació*, Barcelona, Departament de Cultura de la Generalitat, 1989.

CINEMATOGRAFÍA, *Datos estadísticos. 1979, 1982, 1983, 1984, 1985, 1986 y 1987*, 7 vols., Madrid, Subdirección General de Estadística, 1981-1989.

429

DIRECCIÓN GENERAL DE CINEMATOGRAFÍA, *Cine español. 1980-81, 1982, 1983 y 1984*, 4 vols., Madrid, Ministerio de Cultura, 1982-1985.

EQUIPO RESEÑA, *Cine para leer. Historia crítica de un año de cine*, 14 vols., Madrid, Mensajero, 1976-1989.

—, *Doce años de cultura española (1976-1987)*, Madrid, Encuentro, 1989.

FEDERACIÓN EUROPEA DE REALIZADORES AUDIOVISUALES, *Cine europeo en Europa. Memoria del Encuentro de la FERA*. 1987, Madrid, Adirce, 1988.

FIDDIAN, Robin W. y EVANS, Peter W., *Challenges to Authority: Fiction and Film in Contemporary Spain*, Londres, Tamesis Books, 1988.

FORMER, Juan, y otros, *Cine español 1980*, Valladolid, Semana Internacional de Cine, 1985.

GARCÍA FERNÁNDEZ, Emilio Carlos, *Historia ilustrada del cine español*, Barcelona, Planeta, 1985.

GÓMEZ BENÍTEZ DE CASTRO, Ramiro, *Evolución de la producción cinematográfica española (con especial estudio del período 1975-1985)*, Madrid, Universidad Complutense, 1987 (tesis doctoral).

GRIFEU, Josep, *Sistema i polítiques de la comunicació a Catalunya: premsa, ràdio, televisió i cinema*, 1970-1980, Barcelona, L'Avenç, 1983.

HIGGINBOTHAM, Virginia, *Spanish Film under Franco*, Austin, University of Texas Press, 1988.

HOPEWELL, John, *Out of the Past. Spanish Cinema after Franco*, Londres, British Film Institute, 1986.

INSTITUTO DE CINEMATOGRAFÍA Y DE LAS ARTES AUDIOVISUALES, *Cine español. 1986, 1987 y 1988*, 3 vols., Madrid, ICAA, 1987-1989.

JOSÉ I SOLSONA, Carles, *El sector cinematogràfic a Catalunya: una aproximació quantitativa. I: exhibició, II: producció i distribució*, 2 vols., Barcelona, Alba-Mas Sardà, 1984.

—, *Tendències de l'exhibició cinematogràfica a Catalunya*, Barcelona, Institut del Cinema Català, 1987.

—, *Cinema europeu i cinema americà a Espanya*, Barcelona, Institut del Cinema Catalá, 1989.

LARRAZ, Emmanuel, *Le cinéma espagnol, des origenes à nos jours*, París, Cerf, 1986.

LLINÁS, Francisco (coord.), *4 años de cine español (1983-86)*, Madrid, Dicrefilm, 1987.

OFICINA CATALANA DE CINEMA, *Cinema Català 89*, Barcelona, Departament de Cultura de la Generalitat - OCC, 1989.

OLTRA I COSTA, Romà, *Seixanta anys de Cinema Català (1930-1990)*, Barcelona, Institut del Cinema Català, 1990.

OMS, Marcel y PASSEK, Jean-Loup, *30 ans de cinéma espagnol, 1958-1988*, París, Centre Georges Pompidou, 1988.

430

ROMAGUERA I RAMIÓ, Joaquim (ed.), *Catàleg de films disponibles parlats o retolats en català. 1982, 1987*, 2 vols., Barcelona, Departament de Cultura de la Generalitat, 1983-1989.

—, *Converses de cinema a Catalunya. Història i conclusions*, Barcelona, Caixa de Barcelona, 1981.

SÁNCHEZ, José Ramón, y otros, *50 años de cine español*, Madrid, Ministerio de Cultura, 1985.

SCHWARTZ, Ronald, *Spanish Film Directors 1950-1985: 21 Profiles*, Metuchen (Nueva Jersey), Scarecrow Press, 1986.

SERVEI DE CINEMATOGRAFÍA, *Catalan Films. 1985-86, 1986-87, 1987-88, 1988-89*, 4 vols., Barcelona, Departament de Cultura de la Generalitat, 1986-1989.

VV.AA., *Cine español, 1896-1983*, Madrid, Ministerio de Cultura, 1984.

—, *Cine español (1975-1984)*, Murcia, Universidad de Murcia, 1985.

—, *Semana de cine español. Catálogos III, IV y V edición*, 3 vols., Murcia, Consejería de Cultura - Filmoteca Regional de Murcia, 1989.

—, *El cine y la transición política española*, Valencia, Generalitat Valenciana, 1986.

—, *Escritos sobre el cine español, 1973-1987*, Valencia, Filmoteca de la Generalitat Valenciana, 1989.

—, *Euskal Zinema, 1981-1989*, San Sebastián, Filmoteca Vasca, 1990.

ZUNZUNEGUI, Santos, *El cine en el País Vasco*, Bilbao, Diputación Foral de Vizcaya, 1985.

Índice de directores

435

Índice de films

437

Índice general

LA HORA ACTUAL DEL CINE ESPAÑOL

I. ETAPA DE TRANSICIÓN

II. PERÍODO CONSTITUCIONAL

III. ÉPOCA SOCIALISTA

445

446